A história da música

DA IDADE MÉDIA AO SÉCULO XX

Otto Maria Carpeaux

A história da música

DA IDADE MÉDIA AO SÉCULO XX

Otto Maria Carpeaux

Faro Editorial

COPYRIGHT © FARO EDITORIAL, 2022
COPYRIGHT © OTTO MARIA CARPEAUX, 1999, 2022

Todos os direitos reservados.
Nenhuma parte deste livro pode ser reproduzida sob quaisquer meios existentes sem autorização por escrito do editor.

Todos os esforços foram realizados para creditar devidamente as imagens, ainda que livres de direitos autorais. A editora agradece qualquer informação relativa a autoria, titularidade e/ou outros dados, comprometendo-se a incluí-los em edições futuras.

Diretor editorial **PEDRO ALMEIDA**

Coordenação editorial **CARLA SACRATO**

Assessoria editorial **RENATA ALVES**

Pesquisa iconográfica e preparação **ARIADNE MARTINS**

Legendas **EDITOR**

Revisão **3GB COMUNICAÇÃO**

Diagramação **HIDESIGN ESTÚDIO**

Capa **DIMITRY UZIEL**

Imagem de capa ©**FURTSEFF**

Imagem de contracapa ©**RACOOL STUDIO**

Dados Internacionais de Catalogação na Publicação (CIP)
Jéssica de Oliveira Molinari CRB-8/9852

Carpeaux, Otto Maria, 1900-1978
    A história da música : da Idade Média ao século XX / Otto Maria Carpeaux – 2. ed. - São Paulo : Faro Editorial, 2022.
    288 p.

    ISBN 978-65-5957-229-8
    Título anterior: O livro de ouro da história da música

    1. Música – História e crítica I. Título

22-4394   CDD 708.9

Índice para catálogo sistemático:
1. Música – História e crítica

FARO EDITORIAL

1ª edição brasileira: 2022
Direitos de edição em língua portuguesa, para o Brasil, adquiridos por **FARO EDITORIAL**.

Avenida Andrômeda, 885 — Sala 310
Alphaville — Barueri — SP — Brasil
CEP: 06473-000
www.faroeditorial.com.br

Sumário

Sobre o autor 6
Explicação prévia 8
  Prefácio à primeira edição 8
  Prefácio à segunda edição 11

1. As origens 13
2. A polifonia vocal 18
3. O barroco 36
4. A música clássica 86
5. Os romantismos 131
6. A crise da música europeia 213
7. A música nova 234

Apêndice 270
Notas do autor 281

Sobre o autor

Renomado crítico e ensaísta da literatura brasileira e universal, Otto Maria Carpeaux nasceu na Áustria, em 1900, e naturalizou-se brasileiro em janeiro de 1944. Estudou ciências exatas (matemática, física e química) na Universidade de Viena, pela qual também se diplomou em filosofia e letras, em 1925. Estudou, ainda, história, sociologia e música. Desde cedo, dedicou-se à literatura e ao jornalismo, e publicou ainda na Europa cinco livros com temas de política a literatura, os quais mais tarde considerou superados.

Com o início da Segunda Guerra Mundial, deixou a Áustria e foi morar em Antuérpia, na Bélgica, onde trabalhou como redator de um jornal publicado em língua holandesa. Emigrou para o Brasil em 1939. De início, Carpeaux ficou em São Paulo, mas uma oportunidade no jornal *Correio da Manhã* o levou definitivamente para o Rio de Janeiro. Foi diretor da biblioteca da Faculdade Nacional de Filosofia (1942-1944). Em 1942, publicou o seu primeiro livro em língua portuguesa: *A cinza do Purgatório*, de ensaios. De 1944 a 1949, dirigiu a biblioteca da Fundação Getulio Vargas, e em 1950 tornou-se redator-editorialista do *Correio da Manhã*. A partir de então, passou a colaborar frequentemente nos suplementos literários dos grandes jornais do Rio de Janeiro, São Paulo, Belo Horizonte e Porto Alegre, realizando um notável trabalho de divulgação cultural.

Sua produção de crítico e ensaísta foi uma contribuição importante para a cultura brasileira. Erudito de sólida formação humanística, Carpeaux tinha uma visão global da realidade do nosso tempo. Além do livro já citado, publicou *Origens e fim* (1943), *Pequena bibliografia crítica da literatura brasileira* (1949), *Perguntas e respostas* (1953), *Uma nova história da música* (1958), *Presenças* (1958), *Livros na mesa* (1960), *Literatura alemã* (1964), *História da literatura ocidental* (1959 a 1966), este último uma valiosa contribuição à literatura brasileira e universal.

Carpeaux revelou-se também um dos espíritos mais polêmicos da imprensa brasileira. Foi considerado um discutido e autorizado intérprete dos fatos políticos globais e nacionais. Reeditou as crônicas que publicara nos jornais, formando dois volumes: *Brasil no espelho do mundo* (1964) e *A batalha da América Latina* (1965).

Foi casado com dona Helena Carpeaux, com quem manteve uma sólida relação de parceria e companheirismo. Não teve filhos. Faleceu no Rio de Janeiro, em 3 de fevereiro de 1978, deixando um exemplo de trabalho e dedicação.

Explicação prévia

Prefácio à primeira edição

O presente livro trata da música ocidental: isto é, da música europeia (inclusive, naturalmente, da Europa Oriental) e das Américas. Não trata, porém, da música de outras civilizações, seja da árabe, da indiana, seja da chinesa, a cuja discussão as histórias da música costumam dedicar capítulos introdutórios. No terreno musical, a incompreensão entre as civilizações é recíproca e invencível: veja-se o relativo insucesso das tentativas de introduzir música chinesa na Europa ou música ocidental no Japão. O autor está convencido de que a música, assim como a entendemos, é um fenômeno específico da civilização do Ocidente: essa tese foi afirmada, com argumentos irrespondíveis, por Oswald Spengler, em famosa passagem do *Declínio do Ocidente* (vol. I, p. 231)* e ratificada por Arnold Toynbee (*A Study of History*, vol. II, p. 388; *Um estudo da história*). Em nenhuma outra civilização ocupa um compositor a posição central de Beethoven na história da nossa sociedade; nenhuma outra civilização produziu fenômeno comparável à polifonia de Bach.

Além da limitação geográfica, impôs-se a cronológica: o leitor não encontrará aqui o costumeiro capítulo introdutório sobre a música dos gregos e romanos antigos. A música da Antiguidade não exerceu sobre a nossa a mesma influência da literatura, das artes plásticas e da filosofia gregas. Poucos são os fragmentos dela que subsistem; e não sabemos lê-los com segurança. Com razão observa o grande musicólogo inglês Donald Francis Tovey que "as formas da arte musical foram desenvolvidas pela civilização europeia a partir do século XIV da nossa era" e que "música mais antiga está além da nossa capacidade de compreensão", pensando, certamente, que o cantochão gregoriano, que é o mais antigo, nos comove mais religiosa do que esteticamente. E Tovey acrescenta: "Certamente, se equivalente à arte de

---

* Atualmente, as edições traduzidas da obra de Oswald Spengler levam o título de *A decadência do Ocidente*. (N. E.)

Palestrina, Bach e Beethoven, então nenhuma dificuldade de decifração nos teria impedido de recuperar tanto dela como temos recuperado da literatura grega".

Não se pode negar o extraordinário interesse histórico que inspiram ao estudioso os começos incertos da música medieval, as canções dos trovadores e a antiga canção popular da qual, nos países da Europa Ocidental, só sobrevivem fragmentos meio degenerados. Tudo isso é de importância capital para o musicólogo. Para nós, são apenas curiosidades, que não têm nada a ver com a música que faz parte da nossa vida.

Acontece, porém, que em muitos livros se dedica espaço excessivo àqueles capítulos introdutórios, de modo que depois faltam páginas para falar em coisas de interesse mais vital para nós. Veja-se, para citar um exemplo, a conhecida *História da música* do musicólogo suíço Karl Nef. Esse livro, muito seguro e bem informado, é um volume de 328 páginas. Dedica seis páginas à música grega antiga, dez páginas à música dos trovadores e nove páginas à canção popular medieval. Depois só lhe restam cinco páginas para tratar de Bach, três para Haydn, quatro para Mozart, cinco para Beethoven, três para Wagner e metade de uma página para Debussy. Foi isso que se pretendeu evitar nesta obra.

Os resultados do amistoso East-West Music Encounter em Tóquio (abril e maio de 1961) e a presença de regentes e concertistas alemães no Japão e no Egito não chegam a desmentir essa afirmação, tampouco servem as indicações como o sucesso do teatro de variedades chamado ópera de Pequim em suas viagens na Europa e América.

Esta história da música é, portanto, deliberadamente incompleta. Excluiu-se tudo que apenas é documento histórico. Só se trata daquela música que ainda vive, pertencente ao repertório das nossas igrejas, das nossas salas de concerto, das nossas casas de ópera, dos nossos círculos de música de câmara e dos nossos discos. Esse repertório foi, aliás, durante os últimos decênios, muito enriquecido pela ressurreição de obras injustamente esquecidas dos séculos XVII e XVIII; e este livro também fala de mais algumas outras obras que merecem e ainda esperam a ressurreição.

Não é, portanto, este volume uma exposição do rio da história, do qual as obras-primas surgem como ilhas; antes pretende ser uma história das obras-primas; só nos intervalos entre elas, aquele rio aparece em função de fio condutor.

Quanto a esse "fio condutor", também já se pecou muito. Assim como as *Kulturgeschichten*, as "histórias da civilização" costumam tratar de tudo entre o céu e a terra, menos da música, assim muitos historiadores da nossa arte nunca se deram o trabalho de ficar a par da ciência histórica em geral. Satisfeitos com a ordem cronológica dos fatos, pouco se preocupam com a história dos estilos, com as discussões sobre o barroco ou sobre o romantismo. Mas estão apaixonados pela divisão da matéria conforme gêneros — a ópera, a música sacra, a sinfonia, a música de câmara etc. — de tal modo que sub-repticiamente se lhes perturba a cronologia, com resultados estranhos. No segundo volume de uma conhecida e bastante divulgada *História da música*, de Jules Combarieu, a ordem de alguns capítulos é a seguinte: cap. 55: Rossini (1792-1868); cap. 56: Haydn (1732-1809); cap. 57: Mozart (1756-1791); cap. 58: Weber (1786-1826); cap. 59: Schubert (1797-1828); cap. 60: Beethoven (1770-1827); porque o autor quis tratar da ópera antes da sinfonia. No terceiro volume, porém, a segunda seção é intitulada "*Les Successeurs de Berlioz*"; e os dois primeiros nomes são os de Mendelssohn e Schumann, porque nascidos alguns anos depois de Berlioz; nesse caso prevaleceu o rigor da cronologia contra toda a verdade histórica. São anacronismos. Este livro pretende evitá-los, obedecendo às linhas mestras da *Geistesgeschichte* ("ciência do espírito"), da ciência de Dilthey e Troeltsch, Max Weber e Croce.

A seleção dos nomes e das obras, embora seja extensa, já significa crítica. Faço, porém, questão de declarar que excluí, na medida do possível, as preferências e idiossincrasias pessoais. As opiniões críticas que se encontram neste livro correspondem, de modo geral, ao estado presente da crítica musical e da historiografia da música. Para apoiá-las, servem as indicações bibliográficas, que foram, porém, limitadas ao mínimo indispensável.

Reduzidas ao mínimo também foram as explicações técnicas. Pois este livro não se destina ao músico profissional. Nos últimos tempos, o disco e o rádio têm feito muito para divulgar a boa música — e para semear a insegurança do julgamento. Aos que amam a arte, sinceramente, esta publicação pretende servir de guia: em espaço limitado, o mínimo de informação, mesmo ao preço de uma ou outra página parecer-se com relação seca de títulos de obras; mas sem qualquer pretensão de "ficar completo". Um guia não pode ser um catálogo nem uma enciclopédia. Assim como as interpretações técnicas, também foram cuidadosamente evitadas as explicações chamadas "poéticas" de obras musicais. Sabe-se muito bem que a palavra não é capaz de traduzir a substância musical; se fosse, não se precisava de música. Desse modo, nenhum livro escrito em palavras poderia jamais encerrar a amplitude e o espírito da única arte cuja linguagem foi criada fora de qualquer imitação da natureza. Só para ela não vale o conceito aristotélico da mimésis. É o supremo triunfo do espírito criador humano. Shakespeare já observou (*Much Ado About Nothing*, II/3) esta coisa estranha: umas tripas de um carneiro estendidas sobre um pedaço de madeira podem extasiar a alma do homem. É o violino.

Agradeço à minha mulher, Helena, a colaboração eficiente e conscienciosa na preparação deste volume.

Rio de Janeiro, fevereiro de 1958.
Otto Maria Carpeaux

Prefácio à segunda edição

A primeira edição deste livro foi bem recebida pelo público e pela crítica. O autor agradece a generosidade dos críticos e amigos Andrade Muricy, Antônio Bento, sra. D'Or, Eurico Nogueira França, Francisco Mignone, Franklin de Oliveira, José da Veiga Oliveira, Manuel Bandeira, Oliveiros Litrento, Octavio Bevilacqua, Rangel Bandeira, Renzo Massarani, Sílvio Terrazzi, Theodor Obermann: a generosidade com que receberam o livro e as valiosas observações quanto a omissões e erros, que foram corrigidos nesta segunda edição. As linhas mestras do livro ficam inalteradas. Mas não há, praticamente, página sem emendas ou modificações, que pareciam necessárias ou convenientes. Acrescentei muita coisa, atualizei a bibliografia e reescrevi totalmente as últimas páginas.

Otto Maria Carpeaux

1. As origens

Menestréis em iluminura do Codex Manesse (*O grande livro de canções manuscritas de Heidelberg*), um dos mais importantes documentos da Idade Média, século XIII.

Abrindo qualquer história da música, o leitor encontrará alguns capítulos introdutórios sobre a arte musical dos chineses, dos indianos, dos povos do Oriente antigo; depois, discussões mais ou menos pormenorizadas sobre a teoria e os fragmentos existentes da antiga música grega; enfim, descrição laboriosa do desenvolvimento da polifonia vocal, até seu aperfeiçoamento no século XIV.

Nada ou muito pouco de tudo aquilo constará do presente capítulo. Conforme os conceitos expostos na Explicação Prévia deste livro, não nos ocupará a música dos orientais nem a dos gregos antigos. Por outro lado, a exposição das origens da nossa música ficará reduzida a poucas observações introdutórias. Pois nosso assunto só é a música que vive hoje.

Nossa literatura, nossas artes plásticas, nossa filosofia seriam incompreensíveis sem o conhecimento dos seus fundamentos greco-romanos. Mas não acontece o mesmo com a música. Esse produto autônomo da civilização ocidental moderna não tem origens na Antiguidade que se costuma chamar clássica. Quando muito, alguns germes da evolução posterior ficam escondidos num outro fenômeno musical, à maneira de documentos sepultados nos fundamentos de uma catedral ou uma construção multissecular. Esse fenômeno, de importância realmente fundamental, é o coral gregoriano, o cantochão, o canto litúrgico da Igreja romana.[1]

Sem dúvida, escondem-se nas melodias do cantochão fragmentos dos hinos cantados nos templos gregos e dos salmos que acompanhavam o culto no templo de Jerusalém. Não podemos, porém, apreciar a proporção em que esses elementos entraram no cantochão.

Tampouco nos ajuda, para tanto, o estudo das liturgias que precederam a reforma do canto eclesiástico pelo papa Gregório I; das liturgias da Igreja oriental; da liturgia galicana, já desaparecida; da liturgia ambrosiana, que se canta até hoje na arquidiocese de Milão; e da liturgia visigótica ou moçárabe, que, por privilégio especial, sobrevive em algumas igrejas da cidade de Toledo. A única música litúrgica católica que conta para o Ocidente é o coral gregoriano, a liturgia à qual Gregório I, o Grande (590-604), concedeu espécie de monopólio na Igreja romana.

Papa Gregório I ditando os cantos gregorianos. Uma pomba representando o Espírito Santo sobre o ombro do papa simboliza a inspiração divina.

© Antifonário de Hartker, do Mosteiro de São Galo, Suíça, c. 1000.

1. AS ORIGENS

O coral gregoriano não é obra do grande papa. A atribuição a ele só data de 873 (João, o Diácono). Então, o que se cantava na Schola Cantorum de Roma já não era exatamente o mesmo do fim do século VI. O cantochão sofreu, durante os muitos séculos de sua existência, numerosas modificações, quase sempre para o pior. Aos monges do Mosteiro de Solesmes e a outros beneméritos da Ordem de São Bento deve-se, porém, em nosso tempo, o restabelecimento dos textos originais. São essas as melodias litúrgicas que se cantam, diariamente, em Solesmes e em Beuron, em Maria Laach e em Clervaux e em todos os conventos beneditinos do Velho Mundo e do Novo; e se cantarão, esperamos, até a consumação dos séculos. É a mais antiga música ainda em uso.

As qualidades características do coral gregoriano são a inesgotável riqueza melódica, o ritmo puramente prosódico, subordinado ao texto, dispensando a separação dos compassos pelo risco, e a rigorosa homofonia: o cantochão, por mais numeroso que seja o coro que o executa, sempre é cantado em uníssono, a uma voz. Nossa música, porém, é muito menos rica em matéria melódica; procede rigorosamente conforme o ritmo prescrito; e, a não ser a música mais simples para uso popular ou das crianças, sempre se caracteriza pela diversidade das vozes, sejam linhas melódicas polifonicamente coordenadas, sejam acordes que acompanham uma voz principal. Nossa música é, em todos os seus elementos, fundamentalmente diferente do cantochão, que parece pertencer a outro mundo. Realmente pertence, tanto histórica como teologicamente, a um outro mundo: é a música dos céus e de um passado imensamente remoto.

Outra força "subversiva" foi a presença da música profana: a poesia lírica aristocrática dos trovadores, cantada nos castelos, e a poesia lírica popular, cantada nas aldeias.

Uma canção popular inglesa, guardada num manuscrito do começo do século XIII, o "Cuckoo Song" (*Sumer is icumen in...*), é um cânone a seis vozes, isto é, as seis vozes entram sucessivamente, à distância de poucos compassos, com a mesma melodia.

Evidentemente havia mais outras canções assim: ao cantochão gregoriano, rigorosamente homófono, opõe o povo a polifonia; e esta entrará nas igrejas. Aquele cânone é, não por acaso, uma canção de verão. Assim como nos célebres murais do Camposanto de Pisa os eremitas e ascetas saem dos seus cubículos para respirar um ar diferente, começa também na música contemporânea o verão da alta Idade Média.

Essa música foi, mais tarde, chamada de *ars antiqua*. Mas "antiga" ela só é em relação à outra, posterior: a *ars nova*. No século XIII, *ars antiqua* era nova; é a arte que pertence à chamada "Renascença do século XIII", florescimento das cidades e construção das catedrais, vida nova nas universidades, tradução de Aristóteles e de escritos árabes para o latim e elaboração da grande síntese filosófica de São Tomás de Aquino.

Houve, dentro do coral gregoriano, o germe de uma evolução: a contradição entre a obrigação de acompanhar fielmente o texto litúrgico, à maneira de recitativo, e, por outro lado, a presença de tão rica matéria melódica, os "melismas" que se estendem longamente quase como coloraturas, sem consideração do valor da palavra. Essa contradição levaria à divisão das vozes: uma, recitando o texto; outra, ornando-o melodicamente. São essas as origens das primeiras tentativas de música polifônica, do *órganon* e do *discantus*, detidamente estudados e descritos pelos historiadores; mas não nos preocuparão.

Os primeiros textos da *ars antiqua* foram encontrados na biblioteca da Igreja de Saint-Martial, em Limoges. Mas o desenvolvimento dessa nova arte realizou-se na Schola Cantorum da Catedral de Notre-Dame de Paris. Registra-se a atividade de um magíster Leoninus. O grande nome da *ars antiqua* é, porém, seu discípulo e sucessor na direção daquela escola parisiense por volta de 1200, o magíster Perotinus; na história da nossa música, é o primeiro compositor que sai da obscuridade do anonimato. Várias obras de Perotinus encontram-se no manuscrito H196 da biblioteca da Faculdade de Medicina de Montpellier e no Antiphonarium Mediceum da Biblioteca Medicea Laurenziana, em Florença. São obras de uma polifonia rudimentar, blocos sonoros rudes como as pedras nas fachadas românicas de catedrais, que mais tarde foram continuadas em estilo gótico. A impressão pode ser descrita como "majestosamente oca". A ligação rigorosa da segunda voz à melodia gregoriana não permite a diversidade rítmica. Algumas dessas peças curtas, *Quis tibi, Christe* e *Sederunt principes*, foram modernamente gravadas em discos.

O "imobilismo" da *ars antiqua* explica-se pela insuficiência do sistema de notação, atribuído ao monge Guido (ou Guittone) d'Arezzo: todas as notas tinham o mesmo valor, a mesma duração, sem possibilidade de distinguir breves e longas. O primeiro grande progresso da *ars nova*, dos séculos XII e XIV, é o sistema mensural, que já se parece com o nosso sistema de notação: permite distinguir notas longas e menos longas; breves e mais breves; permitiu maior e, enfim, infinita diversidade do movimento melódico nas diferentes vozes. É um progresso que lembra as descobertas, naquela mesma época, da ciência matemática, pelas quais são responsáveis eruditos como Oresmius e outros grandes representantes do nominalismo, dessa última e já meio herética forma da filosofia escolástica.

A *ars nova* não é, simplesmente, o equivalente do estilo gótico na arquitetura.

Precisava-se de séculos para construir as grandes catedrais. Quando estavam prontas (ou quando as construções foram, incompletas, abandonadas), já tinha mudado muito o estilo de pensar e o estilo de construir. A *ars nova* já corresponde à elaboração cada vez mais sutil do pensamento filosófico e das formas góticas. Os grandes teóricos da *ars nova*, o bispo Philippe de Vitry e os outros, elaboram com precisão matemática as regras da arte de coordenar várias vozes diferentes sem ferir as exigências do ouvido por dissonâncias mais ásperas. São as regras do contraponto.

Eis a teoria. Na prática da *ars nova* influiu muito a música profana, inclusive a italiana do Trecento, de interesse histórico, mas sem possibilidades de ser hoje revivificada. O grande compositor da *ars nova* é Guillaume de Machaut (*c.* 1310-1377), que foi dignitário eclesiástico em Verdun e Reims, enfim na corte do rei Charles V da França.

Seu nome só figurava, durante séculos, na história literária da França, como poeta fecundo, autor de *balades*, *rondeaux* e outras peças profanas. Machaut também escreveu para essas poesias a música: a três ou quatro vozes, da mesma maneira e no mesmo estilo em que escreveu motetos para três ou quatro vozes sobre textos litúrgicos.

Uma obra de vulto e importância é sua *Messe du Sacre*, escrita em 1367 para a coroação daquele rei na Catedral de Reims. É uma data histórica. Machaut foi, parece, o primeiro que escolheu cinco partes fixas do texto da missa para pô-las em música: *Kyrie*, *Gloria*, *Credo*, *Sanctus* (com *Benedictus*) e *Agnus Dei*. Criou, dessa maneira, um esquema, uma forma musical de que os compositores se servirão durante séculos, com a mesma assiduidade com que os músicos do século XIX escreverão sinfonias e quartetos. A missa, naquele sentido musical, é a primeira grande criação da música ocidental, e a *Messe du Sacre* de Machaut é o primeiro exemplo do gênero. É a obra exemplar da *ars nova*, empregando as regras complicadas da arte contrapontística, sem evitar, porém, certas discordâncias sonoras que nos parecem, hoje, arcaicas ou então estranhamente modernas. É uma arte medieval, na qual se descobrem, contudo, os germes da arte renascentista: é uma música que será autônoma. É o começo do ciclo de criação que em nossos dias acaba.

Guillaume de Machaut em miniatura francesa do século XIV, uma cena alegórica na qual a natureza lhe oferece três de seus filhos: a razão, a retórica e a música.

2. A polifonia vocal

Um concerto, de Lorenzo Costa, óleo sobre madeira, c. 1488-90.

© Acervo Galeria Nacional, Londres.

O OUTONO DA IDADE MÉDIA

A primeira grande época da música ocidental, a da polifonia vocal, costuma ser chamada "medieval". Mas esse adjetivo não é exato. Medieval é a *ars antiqua*. Medieval é a *ars nova*. Mas as obras fundamentais sobre aquela grande época! tratam também (e sobretudo) de Josquin des Prez e de Orlandus Lassus, de Palestrina, Victoria e dos dois Gabrieli, um pouco indistintamente: toda a música dos séculos XV e XVI é chamada, desde os começos da historiografia musical na época do romantismo, de "música antiga", em relação à "nova", isto é, desde o início do século XVIII. Nessa perspectiva confundem-se a Idade Média, a Renascença e parte do Barroco. Mas, na verdade, a Idade Média propriamente dita já não faz parte da grande época na qual predomina a polifonia vocal.

Quanto à primeira fase dessa época, costuma-se falar em mestres flamengos. O adjetivo significa menos uma nação do que determinado espaço geográfico: de Paris a Dijon, através de Reims e Cambrai e Mons até Bruxelas, Bruges e Antuérpia, quer dizer, a Bélgica e o norte da França. Região na qual se falava, então, o flamengo e o francês, aquela língua mais no norte e para o uso cotidiano, esta mais para os fins superiores da sociedade e da arte. É o espaço no período ocupado pelo ducado de Borgonha, que durante o século XV é a região mais altamente civilizada ao norte dos Alpes. Só no fim do século a Borgonha será desmembrada, ficando parte com a França, enquanto a outra parte formará os Países Baixos austríaco-espanhóis.

A música da Borgonha no século XV corresponde à pintura dos Van Eyck, Rogier van der Weyden, Hugo van der Goes e Memling; à poesia de Eustache Deschamps e Villon; à arquitetura *flamboyante*, último produto do espírito gótico já em decomposição. É a época à qual o grande historiador holandês Johan Huizinga deu o apelido inesquecível de "outono da Idade Média".*

É uma civilização caracterizada pelas requintadas formas de vida de uma corte, a da Borgonha, na qual o feudalismo já perdeu sua função política, social e militar, fornecendo apenas regras de jogo como num grande espetáculo pitoresco. O fundo é menos requintado: a grosseria popular invade os costumes aristocráticos; na arte, ela aparece como espécie de folclore sabiamente estilizado, na poesia de Villon.

---

* Referência à obra *O outono da Idade Média: Estudo sobre as formas de vida e de pensamentos dos séculos XIV e XV na França e nos Países Baixos*, de Johan Huizinga, São Paulo: Penguin-Companhia, 2021. (N. E.)

Os costumes são brutais. Mas por esses pecadores rezam e cantam os monges e as beguinas, vozes da angústia religiosa de uma época de agonia espiritual.

As formas musicais dessa civilização são a missa e o motete cantados à capela, isto é, sem acompanhamento instrumental. Parecem-se com as construções do gótico *flamboyant*, os paços municipais de Louvain e Audenarde, feitos como de rendas de pedra: arabescos e ornamentos infinitamente complexos. A ciência contrapontística dos mestres flamengos constrói catedrais sonoras, de complexidade sem par em qualquer época posterior. A escritura é rigorosamente "linear", "horizontal", isto é, as vozes procedem com independência (enquanto na música "moderna" se sucedem acordes, "colunas verticais" de sons). É essa independência das vozes que, quando coincidem eufonicamente, produz a impressão de coros angélicos. Mas como temas musicais, que dão os nomes às missas dos compositores, servem canções populares da época: *L'Homme armé, Malheur me bat, Fortuna desperate..., Se la face...*, canções eróticas e até obscenas. Esse "populismo" não ilude. Não se trata de arte popular. Nas cidades flamengas e francesas, está em plena decomposição o corporativismo medieval. Os mestres flamengos não são artesãos. São cientistas da música, exercendo uma arte que só o músico profissional é capaz de executar e compreender. As incríveis artes contrapontísticas de escrever em até 36 e mais vozes independentes, de inversão e reinversão de temas, em "escritura de espelho", em "passo de caranguejo", nem sempre parecem destinadas ao ouvido; a complexidade da construção só se revela na leitura. É música que menos se dirige aos sensos do que à inteligência. É arte abstrata.

O mar que banha aquela região franco-flamenga é o canal da Mancha. Do outro lado da Mancha, do país do cânone *Sumer is icumen in*, veio o primeiro grande contrapontista, o inglês John Dunstable (c. 1390-1453), ao qual já se atribui maior liberdade de invenção que aos mestres da *ars nova*; que os leitores julguem conforme seu motete *Quam pulcra es*, que resistiu no tempo e foi gravado em disco. Dunstable esteve esquecido durante séculos. Em seu tempo, porém, passava por compositor de grande categoria e mestre dos mestres flamengos. O primeiro verdadeiro flamengo é Guillaume Dufay (c. 1400-1474)[2], natural de Chimay, que esteve na Itália como membro da capela papal; sua música corresponde, ao norte dos Alpes, à Renascença do Quattrocento italiano. É contemporâneo de Van Eyck; e certas obras recentemente reeditadas, como a missa *Se la face*, seriam — pode-se imaginar — a música que os anjos cantam na parte superior do altar dos Van Eyck, na Catedral de São Bavão em Gante, na Bélgica. Mas é uma ilusão. Aqueles quadros ainda hoje têm o mesmo brilho de cores como no tempo em que foram pintados; sua importância não é só histórica, porque são de uma infinita riqueza espiritual. A música de Dufay é "mais rica" só em comparação com a de seus predecessores; mas dá a impressão de estranho, às vezes de bizarro. O mestre já domina as regras todas; ainda não sabe aproveitá-las para comunicar-nos sua emoção religiosa; ou, então, nós já não sabemos lhe apreciar os modos de expressão.

O mestre de todos os flamengos posteriores foi Johannes Ockeghem (1430-1495)[3], maestro da capela da Catedral de Antuérpia e, depois, na corte do rei da França.

Parece ter sido um grande professor; depois da sua morte, todos os músicos em posições de responsabilidade, na Bélgica, França e Itália, dedicaram elegias à sua memória; famosa é a *Déploration d'Ockeguem*, de Josquin des Prez. Elogiaram-lhe, sobretudo, a *Missa cuiusvis toni*, que pode ser transposta para todas as tonalidades, e o motete *Deo gratias*, para nada menos que 36 vozes. Foi um mestre de artifícios eruditos, de irregularidades inesperadas, de soluções novas. Sua música nos impressiona como sendo ainda mais arcaica que a dos Dunstable e Dufay, dir-se-ia mais gótica; afinal, foi ele que regia o coro naquele milagre de arquitetura gótica que é a Sainte-Chapelle, em Paris.

Detalhe do Retábulo de Ghent (também designado por *Adoração do cordeiro sagrado* ou *O cordeiro de Deus*), que é composto de doze painéis. Políptico complexo e de grandes dimensões do século XV, do período inicial da pintura flamenga. A obra foi encomendada por Hubert van Eyck, e é atribuída a seu irmão mais novo, Jan van Eyck, c. 1430.

© Acervo Catedral de Saint Bavo, Bélgica.

Chegamos a sentir mais vivamente com a arte de Jacob Obrecht (c. 1450-1505), regente de coro na Catedral de Utrecht e, depois, na corte do duque Hércules d'Este, em Ferrara. Sua missa *Fortuna desperata* é obra que realmente lembra os Van Eyck; à arquitetura em torno do altar corresponderia seu gigantesco motete *Salve cruz, arbor vitae*, uma catedral sonora em gótico flamboyant. Mas não convém exagerar. Toda essa música dos Dufay, Ockeghem, Obrecht só tem interesse histórico. Não poderá se revivificada. O primeiro mestre ainda "vivo" da história da música ocidental é Josquin.

Josquin des Prez (c. 1450-1521)[4] é, na música, o representante do Quattrocento. A historiografia romântica, confundindo as diversas fases da Renascença, gostava de compará-lo a Raffaello*, Andrea del Sarto, a Correggio, comparações que se encontram em escritos musicológicos da primeira metade do século XIX, em Fétis e em Ambros.

Mas Josquin não tem nada de italiano; sua Renascença é nórdica, a das cidades de Flandres, Gante, Bruges; região de tão intensa vida estética como a Florença e a Veneza do Quattrocento, mas inspirada por mais profunda religiosidade. A propósito da *Ave Maria* de Josquin, a quatro vozes, não nos ocorrem Raffaello nem Correggio, mas as virgens humildes e secretamente extáticas de Memling; o *De Profundis* e o sombrio e incomparavelmente poderosos *Grande Miserere* nos lembram os anjos pretos que, nos quadros de Rogier van der Weyden, voam como grandes aves da morte em torno da cruz erigida em Gólgota. No entanto, Josquin esteve na Itália; mas não para aprender, e, sim, para ensinar. Ali, assim como na França, foi chamado de *Princeps musicæ*; sua posição, no fim do século XV, parece ter sido a de Beethoven em nosso tempo. Mas comparações dessas nunca se referem ao estilo nem sequer ao valor. Pois este último não nos é completamente acessível. Essa música, com suas requintadíssimas artes contrapontísticas, com seus artifícios audaciosos na inversão e imitação das vozes por outras vozes, com suas complexidades que não podem ser ouvidas, mas que só se percebem na leitura, essa música nos é permanentemente estranha. Já se aventuraram hipóteses: de que parte dessas obras estaria destinada não à execução, mas ao ensino; ou então, de que só poderiam ser executadas com acompanhamento do órgão, porque sem isso os coros ficariam desorientados, caindo na confusão. Podemos admirar infinitamente obras como a complicadíssima missa *L'Homme armé*, o salmo *In exitu Israel*, os grandiosos motetes *Præter rerum seriem* (seis vozes), *Huc me sidereo* e *Qui habitat in adjutório* (24 vozes), que parecem dizer de um outro mundo, inefável. Mas, para a nossa vida musical, na igreja ou na sala de concertos, só poucas obras de Josquin ainda têm atualidade: aquelas *De Profundis* e *Ave Maria*; a *Missa Pange lingua*, provavelmente a obra-prima de Josquin, de beleza angélica; a gloriosa missa *Une musique de Biscaye*, já ressuscitada em disco (*Renaissance Chorus de Nova York*); e o sereno *Stabat Mater* (cinco vozes), que está definitivamente reincorporado ao repertório das grandes associações corais. São obras de complexidade algo menor, que os coros modernos podem executar em puro estilo à capela, isto é, sem qualquer apoio de vozes humanas por instrumentos; e que revelam melhor o elemento novo da arte de Josquin: sua música comunica emoção religiosa, talvez já um pouco subjetiva. Mas não exageremos.

O compositor não pode nem pretende exprimir musicalmente o conteúdo todo das palavras litúrgicas; pois as muitas vozes cantam, ao mesmo tempo, textos diferentes, dos quais um é quase sempre profano; e todas as palavras ficam incompreensíveis, como devoradas pelas colossais ondas sonoras. Na verdade, as palavras não significam nada para o compositor; são apenas o fundamento da arquitetura, construída com vozes humanas. É arte abstrata.

Muitos outros "flamengos" poder-se-iam citar, entre os contemporâneos e sucessores de Josquin; Fevin, La Rue, Gombert, Clemens non Papa, Vaet, Hollander. Mas não adiantaria. Fora do círculo limitado dos musicólogos, são apenas nomes. Pelo menos, não será esquecido o do inglês Thomas Tallis (c. 1505-1585), compositor insular que ainda cultiva o estilo de Josquin quando já o tinham abandonado no continente europeu.

Mas já são palestrinianas suas imponentes *Lamentationes Jeremiæ*. Seu motete *Spem in alium* e o *Miserere* (quarenta vozes) são imensas construções góticas, pedras de toque, até hoje, para a arte de cantar à capela dos coros ingleses.

RENASCENÇA E REFORMA

Renascença e Reforma são movimentos antagônicos, na música assim como em outros setores da vida. Não é possível defini-los em termos musicais, porque o novo século não significa, por enquanto, mudança de estilo: continua-se a escrever em estilo "flamengo"; mas o centro desloca-se para outras regiões, a França, a Alemanha, a Itália, a Inglaterra. Também se nota uma diferença de natureza social: nos países que continuam fiéis à fé romana, a música sai, mais que antes, do recinto das igrejas para encher a vida da sociedade aristocrática; nos países que aderem à Reforma, a música retira-se, principalmente, para a igreja, adaptando-se às formas mais simples da devoção do povo.

A região franco-flamenga foi o foco de irradiação da música renascentista para onde havia sociedades aristocráticas que continuavam fiéis ao credo de Roma, como na Alemanha do Sul e na Itália; ou então, sociedade que escolheu uma *via media* entre a velha fé e os rigores do calvinismo, como na Inglaterra elizabetana. Mas os primeiros portadores dessa nova mensagem musical ainda são os "flamengos".

O primeiro grande nome é Philippe de Monte (1521-1603), natural de Mechelen (Malines), que trabalhou na Itália, para tornar-se depois regente da capela do imperador alemão Rodolfo II, em Praga. Sua obra imensa é hoje um dos objetos preferidos

dos estudiosos da musicologia, mas sem ter saído desse círculo estreito; houve oportunidade de ouvir sua bela missa *Inclina cor meum*.

O lugar que hoje se pretende conceder a Monte pertence, tradicionalmente, e com razão, a Orlandus Lassus (Roland de Lattre) (c. 1530-1594)[5]: natural de Mons, regente de coros na França e na Itália; de 1560 até sua morte, regente da capela da corte de Munique, centro do catolicismo romano na Alemanha do Sul. Seu universalismo lembra os grandes gênios da Renascença, os Leonardo, os Michelangelo. Sabe dirigir as massas sonoras como se fosse um Händel da época do canto à capela. Assim como Händel, Lassus é cosmopolita: é flamengo, francês, italiano e alemão ao mesmo tempo.

O espírito e a técnica da música contrapontística flamenga são inconfundíveis em grande parte dos seus inúmeros motetes: o *Salve Regina* (quatro vozes) e o *Pater Noster em fá maior*, que pertencem ao repertório das associações corais; o motete *Timor et Tremor*, que ainda continua sendo cantado no Domingo de Páscoa nas igrejas de Munique e Viena; os *Magnificats*, o motete *Justorum animæ* e o mais famoso de todos, *Gustate et videte*, do qual conta a lenda: foi escrito em Munique, para procissão que pediu chuvas depois de longo período de seca; e comoveu de tal maneira o céu que a chuva logo começou a cair. São obras "góticas". Mas seu autor também escreveu, com a mesma mão infalivelmente segura do efeito sonoro, *chansons* eróticas com letra francesa (*Quand mon mari, Margot, J'ai cherché*), às vezes humorísticas (*Dessus le marché d'Arras*), e coros latinos para as tertúlias alegres de estudantes (*Fertur in convivio*). É autor de madrigais italianos como *Amor mi strugge* e *Matona mia cara*. É latinista erudito, pondo em música textos de Virgílio (*Tityre*) e Horácio (*Beatus ille*). E é, apesar de certas veleidades reformatórias, um devoto católico romano, em cuja obra já se anuncia a Contrarreforma. Esse grande humanista, humorista e homem da sociedade aristocrática é o autor do *Magnum opus musicum* (publicado postumamente em 1604): nada menos que 516 motetes para todas as festas e comemorações do ano litúrgico, de uma variedade infinita de técnicas, inspirações e emoções: o extático Justorum animæ, descrevendo a ascensão das almas dos justos para o céu, e o

Orlandus Lassus, c. 1593.

amargo *Tristis es, anima mea*, de pessimismo brahmsiano, o retumbante *Creator omnium* e o solene *Resonet in laudibus*, e tantos outros. No entanto, a obra capital de Orlandus Lassus, talvez a maior do século, são os *Psalmi poenitentiales* (1560), isto é, os salmos 6, 31, 37, 50, 101, 129 e 142 (conforme a numeração da Vulgata), de profunda contrição e energia sombria; sobretudo o salmo 50 (*Miserere*) e o salmo 129 (*De Profundis*). É a música mais emocionada, mais dramática de toda a época do canto à capela, não acompanhado. No coro profano *Hola, Charon* (1571), Lassus tinha evocado a morte com o espírito pagão de um homem da Renascença. Nas *Sacræ Lectiones ex Job* (1565) e nas *Lamentationes Hieremiæ* (1585), já o inspiram textos pessimistas da Vulgata do Velho Testamento. Mudaram os tempos. No fim do século, Munique será o centro da Contrarreforma na Alemanha. Nas *Lagrime di San Pietro* (1594) já se sente algo do espírito barroco, talvez devido ao texto do poeta italiano Luigi Tansillo.

Orlando Lassus é, pela intensidade do seu sentimento profano e pela angústia religiosa, o mais "moderno" entre os mestres "antigos". Sua síntese de construção rigorosamente arquitetônica e de abundante lirismo já fez pensar na síntese de elementos equivalentes em Brahms. Mas as comparações dessa natureza nunca deixam de ferir a consciência historicista. A arquitetura polifônica de Lassus não tem nada a ver com a polifonia instrumental de um pós-beethoveniano; e o seu lirismo reflete o estado de espírito de uma sociedade da qual só subsistem recordações livrescas.

Essa sociedade aristocrática é a da Renascença, mais exatamente a do Cinquecento, de uma época já sacudida pelas tempestades da Reforma e Contrarreforma, enquanto a aristocracia está ameaçada de se transformar em mero ornamento das cortes de príncipes absolutos. A música dessa sociedade é, na França, a *chanson*, cujo grande mestre é Clément Janequin (1485-1560); e, na Itália, o madrigal, a canção a quatro ou cinco vozes, cantada por damas e cavalheiros, sem acompanhamento (embora mais tarde se admita o do alaúde); espécie de motete profano, as mais das vezes de lirismo erótico. Uma arte fina e requintada que tem, hoje, o sabor de recordação de álbum de nobre família extinta. Mas o madrigal não é um gênero inteiramente morto. Algumas dessas pequenas obras de Baldassare Donato (ou Donati, c. 1530-1603) e Giovanni Gastoldi (1556-1622) ainda são cantadas pelas associações corais, embora em arranjos pouco fiéis ao espírito dos originais, feitos por compositores pós-românticos do século XIX, como Peter Cornelius e Herzogenberg: são especialmente conhecidos os madrigais *Tutti venite amati* e *A liete vita* de Gastoldi. O maior dos madrigalistas italianos é Luca Marenzio (c. 1550-1599), que foi chamado "*il più dolce cigno*". Sua arte é estupendamente expressiva; não evita cromatismos, modulações audaciosas, dissonâncias para interpretar textos como *Già torna, O voi che sospirate, Scaldava il Sol, Cantiam la bella Clori, In un boschetto, Se il raggio del sol, Scendi dal Paradiso* — às vezes lembra a arte de Hugo Wolf. É a música com que se divertiram, nas pausas da conversação sobre filosofia platônica, literatura latina e educação dos nobres, as princesas, literatos e prelados reunidos na corte de Urbino: das conversas que vivem para sempre na obra literária mais nobre da Renascença italiana, no *Cortegiano de Baldassare Castiglione*.

O madrigal, embora forma arcaica, ainda hoje não morreu de todo; sobrevive especialmente na Inglaterra, onde se cultiva a memória da música elizabetana. Música de uma sociedade aristocrática que imita assiduamente as maneiras finas dos italianos; e que, pelo menos em parte, guarda fidelidade às expressões estéticas do mundo católico; mas a Reforma já liberou as forças de vitalidade profana da *merry old England* da rainha Elizabeth e de William Shakespeare. Entre os compositores elizabetanos, há um número surpreendentemente grande dos que continuam fiéis ao catolicismo romano, apesar do rigor com que a monarquia impôs a separação da Igreja anglicana de Roma; talvez porque as novas formas litúrgicas não concederam à música as mesmas oportunidades de outrora. No terreno profano cultivam o madrigal, as composições para alaúde e uma espécie de elementar música pianística: o instrumento é chamado de "virginal". É uma arte aristocrática, que também sabe interpretar os *cris de la rue*, do povo. Nunca foi tão inteiramente esquecida como a música renascentista no continente europeu. Há, na Inglaterra moderna, numerosas associações de madrigal; e no piano ou no cravo se toca, ainda ou de novo, a música de "virginal".[6]

O gênio da música elizabetana é William Byrd (1543-1623)[7], que ficou fiel à fé romana, apesar de desempenhar o cargo de maestro da capela da rainha protestante.

Obra meio clandestina foi, portanto, sua *Missa* para cinco vozes (1588), por causa da qual a posteridade lhe concedeu o título de "Palestrina inglês": obra realmente de grande valor, mas menos palestriniana do que "gótica", "flamenga". No resto, Byrd foi um daqueles gênios universais da Renascença, dominando todos os gêneros. É estupenda a amplitude emocional dos seus *Psalms, Sonnets and Songs of Sadness and Piety*.

Seus madrigais (*Lullaby, This Sweet and Merry Month of May, Though Amaryllis Dance in Green*) lembram o ambiente erótico e alegre das comédias da primeira fase de Shakespeare. A *merry old England* também vive na música "pianística" de Byrd, para o virginal, na qual o "Palestrina inglês" se revela de estranha modernidade, deixando de lado a polifonia pedante para escrever variações espirituosas sobre danças aristocráticas e populares: *The Carman's Whistle, Sellenger's Round, The Bells* e a *Pavane: Earl of Salisbury* são, até hoje, música viva.

2. A POLIFONIA VOCAL

Os outros cultivam parcelas desse feudo musical. Thomas Morley (1557-1603) é o cantor da vida nos campos e do bucolismo de veraneio; forneceu grande parte das peças que são cantadas pelas modernas associações madrigalescas: *Since My Tears, Now Is the Month of Maying, Sing We and Chant It*. John Dowland (1563-1626) foi grande compositor para o alaúde, famoso pelas suas pavanas majestosas e sombrias. A gente mais simples parece ter preferido suas canções melancólicas (*Go Crystal Tears; Shall I Sue; Weep You no More*).

William Byrd, gravura de Gerard van der Gucht, c. 1730-1770.

Assim foi *Dowland* [...] *whose heavenly touch/ Upon the lute doth ravish human sense*: os versos estão no *The Passionate Pilgrim*, de William Shakespeare. O último dos grandes elizabetanos foi Orlando Gibbons (1583-1625), que também escreveu "doces" madrigais, talvez os mais belos de todos: *The Silver Swan* e *What Is Our Life?* são as *pièces de résistance* do repertório das associações madrigalescas. Mas Gibbons já pertence à época "jacobeia"; as preocupações religiosas voltaram. Vive em Gibbons, pela última vez, algo do espírito de Byrd: no *Service* em fá maior, espécie de missa anglicana; e no *Hosanna to the Son of David*, que os coros ingleses ainda costumam cantar nos dias de Natal. Depois, o puritanismo vitorioso nas guerras civis acabou, dentro e fora da Igreja, com a música.

O calvinismo francês não foi tão radicalmente infenso à música, pelo menos no início. Contudo, o regime democrático das comunidades calvinistas não permitiria a posição privilegiada de um coro de músicos profissionais, executando obras complicadas às quais os outros fiéis só poderiam assistir passivamente, a título de edificação estética. O culto tem de ser de todos. Um grande polifonista como Claude Goudimel (c. 1505-1572), uma das vítimas dos massacres de huguenotes na província, depois da Noite de São Bartolomeu, devia limitar sua arte a formas mais simples, para a comunidade toda cantar seus 76 salmos (1565), dignos e severos. Essa simplificação e, mais tarde, a exclusão de toda a música instrumental dos templos calvinistas, com a única exceção de prelúdios e acompanhamentos do órgão, acabaram com a música do calvinismo francês e holandês. Dentro do mundo protestante, a arte foi salva pelo acaso da feliz musicalidade de Lutero.

Talvez nem fosse acaso. A esse respeito como a outros, Lutero foi o porta-voz da nação germânica, cuja profunda musicalidade é o mais importante elemento em toda a história da música moderna. Mas só da moderna. Na Idade Média e nos séculos XV e

XVI, a contribuição dos alemães não é de primeira ordem. O único nome indispensável é o de Jacobus Gallus (Handl) (1550-1591), que os historiadores da sua nação chamam de "Palestrina alemão"; cada nação pretende ter tido seu Palestrina, o século XVI. O apelido é inadmissível quanto ao estilo de Gallus, que é "gótico-flamengo". Mas um grande mestre foi esse último polifonista católico alemão: dão testemunho motetes como *O magnum mysterium*, *Laudate Dominum* e o comovente *Ecce quomodo moritur justus*, que ainda é cantado, na Semana Santa, nas igrejas da Baviera, Áustria e Renânia.

Para essa arte polifônica, cantada por coros separados do povo, o culto luterano não tinha uso. Mas tampouco pensava Lutero em excluir das igrejas a música, que lhe parecia a maneira mais digna de adorar Deus: pois à Igreja invisível do luteranismo corresponde a arte invisível do coral. Este tem só o nome em comum com o coral gregoriano da velha Igreja. O coral luterano é coisa completamente diferente: é uma melodia sacra popular ou de origem popular e depois harmonizada, cantada não por um coro de cantores profissionais, mas pela comunidade inteira, acompanhada pelo órgão, ao qual também se concede o direito de preludiar o canto ou de orná-lo com variações livres. Pelo coral entrou na Igreja luterana um importante e infinitamente rico elemento folclórico; ao mesmo tempo, salvou-se a relativa independência musical do órgão; e pouco mais tarde já não haverá objeções, da parte das autoridades eclesiásticas, contra a participação de outros instrumentos e contra a elaboração mais sutil de certos temas corais em obras que só um coro de cantores profissionais poderia executar: as cantatas.

Assim encontramos nada menos que 1.244 "versões" de corais com acompanhamento instrumental na obra *Musæ Sionæ*, de Michael Prætorius (1571-1621). Já estão reunidos os elementos de que se constituirá a obra de Bach.

A CONTRARREFORMA: PALESTRINA

O movimento caracterizado pela fundação da Companhia de Jesus e pelo Concílio de Trento só podia ser batizado com o nome de Contrarreforma por historiadores protestantes, que o consideravam como resistência da velha Igreja agonizante contra a Reforma vitoriosa. Os fatos históricos não confirmam essa falsa perspectiva. A Igreja de Roma não morreu. Ao contrário: no fim do século XVI, já tinha reconquistado metade dos países ao norte dos Alpes, além de ficarem extintos os focos de heresia na Itália e Espanha. Deveram-se essas vitórias ao fato de que a chamada

2. A POLIFONIA VOCAL

Contrarreforma foi uma verdadeira Reforma: dogmática (dentro dos limites da tradição imutável), administrativa e moral. Também se reformou o culto. Também se reformou a música do culto.

Um dos instrumentos mais poderosos da propaganda jesuítica foi a liturgia romana à qual os protestantes não tinham o que opor senão o verbo bíblico, interpretado no sermão pelo ministro. Mas na Igreja católica colaboraram as artes plásticas e a música para representar a verdade religiosa: de uma maneira que assombra os espíritos simples, eleva os de elite e confunde a todos. Quanto à música, trata-se de uma reforma não somente litúrgica, mas também musical. Para a verdade religiosa ficar representada, têm os fiéis de entender bem as palavras sacras que o coro canta. Essa exigência exclui inapelavelmente os *L'Homme armé*, *Malheur me bat*, *Se la face* e outras melodias profanas que os mestres flamengos tomaram como bases temáticas de suas obras; depois, obriga a reduzir a abundância e suntuosidade de artes contrapontísticas, impedindo também o canto simultâneo de textos diferentes; enfim, essa simplificação da polifonia torna dispensável o apoio do coro em acompanhamento instrumental, de modo que até o órgão pode ficar calado ou então limitar-se a poucos acordes iniciais, à guisa de prelúdio. A "música da Contrarreforma" é rigorosamente desacompanhada, à capela.

Só a voz da criatura humana é digna de louvar o Criador. Eis os elementos básicos do estilo chamado "de Palestrina".

Suas origens não se encontram na Itália, mas na Espanha: assim como a reforma da Igreja espanhola pela rainha Isabel e o cardeal Jiménez precedera à reforma da Igreja universal e romana pelo Concílio de Trento. O primeiro mestre daquele estilo é o espanhol Cristóbal de Morales (1512-1553)[8], que foi membro da Capela Sistina em Roma: ali ainda hoje se canta, ocasionalmente, seu motete *Lamentabatur Jacob*, que já tem as qualidades características do novo estilo. Outros motetes de Morales, como *Emendemus in melius*, foram reimpressos e cantados no México. O mestre é precursor de Palestrina.

Giovanni Pierluigi da Palestrina (*c.* 1525-1594)[9] é o mais "clássico" dos compositores; naturalmente, não no sentido da música clássica vienense de Haydn, Mozart e Beethoven, mas no sentido de equilíbrio perfeito, latino, assim como são chamados clássicos os grandes escritores franceses da época de Luís XIV. Mas é preciso advertir contra comparações ilícitas. Chamar, por exemplo, Palestrina de "Bach católico" só pode significar que o latino ocupa, dentro da música da Igreja romana, a mesma posição de destaque que Bach ocupa dentro da música da Igreja luterana; mas para nós, numa época em que nem esta nem aquela Igreja dispõe de música viva, aquelas posições históricas não têm nenhuma importância ou significação: a comparação serve apenas para esconder ao menos informado as diferenças fundamentais: Bach não é "clássico" em nenhum sentido estilístico da palavra, de modo que é capaz de exercer a mais profunda influência sobre a música moderna; enquanto Palestrina é "clássico" dentro de um estilo há séculos extinto e já por ninguém cultivado.

É um grande fenômeno histórico.

A vida de Palestrina foi mais agitada do que a serenidade imperturbável da sua arte deixa entrever. Foi, sucessivamente, regente da Capela Giulia, cantor na capela papal, regente do coro de San Giovanni in Laterano, do coro de Santa Maria Maggiore, enfim, de San Pietro in Vaticano; e mudou tanto porque houve muitos conflitos; porque o triunfo de sua música, sendo oficialmente reconhecida como a da Igreja romana, foi a fase final de uma grande luta. Uma lenda muito divulgada e até hoje repetida por certos historiadores concentra todas aquelas lutas num único momento histórico: no Concílio de Trento. Insatisfeitos com a polifonia dos mestres "flamengos", com a incompreensibilidade das palavras sacras e a intervenção de textos profanos, os cardeais, bispos e doutores reunidos naquele concílio teriam pensado em proibir toda música polifônica, permitindo apenas o coral gregoriano; mas a audição da célebre *Missa Papae Marcelli*, de Palestrina, obra polifônica sem nenhuma daquelas ofensas à liturgia, teria feito mudar de opinião os prelados e teólogos. É uma lenda. Realmente, houve a intenção de proibir a polifonia na música litúrgica. Mas não foi aquela missa que impediu a catástrofe. No entanto, a lenda tem vida tenaz: ainda em nosso tempo forneceu o enredo para a notável ópera *Palestrina*, de Pfitzner, cuja música não tem, aliás, o menor ponto de contato com a palestriniana. Mas o público precisa, parece, de estímulos literário ou pseudoliterários para encontrar algo de "interessante" naquela música. A arte de Palestrina parece-nos a de um mundo alheio da nossa vida musical.

Realmente, só existe para servir à liturgia. Palestrina não é um grande compositor que escreve música sacra; é um liturgista que sabe fazer grande música. É isso que lhe garantiu, enfim, a vitória; mas também é isso que o torna tão dificilmente acessível. Pois Palestrina é mais "moderno" do que se pensa. Seu objetivo foi este: tornar o texto sacro, na boca dos cantores, compreensível (o que não acontecera na música dos mestres flamengos), sem renunciar à polifonia. Para esse fim, reduziu as complicações contrapontísticas; traçou limites certos à independência melódica das muitas vozes, obrigando-as a coincidir em acordes que, pela consonância, focalizam a palavra.

Declamando o texto sacro, confere-lhe a pronúncia certa por colunas de acordes que acentuam as sílabas importantes. Com isso, o princípio da polifonia linear, o da independência das vozes, está parcialmente abandonado: a música de Palestrina ainda é horizontal, melódica, mas também já é vertical, harmônica; e por isso é de eufonia nunca antes obtida. Palestrina escreve nesse estilo "declamatório" porque pretende, muito mais do que os mestres flamengos, exprimir musicalmente o sentido emocional dos textos: a tristeza nesse vale de lágrimas e o júbilo dos santos. Sua música é, dentro de limites certos, expressiva. Para tanto não procura, na verdade, as modulações de uma tonalidade para outra, o cromatismo; mas não o evita quando parece indispensável. E quando não escreve diretamente para uso litúrgico, como nos madrigais sobre textos do *Cântico dos Cânticos* (1584), nem sequer evita a dissonância.

Mas é preciso explicar e comentar ao ouvinte moderno esses traços de "modernidade" para ele percebê-los. Quem não estudou em profundidade o estilo palestriniano achará que todas as obras do mestre são iguais; assim como nos museus de Florença e Roma, todos os quadros de Andrea del Sarto parecem igualmente belos, até monotonamente belos. É uma ilusão produzida por aquele equilíbrio clássico entre a polifonia e a declamação, e mais por algumas outras qualidades características, sobretudo pela falta de movimento rítmico em nosso sentido: a notação dessa música não precisa de divisão em compassos. Daí a impressão de monotonia. Um crítico inglês disse, jocosamente, que, na execução de uma missa de Palestrina, se poderiam pular várias páginas sem que ninguém percebesse. Há nessa observação irreverente um grão de verdade: mas o ouvinte logo perceberia a omissão se acompanhasse a música, na igreja, com o missal na mão. A música de Palestrina não deveria ser executada nas salas de concerto, embora as grandes associações corais não queiram desistir de ocasional execução da *Missa Papae Marcelli* ou do *Stabat Mater*. No recinto profano, essas obras estão tão deslocadas como os quadros de altar de Renascença nos grandes museus; cansam, em vez de edificar. O lugar das obras de Palestrina é na igreja.

É uma arte antiga; mas não é uma arte morta. Pelo menos nas basílicas e em outras grandes igrejas da cidade de Roma, certo número de missas de Palestrina pertence ao repertório permanente: as missas *Alma Redemptoris, Beatus Laurentius, Ecce Ego Johannes, Super Voces, O admirabile commercium, O Magnum mysterium, Quem dicunt homines, Tu es pastor, Tu es Petrus, Viri Galilaei*, a missa *Hodie Christus natus est*, para a noite de Natal, e a calma *Missa pro defunctis*. Durante a Semana Santa, cantam-se na Capela Sistina os motetes *Pueri hebraeorum* e *Fratres ego enim*, as famosas *Lamentationes* (1588) e os não menos famosos *Improperia*; e depois das cerimônias que iniciam a Páscoa, é executada a *Missa Papae Marcelli*. Essa missa, de 1567, não é a maior obra de Palestrina, mas é a mais famosa, de puríssima eufonia e de solenidade sóbria; o texto litúrgico é declamado, de propósito, com grande simplicidade, como para salientar a ortodoxia impecável da interpretação do texto. Em compensação, Palestrina dá brilhante amostra das suas artes contrapontísticas na missa *L'Homme armé* (1570), a última que foi escrita à maneira dos mestres flamengos; e em mais outras missas sabe habilmente esconder as complicações polifônicas para impressionar os músicos sem desagradar aos teólogos. Sua obra-prima talvez seja a missa *Assumpta est* (1583), majestosa e no entanto profundamente sentida; menos jubilosa do que se poderia pensar, antes inspirada pela tristeza dos que, tendo assistido à Assunção, continuam, filhos de Eva, neste vale de lágrimas.

Ao leigo que pretende iniciar-se na música palestriniana, serão mais acessíveis as obras curtas, os motetos. São muitos; e alguns continuam sendo cantados não só em Roma, mas em todas as maiores igrejas do mundo católico: *Surge, illuminare* e *O magnum mysterium*; os *Magnificats* (sobretudo o n° 4° tono); o *Salve Regina* (quatro vozes); o jubiloso e extático *Dum complerentur* (para o Domingo de Pentecostes); *Tribularer si nescires*; o melancólico *Paucitas dierum*, dizendo das atribulações de Jó; o *Pange língua*; *Peccavimus*; *Viri Galilaei*; *Accepit Jesus calicem*; e os salmos *Super flumina* e *Sicut cervus*. É, porém, muito característico o fato de que nenhuma obra de Palestrina conquistou fama tão universal como o pequeno *Stabat Mater*, de 1591, que, já no século XVIII, o musicólogo inglês Burney popularizou: pois é a obra menos típica e mais "moderna" do mestre. Nela as vozes já não têm independência melódica, a composição é uma sucessão de admiráveis acordes vocais de sabor místico, de "colunas" sonoras. É a transição: da música polifônica, horizontal, para a música vertical, harmônica.

É possível definir exatamente as qualidades musicais do estilo palestriniano. É muito mais difícil coordená-lo com o estilo de outras artes da mesma época. Os musicólogos do século XIX compararam Palestrina a Raffaello e Correggio, o que hoje nos parece pouco acertado; não considera bem a posição do compositor dentro do movimento contrarreformista; em comparação com ele, aqueles dois pintores são pagãos. Palestrina já não pertence à Renascença. Mas também não é possível defini-lo — como já se fez — como músico barroco; para tanto, não é bastante místico nem exaltado nem realista nem pomposo. A correspondência perfeita do seu estilo com a nova Basílica de São Pedro, no Vaticano, antes faz pensar no maior arquiteto dela, em Michelangelo, dos últimos anos

Palestrina com a partitura de sua famosa Missa Papae Marcelli, século XVI.

da sua vida. De Palestrina e de Michelangelo chega-se, na música e nas artes plásticas, ao maneirismo.

O MANEIRISMO

O termo "maneirismo" já não tem, como antigamente, sentido pejorativo. É geralmente usado, na história das artes plásticas, para a fase intermediária entre as últimas formas renascentistas e o barroco. É pré-barroco, porque já se aproxima do *meraviglioso* e *stupendo*; ainda não é barroco, porque, mesmo usando recursos colossais, continua dentro de limites clássicos ou classicistas da expressividade. Maneirista é o estilo que pretende superar-se a si mesmo, sem dispor, ainda, de recursos inteiramente novos para tanto. Daí a impressão do exagero e da autolimitação, que não excluem a possibilidade de criar obras-primas.

Um dos recursos típicos do maneirismo em música é a "policoralidade". O flamengo Adrian Willaert (c. 1480-1562), natural de Bruges, nomeado em 1527 regente do coro da Basílica de San Marco, em Veneza, observara as possibilidades sonoras de fazer alternar os coros colocados nos dois balcões superiores de que aquela basílica dispõe.

Em motetes como *Laudate pueri* e *Confitebor*, experimentou essa "conquista do espaço musical", definição que lembra o caráter pré-barroco da iniciativa.

Essa conquista é obra de dois discípulos venezianos do mestre nórdico: Andrea Gabrieli (c. 1510-1586) e seu sobrinho Giovanni Gabrieli (1557-1612)[10], ambos organistas em San Marco. A música de Andrea, em motetes como *Deus misereatur e Benedicam Dominum*, já é de um colorido sonoro que lembra imediatamente a pintura veneziana contemporânea, Ticiano, sobretudo. Giovanni, que foi gênio, acrescenta a capacidade de expressão dramática. Nas suas *Sacræ Symphoniæ*, de 1597, há obras-primas em que a alternância e reunião dos coros produzem efeitos sonoros verdadeiramente assombrosos: assim o *Miserere* (seis vozes), o *Domine Jesu Christe* (oito vozes), *Domine exaudi orationem meam* (dez vozes), *Ascendit Deus in jubilo* (dezesseis vozes) e o famoso *Benedictus* (para três coros). Este último e poucas outras obras, menores, pertencem ao repertório das associações corais. Mas, ainda mais que com respeito a Palestrina, cabe lembrar que só fazem o devido efeito na igreja e mesmo só em igrejas que dispõem das condições acústicas de San Marco. Por outro lado, só pela leitura, pelo estudo atento, revelam-se as grandes artes polifônicas de Giovanni Gabrieli, já muito diferentes do estilo palestriniano, pela distribuição sábia das vozes empregadas, assim como um sinfonista moderno distribui os instrumentos da orquestra. Tudo isso serve a um fim que não tivera para Palestrina a mesma importância: serve à arte da interpretação expressiva e até dramática dos textos sacros. Giovanni Gabrieli já é um mestre pré-barroco. Antecipa fases muito posteriores da evolução da música. Algumas daquelas obras podem ser executadas *ad libitum*, à capela ou com acompanhamento de órgão, mas outras parecem exigir o acompanhamento por instrumentos de sopro. Enfim, esses instrumentos se tornam independentes. Os musicólogos têm dedicado estudo intenso a uma obra como a *Sonata pian' e forte*, de Giovanni Gabrieli, obra puramente instrumental, na qual os dois coros de vozes humanas são substituídos por dois coros de trombones. No seu tempo, Giovanni Gabrieli foi certamente um inovador revolucionário.

Quando, em 1596, Igor Stravinsky regeu, na Basílica de San Marco, em Veneza, seu *Canticum Sacrum ad honorem Sancti Marci nominis*, a execução da obra moderna foi precedida pela de alguns coros de Andrea e Giovanni Gabrieli.

A música policoral ainda pertence à época da Contrarreforma: seu lugar é nas igrejas vastas do estilo jesuítico, em que a liturgia, ajudada por todas as outras artes, pretende impressionar os fiéis. A mais impressionante dessas obras é devida a Orazio Benevoli (1602-1672): a *Missa Solene* para a inauguração do novo domo de Salzburgo (1628).

Essa obra estava, como tantas outras da época, destinada para ser executada só uma vez, em determinada ocasião; dormiu, depois, durante quase três séculos, esquecida nos arquivos da Cúria Metropolitana de Salzburgo; quando o grande musicólogo vienense Guido Adler a redescobriu e editou em 1903 (*Monumentos da música na Áustria*, vol. X), nada foi mais natural do que pensar nas missas sinfônicas de Bruckner e nas colossais sinfonias corais de Mahler: pois a missa de Benevoli é escrita para oito solistas, oito coros, orquestra de 34 vozes instrumentais e dois órgãos. As opiniões sobre o valor musical dessa obra são divididas: alguns censuram a extrema simplicidade dos temas (mas com temas mais complexos ninguém chegaria a dominar a massa sonora, 52 vezes dividida); outros (entre eles, o próprio Guido Adler) admiram a força impressionante de trechos como *Unam sanctam*. Os contemporâneos, de que temos testemunhos da execução de 1628, consideravam Benevoli como o sucessor e superador de Palestrina, porque teria "conquistado novos espaços sonoros". A expressão tem sabor barroco; mas a argumentação antes lembra as definições do maneirismo, cujo último representante, escrevendo para 48 vozes e mais, em época de plena homofonia operística, será o outrora famoso Giuseppe Ottavio Pitoni (1627-1743).

No resto, é preciso considerar que o polifonismo extremo de um Benevoli só é, muitas vezes, aparente: não pode (nem quer) evitar que os coros (os vocais e os

2. A POLIFONIA VOCAL

instrumentos) apenas alternem, ou então que certas vozes dobrem ou redobrem outras. Obras dessa natureza já não teriam sido possíveis à capela, porque os coros cairiam em confusões inextricáveis; mas a necessidade de acompanhamento por acordes favorece a maneira de escrever "verticalmente", harmonicamente. A polifonia policoral passou por um processo de autodestruição; o resultado será o acompanhamento instrumental de uma vez só: a homofonia.

Ao mesmo resultado levou a evolução do madrigal. Nos madrigais sacros de Palestrina, o desejo de expressividade já produziu cromatismos inesperados e dissonâncias. Assim, também, nos de Marenzio. Um caso extremo, comparável à "policoralidade" extrema de Benevoli, é Carlo Gesualdo, príncipe de Venosa (c. 1540-1614).[11] Há séculos esse nobre diletante é um autor preferido dos que procuram na história "histórias interessantes". Pois teve uma vida romântica; assassinou sua esposa infiel, Maria d'Avalos, e o amante dela; e só depois de longos anos de penitência a angústia íntima levou-o a dedicar-se à arte. Entre seus madrigais, publicados em vários volumes entre 1594 e 1611, há peças que não podem deixar de assombrar os musicólogos. *Moro, lasso* e *Resta di darmi noia*, que, hoje em dia, se voltou a cantar, têm sabor romântico. Em outros madrigais, o cromatismo extremado lembra Tristão e Isolda.

Em mais outros, já não é possível reconhecer a tonalidade, como se fossem obras da fase atonal de Schoenberg. O sistema tonal da época da polifonia vocal está em plena dissolução: está às portas daquele caos com que se inicia, na música, a época barroca.

Gesualdo foi "um embriagado de sons novos" como Debussy. Sua modernidade parece inesgotável. Stravinsky transcreveu-lhe para pequena orquestra de câmera os três madrigais *Asciugate i begli occhi*, *Ma tu, cagion di quella* e *Beltà poi che t'assenti*, como *Monumentum pro Gesualdo di Venosa* (1960). Execuções recentes de certos madrigais nunca deixaram de surpreender o público. Mas nem isso pode levar-nos a ver nesse personagem romântico um gênio — como Aldous Huxley o fez num ensaio —, o criador da música moderna. Só foi o São João Batista de um maior: Monteverdi.

Carlo Gesualdo, com a esposa morta ao fundo.

3. O barroco

O concerto, de Mathieu Le Nain, óleo sobre tela, segunda metade do século XVII.

3. O BARROCO

Acreditamos saber, depois de tantas discussões, o que é barroco; também na música. Os teóricos da música do século XVII confirmam nossos conceitos ou preconceitos. Citam um famoso soneto do poeta barroco Marino: "*È del poeta il fin la meraviglia: Chi non sa far stupir, vada alla striglia*".

Exigem que a música também seja *meravigliosa, grandiosa, ampollosa, massiccia*; que chegue a produzir *lo stupore* dos ouvintes e a *colpire i sensi*. São conceitos familiares.

Mas não se aplicam só à música barroca. Alguns valem, igualmente, para a contrapontística flamenga; outros, para a "grande ópera" de Meyerbeer, a música programática de Berlioz, os dramas musicais de Wagner, as sinfonias e óperas de Richard Strauss. Esses critérios são, no fundo, subjetivos: apenas se referem às impressões recebidas pelos ouvintes.

Contudo, a tentativa de referir-se à técnica musical e ao espírito atrás dela fornece resultado ainda mais insatisfatório. Pensando nas artes plásticas e na literatura do barroco, podemos esperar da sua música as mais ricas complexidades polifônicas e a expressão de uma religiosidade mística. Mas, então, os fatos nos decepcionam totalmente. O gênero musical dominante do século XVII não tem nada a ver com religiosidade mística: é a ópera. E em vez das complicações polifônicas, espera-nos o canto do solista, a homofonia, a ária. O gênio com que, na música, abre o século é o operista homofônico Monteverdi.

O espetáculo é desconcertante. O século XVII é, nas artes plásticas, o de Bernini e Rembrandt, El Greco e Vermeer, Velázquez e Caravaggio; é, na literatura, o de Cervantes e Shakespeare, Donne e Molière, Calderón e Racine. Mas na música o século XVII só produziu algumas poucas obras-primas de experimentadores geniais como Monteverdi, Schütz e Purcell. Os resultados definitivos — a música de Alessandro e Domenico Scarlatti, de Vivaldi, Bach e Händel — pertencem ao século XVIII; e não se parecem com os inícios.

Evidentemente, o problema do barroco na música é diferente do mesmo problema nas outras artes. Será melhor adiar a discussão das teorias para examinar, antes, os fatos.

AS ORIGENS DA ÓPERA E DO BAIXO CONTÍNUO

Arte clássica — arte barroca: eis os dois conceitos contraditórios a cujo antagonismo o grande Heinrich Wölfflin subordinou toda a história das artes plásticas.

Parecem irreconciliáveis, na retrospectiva. Raffaello e Bernini são polos opostos para a crítica moderna. Aos contemporâneos, a diferença não parecia menor, mas antes gradual do que essencial. Os clássicos e os barrocos, estes e aqueles acreditavam ter feito o melhor para ressuscitar a arte grega antiga; e a um crítico do século XVII não se afigurava paradoxal a ideia de que Bernini não passava de um Raffaello mais "intenso" e de maiores recursos técnicos. A Renascença, pensavam, não atingiu completamente o grande objetivo de ressuscitar as artes da Antiguidade; o estilo barroco não foi sentido como viravolta revolucionária, mas como progresso.

Quanto mais se estudavam os testemunhos literários da Antiguidade, tanto mais se fortaleceu a opinião de que os gregos, na poesia e no teatro, tinham empregado os recursos da palavra e do canto, juntamente, para dar expressão aos sentimentos. Mas a música da Renascença não estava em condições de realizar esse ideal. Pois só admitia, na música sacra e no madrigal, o canto à capela, polifônico, de várias vozes contrapontisticamente combinadas. E pode-se imaginar o papel de Orestes ou o de Electra, personagens de tragédia, cantado por um pequeno coro misto? Essa impossibilidade foi demonstrada por Orazio Vecchi (1550-1605), polifonista erudito que contribuiu com a maior eficiência para destruir o ideal da polifonia vocal. Na sua peça *O Anfiparnasso, Commedia Armonica*, os atores no palco fazem apenas os gestos; seus papéis são cantados nos bastidores, por coros de quatro e cinco vozes. O efeito é irresistivelmente cômico. A obra teria sido deliberadamente parodística? Em todo caso, mostrou indiretamente o caminho para o canto homófono, individual. *O Anfiparnasso*, escrito em 1594, ano da morte de Orlandus Lassus e de Palestrina, foi publicado em 1597. No mesmo ano de 1597, recitou-se em Florença a primeira ópera.

As origens da ópera florentina[1] são literárias. Em torno do mecenas, Bardi reuniu-se a um grupo de eruditos e literatos, entre eles Vincenzo Galilei, o pai do astrônomo, para estudar os motivos do fracasso dos poetas trágicos italianos do século XVI em imitar a tragédia grega. Tinham sido muitos os equívocos com

Xilogravura de um ator encenando o prólogo *O Anfiparnasso*, de Orazio Vecchi, Veneza, 1597. O Anfiparnasso é uma obra em meio a uma viragem musical e, na singularidade da sua composição, expressa exemplarmente a ambivalência dessa fase de desenvolvimento. É a tentativa de Orazio Vecchi de unir duas artes populares na época: o nobre do madrigal e o bruto da commedia dell'arte.

respeito à arte de Sófocles e Eurípides. Sobretudo, os poetas italianos não tinham prestado atenção ao fato bem testemunhado de que os papéis, na tragédia antiga, foram ditos numa espécie de "recitativo", de "parlando", isto é, declamação que se aproxima do canto. Para conseguir o verdadeiro efeito trágico — assim se pensava em Florença —, seria necessário juntar aos versos a música. A ópera nasceu, portanto, de um equívoco filológico. Pois nada no mundo se parece menos com uma tragédia de Sófocles ou de Eurípides do que uma ópera de Monteverdi ou de Alessandro Scarlatti.

Os primeiros libretos foram escritos pelo poeta Ottavio Rinuccini: *Dafne* (1597) e *Eurídice* (1600); a música escreveu-a o maestro Jacopo Peri (1561-1633). Outra música para a mesma *Eurídice* foi escrita em 1600 pelo cantor Giulio Caccini (1550-1618), autor de um volume de *Le nuove musiche*, isto é, canções novas porque para uma voz só: um verdadeiro revolucionário.

Entre a música de Peri e a de Caccini há diferenças evidentes: aquele declama texto; este enfeita-o de melodias. O princípio é, porém, o mesmo: o canto é "homófono" ("monódico"). É a vitória do indivíduo sobre o coro; é o individualismo na música.

Mas aos ouvidos acostumados à polifonia à capela e aos acordes vocais, a voz individual soava como insuficiente, como que precisando de um complemento. Devia acompanhá-la um instrumento, de preferência um instrumento de teclas, um dos precursores do nosso piano, porque nesses instrumentos se podem tocar acordes, substituindo uma multidão polifônica inteira. Mas não houve intenção nenhuma de desviar a atenção do cantor para o instrumentalista. Este último se limitou a fornecer a "harmonia", completando continuamente os sons cantados, tocando acordes mais em baixo: é o *basso continuo*.

O novo gênero institui a soberania do cantor: é ele, o indivíduo, que está no centro, em vez do coro. Parece-se com o monarca absoluto, esse outro personagem central do barroco, podendo dizer: *la musique c'est moi*. Em seu torno gira a corte toda de arquitetos e maquinistas de que se precisa para encenar o espetáculo. Os instrumentalistas que tocam o "baixo contínuo" representam o povo, ficando na sombra, mas apoiando o edifício que cairia sem seu trabalho incessante. Contudo, o instrumentalista também guarda certa liberdade. O *basso continuo* não foi completamente escrito pelos compositores: os acordes foram apenas notados em espécie de linguagem cifrada, em números que indicam os intervalos, e que podem ser interpretados de maneiras diferentes. Ao "baixista" ficava larga margem de improvisação.

A esse respeito, também é soberano, assim como o súdito do monarca absoluto guardava, no foro íntimo, a liberdade da consciência.

O canto monódico e o baixo contínuo: eis os elementos da música barroca.

O BARROCO: MONTEVERDI E A ÓPERA VENEZIANA

A ópera florentina foi obra de intelectuais. A ópera do barroco médio já é arte aristocrática, da corte, assim como a arquitetura e a pintura da mesma época. É suntuosa e pomposa. Mas, assim como nas artes plásticas barrocas, existe nela uma tensão íntima, produzida pela presença do elemento realista. Ao lado dos pintores acadêmicos de Bolonha, dos Carracci e Reni, está o realista Ribera. Em Bernini, coexistem a soberbia atlética e o naturalismo do sentimento. Em Zurbarán, coexistem o realismo espanhol e a mística. A ópera barroca é produto de uma colaboração fabulosa de artes arquitetônicas, cênicas, teatrais, musicais, a serviço de um novo realismo: da expressão dos sentimentos humanos pela melodia cantada.

Claudio Monteverdi (1567-1643)[2] foi maestro de música na corte de Mântua; depois, regente do coro da Basílica de San Marco, em Veneza; ordenou-se padre. Seu túmulo fica na igreja dos Frari, perto do mausoléu de Ticiano. Foi homem altamente combativo, consciente do seu papel de revolucionário de uma arte multissecular. Suas *Vesperae Virginis* (1610), escritas na maneira nova, terminam com uma missa à capela para seis vozes, em estilo palestriniano. Será que o compositor quis demonstrar aos inimigos — e tinha muitos — sua capacidade de escrever no estilo "antigo"? É como se Stravinsky escrevesse uma sinfonia haydniana para desmentir o boato de sua incapacidade de fazer música "acadêmica"; ou Schoenberg, um *lied* à maneira de Schubert. Ou, então, seria aquela missa espécie de expiação de um crime deliberadamente cometido, sinal de má consciência? Aquelas *Vesperae*, hoje facilmente acessíveis numa edição de H. F. Redlich (1934), já aparecem com certa frequência em nossos concertos: obra altamente convincente, de forte expressão religiosa. Para os contemporâneos de Monteverdi, foi mesmo "forte" demais. Nunca antes se ouvira música sacra assim, com maciço acompanhamento instrumental e com solistas, cantando árias de comovente dramaticidade. Motivo suficiente para o compositor fazer aquele gesto de penitência contrita. Monteverdi tinha introduzido na música sacra os modos e meios de expressão da ópera. É mesmo o verdadeiro criador do gênero.

Na verdade, o *Orfeo* (1607) de Monteverdi é a primeira ópera que merece esse nome. Ainda hoje, nas edições-arranjos devidas a compositores modernos como Alfredo Casella e Carl Orff, faz forte efeito em nossas casas de ópera. Os solistas dominam o palco: pela primeira vez, a expressão musical é realmente dramática; o sentimento, puramente humano. Em torno dos solistas cantam coros; mas não têm nada a ver com os coros à capela da época polifônica; já desempenham exatamente o

3. O BARROCO

mesmo papel como os coros numa ópera de Gounod ou Verdi. A orquestra que acompanha os acontecimentos musicais no palco — é a primeira vez, na história da música, que aparece a orquestra; e é surpreendentemente numerosa, composta de uma multidão de instrumentos de cordas: os contemporâneos chamavam-na de "guitarra enorme". De toda forma, é Monteverdi o criador da música moderna.

Foi, naturalmente, muito combatido. Um musicólogo erudito, o cônego Giovanni Maria Artusi, polemizou contra Monteverdi exatamente como Hanslick polemizará contra Wagner. Mas não foi possível voltar ao passado. Da segunda ópera de Monteverdi, *L'Arianna* (1608), perdeu-se a partitura; só temos uma ária: o célebre "Lamento" (*Lasciatemi morire...*), que pertence até hoje ao repertório de todas as cantoras (e cantores) de concerto; salvou-se porque foi, durante toda a primeira metade do século XVII, a melodia mais cantada na Itália, nas cortes, nos salões, nas tabernas, nas ruas, assim como hoje um sucesso da música popular. Monteverdi tinha explorado a fundo a "verdade" da expressão, foi o primeiro que soube exprimir a tristeza, o desespero, a paixão, o triunfo. Seus precursores, a esse respeito, não foram os operistas florentinos, mas os madrigalistas: Marenzio e Gesualdo. Mas a diferença é notável: naqueles, as dissonâncias foram a consequência da adaptação da escritura polifônica à declamação expressiva do texto; Monteverdi, porém, escreve conscientemente de maneira homofônica. Chega a dissonâncias não porque não sabe evitá-las, mas quando quer encontrá-las, e resolve-as pelos acordes harmônicos do baixo contínuo. É música moderna.

Orfeo e *L'Arianna* foram escritas para a corte de Mântua. Alguns decênios mais tarde, escreveu Monteverdi suas últimas óperas para os teatros em Veneza. Mas não é possível acompanhar, passo a passo, a evolução do grande dramaturgo musical, porque as obras intermediárias se perderam. Só temos o *Combattimento di Tancredi e Clorinda* (1624), obra vigorosa, mas de menor vulto, que ainda hoje pode ser e é aproveitada como música de bailado. A evolução da técnica de Monteverdi é, porém, evidente por meio das suas oito coleções de madrigais, publicadas entre 1587 e 1638 — o madrigal foi seu campo de experiências, assim como para Beethoven a sonata para piano. Esses madrigais talvez sejam, por isso, as obras mais características do mestre, revelando "seu esplendor e sua miséria". Da primeira coleção até os *Madrigali guerrieri et amorosi* (1638), podemos observar, em todos, sua curiosidade insaciável de pesquisa, seus ocasionais acertos maravilhosos, seus muitos fracassos. É música experimental. Os madrigais dos compositores ingleses elizabetanos, os de Gastoldi e Marenzio, até os de Gesualdo, podiam ser, em nosso tempo, revivificados pelas associações madrigalescas. Os de Monteverdi, não. São objetos para estudos históricos e da psicologia do compositor. Mas nem em todos os casos é assim. Vale a pena chamar a atenção para os seis madrigais *Lagrime d'amante al sepolcro dell'amata*, que a eminente professora francesa Nadia Boulanger mandou gravar em disco.

Enfim, Monteverdi teve a capacidade, assim como Verdi dois séculos e meio depois, de se renovar na velhice. O fruto maduro de tantas experiências meio sucedidas é a *L'Incoronazione di Poppea* (1642): tragédia musical, o enredo — a suntuosa decadência moral do Império Romano — prestava-se especialmente para ser transfigurado em música pelo gênio de Monteverdi; lembra o teatro elizabetano, como se tivéssemos óperas congeniais tiradas das tragédias de John Webster ou John Ford. Essa obra é a primeira música profundamente psicológica, representando "caracteres", personagens dramáticos. Desde a reedição de 1930, essa última ópera de Monteverdi reconquistou o palco moderno. A representação no Festival Aix-en-Provence, em 1961, teve sucesso tão grande que a obra parece agora continuar no repertório.

Monteverdi, o grande renovador, foi, durante decênios, objeto preferido de estudos musicológicos. Continua a sê-lo. Mas não é uma figura só histórica. *Orfeo*, *L'Incoronazione di Poppea* e as *Vesperae Virginis* voltaram a fazer parte integral da música que entre nós vive.

Dos outros operistas do grupo veneziano não se pode afirmar o mesmo, apesar das reedições modernas. Francesco Cavalli (1602-1676) parece, em comparação com Monteverdi, quase arcaico. Os recitativos dramaticamente agitados, na sua ópera *Giasone* (1649), não significam progresso na linha veneziana; antes realizam plenamente aquilo que fora o objetivo dos primeiros operistas florentinos. Arcaico também parece o *Réquiem* para oito vozes que Cavalli escreveu em 1675, destinando-o para seus próprios funerais: é obra de solenidade austera.

"Progressista" foi Marc'Antonio Cesti (1623-1669): já lhe importa menos a verdade da expressão do que a beleza da melodia. Escreve árias. *La Dori* (1661) foi sua ópera mais famosa. Temos notícias pormenorizadas sobre a representação de outra ópera sua, *Il pomo d'oro* (1666), escrita para núpcias na corte imperial de Viena: deve ter sido um espetáculo deslumbrante, com a colaboração de coros e bailados, numa arquitetura suntuosa, especialmente construída para esse fim, e com a aplicação de truques cênicos que pareciam fazer participar do espetáculo o céu, os ínferos e a natureza toda.

Nem a leitura dessas obras nem sua representação em arranjos modernos dão ideia aproximada do que foi uma noite de ópera no século XVII. Então, sim, foi realizado o sonho de Wagner, o *Gesamtkunstwerk*, a obra na qual colaborariam a poesia dramática, a música, a dança e todas as artes plásticas. Em nossas bibliotecas ainda se conservam os desenhos cenográficos de arquitetos como os membros da família Galli Bibbiena e os irmãos Burnacini, para representações de óperas em Veneza, Viena e Munique, superando, de longe, tudo que existe de arquitetura principesca em Versalhes ou Madri.

Mas as artes cênicas de maquinistas como Nicola Sabbatini ou Giacomo Torelli — a descida de deuses olímpicos em máquinas de voar, a transformação repentina de bosques povoados de ninfas e sátiros em lagos cobertos de navios —, essas artes da cena barroca foram mantidas em segredo; e estão perdidas para sempre.

BARROCO NA ALEMANHA, FRANÇA E INGLATERRA

Cavalli esteve em Munique. Cesti esteve em Viena. É o começo da hegemonia musical italiana nos países ao norte dos Alpes. Mais importante foi, porém, no início, a migração de artistas nórdicos para o sul, para aprender em Veneza a nova arte dos Gabrieli e de Monteverdi.

O holandês Jan Pieterszoon Sweelinck (1562-1621), organista da Oude Kerk (Igreja Velha) em Amsterdã, não esteve, provavelmente, na Itália. Mas, apesar de ser

Cenário montado para a ópera *Il pomo d'oro*, de Antonio Cesti, apresentada em Viena, em 1668. Arte de Lodovico Ottavio Burnacini.

austero calvinista nórdico, adotou os processos sonoros de Andrea e Giovanni Gabrieli: a essa qualidade devem alguns de seus motetes, *Regina coeli*, *Hodie Christus natus est*, a sobrevivência. O quarto centenário do seu nascimento forneceu oportunidade para demonstrar a vitalidade dos seus salmos (1604-1621) e de certas obras o cravo (variações sobre *Mein junges Leben hat ein End*). Discípulo de Andrea Gabrieli, em Veneza, foi Hans Leo Hasler (ou Hassler) (1564-1612), depois organista em Nuremberg e Ulm. Seus *Salmos* de 1607 são elaborados à maneira veneziana; mas o coração do homem pertencia à fé luterana: inventou, com veia de folclorista, as melodias de vários corais, inclusive o comovente *O Haupt voll blut und Wunden* (*O rosto cheio de sangue e feridas*), que todo mundo conhece da *Paixão de São Mateus*, na qual Bach o inseriu.

A música instrumental de Giovanni Gabrieli foi desenvolvida por Johann Hermann Schein (1586-1630), que foi em 1616 nomeado para um cargo destinado a grande futuro: *kantor*, isto é, diretor de música da Igreja de São Tomás, em Leipzig. Schein foi um dos primeiros que teve a ideia de reunir, em uma forma de pequeno tamanho, várias danças da época, estilizando-as: *Sarabande*, *Gigue*, *Gavotte*, *Bourrée*, *Minueto*, *Allemande*, *Pavane* etc.

Uma obra dessas, destinada a ser executada durante um banquete na corte ou no paço municipal, chamava-se suíte. Schein reuniu no *Banquetto musicale* (1617) muitas suítes, de técnica instrumental bastante avançada e de sabor folclórico; alguns críticos já acreditam reconhecer nele a influência de Monteverdi.

Discípulo mesmo de Monteverdi foi Heinrich Schütz (1583-1672)[3], talvez o maior gênio da música propriamente barroca. Foi homem grande e forte como um gigante, de vasta cultura erudita e ferrenha fé luterana; não o quebraram as tempestades da época.

Tinha estudado direito e outras ciências antes de fazer a viagem para Veneza, onde ainda chegou a ouvir Giovanni Gabrieli. A influência veneziana é evidente nos seus *Salmos de Davi* (1619), para dois ou mais coros, mas o espírito é outro: é o da devoção alemã. Em 1628 fez, pela segunda vez, a viagem para Veneza, tornando-se discípulo de Monteverdi. Sua *Dafne*, a primeira ópera alemã, está infelizmente perdida. Regente em Dresden, escreveu as três coleções de *Symphoniæ sacræ* (1629, 1647, 1650), superiores a tudo que, em música sacra, nos deram os dois Gabrieli e o próprio Monteverdi: pela expressividade dramática da melodia cantada, que no entanto nunca se desvia para o terreno da ópera, sempre guardando a dignidade dos textos bíblicos; e pelo brilho quase mágico do acompanhamento orquestral. Nem todas aquelas obras são de valor igual. O grande salmo *In te, Domine, speravi* (1629);

a grandiosa lamentação *Fili mi, Absalon* (1629); a emoção intensa de *Saul, warum verfolgst du mich?* (*Saulo, por que me persegues?*) (1650); e o sereno hino de Simeão, *Nunc, Domine, dimittis servum tuum in Pace* (1647): eis os frutos maduros da música sacra veneziana, mas saturadas de devoção luterana, mais pessoal. De inspiração diferente é o *Magnificat* (1647), de delicioso sabor folclórico alemão, uma antecipação da arte de Bach.

Como maior obra de Schütz, é considerada, por alguns, a *Auferstehungshistorie* (História da Ressurreição, 1623), ainda fortemente monteverdiana; declamação dramática, um pouco monótona, do texto evangélico, interrompida por coros de força assombrosa. Outros preferem *Die sieben Worte am Kreuz* (*As sete palavras na Cruz*, 1645): é mais bem realizada a síntese entre o estilo da ópera veneziana e as exigências íntimas da devoção luterana.

Os horrores da Guerra dos Trinta Anos obrigaram o mestre a fugir até a Dinamarca e a levar, depois, uma vida nômade, caminhando de cidade em cidade. Só quando velho voltou para Dresden. Suas últimas obras são, entre 1665 e 1666, a *Paixão*

Cena de banquete em um corredor da Renascença, de Dirck Hals, 1628.

segundo São João e a *Paixão segundo São Mateus*, obras de estilo deliberadamente arcaico, apesar da dramaticidade dos recitativos e coros; são escritas à capela, sem acompanhamento, como se o velho quisesse expiar pecados e castigos merecidos.

Em tempos melhores, Schütz talvez não fosse muito inferior a Bach; mas o adjetivo "melhores" alude não só aos horrores da guerra. Schütz nasceu e viveu numa época de experiências e experimentos. Quando acertou, acertou melhor que Monteverdi. Mas a maior parte das suas obras, mais que as do veneziano, só tem importância histórica. Em sua grandeza há algo de arcaico, de inacessível, como de uma grande raça extinta. Não voltou, com sua obra total, a fazer parte da música moderna.

Entre os italianos que emigraram para o norte, o maior papel histórico estava destinado ao florentino Giovanni Battista Lulli, que na França chegou a se chamar Jean-Baptiste Lully (1632-1687).[4] Começou a carreira vertiginosa como bailarino e palhaço.

Chegou a obter de Luís XIV um privilégio real que o instituiu, praticamente, como ditador da música na França, relegando para o ostracismo todos os seus competidores de origem francesa. Lully não foi, porém, um invasor estrangeiro, ocupando o país. É um caso assombroso de mudança de nacionalidade, lembrando o polonês Korzeniowski, transformado em romancista inglês Conrad. Não esqueceu, naturalmente, suas origens italianas. Ainda em tempos muito posteriores, escreveu um grandioso *Miserere*, no estilo de Monteverdi. Também empregou os recursos e princípios do grande veneziano para criar a ópera francesa. Mas já são obras tipicamente francesas, só possíveis no ambiente de Luís XIV e da tragédia de Corneille (mais do que da de Racine). É como se a música revelasse a alma barroca dentro do classicismo oficial dessa época na França.

Helmut Hatzfeld, em seus trabalhos sobre a substância barroca do *grand siècle* francês, poderia ter citado a arte de Lully.

As óperas mais admiradas de Lully foram *Thésée* (*Teseu*, 1675), *Atys* (1675) e *Proserpine* (1680). Apesar de tudo que querem dizer os musicólogos, não são obras vivas ou que poderiam, um dia, ressurgir para voltar ao repertório. Mas sua importância histórica é grande. Não acreditamos na tese que encontra no

Gravura do compositor Jean-Baptiste Lully na entrada da Academia Real da Música, no Palácio Real, Paris, sob o título J.Bapt. Lully, Superintendente de música do rei. Henri Bonnart, 1709.

recitativo de Lully uma antecipação da arte de Gluck. O que nos interessa, naquelas obras, é o acompanhamento instrumental.

Monteverdi tinha empregado uma massa imensa de cordas, a "grande guitarra", acumulação inorgânica de instrumentos. Lully organizou o grupo, mais modesto e mais homogêneo, Les Vingt-quatre violons du Roi; acrescentou um pequeno bloco de instrumentos de sopro; já é a verdadeira orquestra. Empregou-a para fazer executar, antes das óperas, uma *sinfonie*, isto é, uma abertura: a forma chamada *ouverture française*. Composta de uma introdução lentamente majestosa, um movimento rápido e um desfecho lento. Essa forma inventada por Lully será da maior importância na evolução dos gêneros "abertura" e "sinfonia". E não foi o único gênero instrumental cultivado por Lully: a forte participação de danças na ópera francesa também o levou a dedicar atenção especial à suíte, que por ele se tornou quase um gênero especialmente francês.

A famosa e notória "ditadura de Lully" fez muitas vítimas. Uma delas, Marc-Antoine Charpentier (1643-1704)[5], tornou-se postumamente um nome célebre, embora essa fama só se apoiasse, durante dois séculos e meio, em poucas obras conhecidas, sobretudo o oratório *Le Reniement de Saint Pierre*. Só em nossos dias chegou-se a estudar os 28 volumes de seus manuscritos, guardados na Biblioteca Nacional de Paris; e onde há obras de música sacra de grande valor, como um *Magnificat*, um suntuoso *Te Deum* e a *Messe pour l'Assomption*. Mas esse "anti-Lully" também escreveu a música para *O doente imaginário* (*Le Malade imaginaire*); foi o colaborador musical de Molière. Outra vítima ilustre de Lully foi Michel Richard de Lalande (1657-1726), que teve a sorte de sobreviver por muito tempo ao ditador, terminando seus dias como regente de coro da capela do castelo de Versalhes. Nessa capela foi em 1944 cantado, pela primeira vez desde 1707, o *De Profundis* de Lalande, música decorativa e suntuosa (assim como o *Benedictus*, de 1695), com acentos de dramaticidade monteverdiana, mas pouco litúrgica; estilo Luís XIV. Imponente também é o *Usquequo Domine* (salmo 13). Músicos e musicólogos franceses estão, nos últimos anos, vivamente empenhados em consertar a injustiça secular cometida contra Charpentier e Lalande.

Um último e retardado efeito do estilo monteverdiano é a ópera de Henry Purcell (1658-1695).[6] Quando ele nasceu, Monteverdi já morrera, e Schütz estava muito velho; quando morreu, Bach, Händel e Domenico Scarlatti eram crianças. Purcell é o maior músico de sua época. Sua morte prematura, aos 37 anos de idade, teria sido perda menor para a arte se Purcell tivesse encontrado em vida as formas musicais de que seu gênio precisava. O destino condenou-o a experimentar, a ser precursor. Nas suas dez sonatas em trio (1683), das quais as mais famosas são a *Sonata de Ouro nº 9 em fá maior* e a *Sonata nº 6 em sol menor* (*Chacony*), é Purcell o precursor de Pergolesi e de toda a música instrumental do século XVIII; mas não adivinha a sonata-forma. Continua cultivando formas antigas: as quinze *Fantasies* para três a sete vozes de zamba, que são, aliás, ótima música. Da sua música sacra sobrevive o *Te Deum* de 1694, que os coros ingleses ainda costumam cantar no Natal, e as quatro odes para o dia de Santa Cecília; é música concertante, parecida com a forma da cantata bachiana, antecipando efeitos de Händel, mas sem atingi-los. Caráter experimental também têm as obras dramáticas de Purcell. Não são óperas, mas antes música de cena para peças teatrais, como *King Arthur* (1691), representado por Konrad no festival de Nymphenburg, em 1921. Ópera verdadeira é *Dido e Eneias* (1689), que já voltou a aparecer no repertório moderno: obra belíssima, embora mais interessante pelos pormenores do que em conjunto. *Dido e Eneias* é *pendant* musical da "tragédia heroica" da Restauração, dos Dryden e Otway, que foi tentativa menos bem-sucedida de síntese do teatro elizabetano e do classicismo francês. A tentativa de síntese do estilo de Monteverdi com as qualidades dramatúrgicas próprias do teatro inglês também deu mistura algo heterogênea, embora cheia de colorido heroico e erótico. Note-se a forte expressão dramática nos recitativos, o uso do folclore inglês nos coros, a preferência pelos ritmos de dança (influência de Lully!). Em certos momentos, pensa-se em Gluck. A ideia de transplantar Virgílio para os campos ao lado do Tâmisa resultou em fusão de elementos classicistas e nacionais, quase uma antecipação do romantismo. Essa solitária obra-prima barroca é provavelmente a maior obra da música inglesa.

O encontro de Dido e Eneias. Nathaniel Dance-Holland, óleo sobre tela, 1766.

FORMAS DO BARROCO

Mestres como Monteverdi, Schütz e Purcell, certamente de primeira ordem, não deixaram à posteridade aquele grande número de obras-primas que deles se podia esperar. Foram experimentadores geniais que só acertaram ocasionalmente; a massa da sua produção está, para nós, perdida. Dos contemporâneos menores, quase nada sobrevive.

O século XVII não chegou a resolver os dois problemas principais que a reforma monteverdiana lhe legara. A música da época da polifonia vocal tinha rigoroso esquema tonal, herdado da Idade Média, e formas certas da construção arquitetônica. A homofonia e o baixo contínuo não chegaram a substituí-los. Nem foi possível pôr em ordem esse novo mundo caótico das dissonâncias e dos cromatismos.

O primeiro desses dois problemas, o do sistema tonal, não será resolvido antes do início do século XVIII. Quanto ao problema das formas, começam, já antes, a esboçar-se várias soluções.

A ópera renunciou a uma parte do terreno conquistado: à forte expressão dramática, que ameaçava destruir as *bienséances* do mundo aristocrático. O compositor limita-se a interromper a ação dramática, convencionalmente elaborada, por peças vocais brilhantes, as árias, nas quais reside principalmente o valor musical das obras. É o tipo de ópera de Alessandro Scarlatti e Händel. A ornamentação das linhas melódicas cantadas serve, no início, para salientar o caráter rígido, dir-se-ia monárquico e quase sacro, dessa música teatral. Depois, começa a prevalecer a ornamentação ao gosto do rococó.

Essa forma de música vocal, a ária ornamentada, também terá forte influência na música instrumental barroca. Mas esta já pertence principalmente à primeira metade do século XVIII, isto é, à época da análise matemática, cujo espírito informa novas formas instrumentais. Deve-se à ópera e aos operistas o aperfeiçoamento da suíte: ela foi, no tempo de Lully, mera acumulação de danças estilizadas; agora, no tempo de Couperin e Bach, a suíte parecer-se-á com verdadeiros panoramas de vida contemporânea, refletida em música: a corte de Versalhes e o mundo de pastores de porcelana de Sèvres, a vida devota, submissa e alegre dos burgueses alemães e a dança dos camponeses ao ar livre e os cortejos cerimoniosos que inauguram as sessões do Parlamento inglês.

Também é transplantado para a música instrumental o esquema da ária operística: esta começa com um trecho orquestral (o ritornelo); depois, o cantor declama a ária; enfim, o ritornelo é repetido. Esse esquema, o aba, dá a planta arquitetônica do concerto grosso: A, os *tutti*, a orquestra; B, a exibição dos solistas; A, novamente, os *tutti*. Mas esse esquema é logo — com espírito matemático — analiticamente desenvolvido, pela distribuição do tema entre várias vozes e pelas suas modificações: são as formas da fuga e da variação, que nasceram no órgão. Com elas volta a polifonia para a música instrumental. E não só para a música instrumental. Pois o emprego dessas formas polifônicas para o canto em coro e a mistura desses coros com árias, conforme o esquema aba, dá os dois gêneros novos da música barroca, para solistas, coro e orquestra: a cantata e o oratório.

O caminho de evolução da música barroca está assim indicado: na ópera, a redução ao lirismo homófono; na música instrumental e sacra, a renascença da polifonia abandonada.

A HOMOFONIA NA ÓPERA E NA IGREJA

Os florentinos tinham inventado a ópera para aperfeiçoar a arte dramática. Em vez disso, surgiu um gênero que os franceses e os italianos costumam, até hoje, chamar de "lírico". Arte lírica no teatro é uma *contradictio in adjecto*, um absurdo. No entanto, é um fato histórico; e de vida tenacíssima.

O berço dessa nova ópera foi Nápoles.[7] Seu criador é Alessandro Scarlatti (1659-1725).[8] Não será injusto chamá-lo de grande oportunista. Pois sabia escrever e escreveu em vários estilos, conforme a oportunidade o exigiu. Certa parte das suas numerosas obras de música sacra está no estilo "antigo", inclusive motetes à capela e uma missa bem palestriniana. Mas toda a beleza lírica das suas óperas também se encontra em seu *Stabat Mater*, recentemente revivificado por uma gravação em disco, e nos seus oratórios, que são propriamente óperas de enredo bíblico, destinados à execução durante a Quaresma, quando o uso, nos países católicos, não permitia a representação de óperas profanas. Há, entre esses oratórios, obras e trechos admiráveis. Em *Sedecia* (1706), a orquestra de Lully está largamente superada, pelo brilho dos instrumentos de sopro. Em *La Vergine Addolorata* (1717), há certas árias a propósito das quais já foi lembrado o nome de Bach. Mas são obras teatrais. Também já são introduzidas por "sinfonias", isto é, aberturas. O tipo de "abertura italiana", devido a Alessandro Scarlatti, é, porém, o contrário da "abertura francesa" de Lully: em vez de um trecho rápido entre dois trechos lentos, escreve Scarlatti um trecho lento entre dois trechos rápidos: é o germe da sinfonia.

3. O BARROCO

Scarlatti escreveu aberturas assim para suas numerosas óperas, representadas entre 1960 (*Rosaura*) e 1721 (*Griselda*); todas elas famosas durante a vida do compositor; e logo depois esquecidas. Os compositores do século XVIII não esperavam, aliás, outro destino das suas obras; escreveram para determinada oportunidade, mas não para ficar no repertório. No caso de Alessandro Scarlatti, a posteridade ratificou aquele julgamento: todas as óperas desse grande mestre foram excluídas do corpus da música que vive. A própria natureza e construção daquelas obras é o motivo do esquecimento. Alessandro Scarlatti é o criador da ária "melodiosa", da ária na qual o ouvinte guarda na memória a melodia, embora não pudesse cantá-la: as dificuldades do *bel canto* reservaram isso aos cantores profissionais. Depois da representação, nada fica senão a recordação daquelas *pièces de résistance*, das grandes árias de amor ou de desespero, das árias de lamento ou de *ombra* (invocação dos mortos); uma dessas árias de Alessandro Scarlatti, *Cara tomba* (da ópera *Mitridate*, de 1707), impressionou tanto o grande Bach que ele a copiou em seu caderno de notas. E *Mitridate* realmente é uma obra-prima, também pela expressão dramática nos recitativos; ressurgiu vigorosamente no Festival de Bordeaux, em 1962.

Ato um, cena um da última ópera de Scarlatti, Griselda, 1721. Pelas mãos do próprio compositor.

Mas é uma exceção; em geral só sobrevivem árias isoladas. Uma ou outra ainda pode ser ouvida, hoje em dia, em concerto, como *aria antica*. Os libretos não têm significação dramática; não passam de andaimes de que as vozes dos cantores se servem para subir ao céu do *bel canto*. A grande ária é cantada justamente no momento em que a ação dramática para; ou antes, a ação fica interrompida, para o cantor recitar a grande ária, que não tem função senão a de agradar aos ouvidos. A ópera napolitana é arte essencialmente não dramática, lírica. E Alessandro Scarlatti revela o lado mais forte do seu gênio nas "cantatas de câmara", pequenas obras líricas, das quais *Lontananza crudele* é, até hoje, muito conhecida e *Su le sponde del Tebro* merece sê-lo.

Pois gênio era. Sua importância histórica é de primeira ordem, inclusive para a solução de um dos mais graves problemas da música barroca: de maneira assistemática, intuitiva, Scarlatti já se mantém dentro dos limites das tonalidades modernas e da separação rigorosa entre tom maior e tom menor. Antecipa os sistemas d'*O cravo bem temperado*, de Bach, e do *Traité de l'Harmonie*, de Rameau. Mas de sua obra, assim como da dos seus discípulos, só sobrevivem os pequenos trechos que os editores italianos editaram e editam como *arie antiche*, para o uso no ensino e no concerto.

Ninguém teria, então, previsto que estava reservado destino melhor ao uso do mesmo estilo operístico na música sacra e, por outro lado, na ópera-bufa ou cômica. Naquela, será introduzido por Durante. Aos dois gêneros está ligado o nome do seu discípulo, Giovanni Battista Pergolesi (1710-1736).[9]

A primeira ópera-bufa foi o *Il trionfo dell'onore* (1718), de Alessandro Scarlatti. Mas ainda é "cômica" no sentido da comédia de capa e espada espanhola. Só *La Serva padrona* de Pergolesi é ópera autenticamente italiana e vivamente cômica. Seu autor, porém, foi homem triste.

A lenda tem desfigurado, incrivelmente, a biografia de Pergolesi. Sua morte prematura, aos 26 anos, teria sido causada por veneno. Por quê? Obra de um rival ciumento, porque o jovem maestro, belo como um anjo, teria sido conquistador terrível. Outros contemporâneos afirmam que teria sido repulsivamente feio e aleijado.

Não é possível esclarecer essas lendas todas; nem é necessário. Sabemos que Pergolesi foi discípulo de Durante no Conservatório dei Poveri, em Nápoles; que suas primeiras obras tinham pouco sucesso; que também foi friamente recebida sua ópera-séria *Il prigioner superbo* (1733); que o compositor tinha escrito, conforme uso napolitano, umas cenas cômicas para serem representadas durante os intervalos daquela "grande" ópera; e que esse *intermezzo* teve vivo sucesso: foi *La Serva padrona*.

Depois: que escreveu para a irmandade dos Cavalieri della Vergine dei Dolori o *Stabat Mater*; que, nesse ano de 1736, já estava gravemente tuberculoso, retirando-se para um convento em Pozzuoli, onde morreu, logo depois de ter escrito as últimas notas do seu *Salve Regina*.

Esse *Salve Regina*, que foi recentemente gravado em disco, é música quase fúnebre, de devoção elegíaca, para *lazzaroni* napolitanos e suas mulheres e filhos, gente esfarrapada e no entanto feliz em sua fé simples. Uma grande elegia religiosa, em estilo mediterrâneo, também é o célebre *Stabat Mater*, obra até hoje geralmente conhecida e muito executada. E com razão. Pode parecer-nos sentimental, de pouca profundidade emocional, mas é de intensa inspiração lírica. Certo trecho, o "*Quando corpus morietur, fac ut animæ donetur Paradisi gloria*", é de beleza mozartiana. O *Stabat* de Pergolesi deve sua fama aos músicos e musicólogos alemães do século XVIII, muito sentimentais e cheios de saudade do sul mediterrâneo, que imaginavam como um paraíso de beleza e inocência: assim elogiaram a obra Johann Adam Hiller, Wieland, Reichardt. Mas também houve opinião diferente. Dois conhecedores como Forkel e Rochlitz deram a preferência ao *Stabat Mater* (1707) de Emanuele d'Astorga (1680-1757)[10], de maior expressividade dramática e superior arte polifônica. No *Stabat* de Pergolesi censuraram a "leviandade" melódica de um trecho como *Inflammatus et accensus*, que lembra irresistivelmente a verve rítmica da ópera-cômica.

Pois o autor do *Stabat* napolitano também é, e em primeira linha, o de *La Serva padrona* (1733). É uma pequenina obra-prima, com apenas dois papéis, a criada graciosa e astuta que, com truques inofensivos e alegres, conquista o amor do seu patrão. E é, pela primeira vez, uma ópera baseada no folclore musical e nos costumes da Itália viva. Muitos anos depois da morte de Pergolesi, em 1752, uma companhia italiana representou a *Serva padrona* em Paris, com imenso sucesso; desde 1754, uma tradução, *La Servante maîtresse*, ficou incorporada ao repertório francês. Continua no repertório até hoje. E tem tido prole numerosíssima; é o modelo de toda a ópera-cômica italiana, francesa e espanhola.

O estilo em que se podiam escrever igualmente música sacra e ópera-cômica também serviu bem para insuflar algo de "cantabilidade" napolitana nos instrumentos: as trio sonatas (1731) de Pergolesi antecipam algumas qualidades da música de Haydn.

Pergolesi já não é chamado, hoje em dia, de "Mozart italiano". Mas foi, certamente, um gênio precursor.

De toda a música italiana daquela época, só o *Stabat Mater* de Pergolesi continua vivo, graças à colaboração de várias circunstâncias casuais. O restante está esquecido, assim como a ópera-séria; e pelo mesmo motivo. Pois é uma música operística que usa textos sagrados como libretos. O estilo é, nos dois gêneros, idêntico; a escritura, a interdependência constante de solistas, coro e orquestra, lembra-nos o estilo pouco edificante da música sacra do século XIX. Mas esse fato basta para demonstrar a grande importância histórica do gênero, cuja evolução não merece o desprezo. Também pode haver, entre aquelas obras, uma ou outra surpresa.

A música sacra italiana do século XVIII já foi, por alguns historiadores, comparada ao estilo jesuítico na arquitetura; o que é evidente anacronismo. Mas existe uma relação entre essas nas origens.

Giacomo Carissimi (1605-1674) foi regente do coro do Collegium Germanicum, dos jesuítas, em Roma. Seus oratórios, pequenas obras dramáticas sobre textos bíblicos para serem cantadas sem cenário, enquadram-se entre os instrumentos propagandísticos da Companhia de Jesus, assim como o teatro escolar dos padres.

Para conseguir o efeito almejado, o compositor usou o estilo musical de melhor aceitação no momento: não propriamente o da ópera monteverdiana, mas, em todo caso, um estilo homófono e melódico, limitando razoavelmente o uso da polifonia nos coros. Dos doze oratórios de Carissimi, *Jephte* (1650) é hoje conhecido por uma gravação em disco. É uma obra agradável, edificante, elevada e vivamente dramática. Contudo, não há motivo para falar, como já se fez, em "Händel do século XVII".

O uso de executar oratórios durante a Quaresma, quando era proibida a representação de óperas profanas, tem contribuído para fomentar a produção de obras desse gênero e para torná-lo cada vez mais operístico. Este último adjetivo não tem sentido pejorativo. Afinal, um oratório não é executado durante o culto; não é obra litúrgica; e, sendo semidramática, não precisa renunciar aos efeitos teatrais. Um oratório grandiosamente dramático é o *San Giovanni Battista* (1675), de Alessandro Stradella (*c.* 1645-1682); o compositor foi personagem romântico, cuja vida — raptou a amante de um aristocrata e foi assassinado pelos esbirros — tem fornecido o enredo de uma ópera de Flotow. Stradella foi natureza de precursor: escreveu as primeiras cantatas de câmara e os primeiros *concerti grossi*. Um concerto grosso também serve, estranhamente, de abertura ao *San Giovanni Battista*, obra impressionante que foi exumada, em anos recentes, e executada na Itália com notável sucesso. Entre os outros oratórios da época, talvez mereça uma iniciativa, nesse sentido, *La Gerusalemme liberata*, de Carlo Pallavicino (1630-1688); ou o *David* (1724), de Francesco Conti (1682-1732), que antecipa artes corais de Händel.

A sincronização da música sacra com o estilo operístico de Alessandro Scarlatti é obra de Francesco Durante (1684-1755): dois *Magnificat* seus, em si bemol maior e em ré maior, e uma missa de réquiem, de beleza suave e etérea, ainda podem ser ouvidos em concertos alemães (cada vez mais raramente) e em igrejas de Nápoles. Discípulo seu foi Pergolesi. Seu estilo já é o mesmo da música sacra de Haydn e Mozart.

A vitória desse estilo não foi instantânea; e houve resistência séria. Em Viena, o regente do coro da Catedral de Sankt Stephan, Johann Joseph Fux (1660-1741), manteve com energia o prestígio da música à capela, polifônica e contrapontística, sobre a qual escreveu famoso tratado, o *Gradus ad Parnassum*. Sua *Missa Canônica* para quatro vozes (1718) é, pela última vez, um modelo de estilo palestriniano; admiração excessiva conferiu-lhe o título de "Palestrina austríaco".

Menos exclusivo foi Leonardo Leo (1694-1744). Seus contemporâneos e os críticos musicais do romantismo festejaram-no por causa das suas obras à capela, sobretudo um famoso *Miserere* para oito vozes. A posteridade chegou a apreciar justamente o lado oposto das suas atividades: num recente festival de música sacra em Perugia, foi executado, pela primeira vez desde 1732, o oratório *La morte d'Abele*, que reúne estilo polifônico e expressão dramática, às vezes teatral. Os coros no fim das duas partes da obra, *Oh di superbia figlia* e *Parla l'estinto Abele*, são solenes e comoventes ao mesmo tempo, com um pouco de sentimentalismo que lembra a proximidade da época pré-romântica.

O mais conspícuo entre esses retrógrados ou conservadores é o aristocrata veneziano Benedetto Marcello (1686-1739), um dos nomes mais famosos na história da música. Num panfleto que fez sensação, *Il teatro alla moda* (1722), denunciou a ópera de tipo scarlattiano como mera exibição de vaidades dos compositores e cantores, sem valor musical e moral, sem apelo aos sentimentos humanos; Marcello já levanta a pergunta retórica que mais tarde os filósofos franceses dirigirão aos músicos: *Musique, qu'est-ce que tu me veux?* E prefere a música sacra que penetra nas profundidades da alma. Mais tarde, Marcello sofreu um acidente misterioso (numa igreja veneziana, caiu, por acaso, num túmulo aberto) que o levou a abandonar todas as veleidades artísticas para dedicar o resto da vida a exercícios religiosos. A invasão da música sacra pelo estilo operístico encheu-o de indignação. A essa arte sacrílega opôs os dois volumes da sua famosa obra *Estro poetico-armonico* (1723-1727): são cinquenta salmos, na paráfrase italiana (um pouco em dialeto vêneto) de Leonardo Giustiniani, postos em música para uma a quatro vozes com acompanhamento de violoncelo e baixo contínuo, alguns à capela. O estilo é o de declamação justa das palavras; para acertar a "verdade religiosa" do texto, Marcello tinha assiduamente frequentado a sinagoga de Veneza, aproveitando melodias do canto sinagogal, o que dá a sua obra um estranho sabor arcaico; por outro lado, arcaísmos tão artificiais não deixam de produzir involuntariamente efeitos operísticos. Essa mistura de religiosidade e ostentação já lembrou a um crítico os suntuosos altares de estilo jesuítico em igrejas decaídas e meio arruinadas de Veneza. Alguns desses salmos sempre foram considerados como obras-primas (sobretudo os nºs 1, 22, 25 e outros). Os críticos musicais da época romântica, como E. T. A. Hoffmann e Thibaut, e ainda Mendelssohn, sentiram a mais viva admiração pelo *Estro poetico-armonico*, que se lhes afigurava como música "antiga"; o próprio Verdi falou, depois de ouvi-lo, em "*antica arte italiana*". Somos, hoje, um pouco mais céticos.

Mas é preciso advertir que os arranjos modernos para solistas e coro, por Frazzi e por Gerelli, não dão ideia justa do original e de sua religiosidade mais íntima, por assim dizer camerística.

Conforme tudo isso[11], Marcello dá impressão de reacionário. Mas não foi. Foi, em primeira linha, aristocrata e homem do mundo, talvez cheio de inveja dos sucessos dos músicos profissionais. Competiu com eles na ópera *L'Arianna* (1728), que teve na época um sucesso de estima; a representação em Veneza, em 1956, decepcionou. Talvez seja Marcello pouco mais que um nome famoso? Ou talvez menos que um nome? Obra de valor permanente é um concerto para oboé e orquestra de câmara, em ré menor, famosíssimo durante o século XVIII, transcrito para cravo pelo próprio Bach e pertencendo até hoje ao repertório camerístico; Schering e outros musicólogos já atribuíram esse concerto a Marcello; mas é obra anônima.

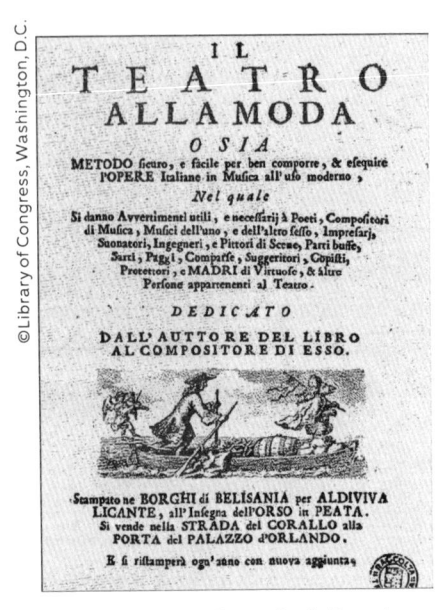

Panfleto *Il teatro alla moda*, de Benedetto Marcello, c. 1720.

HOMOFONIA INSTRUMENTAL: DO BARROCO AO ROCOCÓ

Nenhuma resistência conseguiu impedir a vitória da homofonia: na ópera, na música sacra e na música instrumental; embora nesta última as possibilidades do uso simultâneo e a presença de instrumentos de tecla, como baixo contínuo, contribuíssem para reconduzir a novas honras a polifonia. A mais simples das novas formas é a sonata: para violino (eventualmente, para violoncelo) com acompanhamento de baixo contínuo cifrado. Cabe lembrar que essas sonatas são simples "evoluções" sobre um tema, parecidas com um rondó moderno; não têm nada com a sonata da época clássico-vienense e do romantismo. Mas aquela sonata não é a forma mais antiga. Ainda mais arcaica é a trio sonata, na qual outro instrumento de cordas (o violoncelo, com preferência) apoia o solista. Daí parece ter só um passo para o concerto: um solista (o violino, mas também pode ser instrumento de sopro [...]), acompanhado pela orquestra de câmara, porque nessa época toda a música instrumental é

3. O BARROCO

camerística. Mas o concerto de solista antes é produto posterior da evolução. O gênero típico da música instrumental barroca é o concerto grosso: no qual dois, três ou mais solistas (instrumentos diversos) alternam com a orquestra de câmara (os *tutti*). É um gênero que, pela sua natureza, inspira veleidades polifônicas: serão, segundo a formação do compositor, mais fracas num Corelli, mais fortes num Bach. Mas a falta de um princípio de desenvolvimento dos temas levará a acentuar as artes virtuosísticas do instrumento líder. Sobretudo do violino.

O canto homofônico da voz humana nasceu em Mântua, cidade dos primeiros triunfos de Monteverdi. Muito perto de Mântua (a observação é de Tovey) fica a cidade de Cremona, onde, naqueles mesmos anos, realizou-se uma pequena revolução na construção de instrumentos musicais. Até então, o violino fora um instrumento desprezado, só usado por mendigos ou para acompanhar a dança dos embriagados na taverna e de camponeses na aldeia; instrumento que passava por "obsceno", de uso proibido na igreja ou em salão de gente bem-educada. Em Cremona, no século XVII, os Stradivarius, Amati, Guarnieri transformaram o violino em instrumento nobre, ou antes: no mais nobre dos instrumentos musicais. E o violino começou a cantar como a voz humana, e melhor.

O primeiro grande violinista foi Arcangelo Corelli (1653-1713)[12], que em 1706 foi eleito membro da famosa academia literária da Arcádia e, em 1713, sepultado na Igreja Santa Maria dei Martiri, o Panteão de Roma. Homenagens que, naquela época, não se costumavam conceder a um músico, a um tocador de "rabeca", dão a justa medida da sua glória entre os contemporâneos. Não se cansavam de admirá-lo. Chamavam-no de "arcanjo mesmo". Testemunhas descrevem seu comportamento esquisito ao tocar o violino, ora fechando os olhos e entregando-se a êxtases místicos, ora torcendo-se em movimentos burlescos e fazendo caretas. Essas particularidades não se revelam em sua linha melódica, que sempre é um canto nobre, aristocraticamente medido. É a primeira vez, na história da música, que um instrumento canta e até parece falar. E que diz?

Corelli foi, em Roma, primeiro violinista na Igreja de San Luigi dei Francesi e, depois, no Teatro Capranica. Eis os dois aspectos, o religioso e o profano, da sua obra: antes de tudo, os 48 trio sonatas (para dois violinos e baixo contínuo) que publicou, como *Opus 1, 2, 3* e *4*, entre 1683 e 1694. São, em parte, "sonatas de igreja", nas quais serve como "contínuo" o órgão, e em parte "sonatas de câmara", nas quais desempenha a mesma função o cravo. Mas não há, entre os dois gêneros, nenhuma diferença de estilo: todas aquelas sonatas parecem igualmente religiosas e nobres. Um marco histórico são as famosas doze sonatas para violino e contínuo, *Op. 5* (1700), as

A HISTÓRIA DA MÚSICA

© Spitzer, John & Zaslaw, Neal. The Birth of the Orchestra: History of an Institution, 1650-1815. Oxford University Press, 2004.

Arcangelo Corelli (no pódio, à esquerda) regendo uma suntuosa apresentação ao ar livre na Piazza di Spagna. Gravura de Christofor Schor, 1687.

primeiras "solo-sonatas", o verdadeiro início da literatura violinística. Durante todo o século XVIII, serviram como obra fundamental do ensino do instrumento. O romântico E. T. A. Hoffmann ainda costumava tocá-las para sua edificação. No século XIX, o grande violinista Joachim (1831-1907), amigo de Brahms, editou-as novamente. Aos virtuosos de hoje, parecem fáceis demais.

No repertório de concerto, sobrevive pelo menos a *Sonata em ré menor, Op. 5*, nº 12, denominada *Les folies d'Espagne*, nada de folia, aliás, mas uma dança estilizada, de incomparável nobreza. (É, porém, preciso ouvir o original, com acompanhamento do cravo, em vez da versão que fez, no século XIX, o famoso violinista polonês Wieniawski, na qual o piano acompanha uma deturpação pseudorromântica da melodia corelliana, inteiramente alheia ao estilo do mestre antigo.) Corelli não é o inventor do concerto grosso. Mas seus doze *Concerti Grossi, Op. 6* (1712), têm a maior importância histórica: o mestre ampliou o gênero à maneira da suíte francesa. Essas obras também continuam vivas; sobretudo o *Concerto em sol menor, fatto per la notte di Natale, Op. 6, nº 8*, em que um movimento *pastorale*, em ritmo de siciliana, evoca a atmosfera natalina; Händel aproveitará, no *Messias*, esse ritmo.

Corelli, autor de tantas obras de beleza sempre igual e algo monótonas, talvez não fosse um gênio; apenas um grande talento. Afigura-se-nos maior do que foi porque seus predecessores e contemporâneos caíram no esquecimento. Alessandro

Stradella já tinha escrito *concerti grossi*. De Felice Dall'Abaco (1675-1742) existem nobres *concerti grossi*, que mereceriam ser ressuscitados. Já estão ressuscitados os de Tomaso Albinoni (1674-1745), mestre do "arioso" nas sonatas e introdutor do oboé no concerto grosso. O gênio do gênero é Vivaldi.

Em Corelli, o estilo sacro e o estilo de câmara ainda são essencialmente idênticos.

A separação é apenas formal. Antonio Vivaldi (1678-1741)[13], embora sacerdote, dá o passo definitivo para a música instrumental profana, enveredando por um caminho que levará diretamente à arte de Bach.

Só há pouco tempo se sabe que foi sepultado não em Veneza, mas em Viena. Essas incertezas biográficas são características: pois a música italiana dedicou-se, nos séculos XVIII e XIX, de maneira tão exclusiva à ópera que o grande instrumentista foi esquecido.

Sobreviveu apenas uma figura lendária, de um padre esquisito, de cabelos ruivos, que foi excomungado porque certa vez, durante a missa, ocorrendo-lhe uma bela melodia, correu para a sacristia para notá-la, abandonando o altar no momento sacrossanto da transubstanciação eucarística.

Filho de um violinista veneziano, o padre Vivaldi foi famoso como violinista na Europa inteira, especialmente na Alemanha, em Viena, em Dresden (onde Bach o teria ouvido); já então, os estrangeiros o admiravam mais do que os italianos. Viveu em Veneza, contratado pelo conservatório do Ospedale della Pietà. Mas suas obras foram publicadas esparsamente, em Amsterdã, Paris, Londres. A maior parte dos originais ficou inédita: encontra-se na Biblioteca de Turim; foi posta em ordem, só em nosso tempo, pelo musicólogo francês Pincherle; cópias manuscritas servem de base aos arranjos mais ou menos fiéis que hoje pertencem ao repertório dos concertos camerísticos.

Retrato atribuído a Vivaldi. Óleo sobre tela, 1723.

Entre as obras impressas, destacam-se, primeiro, os doze *concerti grossi*, reunidos como *L'estro armonico*, publicado em Amsterdã, em 1972, como *opus 3*. Bach transcreveu metade desses concertos para cravo ou órgão, entre eles os melhores da coleção: *nº 8 em lá menor*, *nº 10 em si menor*, e sobretudo *nº 11 em ré menor*, a obra mais conhecida de Vivaldi. Os arranjos de Bach são, porém, obras de arte diferentes: com a instrumentação mudou o espírito. Vivaldi só pode ser devidamente compreendido nos originais, naquele *opus 3* ou no *opus 8*: *Il cimento dell'armonia e dell'inventione* (1728).

Nesta última coleção encontram-se os quatro *concerti grossi* dedicados às *Quattro stagioni* do ano; primavera, verão, outono e inverno, música programática que ilustra quatro sonetos. Não é, naturalmente, música de programa no sentido de Berlioz. Vivaldi apenas descreve o *état d'âme* das diferentes estações, permitindo-se algumas inofensivas imitações de vozes de pássaros etc. Música "pictórica" assim também se encontra em *Op. 8, nº 5* (*La tempestà di mare*), em *Op. 8, nº 10* (*La Caccia*); no Concerto para flauta denominado *La Notte*, em *Op. 10*. Mas vê-se logo que Vivaldi não pensa em subordinar a essas ideias poéticas ou pitorescas a construção das suas obras: esta é a mesma nos concertos citados como na música absoluta do *L'estro armonico* ou nos doze concertos da coleção *La Stravaganza, Op. 4*, Vivaldi obedece, geralmente, ao esquema *tutti-soli-tutti*. E já se dizia (a observação é de um crítico italiano) que "Vivaldi escreveu quatrocentas vezes o mesmo concerto". É frase epigramática, mas injusta. É grande a diversidade de Vivaldi, e alguns, como o sinfônico *Concerto in due cori con flauti obbligati*, em lá maior, são mesmo excepcionais. O mestre sabe evitar a monotonia pelas artes da orquestração, pela alternância entre os solistas e pela diversidade de formas, entre as quais se encontram fugas e variações. Não se opõe à influência da ópera: os seus movimentos lentos são "cantos" largamente desenvolvidos. Também é esse o motivo do papel preponderante do violino, do instrumento que canta, em todas as suas obras. Nunca se admirará bastante a riqueza melódica dos *concerti grossi* de Vivaldi, que é tipicamente italiana; a esse respeito são, para muitos, mais atrativos que a melodia antes complexa de Bach. Também se admira, com razão, o temperamento do *padre rosso*, sua verve rítmica. Quanto à densidade do tecido polifônico, ele é largamente inferior ao *kantor* de São Tomás. Em compensação, seu tratamento da orquestra parece mais "moderno"; antecipa certas conquistas de dinamismo (o "crescendo") que tornarão, no século XVIII, famosa a Escola de Mannheim. Embora Vivaldi fosse principalmente compositor instrumental, também é riquíssima e ainda não bastante conhecida sua música coral. Obras importantes, como o oratório *Juditha triumphans*, o *Magnificat*, o *Stabat*, o pastoral *Ninfa e Pastore*, ainda esperam a ressurreição gloriosa. Mas sobretudo o *Dixit* para cinco solistas, duas orquestras e dois órgãos é a obra-prima da música sacra veneziana; é digna de Bach.

3. O BARROCO

Vivaldi é, hoje em dia, dos compositores mais executados. O disco LP, quando surgiu, quase o tornou popular. O mérito dessa "renascença" cabe, em parte, à "onda de Bach", que não podia deixar de revivificar também seu modelo na música instrumental; em outra parte, à atividade de várias associações de música de câmara, especialmente do Collegium Musicum de Roma (Virtuosi di Roma), sob a direção de Renato Fasano. Além daqueles concertos e *concerti grossi*, voltaram a ser famosos e muito executados o concerto para violino e orquestra em dó maior (*Per l'Assuntà*), o concerto para oboé e orquestra em fá maior, o concerto para viola d'amore e orquestra em ré menor e o irresistível concerto para cravo e orquestra em sol maior (*Alla rustica*). Muitos outros ainda ressurgirão, pois a invenção e a imaginação de Vivaldi são inesgotáveis.

Sem dúvida, Vivaldi é um gênio. Mas sua limitação a poucos gêneros e a predominância da invenção melódica sobre a densidade polifônica advertem contra o exagero: Vivaldi não é um Bach.

Duas qualidades características da arte de Vivaldi determinam o desenvolvimento posterior da música instrumental, especialmente da violinística: a expressividade fantástica, que transformou em figura lendária o *padre rosso*, e a virtuosidade cada vez mais brilhante dos mestres do arco. Aquela, em Veracini e Domenico Scarlatti; esta, na escola de Tartini.

O desenvolvimento da expressividade não estava ligado a este ou àquele instrumento. Podia ser o violino, com sua capacidade de cantar. Também podia ser o cravo, com suas possibilidades harmônicas.

O violinista Francesco Maria Veracini (1685-1750)[14] foi uma espécie de Paganini do século XVIII, virtuose fantástico, cujas sonatas (publicadas em 1721 e 1744) só ele mesmo sabia executar; logicamente, com exceção de duas, sobremaneira belas, em si menor e em mi menor, caíram em esquecimento depois de sua morte. O musicólogo italiano Torchi, redescobrindo esse mestre olvidado, aliás um dos precursores da sonata-forma, chamou-as de "Beethoven italiano do violino", o que parecia exagero grosseiro; mas só quis dizer, e com razão, que Veracini substituiu o estilo aristocrático e sempre medido de Corelli por um subjetivismo todo pessoal. Espírito semelhante foi Francesco Antonio Bonporti (1672-1749), temperamento excêntrico e pré-romântico, autor de curiosas "invenções" para violino, das quais Bach copiou quatro que, encontradas entre seus manuscritos, lhe foram erroneamente atribuídas (vol. 45 da Edição da Sociedade Bach; erro retificado por Alfred Dörffel). No mesmo ano de 1685 em que nasceram Veracini, Bach e Händel, também viu a luz do mundo Domenico Scarlatti (1685-1757)[15], filho do grande Alessandro, a cuja arte virou tão infiel como os filhos de Bach à de seu pai. Sua biografia estava, até há pouco, envolvida em incertezas: menos por falta de documentos do que pelo estranho retraimento do compositor, infenso à luz da publicidade. Esteve em Londres, em Lisboa. Como professor da princesa portuguesa Maria Bárbara, depois rainha da Espanha, foi com ela para Madri, então grande centro de atividades musicais, onde o trataram com consideração descomunal numa época na qual os músicos passavam por lacaios especializados; foi nomeado *caballero del hábito de Cristo*. No entanto, retirou-se da corte, cedendo o lugar de ditador musical da Espanha ao famoso cantor castrato Farinelli; morreu, enfim, em obscuridade, em Madri. Só seu último biógrafo, o eminente cravista americano Kirkpatrick, chegou a esclarecer, dois séculos depois, as incertezas da biografia, graças à descoberta do endereço dos últimos Scarlattis na lista telefônica de Madri e de um inesperado arquivo de família. Domenico Scarlatti é um "caso" psicológico. Enquanto vivia com o pai, escreveu óperas sem muita importância; sobrevive no repertório de concerto a bela ária *Consolati e spera!*, que já revela inspiração independente. Mas só depois da morte de Alessandro conseguiu libertar-se, muito tarde, da influência paterna, enveredando por caminho inteiramente novo: tornou-se o maior compositor para o cravo. Porém, sempre continuou retraído. Pouco da sua obra publicou-se em sua vida, e em parte sem sua autorização: as *Pièces de clavecin* (1730); os *Esercizi per il clavicembalo* (1740); as *Sonates et suites* (1750). No todo, existem mais ou menos quinhentas "sonatas" de Domenico Scarlatti. Mas não se deve pensar em "sonatas" de tipo beethoveniano. São peças curtas, destinadas ao ensino do instrumento ou à exibição de artes virtuosísticas. Durante todo o século XVIII, serviram (como as sonatas para violino de Corelli) para fins didáticos. Nunca foram esquecidas. Mas as edições do começo do século XIX do famoso professor Czerny desfiguraram-nas completamente, "facilitando-as" para o uso dos alunos. Na verdade, são muito difíceis; a maior parte só pode ser tocada por virtuoses consumados. Pois Domenico Scarlatti, embora só pretendendo escrever exercícios, chegou a alturas inesperadas. Sua imaginação inesgotável, sua "fantasia" realmente fantástica, seu temperamento fogoso levaram-no a entrar em terreno novo. Só a reedição fiel das suas obras por Alessandro Longo restabeleceu-lhe a verdadeira fisionomia (a Longo se deve uma numeração das "sonatas", hoje geralmente aceita). Mesmo assim, foi preciso romper com o hábito de tocar-lhes as obras no piano; não se destinam ao instrumento moderno. A reabilitação do cravo por Wanda Landowska e Ralph Kirkpatrick permitiu reconhecer, enfim, o gênio.

    A enumeração de apenas algumas das mais famosas e hoje mais tocadas "sonatas" pode dar alguma ideia da amplitude do espírito do mestre: as modulações audaciosas do *nº 103* (*sol maior*); as fortes dissonâncias no *nº 205* (*em dó maior*); a emoção apaixonada do *nº 323* (*mi maior*); a solenidade barroca do *nº 418* (*ré maior*); o colorido sombrio, tipicamente espanhol, do *nº 422* (*ré menor*); ritmos de dança espanhola no *nº 463* (*ré maior*); a explosão de temperamento do *nº 499* (*sol menor*), peça famosa sob a denominação "fuga de gato"; e o *nº 475* (*em fá maior*), que é uma *tarantella*, recordação da mocidade napolitana. Domenico Scarlatti foi homem de extraordinária imaginação harmônica, aventurando-se a modulações nunca antes ousadas; e foi o primeiro que imprimiu a peças de música instrumental os efeitos de fortes contrastes dramáticos. É, neste e naquele sentido, um precursor da sonata-forma da música clássica. Foi, como Vivaldi, um gênio.

O virtuosismo desenvolveu-se principalmente no violino, graças a Giuseppe Tartini (1692-1770).[16] Fundou em Pádua uma famosa escola para violinistas. Na Biblioteca Antoniana dessa cidade guardam-se os originais dos seus numerosos concertos para violino e orquestra, não publicados, dos quais, porém, alguns ainda pertencem ao repertório. Seu *Traité des agréments de la musique*, manual de ornamentação musical, revela a transição do estilo barroco para o estilo "galante". O século XVIII apreciava especialmente as sonatas de Tartini, que passavam por cumes inigualáveis de dificuldades virtuosísticas: a *Sonata em si bemol menor, Op. 6, nº 1* (denominada *Imperator*); a *Sonata em sol menor, Op. 1 nº 11* (denominada *Didone*); e sobretudo a *Sonata, Op. 1, nº 2* (denominada *Trille du diable*). Esta última sonata, que começa com dois movimentos em nobre e medido estilo corelliano, deve o apelido ao terceiro, cujo tema é uma assombrosa cadeia de trilos. Lalande, em sua *Voyage en Italie* (1790), é o primeiro que contou a "lenda" dessa sonata, que é até hoje uma *pièce de résistance*, de irresistível efeito, dos grandes virtuoses: pensando, certa vez, sobre dificuldades inéditas do instrumento, Tartini sonhou na noite seguinte que o próprio diabo lhe tocava no violino um tema dificílimo, dizendo: "Isto, nem sequer você sabe tocar". Foi aquela cadeia de trilos. A psicologia moderna explicaria esse sonho como caso do trabalho do subconsciente.

Tartini foi o maior violinista do século XVIII; parte considerável da sua obra continua no repertório. Dos outros mestres do instrumento da mesma época, sobrevivem apenas algumas poucas peças: de Francesco Geminiani (1667-1762), que se situa entre Corelli e Vivaldi, mas já conhece a dinâmica da Escola de Mannheim, as *Sonatas em sol maior* e em *dó menor*; de Pietro Locatelli (1695-1764), discípulo de Corelli e mestre do cantabile, as *Sonatas em dó menor e em ré maior*; de Felice Giardini (1716-1796), que ainda escreve trio sonatas, mas também já quartetos e uns caprices; de Pietro Nardini (1722-1793), discípulo de Tartini e compositor mais nobre que virtuose, as *Sonatas em sol bemol maior e em ré maior*, de Gaetano Pugnani (1731-1798), que ainda usa o baixo contínuo, a *Sonata em mi maior* e o *Concerto para violino em mi bemol maior*. São, por assim dizer, as *arie antiche* do violino. Até há pouco, esse repertório era, aparentemente, maior. Caberia acrescentar várias sonatas ou movimentos isolados, sobretudo de Pugnani (*Preludio e allegro*), que o famoso violinista Fritz Kreisler (1875-1962) costumava executar em concerto; e que eram da sua própria lavra, imitações perfeitas e congeniais do estilo violinístico do rococó. Durante muitos anos, Kreisler esperava com paciência que os críticos e musicólogos despertassem do erro; pois todos eles aceitavam a "fraude". Só quando o grande mestre Vincent d'Indy fez a observação de que a execução daquela "peça de Pugnani" por Kreisler não obedecia fielmente às intenções do compositor antigo, Kreisler resolveu revelar a verdade, provocando tempestade de indignação da parte dos mesmos críticos que tinham cometido tantas gafes.

O "caso Kreisler" é um sinal de advertência. É tão fácil imitar o estilo instrumental do rococó porque a maior parte dos ouvintes só presta atenção a sinais exteriores daquele estilo: à dissolução das formas barrocas em ornamentação e arabescos.[17] Pelo mesmo motivo, muita gente acredita reconhecer como "mozartiana" qualquer música do século XVIII. Os traços individuais são menos marcados que o ar de família da época. No entanto, não é possível confundir Vivaldi e Bach, Domenico Scarlatti e Couperin. Pela primeira vez na história da música, começam a se esboçar nitidamente as diferenças nacionais. Na França, então saindo da época de Luís XIV, o rococó tem caráter classicista.

Essa combinação de classicismo e rococó é conhecida na história das artes plásticas e da literatura como *style régence*. É a época de um arquiteto como Robert de Cotte, de um decorador como Claude Gillot, de um pintor como Watteau, de um dramaturgo como Marivaux. No terreno da música, acrescentam-se influências eclesiásticas, da fase religiosa do reinado de Luís XIV. E a forma principal é aquela, tipicamente francesa, de uma séria de danças estilizadas: a suíte.

A literatura francesa para o cravo é rica. Atribui-se a paternidade a André Champion de Chambonnières (c. 1602-1671), do qual sobrevivem algumas sarabandas.

Depois, à família Couperin, quase tão ramificada como a dinastia Bach. Os Couperin eram, no início, organistas. O "grande" da família, François Couperin (1668-1733)[18], "Couperin le Grand", também foi organista na Igreja St. Gervais, em Paris; e atribuem-se-lhe "missas para órgão", a *Messe pour les couvents* e a *Messe pour les paroisses*. Mas também foi *claveciniste de la cour*, e nessa função escreveu os quatro volumes de *Pièces pour le clavecin* (1713, 1717, 1722, 1730), pequenas peças reunidas em 27 suítes. Menos audacioso, menos inovador que Domenico Scarlatti, porque não criado para expandir seu temperamento artístico, e sim para divertir a sociedade galante da régence, encantando-a com o sonho de idílios pastoris. A maior parte das peças tem títulos poéticos. Mas não se trata de música de programa, apenas de états d'âme, sugeridos por títulos como *La Voluptueuse, La tendre Nanette, Arlequin, Les barricades mystérieuses, Sœur Monique, Le rossignol en amour, Les moissonneurs, Les tricoteuses, La distraite, Sarabande la majestueuse, Les tambourins, Les petits moulins à vent*. Couperin foi poeta. Criou um mundo composto de suítes — sua obra mais ambiciosa é a *Suite L'Impériale* —, como se existisse vida em que a gente não tem nada mais que fazer do que tocar, dançar e ouvir suítes; e sugere, irresistivelmente, que o nosso mundo seria melhor se a gente não tivesse que fazer nada mais do que ouvir suítes: é o paraíso dos sonhos de Watteau. Mas não é inteiramente sonho: é realidade superior, criada pela mestria de um artista consumado. Nenhuma nota, nenhuma frase poderia ser outra do que é. É uma arte clássica. Exerceu influência em Bach. O severo Brahms publicou em 1888 uma edição das *Pièces*. Hoje, graças a Ravel, Couperin é reconhecido como o modelo do neoclassicismo francês.

Não será preciso acompanhar a evolução da arte clavecinística francesa; porque não trazem contribuição nova os Daquin, os Marchand; a não ser o grande Rameau[19], autor de *Pièces pour le clavecin* (1706 etc.), que reencontraremos em outro ambiente. Mas merece menção especial Jean-Marie Leclair (1697-1764)[20], cujas *Sonatas para violino* e *trio sonatas* (sobretudo a *em ré maior, Op. 2, nº 8*) são como um reflexo francês da arte de Vivaldi. O maior mestre francês do órgão é Nicolas de Grigny (1671-1703), organista da Catedral de Reims. Do seu *Livre d'Orgue* (1711; reeditado por Guilmant) parece ter existido uma edição anterior, que o grande Bach copiou inteiramente para seu uso pessoal.

Pôster da apresentação de balé com a peça musical Les Dominos, de Couperin no Théâtre des Arts (Paris). Maxime Dethomas, 1911.

© Acervo Biblioteca Nacional da França

BARROCO PROTESTANTE: HÄNDEL

Quase só uma região da Europa resistiu à vitória da homofonia. Foi a Alemanha do Norte e do Centro: Saxônia, Turíngia, Brandenburgo e Hanover; a zona do protestantismo luterano.

Em Dresden, o rei da Saxônia, convertido ao catolicismo romano para poder eleger-se rei da Polônia, manteve luxuosa casa de ópera e chamou os italianos para a música sacra, em sua igreja da corte, que os seus súditos luteranos não queriam executar. Mas as tentativas de estabelecer casas de ópera em Berlim e Hamburgo fracassaram, por enquanto. A dinastia de Hanover saiu do país para ocupar o trono inglês. Os outros príncipes, duques e condes da região eram pobres. Pobres também eram as cidades, sofrendo ainda os efeitos desastrosos da Guerra dos Trinta Anos. Motivos financeiros e motivos religiosos barraram o caminho para o norte da música barroco-católica de Viena e Munique.

A vida musical concentrou-se nas *kantoreien*, escolas de música sacra estabelecidas junto às igrejas principais das cidades. O *kantor*, como músico profissional, também organizava concertos para solenidades profanas da municipalidade. Mas em primeira linha cuidava do culto. Orientava o organista que tinha de acompanhar o canto da comunidade, o coral luterano: preludiar, acompanhar e epilogar. E para que tudo ficasse dentro dos limites da ortodoxia, exigia-se ao *kantor* mais ou menos vasta erudição teológica.

Foi um mundo pequeno e fechado. E com toda a confiança no gênio musical da raça germânica — que até então tinha contribuído muito pouco para o desenvolvimento da arte — pode-se duvidar se os *kantoren* teriam encontrado o caminho para um mundo mais vasto, se não fosse a influência italiana.

Monteverdi foi a força cuja influência se sentira nos predecessores daqueles *kantoren*, em Hasler, em Schütz. A influência italiana em seus sucessores foi a de Girolamo Frescobaldi (1583-1643).[21] Foi o maior organista do seu tempo: improvisador tão genial, no mais difícil dos instrumentos, que os admiradores lhe atribuíram algo como inspiração divina. Em 1608, foi nomeado organista da Basílica de São Pedro, no Vaticano.

Essa renascença tardia da polifonia, justamente nos maiores mestres do barroco, mas no fim da época, é o que nos faz pensar, erroneamente, no barroco musical como arte especificamente polifônica. Mas, mesmo nessa última fase, a nova polifonia vocal, de origem organística e de índole alemã, é só um dos elementos constitutivos do estilo. Os outros elementos são de origem italiana e francesa. E acrescenta-se a herança inglesa, no caso de George Friedrich Händel (1685-1759).[22]

"Handel", dizem os ingleses. "Haendel", dizem os alemães. Nasceu e formou-se na Alemanha. Viveu e morreu na Inglaterra. Mas não são esses os únicos elementos constitutivos de sua personalidade.

Sua terra é a Saxônia: Halle. Ali estudou direito, destinado a tornar-se jurisconsulto erudito. Mais o atraiu, porém, a erudição teológica e musical. Sua formação foi a de um organista que, um dia, será *kantor* da igreja principal de uma cidade saxônia; como Bach. E, realmente, do órgão transplantará para o coro as grandes artes polifônicas. Na Itália, para onde viajou em 1707, ainda se exibe como virtuose no órgão. Mas já pensa na ópera. Em Hanover, o generoso Steffani facilita-lhe a mudança para Londres, onde a dinastia hanoveriana sucederá no trono. Ali espera obter o sucesso que não foi possível conquistar em Hamburgo: funda e dirige uma casa de ópera. A luta foi dura: contra resistências inglesas, contra rivais italianos como Buononcini e, principalmente, contra os credores. Depois de temporadas ruidosas, veio, em 1728, a falência. Novas lutas.

Novas e maiores dificuldades. Em 1736: a ruína financeira completa, um derrame cerebral, a paralisia. Mas Händel não sucumbe. Refaz-se. Não podendo mais encenar óperas no palco, manda executar óperas de enredo bíblico na sala de concertos: é o oratório. É a vitória completa, triunfal. Em 1759, Händel é sepultado no panteão dos ingleses, na Abadia de Westminster; sua estátua olha os túmulos dos reis da Inglaterra e o monumento de Shakespeare.

A música de Händel só pode ser caracterizada pelo adjetivo inglês *overwhelming*. Não existe, em arte nenhuma, nada de tão poderoso. Hoje, sendo reabilitado o barroco, gostaríamos de explicar essa qualidade como a suprema realização do ideal barroco: a música de Händel é *grandiosa, ampollosa, massiccia*; produz *lo stupore* e sabe, como nenhuma outra, *colpire i sensi*. Os tempos de incompreensão completa pela arte barroca já o julgaram, aliás, da mesma maneira: Haydn, Mozart, Beethoven consideravam-no como o maior de todos os compositores. Mas, é estranho, esse gigante da música era um plagiário. Apesar de dispor de recursos inesgotáveis de invenção, apropriou-se inescrupulosamente de temas e trechos de outros compositores como se fossem seus. É verdade que os conceitos de propriedade intelectual não eram, então, os de hoje. Contudo, os plágios de Händel exigem outra explicação psicológica. No mesmo plano está a inescrupulosidade com que o mestre usa várias vezes, em obras diferentes, as mesmas melodias suas, ora para fins profanos, ora na música sacra. Bastam algumas modificações rítmicas: e uma canção intensamente erótica também lhe serve, com letra diferente, para um *De Profundis*; ou, então, a música de um idílio bucólico, para uma triunfal marcha militar. O estilo de Händel permite essas "confusões" porque é essencialmente sintético. Tudo está amalgamado até parecer, pelo menos, homogêneo.

E, em primeira linha, os elementos nacionais.

Händel ou Haendel? O mestre é alemão ou inglês? É isto e aquilo ao mesmo tempo e é, mais, um pouco francês e muito italiano. É uma síntese. A melodia de Händel é italiana; a polifonia de Händel é alemã; como inglês, representa o barroco protestante.

O elemento protestante-inglês é evidente na música litúrgica de Händel, para o uso da Igreja anglicana, realizando aquilo que Purcell iniciara; o *Te Deum de Utrecht* (1713), para celebrar o Tratado de Paz concluído nesse ano naquela cidade holandesa, ainda é todo purcelliano; os doze *Chandos Anthems* (1721), para serviços na capela particular de Lord Chandos, já são obras-primas, sobretudo os *n°s 1, 3, 6, 9, 10*; os quatro *Coronation Anthems* (1727), que até hoje se cantam durante a cerimônia de coroação de um rei da Inglaterra, são música meio principesca, meio popular, como excitando o patriotismo das multidões; o *Funeral Anthem* (1737), para um enterro na família real, é de emoção raramente profunda nessa série de obras; o *Te Deum de Dettingen* (1743), celebrando uma vitória das armas inglesas, é a mais poderosa das obras litúrgicas do mestre.

Contudo, a liturgia anglicana não se presta bem para ser musicalmente adornada.

Música sacra inglesa, depois da Reforma, sempre tem algo de formal ou formalístico, sem muita emoção religiosa. Todas aquelas obras de Händel são mais poderosas ou impressionantes que profundas.

Elementos franceses será possível descobrir nos ritmos alados da música instrumental do mestre, embora as formas fossem, naturalmente, as italianas, de transição entre o barroco e o rococó. Aí estão os *Concerti grossi, Op. 7* (1740), dos quais sobretudo o *n° 6, em sol menor*, é frequentemente executado; e os *Concertos para órgão e orquestra*, entre os quais aquele em *fá maior, Op. 4, n° 4* (1738), é uma das obras musicais mais conhecidas no mundo. É música que seria injusto comparar com a obra organística de Bach, tão incomensuravelmente mais profunda; mas é popular no melhor sentido da palavra. A *Música aquática* (*Water Music*, 1717), escrita para acompanhar uma excursão do rei George I ao Tâmisa, e os *Royal Fireworks* (1749), acompanhamento musical dos fogos de artifício que festejaram o Tratado de Paz de Aachen, são suítes para grande orquestra, obras que gozam até hoje de imensa

3. O BARROCO

popularidade na Inglaterra. Em tudo isso há muita belíssima música, magistralmente trabalhada. Mas não comparemos às grandes obras instrumentais de Bach nem às grandes obras vocais do próprio Händel.

Existe um tipo de compositor que dá seu melhor em música instrumental (Haydn, Beethoven), e outro tipo que se exprime com preferência em música vocal (Mozart, Schubert). Bach é antes do tipo instrumental. Händel é decididamente do tipo vocal, embora sua maneira de tratar as vozes provenha do órgão. Sua música instrumental agrada muito, sem ser profunda. Em geral se pode afirmar: não convém ouvir uma obra de Händel logo depois de uma de Bach. Sua maneira de pintar *al fresco*, que já foi comparada à arte de Rubens ou Tiepolo, é grandiosa e pode parecer, às vezes, superficial. Mas isso só acontece quando se pensa e medita depois da audição.

Atualmente, bastam três acordes de uma introdução orquestral ou alguns compassos cantados pelo coro ou a linha melódica caracteristicamente nobre de uma ária para restabelecer a grandeza incomparável e irresistível do mestre que, mais do que qualquer outro artista barroco, sabe produzir *lo stupore*.

Todas essas considerações também valem quanto às óperas de Händel. Nelas o estilo do mestre é evidentemente italiano, embora nos coros, marchas e danças se revele o conhecimento da ópera francesa de Lully. O tipo é o das óperas de Alessandro Scarlatti: o enredo dramático, meio indiferente, só serve para parar em determinados momentos nos quais o cantor ou a cantora avança para a ribalta para brilhar na grande ária. Por isso, da maior parte das óperas de Händel só sobrevivem certos trechos, nas coleções de *Arie Antiche*, para o uso dos cantores de concerto. Das mais famosas são, até hoje, as árias V'adoro, pupille (de *Giulio Cesare* [Júlio César]), Ombra cara di mia sposa (de *Radamisto*), Ombre, piante, une funeste (de *Rodelinda*), Lascia ch'io pianga (de Rinaldo). Mas o trecho mais célebre é o chamado "largo" (Ombra mai fu), da ópera *Serse* (1737), uma das mais nobres melodias jamais inventadas, peça indispensável no repertório dos grandes tenores e barítonos, mas que não deveria ser cantada com acompanhamento de piano solo ou de orquestra sinfônica; é indispensável a presença do violoncelista e do baixo contínuo. Enfim, não se esquece o chamado Arioso, com texto alemão: *Dank sei dir, Herr* (*Agradeçamos ao Senhor*), hino magnífico, talvez trecho de um oratório perdido; alguns duvidam da autoria de Händel.

As óperas, das quais aquelas árias são os trechos mais brilhantes, passaram, durante quase duzentos anos, por "impossíveis" no palco; pela falta de ação dramática, que as transforma em "quadros vivos" como estátuas de museu, e pelas imensas dificuldades de *bel canto* que os cantores modernos já não sabem dominar. Contudo, quando da reabilitação da arte barroca em nosso tempo, relevaram-se certas diferenças entre a ópera scarlattiana e a de Händel. Já estamos hoje apreciando melhor do que a crítica do século passado a forma barroca do gênero. Também percebemos mais nitidamente a herança de Monteverdi, por meio de Lully e de Purcell. Enfim, nota-se nas óperas de Händel certa psicologia dramática que é herança indireta da tragédia elizabetana, por meio do "drama da Restauração", como Dryden, que foi, aliás, um dos poetas preferidos do compositor. Todas essas considerações inspiraram, por volta de 1920, e principalmente na Alemanha, no círculo dos musicólogos da Universidade de Göttingen, uma verdadeira "renascença de Händel", isto é, das suas óperas. Hoje esse movimento já passou, embora as tentativas continuem: agora na Universidade de Halle.

Mas fora do repertório rotineiro, em ocasiões especiais (festivais), algumas das óperas desenterradas continuam vivendo no palco moderno, aplaudidas por um público de especialistas e conhecedores: *Agrippina* (1709: representada por H. Chr. Wolff em Halle, 1959); *Rodelinda* (1725; edição e representação por Oskar Hagen em Göttingen, 1920); *Ottone e Teofano* (1723); *Tamerlano* (1724); *Orlando* (1723); *Ezio* (1733); e, sobretudo, Giulio Cesare (1724; representação por Hagen em 1922). São obras de um barroco poderoso e pomposo, sem sentimento humano mais íntimo, música de primeira ordem que só produz o pleno efeito quando executada com toda a pompa da cenografia barroca, com cantores que, dominando as artes mais difíceis do *bel canto*, sabem movimentar-se no palco com a gravidade de reis e lordes do século XVIII. É uma arte de museu.

Fora do palco, Händel cultivou o mesmo estilo em cantatas profanas — a mais importante é a *n° 46*, *Lucrezia* — em que reúne forte emoção e artes realmente fantásticas de *bel canto*; são, para o cantor-solista, as obras mais difíceis que existem. Uma cantata profana em grandes dimensões é *O festim de Alexandre* (1736), composição da conhecida ode de Dryden em homenagem à arte da música. No meio, entre essas obras corais e as óperas, situa-se *Acis e Galatea* (1719), idílio arcádico, de encanto perene, que na Inglaterra também se costuma apresentar cenicamente; é adaptação ao gosto inglês de um enredo poético à maneira da Arcádia romana e de Metastasio. Já é anglicíssima uma outra obra que se costuma chamar de "oratório profano": *L'allegro e il Penseroso* (1740), composição do maravilhoso poema *Milton*, de William Blake, suprema homenagem do músico anglicizado a *"England's green and pleasant land"*. Ao mesmo gênero pertence *Hércules* (1744), obra classicista,

3. O BARROCO

dignificada como uma tragédia clássica francesa; Romain Rolland considerava-a como o maior drama musical antes de Gluck.

Não há, estilisticamente, diferença essencial entre as óperas e os oratórios de Händel: estes últimos são óperas de enredo bíblico, excluídas da execução na igreja por causa da forma dramática e excluídas da representação no palco por causa do assunto religioso. Com os oratórios de Händel, começa a sala de concertos a desempenhar sua função moderna: de templo de uma nova religião: da religião da música. O tratamento de histórias bíblicas, do Velho Testamento, como se fossem enredos greco-romanos de ópera, e a atualização desses episódios da história de Israel pelas alusões permanentes a angústias e triunfos do novo povo eleito, que é o povo inglês, transformam esses oratórios em música oficial de um novo reino dos céus na terra: do Império Britânico.

Essa síntese de Bíblia, Antiguidade clássica e atualidade política é tipicamente barroca.

É a suprema manifestação de um barroco protestante, síntese da ópera italiana e da paixão alemã e do teatro clássico francês e da *masque* inglesa. Mas Händel supera o barroco, sua época, pois a combinação de diversão musical e edificação religiosa

O London Händel Festival é uma celebração anual dedicada à vida e obra do compositor, que ocorre desde 1859 até os dias atuais. Na fotografia, a primeira edição do Festival, no Palácio de Cristal, c. 1887-1889. Cassell & Co.

deve satisfazer muito à classe média inglesa. O cristianismo de Händel está além e acima das diferenças de igrejas e seitas. Prepara o humanismo ético da ilustração.

Não convém incluir o *Messias* (1742) entre os outros oratórios. É obra muito diferente: pela inspiração cristã e pelo lirismo. Hoje o *Messias* é o oratório mais popular de Händel. É o "grande número" do repertório das associações corais. Já não sentimos bastante aquela diferença. Pensando no *Messias*, primeiro nos ocorre o grande *Halleluja*, que é o ponto culminante do barroquismo musical de Händel. Mas não é o trecho mais característico justamente dessa obra, que é de espantosa riqueza musical, de vasta amplitude de emoções religiosas e líricas; a ária *I Know that My Redeemer Liveth* é a mais comovida reza que existe na língua da música. É preciso ouvir a obra como se fosse a primeira vez. Então, entenderemos melhor a admiração ilimitada dos contemporâneos, que salvou a situação financeira, sempre ameaçada, do compositor.

Tirou do *Messias* lucro enorme que ainda deu para ajudar generosamente várias instituições caritativas e eclesiásticas. Pois Händel também colocou no *Messias* suas esperanças de merecer ressurreição gloriosa no dia do Juízo Final. Assim, com os originais do *Messias* e parecendo ouvir os trombones que o chamarão perante o trono de Deus, é Händel representado no seu túmulo-monumento na Abadia de Westminster: servidor do Senhor e soberano de um Império Britânico da música.

BARROCO PROTESTANTE: BACH

A arte de Händel não teria sido possível no ambiente fechado e mesquinho das pequenas cidades da sua terra saxônia, então separada do mundo ocidental e mediterrâneo pela rigidez da ortodoxia luterana, pelo absolutismo patriarcal dos pequenos principados, pela pobreza depois das devastações da Guerra dos Trinta Anos, pela mesquinhez do ambiente burguês das cidades. Por todos esses motivos, a Alemanha protestante não tinha conhecido verdadeira Renascença: a Reforma e a guerra tinham-na interrompido.

Conforme a tese de Herbert Cysard (na introdução da antologia *Deutsche Barocklyrik*, Leipzig, 1924), a literatura barroca alemã do século XVII, a poesia e dramaturgia dos Fleming, Gryphius, Hofmannswaldau, Lohenstein, é uma tentativa atrasada de recuperar o terreno perdido: sua síntese de religiosidade luterana e influências mediterrâneas, latinas, caracterizam o barroco protestante.

Essa síntese também já se revelou na arte organística dos Froberger e Pachelbel: seu produto formal é a fuga. Depois, invadiu os *kantoreien*; seu produto, ali, é a cantata, poesia de assunto bíblico, posta em música para ser executada na igreja durante ou fora do próprio culto, como espécie de *intermezzo* musical para a edificação complementar, aquela que o sermão e o canto do coral pela comunidade não podem oferecer.

Johann Sebastian Bach (1685-1750)[23] não foi absolutamente, em vida, o centro do mundo musical na Alemanha do Norte. Essa posição desfrutou-a seu amigo Telemann.

Bach foi famoso como o maior organista do seu tempo e excelente virtuose no cravo e no violino; além disso, tinha fama de cumprir pontualmente suas obrigações de *kantor*, escrevendo as grandes quantidades de música sacra que o culto luterano, conforme o uso da época, requeria, e brigando constantemente com as autoridades administrativas quanto aos recursos para executá-las. Tempos posteriores acreditavam conhecê-lo melhor. No século XIX, passava-se por um grande e remoto deus pai da música, o maior de todos, mas tão longe de nós como um Josquin des Prez ou Palestrina. Hoje, antes é adorado como o Espírito Santo da nossa arte, vivificando todas as partes do *corpus mysticum* da música. Quase se esquece o fato de que foi homem e filho de homem: com os pés fincados na terra, calculando sobriamente as possibilidades desta vida e aproveitando para o que lhe parecia essencial, até as últimas. Na famosa carta ao amigo Erdmann, de 1730, chega a se queixar do bom estado da saúde pública em Leipzig, porque o número menor de falecimentos e enterros solenes, com música, lhe diminui os emolumentos. Um grande realista. Não se pretende negar nele o elemento místico.

Bach aos 61 anos, óleo sobre tela de Elias Gottlob Haussmann, 1748.

Mas é um grande místico luterano, isto é, dentro deste mundo, nunca deixando de pensar no outro, mas com a satisfação alegre de quem cumpre, aqui embaixo, suas obrigações profissionais e tem mulher e muitos filhos, sem desprezar o vinho. "Vinho, mulher e música", foi esse o lema de Lutero, que era, no entanto, homem de Deus e testemunha do Verbo.

Como nenhum outro filho espiritual de Lutero, soube Bach "sincronizar" os dois mundos: este e o outro. A harmonia perfeita entre os dois afigurava-se-lhe garantida pelas regras do contraponto, que são as mesmas na terra e no céu. A vida aqui embaixo e ali em cima constituem, sem interrupção, uma fuga perfeita. A lei da existência física e espiritual de Bach é a polifonia.

A historiografia liberal do século XIX considerava Lutero como o primeiro homem moderno, que teria rompido as cadeias espirituais da Igreja medieval, iniciando a época do progresso. A historiografia moderna, desde Tröltsch, antes focaliza em Lutero os elementos medievais, góticos, que sobreviveram na Igreja luterana do século XVII como *Christus-Mystik*, muito parecida com a da Idade Média. São esses elementos que determinam o primeiro e mais arcaico aspecto da obra de Bach: o gótico, pelo qual ele se liga à polifonia "gótica" dos mestres "flamengos" do século XV, embora sem conhecê-los. Muito se tem lamentado a qualidade miserável dos textos que poetastros como Neumeister, Picander e outros escreveram para Bach os transformar em cantatas, pois a literatura alemã do seu tempo, depois da Guerra dos Trinta Anos e após o desaparecimento da geração barroca, está no ponto mais baixo. Mas nas expressões enfáticas e involuntariamente triviais daqueles poetastros descobre-se o intuito de dizer o que a língua empobrecida não lhes permitia dizer: exprimir em palavras sem jeito o amor místico ao coração de Jesus, culto que a Igreja luterana do século XVII ainda não tinha abandonado. Bach, o gótico, sabia exprimi-lo pela sua polifonia linear, de linhas melódicas independentes e no entanto rigorosamente ligadas, música sem contrastes dramáticos (assim como a da época da polifonia puramente vocal), porém movimentada pela alternância constante de tensão e distensão. O recurso natural teria sido o coro à capela. Mas para este não havia uso no culto luterano. Também é possível que Bach, dono de órgão e de orquestra, não tenha sentido grande atração à música vocal sem acompanhamento. Só escreveu cinco motetos à capela. Mas são as expressões mais profundas do seu "misticismo gótico". Sobretudo *Jesus, meine Freude* (*Jesus minha Alegria*, 1723) e *Singet dem Herrn ein neues Lied* (*Cantai um novo Cântico ao Senhor*, 1730) são obras de valor inexcedível, a mais comovente música (à capela) que existe.

A cantata de Bach quase sempre se baseia em determinado coral luterano, que fornece a base do libreto e, as mais das vezes, os temas musicais, e que se refere ao Evangelho do domingo ou da festa ou da ocasião especial (casamento, enterro etc.) para as quais a cantata estava destinada. Bach começou cedo a cultivar esse gênero, sem que se possa perceber a evolução: entre as suas primeiras cantatas há obras tão extraordinárias como entre as últimas. Por obrigação de serviço, Bach escreveu,

3. O BARROCO

Vitral em homenagem a Bach na Igreja Luterana de São Tomás, em Leipzig, Alemanha, da qual o compositor foi regente do coral de meninos de 1723 até sua morte, em 1750, além de diretor musical da cidade.

durante anos, semanalmente uma cantata. Calcula-se que devem ter sido, no todo, 295; das quais grande parte se perdeu por culpa da devassidão de Wilhelm Friedemann, seu filho mais velho e herdeiro dos seus papéis. Só subsistem 198 cantatas sacras de Bach.

As cantatas de Bach formam um mundo completo, de mil facetas diferentes. Quem já ouviu uma única reconhecerá qualquer outra como sendo de Bach; mas nenhuma delas se parece com qualquer outra sua.

Fracassaram as tentativas de verificar traços de um criptocatolicismo na mentalidade de Bach. Mas é verdade que o mestre não se fechou dentro dos limites algo estreitos de sua Igreja. Como membro da Sociedade das Ciências em Leipzig, deve ter conhecido e apreciado a filosofia de Leibniz; Albert Schweitzer chega a falar em "racionalismo cristão" (*gläubiger Rationalismus*). Certamente, Bach aprovou as iniciativas, infelizmente fracassadas, daquele filósofo de promover a reunião das Igrejas separadas. E essa atitude facilitou-lhe aquele trabalho, que causou a maior estranheza aos protestantes: para fim puramente prático, para obter o título de *Hofkapel meister* (maestro da corte real), escreveu o maior músico do protestantismo uma missa católica, dedicando-a ao rei da Saxônia, que se tinha formalmente convertido ao catolicismo romano para poder eleger-se rei da Polônia. Bach teria agido por oportunismo, assim como seu rei ao qual ele quis agradar? Decididamente, não. A *Missa em si menor* (1724-49), de dimensões tão grandes que nunca poderia ser executada durante o serviço sacro, é uma obra de inspiração protestante, é uma coleção de grandes cantatas que interpretam, trecho por trecho, o texto litúrgico latino. Um tema como o do *Agnus Dei* é especificamente bachiano, dir-se-ia luterano. Certas partes dão a impressão de uma imensa festa popular em uma igreja tão grande como nunca a ideou a imaginação de um arquiteto. Outros trechos parecem reflexo direto da harmonia — e do poder — das vozes angélicas no céu. Nesses momentos já não se pensa em protestantismo nem em catolicismo. As palavras "*Unam sanctam catholicam et apostolicam Ecclesiam*", no Credo,

Bach manda cantá-las conforme a melodia do coral gregoriano, que é anterior à separação das Igrejas: como se quisesse manifestar a esperança da reunião da Cristandade perante o trono de Deus. A *Missa em si menor*, também chamada *Hohe Messe* (tradução inexata de *Missa Solemnis*), é a maior obra de Bach e, talvez, a maior obra de toda a música ocidental. Uma catedral invisível, a mais alta que foi jamais construída.

As cantatas são para quatro ou três solistas e coro: algumas, e das mais importantes (como os *n°s 51, 53* e *56*), para um solista só e coro. Compõem-se de recitativos, árias e coros, como se fossem óperas religiosas em miniatura. Enquanto os coros servem de fundamento polifônico, os recitativos e as árias são escritos no estilo da ópera italiana, do tipo da ópera de Alessandro Scarlatti, embora a invenção melódica sempre seja bem alemã. Para a chamada "sinfonia" que serve de abertura, e para o acompanhamento instrumental das peças vocais, Bach emprega uma orquestra de câmara, com preferência marcada por certos instrumentos de sopro (flauta, oboé) e, naturalmente, pelo coro dos violinos, completado por violas d'amore e outros instrumentos que pouco depois do tempo de Bach já serão arcaicos. Como o baixo contínuo serve para os coros, o órgão; e para os solistas, o cravo. O final da cantata é sempre o coral luterano que forneceu a base do libreto, harmonizado e cantado a uma voz pelo coro.

No acompanhamento instrumental e nas árias, é forte a influência italiana. A esse respeito, o barroco de Bach realizou o que não conseguira realizar a literatura alemã da geração precedente: uma verdadeira renascença em terras da Alemanha. Copiou, de mão própria, muitas obras de Corelli, Vivaldi, Caldara e pelo menos uma ária de Alessandro Scarlatti; arranjou concertos de Vivaldi para o órgão ou o cravo. (É, porém, preciso observar que a maior parte das obras impressas de Vivaldi foi publicada quando Bach já tinha escrito suas suítes e *concerti grossi*.) Assim, já se disse, com algum exagero paradoxal: o maior compositor instrumental italiano do barroco é o alemão Bach.

Também há, em Bach, influências francesas. Sua literatura pianística revela o conhecimento e o estudo de Couperin e outros clavecinistas franceses e do organista Grigny. De tipo francês também são as quatro magníficas suítes para orquestra: sobretudo a *Suíte n° 2 em si bemol menor* (1722), com abertura majestosa e, como final, uma *Badinerie*, de alegria fantástica; e a *Suíte n° 2 em ré maior* (1722). Mas nesta última o movimento lento (também famoso em arranjo para o violino, como *Ária na corda sol*) é uma sentida oração de noite; e a *Gavotte*, apesar do ritmo francês, é uma alegre dança alemã; assim como na *Suíte n° 2* é uma canção alemã o *Air*.

3. O BARROCO

Encontramos, ali, o Bach que, mais do que qualquer outro compositor na história da música, alimentou de folclore popular a sua arte.

Há elementos folclóricos na maior parte das cantatas. Folclóricas são as famosas canções para uma voz (*Canção de noiva*, *Canção antes de adormecer* etc.) que Bach notou no *Notenbüchlein* (*Caderno musical*) de sua segunda mulher, Anna Magdalena; entrevemos, por um instante, a intimidade do lar do mestre. Até nas sutilíssimas *Variações Goldberg* introduziu, sub-repticiamente, duas alegres canções populares.

De burlesco humorismo folclórico é a *Bauernkantate (Cantata dos camponeses*, 1742).

Bach sabe fazer tudo.

Folclore alemão religioso são as melodias do coral luterano, que Bach aproveitou em tantas cantatas e, com efeito especial, nas suas *Paixões*. Talvez só um luterano nato, ao qual essas melodias são familiares desde a infância, possa sentir completamente o profundo efeito dramático do momento em que, na *Paixão segundo São Mateus*, quando o evangelista fala da coroação de Jesus com espinhos, o coro canta o velho coral *O Haupt voll Blut und Wunden* (*O rosto cheio de sangue e feridas*).

As *Paixões* são espécie de oratórios cujos libretos se baseiam no texto evangélico da Paixão do Cristo: grandes dramas religiosos, encenados num palco sem cenários, com coros, recitativos, árias e corais, e com o texto evangélico lido em recitativo por um narrador; e com grande orquestra. A *Paixão segundo São Mateus* (1729) é a obra mais famosa de Bach: é tão dramática como os grandes oratórios de Händel, sobretudo nos coros do povo, curtos e incisivos; e é da mais profunda emoção religiosa, "capaz de converter um ateu". Seria preciso escrever uma monografia para dar alguma ideia dessa obra colossal, símbolo incomparável da mística gótica, da íntima devoção luterana e da inspiração dramática do barroco. E é, acima de qualquer determinação estilística ligada a este ou àquele período histórico, como uma mensagem que nos chega de um outro mundo que por misericórdia se digna de falar a nossa língua. Enfim: é uma revelação, no sentido bíblico; por isso, já se deu a Bach o título de "quinto evangelista". A *Paixão segundo São João* (1723), menos conhecida, não é inferior; em tempos recentes, ela volta a ser executada com maior frequência. Mas, sendo mais lírica e de melodismo mais arcaico, não conquistará, provavelmente, a imensa popularidade da outra obra.

Por causa das *Paixões*, Bach já foi chamado de "o maior dramaturgo musical do barroco". Evidentemente, esse barroco não é o de Alessandro Scarlatti nem o de Händel. Revela-se menos nas partes vocais, preferentemente polifônicas, do que na música instrumental: o emprego de muitos e diferentes instrumentos para a execução do baixo contínuo; a invenção dos temas que, pensando-se sempre em seu aproveitamento para fugas e complexos contrapontísticos, só raramente são cantáveis, assim como os temas instrumentais de um Haydn ou Mozart; os desfechos curtos, nunca "brilhantes", mas sempre em "retardando".

Barroco é, sobretudo, outro aspecto da obra de Bach: sua harmônica. Ninguém lhe negará o título de maior polifonista de todos os tempos. Mas sua inesgotável riqueza e melodias homofônicas — as árias das cantatas formam tesouro muito maior do que qualquer coleção de *arie antiche* — já dá para pensar. Alguns musicólogos, e dos mais entendidos, afirmam que Bach pensa "verticalmente": em colunas de acordes. Ninguém assinaria essa tese depois de uma audição dos motetos; mas estes são poucos. E em outras obras está a polifonia linear, realmente, a serviço da harmonia, a ponto de parecer antecipar, às vezes, a escritura de um Haydn ou de um Wagner. O *kantor* de Leipzig já pode escrever assim porque a última fase do barroco removeu o maior obstáculo à escritura harmônica: a desafinação permanente entre as vozes humanas e os instrumentos de cordas e de sopro, por um lado, e, por outro lado, os instrumentos de teclas que tinham de acompanhar aqueles como baixo contínuo. Essa fonte de desordem caótica na música barroca foi eliminada pela determinação matematicamente exata, embora acusticamente inexata, dos intervalos nos instrumentos de teclas. O cravo, agora "bem temperado", tornou-se dono da música, impondo os seus intervalos aos outros. Foi um verdadeiro golpe de estado na música. Permitiu, pela primeira vez, fazer conscientemente o que Alessandro Scarlatti apenas fizera instintivamente: o império da lei de separação rigorosa de tom maior e tom menor; a pureza de cada uma das tonalidades; e a faculdade de usar, na composição, todas as 24 tonalidades possíveis.

Paixão de Cristo, de Rogier van der Weyden, c. 1490. Tema de destaque na obra de Bach, antes de sua Paixão segundo São Mateus, compôs quatro outras Paixões, mas duas foram perdidas, enquanto da Paixão segundo São Marcos só sobreviveu o texto.

3. O BARROCO

O próprio Bach experimentou logo — e esgotou — todas aquelas possibilidades: nos 24 prelúdios e fugas do primeiro volume de *O cravo bem temperado* (1722); depois, novamente, nos 24 prelúdios e fugas do segundo volume dessa obra (1744). É a maior obra pianística de todos os tempos; Hans von Bülow chamou-a de "Velho Testamento do piano", sendo o "Novo Testamento" as sonatas de Beethoven. É o manual da técnica do instrumento, seu breviário didático, e é a obra fundamental da harmonia moderna. Mas aqueles 48 prelúdios e fugas também são modelos de escritura polifônica no piano; neles se aprende a distinguir e fazer soar distintamente as várias vozes, distribuídas entre as partes das mãos. E, ainda por cima, esses prelúdios e fugas são imbuídos de profundo espírito religioso. A mesma síntese de religiosidade, espírito didático e polifonia igualmente caracteriza as seis *Partitas* (1731), também chamadas *Suítes alemãs*.

O espírito de pesquisa de Bach não tem limites, assim como é ilimitada a liberdade espiritual interior do luterano. Logo depois de *O cravo bem temperado*, escreveu a *Fantasia cromática e fuga* (1723), estudo em compor sem tonalidade determinada, antecipando o cromatismo de *Tristão e Isolda*; também é, aliás, grave meditação religiosa.

Outras obras pianísticas de Bach lembram o fato de que o compositor, anacrônico em seu tempo como músico gótico e barroco, também é homem da época e do estilo rococó. Tipicamente rococó já é o dueto de amor, entre Jesus e a alma, na *Cantata nº 140*. Rococós são, em parte, aquelas duas grandes *Suítes orquestrais, nºs 2 e 3*.

Há, ainda, elementos desse estilo em certas obras violinísticas. A *Sonata para violino e cravo em lá maior* (1723) é "a música mais feliz que jamais se escreveu", de uma euforia que pressente as beatitudes do paraíso; mas os anjos dançam lá em ritmos de rococó. Enfim, Bach revela preferência marcada pelo instrumento mais querido do rococó, a flauta. Entre as *Sonatas para flauta e cravo*, a *em si bemol menor* é a obra-prima.

Elementos do estilo rococó também vivificam várias obras pianísticas: as *Suítes inglesas* (1725) e, mais ainda, as *Suítes francesas* (1722), das quais a quinta contém uma *gavotte* irresistível. O *Concerto italiano* (1735) é imitação do estilo de Vivaldi em solo de cravo; é música festivamente aristocrática como não existe nenhuma outra; e é característico o fato de que os próprios contemporâneos, inclusive o crítico hostil Scheibe, festejaram esse *Concerto italiano* como obra-prima. Não é, aliás, inferior à imponente *Ouverture dans le goût français* (1735), também para solo de cravo. E, no mesmo estilo, o brilhantíssimo *Concerto para três pianos e orquestra em dó maior* (1733).

Há em tudo isso algo de Couperin. Mas o fundo é diferente. Bach, como organista profissional, nunca deixa de escrever polifonicamente. É um *kantor* alemão. São aquelas peças pianísticas que inspiraram em um escritor inglês a impressão da "etiqueta rigorosa das pequenas cortes alemãs, afrancesadas, e do sóbrio bem-estar dos burgueses, e da dança dos camponeses em torno das árvores verdes que parecem árvores de Natal em pleno sol de verão, brilhante sobre a vasta terra alemã, e de uma força gigantesca, profundamente enraizada no solo, e de um poder acima do tempo e de todos os espaços". O aspecto rococó dessas obras não é mera impressão poética. Pode ser explicada pela técnica de Bach de "diferenciação e integração" das massas sonoras, que dá sentido musical à ornamentação e aos arabescos. Essa técnica de Bach é o *pendant* perfeito das diferenciações e integrações que realizaram em seu tempo os grandes matemáticos e físicos, os Bernoulli e Euler: da análise matemática e da mecânica dos corpos celestes que foram as grandes ciências do seu tempo, e que o mestre parece ter conhecido.

Esse polifonismo matemático inspirou Bach em certos experimentos singulares: de escrever polifonicamente para instrumentos que, por sua natureza, não se prestam para tanto. São as obras para violino solo e para violoncelo solo, sem acompanhamento.

Como se uma única voz humana ficasse obrigada a cantar à capela. Isso é impossível.

Mas naqueles instrumentos Bach realizou o impossível. As seis *Suítes para violoncelo solo* (1720), sobretudo a *nº 2 em dó menor* e *nº 3 em ré menor*, são danças nobremente estilizadas, obras de densidade extraordinária e de sonoridade quase orquestral; hoje são muito conhecidas graças ao esforço de Pablo Casals. De dificuldade talvez ainda maior são as três *Sonatas para violino solo* (1720), sobretudo as *em dó maior e em sol menor*; é uma arte pouco acessível, que o ouvinte médio só consegue apreciar por meio das artes de um virtuose como Menuhin. Enfim, há três *Suítes* (ou *Partitas*) *para violino solo* (1720). A segunda, *em si bemol menor*, termina com a famosa chacona, que passava, durante o século XIX, como o *non plus ultra* do virtuosismo violinístico; hoje é considerada como o supremo hino do músico Bach, de uma inspiração religiosa que não precisa de palavras, mas que faz soar um único violino como se fosse uma orquestra inteira. É o triunfo espiritual de uma arte matematicamente exata.

A "interpretação matemática" da arte de Bach é, certamente, unilateral. Ninguém a aplicaria à *Paixão segundo São Mateus*, à *Missa*, ao *Magnificat* ou às *Cantatas*. Mas serve para ratificar outra interpretação, não menos unilateral: é a conhecida teoria de Albert Schweitzer sobre Bach como *musicien-poète*.* O grande teólogo-músico-filantropo conseguiu demonstrar que Bach, último rebento da tradição madrigalesca dos Marenzio, Gesualdo e Monteverdi, usa a invenção temática para ilustrar os textos, quase como "música de programa". Figuras ascendentes e descendentes "pintam" os movimentos físicos de que os textos falam. Há um caso em que as palavras "dois" ou "três" são simbolizadas por uma figura de duas e outra de três notas. Parece brincadeira infantil.

Mas, antes, é um aspecto do hábito luterano de "interpretar fielmente o texto". E os efeitos obtidos, nas cantatas e em outras obras vocais, são maravilhosamente poéticos. Bach não limita, no entanto, esse método à música vocal nem à ilustração de gestos físicos. Não antecipa (nem adivinha) a música de programa no sentido de Berlioz, mas sim a música psicológico-poética de Beethoven. Impressão fortemente beethoveniana dá o grande *Concerto para piano e orquestra em ré menor* (1736), de força quase demoníaca, no qual a revolta e a tempestade dos elementos se acalmam, enfim, num movimento polifônico que parece querer refletir a harmonia das esferas. Altamente poéticos também são os três *Concertos para violino e orquestra*, todos eles de 1723. O *Concerto em mi maior*, de uma inocente alegria paradisíaca; o *Concerto em lá menor*, de energia viril até na ornamentação virtuosística; e o *Concerto para dois violinos e orquestra em ré menor*, de alegria jubilosa. Em todos os três concertos, o movimento lento é meditativo; o largo, no *Concerto para dois violinos*, é uma comovente canção religiosa. Mas nem sempre é possível interpretar dessa maneira poético-psicológica as obras instrumentais de Bach.

O belíssimo *Concerto triplo para piano, violino, flauta e orquestra, em lá menor* (1730) é um enorme arabesco polifônico em torno dos temas. Chega-se a um ponto em que a teoria de Schweitzer já não serve. São as obras de polifonia "matemática". Então, Bach escreve música perfeitamente absoluta, que tem seu sentido em si própria.

O cume dessa música absoluta são os seis *concerti grossi* que Bach dedicou ao Margrave de Brandemburgo (1721). É música brilhantemente festiva, às vezes de nobreza aristocrática, outras vezes de alegria folclórica, com efusões profundamente líricas no meio. As possibilidades do gênero, o contraste entre vários solistas e os *tutti* da orquestra de cordas são esgotados até as últimas sutilezas. O tecido polifônico da escritura é de densidade extraordinária. Ninguém conseguiria descobrir ideias

---

* SCHWEITZER, Albert. J. S. *Bach, le musicien-poète*. Leipzig: Breitkopf & Härtel, 1905. (N. E.)

poéticas ou movimentos psicológicos nessa música absoluta. O *Concerto nº 1 em fá maior* é completado por algumas danças estilizadas, como uma suíte. O *Concerto nº 2 em fá maior* é o mais alegre de todos, lembrando um provérbio alemão: "O céu está cheio de violinos". O *Concerto nº 3 em sol maior* não tem movimento lento; é um *perpetuum mobile* de ritmos barrocos. O *Concerto nº 4 em sol maior* exibe o virtuosismo do violino: o *Concerto nº 5 em sol maior*, com o cravo no centro, no fundo, é um grandioso concerto para o pianista-solista. O *Concerto nº 6 em si bemol maior*, porém, não tem solistas: as violas lideram o movimento incansável, de energia sombria. Quanto à substância musical dessas obras, faltam as palavras: é a música mais perfeita que já se escreveu.

Os *Concertos de Brandemburgo* revelam mais um aspecto característico do gênio de Bach: a tendência de esgotar todas as possibilidades de um gênero, todas as soluções possíveis de um problema musical, produz obras didático-monumentais. Quer dizer: são manuais práticos, como destinados para o ensino do respectivo gênero ou problema; e são, ao mesmo tempo, as realizações mais monumentais, definitivas do gênero. Assim, os *Concertos de Brandemburgo*, que são, aliás, dos últimos *concerti grossi* que se escrevam no século XVIII, são o monumento do gênero "concerto grosso". Obras didático-monumentais assim são *O cravo bem temperado* e aquele "catecismo luterano para órgão": a terceira parte dos *Klavierübung*. A forma musical da variação, até então pouco desenvolvida, foi empregada por Bach nas *Variações Goldberg* (1742), escritas para o cravista Goldberg divertir com elas um barão báltico durante suas noites de insônia: é (com as *Variações sobre uma valsa de Diabelli*, de Beethoven) a maior obra de variações em toda a literatura musical, monumento de um tema glorioso e triunfo da arte combinatória, mas cheio de *poésie pure*. Outra obra desse tipo é o *Musikalisches Opfer* (*Oferenda musical*, 1747), elaboração exaustiva, em várias formas instrumentais, de um tema que o rei Frederico II da Prússia tinha proposto ao mestre, quando da sua visita a Potsdam.

Resta a *Kunst der Fuge* (*Arte da fuga*, 1748-1750), a última obra de Bach. O monumento da sua arte polifônica. Um único tema é explorado para fornecer todas as formas possíveis do gênero "fuga"; uma delas, o grande *Ricercare*, é a maior fuga em toda a música ocidental. E todas essas fugas são reunidas em determinada ordem, conforme um esquema arquitetônico de dimensões colossais. Só falta a ponta da torre dessa catedral; pois o desfecho teria sido uma harmonização do coral *Vor deinem Thron tret'ich hiermit* (*Apareço perante teu trono*), que ficou interrompida pela morte de Bach.

Cumpre observar que a "arte da fuga" só existe em notação esquemática, sem qualquer indicação dos instrumentos que a deveriam executar. Existem vários arranjos modernos para possibilitar a execução: para dois pianos (de Seidlhofer), para quarteto de cordas, para orquestra de câmara (Graeser). Mas, na verdade, essa música, inteiramente abstrata, assim como as últimas obras de Beethoven, destina-se, talvez, mais à leitura que à execução. Tem de ser ouvida pelo espírito. É uma manifestação do espírito.

No fim do século XVIII, só se conhecia e se apreciava *O cravo bem temperado*, que circulava em cópias manuscritas para fins de ensino. Mozart também conhecia os motetes, que ouviu ocasionalmente em Leipzig. A execução da *Paixão segundo São Mateus* em Berlim, em 1829, sob a regência de Mendelssohn, foi a ressurreição de um morto. O mesmo Mendelssohn foi, depois, o primeiro que ressuscitou os *Concertos de Brandemburgo* e as obras para violino. Só em 1852, com o início da edição das obras completas pela Sociedade Bach em Leipzig, começou a publicação das cantatas.

Naquele tempo, a Igreja luterana já não tinha uso para as obras de Bach na liturgia; só tolerava a execução na igreja a título de concertos, assim como a Igreja católica começou a permitir, em seus templos, a execução das obras organísticas de Bach, que não levam texto suspeito de heresia. A obra de Bach tinha perdido, para a posteridade, a significação religiosa. Bach é: para os românticos, o grande evocador de sentimentos religiosos de um passado irremediavelmente perdido; para Brahms e seu crítico-amigo Hanslick, o grande mestre de construções arquitetônicas; para Wagner e para um filósofo como Dilthey, o precursor da tragédia em música; para os modernos, o fabuloso técnico dos gêneros pré-clássicos, cujas obras se executam hoje de maneira exatamente histórica, com baixo contínuo, orquestra pequena e instrumentos arcaicos, sem dinâmica e, se for possível, sem expressão de sentimentos. O mestre "antigo" virou o mestre mais moderno.

Foi esse o destino póstumo da música de Bach. Destino que ele próprio nunca adivinharia. Pois suas intenções foram completamente diferentes. Nas linhas e nas entrelinhas dos documentos conservados, descobrimos o motivo mais profundo das intermináveis brigas e querelas com as autoridades eclesiásticas em Muehlhausen e com o Conselho Municipal de Leipzig. Bach, consciente da sua própria importância, não quis subordinar seu gênio a outra instância senão à providência divina. Julgava-se encarregado da missão de reformar fundamente a música sacra da Igreja luterana. Mas esta resistiu: em parte, estava petrificada por um dogmatismo cada vez mais seco, "escolástico", que iria depois transformar-se em racionalismo não menos seco; em parte, a devoção luterana já começou a derramar as lágrimas do pietismo sentimental. Nem estes nem aqueles sentiram a necessidade de uma nova música sacra. E que nova música sacra poderia nascer no século do racionalismo filosófico e da ópera? Bach não conseguiu realizar seu alto objetivo. E foi esquecido. Mas os recursos musicais que empregara se tornaram independentes. Começaram a desempenhar sua função fora do recinto sacro. A sala de concertos transformou-se em igreja de uma nova religião: da religião da música. Quando Haydn, Mozart e Beethoven tinham iniciado essa transformação, Bach foi redescoberto. Quando Wagner e Brahms tinham cumprido sua missão de terminar aquela transformação, Bach voltou a ocupar o primeiro lugar na história da música. Sua obra é hoje o fundamento do nosso templo de música profana.

Consumou-se a profecia bíblica (Ev. Mat. XXI:42): "A pedra que os obreiros rejeitaram tornou-se pedra fundamental".

RESUMO: A MÚSICA BARROCA

Acompanhando a reabilitação do barroco nas artes plásticas e na literatura, a musicologia tem elaborado várias teorias para solucionar o problema da música barroca.[24]

Não foi necessário reabilitá-la. Pois Bach e Händel são, há muito, reconhecidos como os pontos mais altos da história da música. No entanto, os musicólogos italianos resistem, sob a influência de Croce, à valorização da música barroca. Para eles, barroco continua a significar decadência.

No início do século XVII, as vitórias incompletas da Reforma e da Contrarreforma produzem um estado de ceticismo filosófico, do qual se encontram sinais em Cervantes e Descartes. Na música, o fenômeno correspondente é a dissolução da arquitetura e do sistema tonal da polifonia vocal, para os quais os primeiros mestres da ópera já não têm uso. A este e àquele respeito, quanto às formas e quanto à harmonia, o século XVII musical é uma época de confusão caótica. Salvam-se uns poucos gênios experimentadores-precursores, como Monteverdi e Schütz, que não se realizaram completamente; também foi esse o destino de Purcell. No começo do século XVII, corresponde a essa situação caótica aquela fase do pensamento europeu que Paul Hazard chamou de *crise de la conscience européenne*: os primeiros sinais de relativismo e racionalismo acristãos e anticristãos. Mas na música a ordem foi restabelecida pela arte neopolifônica de Händel e Bach. Ao mesmo tempo, Alessandro Scarlatti já adotou, antes instintiva do que sistematicamente, a nova ordem tonal; Bach sistematiza-a, em 1722, no primeiro volume de *O cravo bem temperado*, que é, muito significativamente, a única obra sua que ficou viva e conhecida durante a segunda metade do século. E no mesmo ano de 1722 publicou Rameau o *Traîté de l'Harmonie*.

Ao restabelecimento da ordem tonal corresponde o estabelecimento de uma nova ordem social no reino da música: os compositores do século XVIII serão servidores públicos, embora de categoria subalterna, trabalhando para determinadas ocasiões na vida da corte, do palácio aristocrático, da Igreja. Sua arte é estritamente funcional. Com a execução, respectivamente representação da obra, o objetivo está realizado. A grande massa das composições do século nunca foi publicada, impressa; caiu, depois da execução, no esquecimento. Esse também foi um dos motivos do desaparecimento da obra de Bach.

4. A música clássica

A Musical Assembly, de Peter Angelis, 1719, óleo sobre tela.

OS FILHOS DE BACH

A presença da música barroca de Bach (†1750) e Händel (†1759) em pleno século XVIII não contribui para definir o estilo de sua época. Para explicar essa presença "anacrônica" num tempo em que a literatura e as artes plásticas já tinham abandonado e esquecido o estilo barroco, basta a conhecida tese de Nietzsche sobre o atraso habitual da música em relação às outras manifestações do espírito. É muito mais difícil acostumar-se a um novo estilo musical do que a inovações no terreno da poesia ou da pintura, de modo que a música sempre ficaria para trás.

Mas a análise das correntes literárias e filosóficas explica mais outros pormenores do fenômeno. O século XVIII foi racionalista no pensamento e classicista na arte. Seu representante mais completo seria o racionalista-classicista Voltaire. Na verdade, o panorama é um pouco diferente. Voltaire já era famoso como dramaturgo e jornalista político-filosófico, por volta de 1735, quando o estilo dominante da Europa ainda era o rococó, último derivado do estilo barroco. E quando Voltaire morreu, em 1778, a Europa estava, havia decênios, dominada pelo pré-romantismo, sentimental ou patético. As formas musicais do barroco não se prestavam para dar expressão à nova mentalidade. A ópera napolitana, tipo Alessandro Scarlatti, era uma arte essencialmente não dramática, cujo valor musical residia nos momentos de meditação lírica. Händel não tinha reformado a ópera; por isso, suas óperas são a parte de sua obra que caiu logo em esquecimento. A música instrumental barroca culminava em arte tão abstrata como são os Concertos de Brandemburgo. A arte polifônica de Bach já era um anacronismo no seu tempo. Seus próprios filhos foram os primeiros a abandoná-la.[1]

Johann Christian Bach (1735-1782)[2] foi o filho mais novo e predileto do *kantor*, e nunca houve traição mais completa. Em 1754, em Milão, quatro anos depois da morte do pai, esse filho do maior músico protestante converteu-se ao catolicismo romano: ato puramente formal, insincero, para obter o cargo de organista no domo. Poucos anos depois, em 1762, Bach está em Londres, como maestro da rainha; em 1765, fundou, em parceria com o violinista Karl Friedrich Abel, uma sociedade de concertos públicos, a primeira dessa natureza, colhendo grandes lucros financeiros, entregando-se a uma vida de prazeres bastante materiais. Os contemporâneos chamavam-no de "Bach de Milão", execrando-o como apóstata, ou então de "Bach de Londres", desprezando-o como epicureu cínico e cortesão inescrupuloso. Hoje em dia, atribui-se-lhe grande importância histórica, como compositor típico do rococó e um dos representantes principais do "estilo galante" em música. Johann Christian foi o primeiro que, no concerto para solista e orquestra, substituiu o cravo pelo piano. Em 1768, tocou, pela primeira vez, um concerto para piano e orquestra perante público anônimo, admitindo mediante pagamento de ingresso; é o fim virtual da música escrita para a câmara de príncipes e aristocratas.

Quem o ouviu tocar em Londres foi o jovem Mozart, então menino-prodígio; a impressão foi forte e duradoura. Quem, hoje em dia, chega a ouvir uma obra qualquer de Johann Christian Bach logo diz: "Isto é de Mozart!". Na verdade, o estilo de Mozart é "johann-christian-bachiano". Essa arte, esquecida durante tanto tempo, já não é fenômeno puramente histórico. Pode-se desprezar o "Bach de Milão". Mas o "Bach de Londres" voltou a fazer parte do repertório moderno. Nossas associações de música de câmara executam-lhe a chamada *Sinfonia para duas orquestras, em ré maior*, espécie de concerto grosso "degenerado"; e alguns pianistas modernos incluíram no seu repertório os *Concertos em dó maior, sol maior* e *mi bemol maior*, graciosos como peças de porcelana de Meissen ou Sèvres. Também foi ressuscitada uma sinfonia em sol menor, na qual se notam sinais do futuro pré-romantismo.

Johann Christian tinha recebido, na casa do pai, cuidadosa educação musical, assim como os outros filhos, inclusive o mais velho, Wilhelm Friedemann, cujo talento musical notável pereceu nos delírios do alcoolismo e de dissoluta vida boêmia. Só não quisera o

Concerto de flauta com Frederico, o Grande, em Sanssouci, de Adolph von Menzel, 1852, óleo sobre tela. Frederico II toca flauta, em pé, em sua sala de música, acompanhado de Bach ao piano.

4. A MÚSICA CLÁSSICA

kantor que se tornasse músico seu segundo filho, Carl Philipp Emanuel Bach (1714-1788)[3], como se adivinhasse que este acabaria definitivamente com a arte antiga. Destinara-o à carreira de jurisconsulto erudito. O destino, porém, não o quis assim. Depois de anos de serviço na corte do rei Frederico II, o Grande, em Potsdam, como clavecinista, Carl Philipp Emanuel aceitou, em 1767, a sucessão do amigo paterno Telemann, no cargo de diretor de música da cidade de Hamburgo. No fim do século XVIII, "Bach" significava "Carl Philipp Emanuel Bach". Johann Sebastian estava completamente esquecido. Mas o "novo" Bach, o "Bach de Hamburgo", era, pelo menos na Alemanha do Norte, o compositor mais famoso do seu tempo.

Até hoje se sucedem reedições da sua obra teórica *Versuch über die wahre Art das Klavier zu spielen* (*Ensaio sobre a verdadeira arte de tocar piano*, 1753-1762); essa "verdadeira" já não era a d'*O cravo bem temperado*. E isso começara cedo. As primeiras sonatas do filho foram escritas quando o pai ainda trabalhava na missa em si bemol menor. Por outro lado, as últimas obras de Carl Philipp Emanuel são contemporâneas das obras maduras de Haydn e Mozart. E as *Variações sobre as Folies d'Espagne* parecem antecipar o grande estilo sinfônico de Brahms. Carl Philipp Emanuel é homem de uma fase de transição.

Carl Philipp Emanuel Bach tem contribuído muito para o desenvolvimento do novo concerto para piano e orquestra; é, a esse respeito, o mestre de Mozart. Embora sua forma predileta fosse a sonata para piano solo. As coleções são: *Sonatas dedicadas ao rei da Prússia* (1742); *Sonatas dedicadas ao duque de Württemberg* (1744); *Sonatas com reprises variadas* (1760, 1761, 1763), de influência decisiva no desenvolvimento da arte de Haydn. Mas já são posteriores à "revolução musical" realizada em Viena as Sonaten für Kenner und Liebhaber (*Sonatas para conhecedores e amadores*, seis coleções, 1779-1787), das quais várias se mantêm até hoje no repertório, pelo menos para o ensino superior. Discutiremos logo mais as inovações formais e o novo espírito dessa arte, que os contemporâneos apreciavam como uma revelação: pela primeira vez, a música instrumental parecia ter adquirido a faculdade de "dizer tudo, embora sem palavras". Realmente, Carl Philipp Emanuel Bach não é só importante personagem histórico. Começou manejando o novo recurso formal da sonata-forma com tanto gênio que lembra às vezes Beethoven. Mas, na maior parte das suas obras, não consegue manter-se nessa altura: depois de começos altamente dramáticos, volta logo para os preciosismos graciosos do estilo rococó. No entanto, nos seus movimentos lentos, já é inconfundível o espírito sentimental do pré-romantismo. Carl Philipp Emanuel Bach também foi, à sua maneira, um gênio.

SONATA-FORMA E SINFONIA: HAYDN

O problema foi o seguinte: a música instrumental barroca não conhecia nenhum princípio de desenvolvimento temático. O tema inventado pelo compositor foi colocado em determinada situação polifônica (tomado e retomado pelas várias vozes instrumentais) e em determinada situação de orquestração (tomado e retomado pelos solistas e pelos *tutti*); depois de esgotadas todas as possibilidades dessa situação inicial, o movimento estava terminado. Os Concertos de Brandemburgo estão construídos assim. Não havia outro princípio de construção de um trecho instrumental; e a reunião de vários trechos desses, para formarem uma obra inteira, foi arbitrária: poderia ser uma suíte ou um concerto grosso, indistintamente.

Poderia ser a suíte: a sucessão de várias danças estilizadas. Também poderia ser a abertura de ópera que, quando obtivera sucesso, também foi executada, independentemente da representação em concerto. Houve dois tipos de abertura, que forneceram os esquemas para as obras instrumentais de Vivaldi e Bach. A abertura francesa, de Lully, compõe-se de uma introdução lenta, movimento rápido e repetição de trecho lento. A abertura italiana, de Alessandro Scarlatti, compõe-se de um trecho rápido, de um movimento lento no meio, e da repetição do trecho rápido: alegro; adágio ou andante; e alegro final. Esse tipo italiano de abertura é o precursor da nossa sinfonia; para completá-la só foi preciso introduzir, entre o movimento lento e o final, um terceiro movimento, que foi tomado emprestado à suíte: uma dança estilizada, o minueto.

Mas com esses esquemas, todos rotineiros, não estava resolvido o problema do desenvolvimento de um tema dentro de um movimento. Um precursor da solução foi Pergolesi: em suas trio sonatas de 1731, esboça-se o princípio de dois temas contrastantes. No entanto, poucos negam a Carl Philipp Emanuel Bach a parte principal do mérito de ter desenvolvido a sonata-forma. Chama-se assim o novo princípio de construção do primeiro movimento, o mais longo e mais importante de uma sonata. O andante ou adágio pode ser uma meditação musical. O alegro final pode contentar-se com repetição, pouco variada, de um tema: é a forma do rondó. Mas o primeiro alegro tem de ser mais elaborado. Carl Philipp Emanuel Bach partiu de uma forma simples: um tema é sumariamente exposto (exposição); depois muda a tonalidade; no novo ambiente tonal, continua o desenvolvimento; enfim, a exposição é (com modificações mais ou menos ligeiras) repetida na tonalidade original (recapitulação ou reprise). O fato importante, nesse esquema, é a mudança de tonalidade, a modulação; é um princípio dramático. Mais depois, Carl Philipp Emanuel Bach aperfeiçoou esse

4. A MÚSICA CLÁSSICA

esquema pela introdução de um segundo tema, contrastante, que entra em espécie de luta dramática com o primeiro tema. Eis a sonata-forma completa.

É difícil atribuir invenção dessas a determinado indivíduo. A coisa estava no ar. Carl Philipp Emanuel Bach teve companheiros e competidores. Em obras do seu irmão Johann Christian, também se encontra esboçada a sonata-forma. Precursor da forma, dos mais geniais, é Domenico Scarlatti. Elementos da sonata-forma são reconhecíveis nas obras orquestrais, chamadas "sinfonias", do milanês Giovanni Sammartini (1704-1774), ao qual Haydn dedicava desprezo imerecido; recentemente, associações de música de câmara italianas pretendem ressuscitá-lo. Figura de transição é o francês François-Joseph Gossec (1734-1829), que teve certa influência nos começos do menino-prodígio Mozart e sobreviveu a Beethoven. Mas Gossec já é, por sua vez, influenciado pela chamada Escola de Mannheim, com a qual começa a história da sinfonia.[4]

Em Mannheim, então capital de um dos muitos pequenos principados eclesiásticos da Alemanha ocidental, o príncipe-bispo tinha reunido uma excelente orquestra, composta principalmente de músicos austríacos. O gênio entre eles era Johann Anton Stamitz (1717-1757).[5] "Gênio" não é exagero. Morreu com apenas quarenta anos de idade; a combinação de paixão e intimismo em suas obras é inconfundivelmente pessoal. No entanto: gênio malogrado. Nada do que escreveu ficou vivo, como acontece com muitas sonatas de Carl Philipp Emanuel Bach, nem foi ressuscitado, como certas obras de Johann Christian Bach. Começou tudo; mas nunca chegou até o fim. Sua importância só é histórica. Foi ele quem transformou a abertura italiana em sinfonia, introduzindo como terceiro movimento o minueto. Suas primeiras obras foram trios para cordas que podiam ser executados por número maior de figuras, multiplicando-se os violinos, violas e violoncelos; depois acrescentou as trompas, enfim as flautas, oboés e fagotes. A orquestra de Mannheim não foi um aperfeiçoamento da orquestra barroca de Lully ou Bach. Stamitz não precisava excluir os instrumentos já arcaicos, porque nunca estiveram lá. Nem precisava estabelecer novo equilíbrio entre as cordas e os instrumentos de sopro; seu conjunto de coros de instrumentos nasceu de novo. Nova também é a dinâmica: Stamitz passa por inventor do "crescendo" e "decrescendo", uma das inovações básicas de toda a música moderna. Mas, em compensação, sua sonata-forma, nos primeiros movimentos, é bastante imperfeita.

Vários outros membros da orquestra de Mannheim também foram compositores: os sinfonistas austríacos Franz Xaver Richter (1709-1789) e Christian Cannabich (1731-1798); o vienense Ignaz Holzbauer (1711-1783), autor de *Singspiele*, isto é, pequenas óperas nas quais o recitativo era substituído por texto falado em alemão, e cuja influência é sensível em Mozart, que esteve em Mannheim e lá aprendeu muita coisa; e Carl Stamitz (1745-1801), filho de Johann, que já é, por sua vez, mozartiano.

Naqueles mesmos anos, arte semelhante desenvolveu-se em Viena. A orquestra do vienense Georg Christoph Wagenseil (1715-1777) é a mesma dos mannheimianos.

Outro austríaco, Georg Matthias Monn (1717-1750), escreveu em 1740 uma obra orquestral em quatro movimentos cujo terceiro é um minueto: é a mais antiga de todas as sinfonias. Monn também foi o primeiro que empregou o mesmo esquema para um concerto de solista; seu *Concerto para Violoncelo e orquestra em sol menor* foi reeditado, na coleção *Monumentos da música na Áustria* (vol. XIX, t. 2), por ninguém outro que Arnold Schoenberg.

Logo a sonata-forma começa a dominar toda a música instrumental. A sinfonia não é outra coisa senão uma sonata para orquestra. Um concerto — agora muito diferente dos concertos de Bach e Vivaldi — não é outra coisa senão uma sonata para um solista com acompanhamento da orquestra. A sonata para quatro instrumentos de cordas, o quarteto, será acrescentada por Haydn.

As origens de sonata-forma, sinfonia e orquestra foram, durante muito tempo, objeto de forte polêmica entre os musicólogos. O alemão Hugo Riemann defendeu intransigentemente a prioridade do grupo de Mannheim. O vienense Guido Adler defendeu com a mesma intransigência a origem austríaca das inovações. Essa polêmica não teve fundo nacionalista ou bairrista: pois Stamitz e os outros músicos de Mannheim também foram austríacos. Hoje parece vencedora a fórmula seguinte: Mannheim teve a prioridade cronológica, mas perdeu rapidamente o vigor e a importância; o grupo de Viena desenvolveu-se mais devagar, mas chegou a colher os resultados: uma nova música instrumental, baseada no contraste dramático de temas e tonalidades, dramaticidade abrandada pelo otimismo do século racionalista e pela boa educação da sociedade aristocrática que mandava restringir a expressão dos sentimentos. É a arte de Haydn.

Joseph Haydn (1732-1809)[6] é, dos grandes compositores, aquele em cuja obra o folclore desempenha o papel mais decisivo; embora estivesse destinado a lançar o fundamento permanente daquilo que hoje é geralmente chamado de "música clássica".

Joseph Haydn, de Thomas Hardy, 1791, óleo sobre tela.

Foi filho do povo, de um artesão numa aldeia da Áustria Baixa, não muito longe de Viena e da fronteira húngara. A tese de suas origens eslavas, inventada por um musicólogo inglês, ainda aparece, de vez em quando, em livros de divulgação, de autores germanófobos; mas está há muito refutada e abandonada. Haydn foi menino de coro na Catedral de Santo Estêvão, em Viena; depois, músico que se empregava para tocar em tavernas e em serenatas de rua. Livrou-o da pior miséria o casamento com a filha de um pequeno-burguês vienense, mas a incompatibilidade de gênios condenou esse casamento a um fracasso doloroso, verdadeiro martírio vitalício do músico, embora vivesse separado da mulher. Passou a maior parte da vida no castelo do riquíssimo príncipe húngaro Esterházy, em Eisenstadt, perto de Viena. Sua condição foi, conforme os costumes da época, a de um lacaio especializado em determinado serviço. Mas sempre foi tratado com certo respeito; e teve à sua disposição uma excelente orquestra para experimentar suas obras. Tornou-se conhecido como compositor em Viena, depois na Alemanha, depois na Europa inteira. Em 1785 já lhe era encomendada uma obra pelos cônegos da Catedral de Cádiz, na remota Espanha. Em 1786 escreve sinfonias para os concertos públicos da loja maçônica Olympique, em Paris. Liberto, enfim, pela morte do velho príncipe Esterházy e pela morte da mulher, viaja em 1791 para Londres, a convite do violinista e empresário Salomon: com seus concertos ganha muito dinheiro e o doutorado *honoris causa* da Universidade de Oxford; numa segunda viagem, repetem-se os triunfos. Então, também é reconhecido como compositor oficial do Império Austríaco, para o qual escreveu, em 1797, o hino. Sucesso triunfal do oratório *A criação*. Depois, retira-se para a solidão de sua casa. Haydn morreu em 1809 em Viena, ocupada pelas tropas de Napoleão; oficiais franceses formaram a guarda de honra no seu enterro.

O chamado classicismo vienense, isto é, a tríade Haydn-Mozart-Beethoven, é uma rotina historiográfica que falsifica completamente a perspectiva histórica: como se Haydn tivesse sido o fundador e o menos perfeito dos três, Mozart já melhor, e Beethoven "o melhor" dos três. Um progressismo tão simplista merece ser radicalmente eliminado.

Conhecidas são umas frases pouco compreensivas de Wagner. Hoje, graças ao intenso trabalho dos musicólogos e de regentes como Beecham, Bruno Walter e Toscanini, está Haydn mais que reabilitado. Só em livros antiquados ainda se encontra espécie de "defesas". Haydn é hoje reconhecido como gênio, da categoria de Beethoven, Mozart e Bach.

Consideravam-no, antigamente, como simplório. É verdade que foi homem de poucas letras, sem contato com o desenvolvimento da literatura alemã em seu tempo. Mas a inteligência musical é fenômeno completamente à parte; e bem observou

Tovey que a introdução, numa sinfonia ou num quarteto, de um novo tema é operação tão difícil e sutil como a introdução de um novo personagem numa tragédia de Shakespeare ou Racine. A suprema inteligência musical de Haydn realizou uma revolução mais profunda que a da *ars nova* e mais construtiva que a de Monteverdi: enterrou a música barroca e iniciou a moderna. A esse respeito é Haydn o mais original de todos os compositores; também o é quanto à invenção melódica.

A origem é o folclore. Haydn é o mais típico, o mais inconfundível dos austríacos.

Homem da Áustria Baixa, província que é o coração das regiões de fala alemã do antigo império dos Habsburgo; hoje a Áustria Baixa é o centro de um país pequeno. Mas naquele tempo confluíram nela e em sua capital Viena as gentes e as influências de todas as partes do império multinacional, os eslavos, os italianos, os húngaros. Haydn aproveitou o folclore musical dessa gente toda, porque nas ruas de Viena se cantava em alemão, tcheco, húngaro, italiano, croata e romeno.

Começou a carreira espantosa como músico de rua, tocando o violino em serenatas para as quais então se costumava alugar pequenas bandas de música. Qualquer instrumento se pode levar para a rua, menos um piano ou um cravo. Os músicos de rua tinham de trabalhar sem baixo contínuo e, com ele, a música barroca inteira. É preciso dizê-lo: a vitória da música de Haydn é muito responsável pelo esquecimento da arte de Bach; mas o caminho já tinha sido iniciado. Quando também participam da serenata os instrumentos de sopro, então se torna importante o fato de que, nessa pequena banda de músicos humildes, nenhum deles é capaz de desempenhar o papel de solista virtuose. O que vale é o conjunto instrumental. Será a orquestra, a sinfonia. Para garantir a construção e a coesão do quarteto e da sinfonia, sem o apoio harmônico do baixo contínuo, elabora a inteligência musical de Carl Philipp Emanuel Bach: o princípio da construção será a sonata-forma. O idioma musical que Haydn fala, empregando como recurso material só os instrumentos, é o da música sacra italiana da época precedente, o idioma de Alessandro Scarlatti e Pergolesi. Eis mais uma diferença essencial, em comparação com a música barroca: os temas instrumentais de Haydn são cantáveis. É ele um dos maiores inventores de melodias em toda a história da música. Nenhum Rossini ou Verdi se compara a ele a esse respeito. Nem sequer Mozart. A melodia do antigo hino austríaco (hoje abolido na Áustria, porque os alemães se apropriaram dele) é um coral de grande e emocionante simplicidade, destinado a ser cantado pelo povo; serviu como tema das extraordinárias variações do *Quarteto, Op. 76, nº 3*, um dos pontos altos da música instrumental.

Estamos hoje acostumados a apreciar o *Quarteto de cordas* como o supremo gênero da música instrumental. Raros já são os espíritos simples que consideram como superior a sinfonia, porque executada por maior número de instrumentos. Abandonada está a teoria de que Haydn teria "inventado", primeiro, o quarteto, ampliando-o depois para a sinfonia. Mas tampouco seria exata a tese contrária, da "espiritualização" posterior da sinfonia no quarteto. O desenvolvimento dos dois gêneros foi simultâneo.

As primeiras sinfonias de Haydn são dos anos depois de 1760; já deve ele ter conhecido as obras de Monn, pois logo inclui, como terceiro movimento, o minueto. Mas a evolução foi vagarosa. Os *Quartetos, Op. 3* (1768), ainda são arcaicos, inclusive o em fá maior, *Op. 3 nº 5*, que continua sendo executado até hoje porque seu segundo movimento é uma belíssima serenata; ainda estamos perto das origens do gênero. Mas logo depois, os *Quartetos, Op. 20* (1772), chamados os *Grandes quartetos* ou *Quartetos do Sol*, têm a nova polifonia instrumental plenamente desenvolvida e têm os primeiros movimentos em sonata-forma; 1772 é, na evolução da música, uma grande data histórica.

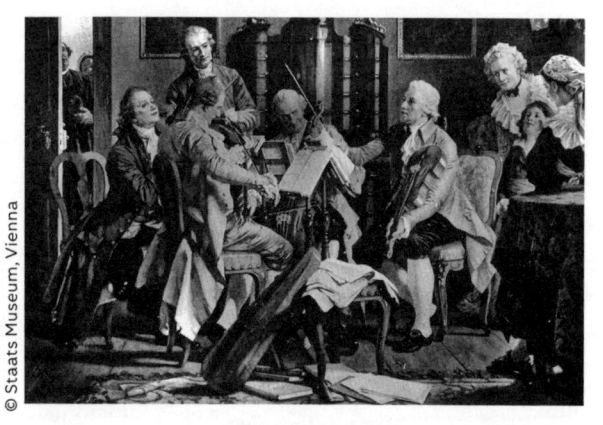

Haydn conduzindo um quarteto de cordas, c. 1790, Palácio Esterházy.

A plena maturidade de Haydn revela-se nos *Quartetos, Op. 33* (1781), denominados *Quartetos russos*, e nos alegres *Quartetos, Op. 64* (1790), dos quais sobretudo o *nº 5 em ré maior* (denominado *Cotovia*) é dos mais queridos. Alguns desses quartetos da primeira fase de Haydn constam do repertório permanente das associações de música de câmara. Mas só poucos; e seu número está diminuindo. Ainda nos tempos do famoso quarteto Joachim, por volta de 1880, a seleção foi mais larga: ouviram-se nos concertos o *Quarteto em dó maior, Op. 33 nº 3*, denominado *O pássaro* (1781); o *Quarteto em ré maior, Op. 50 nº 6* (1786), denominado *Rã*; o *Quarteto em sol maior, Op. 54 nº 1* (1789); o *Quarteto em dó maior, Op. 54 nº 2* (1789), denominado *Navalha*; o *Quarteto em si bemol maior, Op. 64 nº 6* (1790); e outros. São, todos eles, obras-primas. O vagaroso processo de esquecimento dessas obras significa perda incalculável do nosso universo musical.

Pois nenhum daqueles quartetos poderia ser substituído por qualquer outro. A amplitude de emoções alegres, burlescas, solenes, graves, irônicas, melancólicas, de ternura, de *esprit*, de nobre resignação é estupenda. Os quartetos de Haydn constituem um mundo da música completo e autônomo, assim como as cantatas de Bach.

As primeiras sinfonias de Haydn datam de 1760. Mas estas e muitas outras, posteriores, já estão esquecidas. Muito reduzido também é o número de sinfonias de Haydn da fase da maturidade que ainda se mantém no repertório. Obras cheias de *esprit*, fino humorismo, melancolia nobre e nobreza aristocrática, terminando quase sempre com a alegria ruidosa de um final à base folclórica. A cronologia, a autenticidade de várias obras com ou sem razão atribuídas ao mestre e os textos autênticos só foram estabelecidos por Robbins Landon. Muitas sinfonias de Haydn tornaram-se conhecidas pelos apelidos: a *Sinfonia nº 48 em dó maior* (*Maria Theresia*, 1773); a *Sinfonia nº 55 em mi bemol maior* (*Le maître d'école*, 1774); a *Sinfonia nº 63 em dó maior* (*La Roxolane*, 1777); a *Sinfonia nº 69 em dó maior* (*Laudon*, 1778); a *Sinfonia nº 73 em ré maior* (*La chasse*, 1781); a *Sinfonia nº 83 em sol menor* (*La Poule*, 1785); a *Sinfonia nº 82 em dó maior* (*L'Ours*, 1786); a *Sinfonia nº 85 em si bemol maior* (*La Reine*, 1786); a *Sinfonia nº 92 em sol maior* (*Oxford*, 1788). Os apelidos não têm, naturalmente, sentido programático; lembram circunstâncias da primeira execução ou a impressão que fizeram certos trechos. Todas essas obras ainda pertencem e sempre pertencerão ao repertório dos nossos concertos sinfônicos, enquanto houver repertório.

Mas são da sua época: a do aristocrático século XVIII, que detestava os grandes gestos patéticos, preferindo a alusão espirituosa e, se for inevitável, a ligeira melancolia. Dentro dos limites traçados pelas *bienséances*, as boas maneiras, é vasta a amplitude emocional dessas obras: Haydn sabe, sem palavras, exprimir tudo. Só falta a tragédia; mas não é por moralismo tímido, como acreditava Nietzsche, e sim, por *understatement** de homem bem-educado.

Pois o "fenômeno Haydn" não é simples. É muito complexo. É homem da mais requintada sofisticação aristocrática; mas nunca esquece suas origens camponesas e o folclore de sua terra. É filho fiel e tradicionalista da Igreja católica; mas sua ética é a racionalista ou meio racionalista da maçonaria, à qual também pertencia. Sua mentalidade é a de um aristocrata ou, pelo menos, de um *abée* da época "galante" e, ao mesmo tempo, a de um burguês que gosta de economizar dinheiro. Não faltam traços do rococó nem do pré-romantismo sentimental, nem sequer do barroco que com ele e por ele acabou, mas que é a grande tradição cultural de sua terra austríaca. Todas essas ambiguidades não podem deixar de produzir tensões íntimas, cuja

4. A MÚSICA CLÁSSICA

expressão musical é a sonata-forma: a música especificamente dramática, embora seja invisível o palco.

Na segunda fase da vida e produção musical de Haydn, nota-se a influência de Mozart, companheiro mais jovem ao qual o mestre já envelhecido dedicava o maior apreço. As formas musicais tornam-se mais amplas, a construção, mais complexa. Mas não convém exagerar essa influência. É possível identificar, erroneamente, como sendo de Haydn certa melodia de Mozart; mas o conhecedor nunca incorrerá no erro contrário. Mozart escreve no estilo da época. O estilo de Haydn é intensamente pessoal. Muita coisa que se costuma atribuir à influência de Mozart é devido ao amadurecimento, algo tardio, de velho mestre, que até os seus últimos dias nunca deixou de progredir.

As doze mais importantes sinfonias de Haydn são chamadas "londrinas", porque foram escritas para os concertos em Londres. A *Sinfonia nº 94 (Sinfonia de Londres nº 3) em sol maior* (1791) é denominada *Surprise*, por causa do golpe de timbale que interrompe humoristicamente o começo idílico do segundo movimento; é uma das obras prediletas do público inglês e de qualquer público. A *Sinfonia nº 100 (Sinfonia de Londres nº 12) em sol maior* (1794), denominada *Militar*, é a mais espirituosa de todas, brilhante idealização de um rococó de porcelana. A *Sinfonia nº 101 (Sinfonia de Londres nº 11) em ré menor* (1794) é denominada *The Clock (O relógio)*; seu segundo movimento é o mais melancólico que Haydn até então escrevera. A *Sinfonia nº 103 (Sinfonia de Londres nº 8) em mi bemol maior* (1795), denominada *Drumroll*, é a mais elaborada; poderia ser a primeira de Beethoven. Enfim, a *Sinfonia nº 104 (Sinfonia de Londres nº 7) em ré menor* (1795), às vezes chamada simplesmente *Londres*, não tem apelido; não precisa de etiqueta para ser lembrada como a maior de todas, um dos pontos culminantes da literatura musical; o segundo movimento é de inesperada profundeza do sentimento; o final, cujo tema é a canção popular húngara *Oi, Ilona!*, é o alegre epílogo da grande música folclórica-clássica. A grandeza de Haydn como sinfonista esteve durante muito tempo eclipsada pelos seus grandes sucessores. Só a obra de Robbins Landon permitiu restabelecer a imagem autêntica do incomparável compositor.

Não há, decididamente, influência mozartiana nas obras para ou com piano. Será difícil encontrar entre as obras de Mozart para piano solo uma peça tão pessoal como a *Sonata nº 49 em mi bemol maior* (1790) de Haydn. Personalíssimo também é o *Trio para piano e cordas nº 1 em sol maior* (1796), denominado *Cigano*, que depois de inícios graves termina com o rondó ao qual deve o apelido, amostra extraordinariamente viva de folclore austríaco, eslavo e húngaro.

Em compensação, a influência de Mozart é sensível nos últimos quartetos de Haydn, que são os maiores. A série começa com o *Quarteto, Op. 74, nº 1 em dó maior* (1793), que não parece gozar da merecida estima. O *Quarteto, Op. 74, nº 3 em sol menor* (1793), denominado *The Horseman*, está cheio de alegres folclorismos que envolvem um conteúdo emocional bastante grave e intenso. O *Quarteto, Op. 76, nº 2 em ré menor* (1798), denominado *Quarteto das quintas*, passa por ser o mais importante do mestre: são, realmente, incomparáveis a energia serena do primeiro movimento, a doçura erótica do andante e o minueto quase turbulento, que foi chamado de "minueto das bruxas". O *Quarteto, Op. 76, nº 3 em dó maior* (1798) é denominado *Imperador* (1799) porque seu movimento lento são aquelas variações etéreas, celestes sobre o hino austríaco. Depois, o *Quarteto, Op. 76, nº 4 em si bemol* (1798), denominado *Aurora* (1799). O *Quarteto, Op. 76, nº 5 em ré maior* (1798) deve o apelido *Quarteto do Largo* ao seu extático movimento lento.

O antigo Teatro Covent Garden, em Londres, palco de estreia de *A criação*, em 1800. Gravura de J. Bluck, 1808.

Enfim, o grave *Quarteto, Op. 77, nº 2 em fá maior* (1799), com sua quase marcha fúnebre inexorável no meio, é, em toda a sua aparente simplicidade, digno de figurar ao lado dos últimos quartetos de Beethoven; um grande documento humano.

Haydn foi filho de um século profano. Quando, no fim da vida, empreendeu a tarefa de escrever oratórios, não podia deixar de produzir obras de inspiração mais profana. *Die Schöpfung* (*A criação*, 1798) é a maior obra de Haydn, verdadeiro monumento da devoção realista, otimista e alegre do século XVIII, a bíblia musical do deísmo; a famosa ária *Mit Würd und Hoheit* (*Com dignidade e nobreza*) é um manifesto de antropocentrismo; a música, ora solene, ora jubilosa, ora humoristicamente realista e sempre digna, é de tão alta categoria que, ao ouvi-la hoje em dia, já não sentimos a presença daqueles resíduos históricos. Muito diferente é a segunda grande obra coral: *As estações* (1801). O libreto, a descrição da vida nos campos ingleses, tem como base os *Seasons* de Thomson, um dos poemas precursores do pré-romantismo.

Haydn não foi um pré-romântico. O texto lhe repugnava. Mas descreveu a natureza a seu modo, lembrando-se das suas origens, da infância na aldeia. E criou uma obra que preludia a *Sinfonia pastoral* de Beethoven. Haydn é mesmo, diretamente, o precursor e, em boa parte, o antecipador de Beethoven.

A repercussão da obra de Haydn foi rápida e vasta. Em sua terra austríaca, todos são haydnianos, inclusive o jovem Mozart. Amigo e competidor do mestre foi Karl Ditters von Dittersdorf (1739-1799), do qual sobrevivem alguns quartetos e a encantadora comédia musical *Der Doktor und Apotheker* (*O médico e o farmacêutico*); suas numerosas sinfonias foram esquecidas. A música camerística de Haydn chegou a conquistar o país da ópera, a Itália. De "Haydn italiano" está sendo chamado Luigi Boccherini (1743-1805)[7], violoncelista, que viveu e morreu na miséria em Madri. Foi esquecido. Durante muito tempo, sobreviveu da sua obra apenas o encantador Minueto do *Quinteto para cordas em mi maior, Op. 11* (1774); Boccherini parece ter inventado o gênero do quinteto, acrescentando ao quarteto um segundo violoncelo. Hoje se executam vários desses quintetos seus, os *em ré menor, em lá menor, em mi menor,* e um *em sol maior, Op. 60, nº 5* (1801), que é digno de Haydn, pela melancolia do movimento lento e pelo folclorismo alegre do final. Pablo Casals revivificou o melodioso *Concerto para violoncelo e orquestra em si bemol maior* (1780?). E a associação coral italiana Gruppo Musiche Rare desenterrou um Stabat Mater (1800) de profundeza emocionante. Há nesse mestre do rococó certos traços do futuro romantismo. As *Sinfonias em dó maior* (*La musica notturna delle strade di Madrid*) revelam surpreendente interesse pelo folclore musical espanhol. A *Sinfonia con più Strumenti em ré menor La casa del diavolo* é dramática e demoníaca como a dança das fúrias no *Orfeu* de Gluck (obra então inédita; impressa em disco pela Harmonia Mundi). Boccherini ainda é um grande desconhecido.

Digna de nota é a influência de Haydn na literatura pianística. Haydniano, embora também largamente aberto às impressões mozartianas, foi o italiano Muzio Clementi (1752-1832), o mais famoso professor de piano do seu tempo e talvez de todos os tempos. Sua obra didática *Gradus ad Parnassum* (1817) é, até hoje, o terror das crianças que começam a estudar o instrumento; já sufocou muito talento insuficiente. Mas não assusta os mais fortes. Algumas das suas *Sonatinas*, como a *em dó maior* e a *em si bemol maior*, têm valor mais que didático. Seu rival no ensino e na sala de concertos foi o austríaco Johann Nepomuk Hummel (1778-1837), do qual também existe muito boa música sacra no estilo de Haydn, até hoje em uso nas igrejas de Viena.

É o caso da Venezuela.[8] No fim do século XVIII e começo do século XIX, a música sacra de Haydn é muito executada nas capelas das casas-grandes nas fazendas de café no interior da Venezuela; em Caracas funda-se uma orquestra filarmônica. Aparecem compositores como José Ángel Lamas, com uma *Missa em ré maior* e um *Popule meus*; José Francisco Velásquez, com um *Salve a la Virgen*. Dadas as condições, tem-se razão em falar de um milagre musical venezuelano.

É, porém, milagre maior a música brasileira do século XVIII em Minas Gerais[9], descoberta pelo musicólogo uruguaio Francisco Curt Lange.[10] Ouro Preto, Mariana, Diamantina estavam havia muito conhecidas como berços de uma notável arquitetura e artes plásticas: um escultor como Aleijadinho, sobretudo, e um pintor como Manuel da Costa Ataíde já são reconhecidos como artistas de alta categoria. Contemporâneo seu é um grupo de compositores, as mais das vezes pardos, que naquela região remota, então nos fins do mundo civilizado, tinham adquirido conhecimento completo do *métier*, dominando o estilo musical da época. Habitualmente, fala-se em "música mineira barroca". O termo é inexato. O estilo das obras em causa é o da música sacra italianizante de Haydn, do qual também se executavam em Minas os quartetos de cordas; os compositores mineiros certamente ignoravam a arte barroca de Bach e Händel; mas descobrem-se neles resíduos do estilo de Pergolesi, além de uma indubitável originalidade brasileira na melodia e até na harmonia.

O maior dos compositores mineiros é José Joaquim Emerico Lobo de Mesquita (1746-1805), organista em Diamantina, depois regente de coro da Igreja de Nossa Senhora do Carmo, em Ouro Preto. Suas obras principais são a *Missa em si bemol maior*, a *Missa para a Quarta-Feira de Cinzas*, um *Salve Regina*, um *Officium Hebdomadae Sanctae*, uma *Antífona de Nossa Senhora*; assim como obras de seus contemporâneos, estão hoje novamente acessíveis e já foram executadas na Argentina, no México e na Europa.

A REFORMA DA ÓPERA: GLUCK

A renovação da música instrumental por Haydn não atingiu, por enquanto, o gênero da ópera, já completamente petrificado em rotina desde os tempos de

Alessandro Scarlatti: só na ópera-bufa ainda havia alguma vida nova. O próprio Haydn também escreveu várias óperas-cômicas que, depois de existência efêmera, foram esquecidas; uma delas, *Lo speziale* (*O boticário*, 1768), acaba de ser revivificada; o libreto é do veneziano Goldoni. Não por mero acaso, essa última fase da ópera napolitana voltou a florescer em Veneza: foi nos tempos cujos costumes Goldoni fixou na comédia e Pietro Longhi, nos quadros. Veneza era, então, a capital europeia das diversões; a aristocracia veneziana já tinha perdido qualquer função social e política; parecia-se com os cantores que na ópera não tinham função dramática. Ao grande espetáculo de ouvir-lhes as artes complicadas do *bel canto*, quase artes do circo, estava subordinado todo o restante. Os mesmos libretos foram, durante o século XVIII, postos em música dez, quinze ou mais vezes, como se as mesmas palavras permitissem numerosas e diferentes interpretações musicais; na verdade, tratava-se apenas de diferenças de ornamentação. Quase todos aqueles libretos são da autoria de Pietro Metastasio (1698-1782), que foi poeta notável; mas sua poesia perde os contornos firmes, torna-se "musical", no sentido pejorativo da palavra, para só servir de andaime verbal dos gorjeios. Os donos da ópera são os cantores e, sobretudo, os castratos, cuja voz parece ter tido uma qualidade etérea da qual nunca mais conheceremos o encanto; alguns deles, um Farinelli, um Crescentini, artistas de grande cultura musical, foram mais apreciados que os próprios compositores.

Toda essa história dos cantores e dos espetáculos nas cortes de Nápoles e Parma, Viena, Dresden e Munique, Madri, Estocolmo e Petersburgo e outros centros da vida operística não pertence propriamente à história da música; antes à história dos costumes. A música que encantou aquela sociedade aristocrática, assim como hoje a arte das estrelas cinematográficas encanta o povo, está hoje completamente sepultada: mas sobrevivem pedaços nas *arie antiche*. Seu monumento é o romance *Hildegard von Hohenthal* (1796), do escritor alemão, melômano e italianófilo entusiasmado Johann Jakob Wilhelm Heinse (1749-1803), romance didático em que um enredo insignificante (e obsceno) está subordinado a intermináveis e altamente interessantes digressões sobre música.

O mais conhecido operista italiano do século XVIII foi, estranhamente, um alemão: o saxônio Johann Adolph Hasse (1699-1783)[11], que os italianos chamavam *il caro Sassone*; diretor de ópera de Dresden, italianizado pela formação e pelo casamento com a famosa cantora Faustina Bordoni (1697-1781), passando os últimos decênios da sua longa vida em Veneza.

Foi discípulo de Alessandro Scarlatti. É como um Händel que só tivesse escrito óperas sem evoluir para compositor inglês. Essa comparação é, porém, bastante honrosa; e Hasse não merece o desprezo que os musicólogos alemães, sempre muito nacionalistas, dedicaram ao italianizado. Suas óperas não ressuscitarão. Mas seus oratórios, embora de inspiração pouco religiosa, são obras de um grande inventor de melodias nobres e comoventes. *La conversione di Sant'Agostino* seria, conforme o reeditor Schering (*Monumentos da música na Alemanha*, vol. XX), uma obra-prima.

Heinse, que era, afinal de contas, além de entusiasta, um grande conhecedor, considerava como a maior ópera-séria do seu tempo o *Giulio Sabino* (1781), de Giuseppe Sarti (1792-1802); a cena *Cari figli* seria digna de um Händel ou Gluck.

Pode-se duvidar. O compositor foi, porém, certamente feliz em óperas-cômicas, como *Le gelosie villane* (1776).

As óperas-cômicas dessa época resistiram, em geral, melhor ao Tempo. Baldassare Galuppi (1706-1783), que também escreveu boa música pianística, é autor do *Il filosofo di campagna* (1754), que teve, dois séculos depois, em 1954, ressurreição triunfal num festival de Veneza; é obra autenticamente goldoniana. Um grande nome foi ou ainda é Giovanni Paisiello (1740-1816)[12], que foi compositor da corte da tsarina Catarina, a Grande, em Petersburgo, e, depois, de Napoleão. De obras como *La Molinara* e *Nina* sobrevivem alguns trechos nas *arie antiche* (como *Nel cor più non mi sento*). Sua ópera mais famosa, *O barbeiro de Sevilha* (Il barbiere di Siviglia, 1782), foi, depois de alguma resistência da parte do público sempre conservador, desalojada pelo *Barbiere* de Rossini; mas ainda encontra quem a represente, ocasionalmente, em teatros provincianos da Itália.

Realmente sobrevive somente o napolitano Domenico Cimarosa (1749-1801).[13] Foi maestro da Capela Imperial em Petersburgo; voltou para Nápoles, onde participou da revolução republicana contra os Bourbon, escapando por pouco à morte no patíbulo. Entre Petersburgo e Nápoles, parou em Viena, onde foi representada, em 1792, sua ópera-cômica *Il matrimonio segreto*. As óperas-sérias do maestro, *L'Olimpiade*, *Gli Orazi* e *i Curiazi*, famosas na época, estão definitivamente enterradas. Mas *Il matrimonio segreto* sobrevive: é uma comédia musical espirituosa, cheia de verve irresistível e, no entanto, mais fina que obras aparentemente semelhantes de Rossini. A diferença parece social e política: antes e depois da Revolução. Rossini já é burguês. Cimarosa serviu à aristocracia que, na Itália de 1792, ainda estava no poder, embora às vésperas de cair sob os golpes dos exércitos jacobinos. A arte de Cimarosa tem algo dos encantadores quadros de costumes de Longhi; e, assim como nas telas do pintor veneziano, tudo é bem elaborado, menos as caras das pessoas, assim os personagens de Cimarosa não parecem ter cara; são títeres engraçados. Até hoje, uma representação do *Il matrimonio segreto* no Teatro alla Scala, em Milão, é uma delícia. Mas

Domenico Cimarosa, de Francesco Saverio Candido, óleo sobre tela, 1785.

ninguém já pensa em comparar Cimarosa, como ainda fez Stendhal, a Mozart, criador shakespeariano de caracteres dramáticos. Talvez haja um pouco da ligeireza despreocupada de Cimarosa na atmosfera de *A cartuxa de Parma*; e é um grande elogio. Mas aquela comparação a Mozart é blasfema. No "último rococó" de Cimarosa não há, como em *Don Giovanni*, o pressentimento do fim trágico de uma civilização. No entanto, foi um fim.

O teatro foi, talvez, a maior preocupação artística do século XVIII. A nenhum outro gênero dedicou Voltaire tanto cuidado. Ter um teatro nacional, digno da arte de Corneille e Racine, foi a suprema ambição da Alemanha de Lessing e Schiller e da Itália de Alfieri. A ópera não podia ficar esquecida. O neoclassicismo da época de Winckelmann desejava restabelecer a pureza do teatro musical, desfigurado pelas vaidades dos cantores italianos. E já a tendência pré-romântica exigia "sentimento verdadeiro" em vez das expressões estereotipadas da rotina operística.

A tradição clássica ou antes classicista nunca se interrompeu na França, desde os tempos de Boileau e de Lully. Mas, no terreno da música, foi humilhada pela invasão italiana, de tal maneira que ainda Rousseau considerava como impossibilidade o canto trágico com letra francesa. Uma reação classicista e, digamos, nacionalista é a significação da obra de Jean-Philippe Rameau (1683-1764)[14], que já temos encontrado como clavecinista, sucessor de Couperin, e como autor do *Traîté de l'harmonie*. Foi, em Dijon, aluno dos jesuítas (como Voltaire), depois organista em cidades de província, onde adquiriu, na solidão, erudição enciclopédica; enfim, em Paris, maestro da capela do rei Luís XV. O acontecimento principal da sua vida, algo obscura, é um fato negativo: a viagem para Milão, de onde voltou decepcionado infenso desde então à música italiana.

Rameau é, com Alessandro Scarlatti e Johann Sebastian Bach, um dos três fundadores da música "moderna". Seu *Traité de l'Harmonie* (1722), publicado no mesmo ano de *O cravo bem temperado*, é a base teórica do sistema tonal que continuará em vigor até Schoenberg. Já não pertence ao barroco. Suas 53 *Pièces pour le clavecin*, publicadas entre 1706 e 1747, desenvolvem o estilo rococó de Couperin: também têm títulos poéticos, como *L'Égyptienne*, *Les tendres plaintes*, *La Poule*, *La Dauphine*, ao lado de graciosos *Rigaudons* e *Gavottes*. A construção das peças é, porém, mais "arquitetônica", mais firmemente delineada: às vezes, Rameau parece antecipar a sonata-forma. A terceira faceta de sua obra é o racionalismo voltairiano, que, na música, aparece como classicismo e, no teatro, como reforma "razoável" da ópera, à qual só tarde na vida começou a dedicar esforços. Por volta de 1750, chegou a dominar o palco lírico francês: *Hippolyte et Aricie* (1733); *Castor et Pollux* (1737); *Dardanus* (1739), obra majestosa, da qual durante muito tempo só sobreviveu no repertório dos concertos um famoso *Rigaudon*, mas que foi em 1964 triunfalmente ressuscitada; *Zoroastre* (1749), ópera maçônica que antecipa alguma coisa de *A flauta mágica*. Não há nada de menos parecido com a ópera (no entanto contemporânea) de Händel do que os recitativos de Rameau, sóbrios e dramáticos, perfeitamente adaptados ao gênio da língua francesa.

Rameau foi grande compositor. A substância musical das suas obras é, talvez, mais rica que a das obras do próprio Gluck. No entanto, não há bastante vitalidade ou sentimento humano nesse racionalista seco. Das suas obras dramáticas, só sobrevivem aquelas nas quais a substância humana é elemento menos indispensável: é o gênero, tipicamente francês, aliás, do ópera-balé: *Les Indes galantes* (1735) pertence hoje novamente ao repertório da Ópera de Paris. Das outras óperas, *Platée* (1749) foi ressuscitada com sucesso, em 1956, no Festival Aix-en-Provence; no Festival de Lyon, 1961, *Castor et Pollux* voltou a ser reconhecida como obra-prima. Maior, porém, que essas obras todas é a fama de Rameau como espécie de padroeiro da música genuinamente francesa.

Os esforços de Voltaire no sentido de dar nova substância, mais "atual", à tragédia clássica francesa repercutiram muito na Itália, onde alguns também pensavam em "humanizar" a ópera. Coincidiu com esses esforços a influência da nova música alemã em alguns poucos operistas italianos que tinham estudado na Alemanha. São os precursores e competidores de Gluck.

A vida e a obra de Christoph Willibald Gluck (1714-1787)[15] estão tão intimamente entrelaçadas que esta só pode ser compreendida dentro do quadro daquela. Embora filho de gente humilde, recebeu Gluck, no colégio dos jesuítas e na Universidade de Praga, formação erudita. Mas sacrificou a carreira à vocação: tornou-se músico, de ínfima categoria, tocando nas aldeias o violino, acompanhando a dança dos camponeses; depois, tocou em Praga e Viena, em casas de aristocratas, dos quais um o mandou para a Itália a fim de aperfeiçoar sua deficiente formação musical. Tornou-se um compositor de óperas no estilo de Hasse. Teve algum sucesso. Recebeu uma condecoração papal, chamando-se, desde então, *Ritter* (cavaleiro) Gluck. Uma tentativa de se fixar em Londres não deu bom resultado; mas contribuiu para inspirar no compositor, sob a influência de Händel e Rameau, ambições mais sérias. No entanto, as numerosas óperas dessa primeira fase de Gluck são insignificantes e justamente esquecidas; insignificante também é sua música instrumental (concertos e pequenas sinfonias), que revela a influência de Sammartini (seu professor na Itália) e do grupo de Mannheim. Pois a orquestração de Gluck, em suas obras maduras, não teria sido possível se não a precedesse a reforma da música instrumental. Enfim, em Viena, Gluck é nomeado maestro na corte da imperatriz Maria Teresa da Áustria.

Em Viena, entrou Gluck em contato com o conde Durazzo, diretor dos teatros imperiais e homem de cultura musical, e com o libretista Raniero de Calzabigi, aventureiro dado a ideias aventurosas. O resultado dessa colaboração foi um programa de reforma da ópera como gênero. Em vez das intrigas amorosas com que o grande libretista Metastasio tinha desnecessariamente complicado os textos, os enredos mitológicos deveriam ser da maior simplicidade e de mais forte efeito trágico. Eliminar-se-iam a vazia pompa barroca, os arabescos do *bel canto* exibicionista dos virtuoses da garganta. Os libretos de Metastasio foram meros *canevas* ou maquetes verbais, nos quais o compositor tinha de insuflar vida musical; por isso, cada um dos seus libretos podia ser e foi posto em música por dez, vinte e mais compositores, sucessivamente e das maneiras mais diferentes. Conforme Gluck, a determinado texto só determinada música pode corresponder plenamente, porque a música tem de exprimir-lhe o sentimento emocional, subordinando-se às palavras. O próprio Gluck fora metastasiano durante a primeira fase de sua vida. Por isso, todas as suas óperas-sérias estão hoje esquecidas.

Só se salva a pequena ópera-cômica *La rencontre imprévue* (1764), rococó francês fantasiado de trajes turcos. Salva-se o bailado *Don Juan* (1764); parte de sua música magistral foi aproveitada em *Orfeu e Eurídice* (*Orfeo ed Euridice*, 1762).

Orfeu e Eurídice, a primeira "ópera reformada", ainda lembra em certos pormenores a ópera metastasiana: o papel de Orfeu é escrito para voz de castrato; o enredo é pouco dramático, antes estático, ainda é do tipo antigo a famosíssima ária *Che farò senza Euridice*. Mas a obra é grande desde que se levanta pela primeira vez o pano: os solenes funerais de Eurídice são uma cena trágico-misteriosa, digna do palco de Sófocles. Faz, por sua vez, pensar em Eurípides o célebre segundo ato, com seus fortes contrastes entre a resistência demoníaca das fúrias e a luminosa beatitude do Elísio. *Orfeu e Eurídice* é a ópera-séria mais antiga que continua até hoje no repertório. Sua representação sempre significa solenidade das mais elevadas.

O prefácio da partitura de *Alceste* (1767), assinado pelo próprio Gluck, é o manifesto da nova arte, do *dramma per musica*. As ideias desse prefácio não são inteiramente originais. Benedetto Marcello, no *Teatro alla moda*, exigindo da música dramática a expressão de sentimentos sinceros, já as tinha antecipado; e Rousseau também exigiu a "verdade" no palco musical. *Alceste* é, hoje em dia, representada com frequência menor do que *Orfeu e Eurídice*, porque é dramaticamente menos coerente. Mas ninguém esquecerá as árias *Divinités du Styx, Ministres de la mort* e *Bannis la crainte*, nem os grandes coros. É convincente, em sua simplicidade sincera, a música toda desse nobre "oratório profano", essa "música de divina inocência das alturas" (Burckhardt).

O ambiente musical de Viena, totalmente italianizado, não era favorável à reforma da ópera. *Paride ed Elena* (1770) foi um insucesso, ao qual só sobrevive a célebre ária *O del mio dolce ardor*.

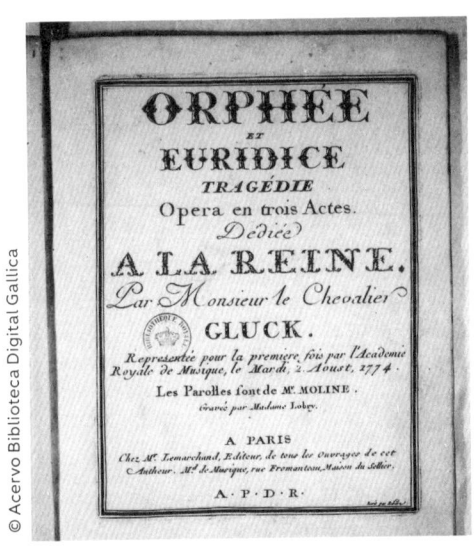

Frontispício da partitura de 1774 da versão francesa da ópera *Orfeu e Eurídice*, de Gluck, publicado por Lemarchand em Paris, gravura de Madame Lobry.

Gluck mudou-se para Paris. Iphigénie en Aulide (1774) foi uma vitória completa. É uma pena que essa grande obra só apareça raramente no repertório moderno. É, entre todas as óperas do mestre, a mais dramática e das mais dignificadas; merece o epíteto de "raciniana": a nobreza e serenidade da tragédia de Racine no palco musical. Árias, réplicas e coros são de alta inspiração melódica. O acompanhamento orquestral é magnífico. Grandiosa é, antes de tudo, a abertura que resume, como uma sinfonia de programa, o enredo da ópera: essa abertura, pelo menos, é graças aos concertos sinfônicos a obra mais conhecida de Gluck. Mas naquele tempo encontrou resistência. Foi o começo da grande luta entre os gluckistes e os piccinnistes, que opuseram ao mestre alemão o italiano Piccinni. A "guerra" não foi decidida por *Armida* (1777), pois essa obra é meio idílio bucólico, meio grande conflito dramático; e os contrastes não são, apesar de todas as belezas musicais, totalmente harmonizados.

Armida, obra preferida de E. T. A. Hoffmann e da época romântica, tampouco aparece no repertório moderno com a desejável frequência. Mas Gluck venceu definitivamente com *Iphigénie en Tauride* (1779), que é a mais pura de suas obras. É a primeira ópera na qual o motivo do amor não tem importância. O antagonismo entre os nobres gregos e os citas bárbaros, o contraste entre o pesadelo dos crimes do passado e a atmosfera expiatória do templo são nitidamente elaborados. O efeito é o de grande música sacra no palco. Quando se representa *Iphigénie en Tauride*, o próprio teatro vira templo.

A música de Gluck parece da maior simplicidade: interpretação fiel do texto dramático; é aquela simplicidade que o neoclassicismo atribuiu, então, à escultura grega. Na verdade, o fenômeno Gluck é muito complexo.

Os contemporâneos, como Heinse, e os primeiros românticos, como E. T. A. Hoffmann, foram fortemente impressionados pela expressividade da música de Gluck. A famosa abertura de *Iphigénie en Aulide*, que pertence ao repertório dos nossos concertos sinfônicos como supremo exemplo de tranquila beleza clássica, inspirou-lhes uma tempestade de sentimentos trágicos. Mas Gluck não foi pré-romântico; pré-romântico foi, como veremos, seu rival Piccinni. Não conhecia nem admitia o sentimentalismo. Foi homem do grande mundo aristocrático do século XVIII, cético e pensador arguto. Seus pares, na época, são os críticos que se preocuparam com a "purificação" do teatro no sentido de maior "verdade": Samuel Johnson e Voltaire, Diderot e Lessing, Goldoni e Baretti. Como eles, Gluck pretendia representar no palco a verdade da vida, embora por meio de símbolos mitológicos, como convém à arte simbólica da música. Esses conceitos lembram imediatamente outro grande compositor que também quis a verdade no teatro, representada por grandes figuras míticas: Wagner. Com efeito, os propagandistas de Bayreuth conseguiram introduzir na historiografia musical o conceito de que Gluck teria sido o precursor de Wagner, apenas inibido pelas convenções do teatro musical italiano e francês: Wagner, o alemão, teria realizado o que o cosmopolita Gluck apenas antecipara. As manifestações teóricas de Gluck, sobretudo seu prefácio da edição de *Alceste*, parecem confirmar essa tese. Mas sua prática foi melhor que sua teoria. Embora solicitando a subordinação da música ao texto, não sacrificou suas inspirações às exigências de um texto de qualidade literária inferior. Não foi tão implacavelmente lógico como Wagner; e não cedeu à tentação de desempenhar no teatro o papel de profeta. Sua suprema ambição foi a homogeneidade estilística.

Encontrou essa homogeneidade na síntese da mitologia grega e do sentimento religioso moderno. Mas o neoclassicismo do século XVIII não foi uma síntese assim; foi

Cenário para uma apresentação de *Armida* em 1905 na Ópera Garnier, Paris.

intimamente arreligioso; a única religião em que se acreditava era a própria Arte, com maiúscula. Aquela síntese fora realizada pela última vez no barroco. Conforme a tese de Benz, as óperas de Gluck, verdadeiros "mistérios" órficos, seriam a suprema (e tardia) realização do teatro religioso barroco. Há muita verdade nessa tese, que é, porém, unilateral. Pois considera Gluck unicamente como fenômeno da história do espírito alemão, colocando-o entre o barroco alemão, incompletamente realizado, e o neoclassicismo estético de Weimar, de Goethe e Schiller. Mas Gluck não pode ser considerado, *sans phrase*, como compositor alemão.

Seus antecedentes são italianos. Sua reforma da ópera foi ideada na atmosfera então inteiramente latina de Viena. Sua vitória deu-se em Paris. Gluck purificou a ópera, conferindo ao gênero a dignidade do teatro clássico francês, de Racine, sobretudo, e, um pouco, das tragédias de Voltaire. Sem sabê-lo, voltou à simplicidade clássica dos florentinos que, no fim do século XVI, inventaram o gênero. Assim como Gluck não é o precursor de Wagner, tampouco é o sucessor de Monteverdi. Não é barroco. É contemporâneo do novo classicismo, inaugurado por Winckelmann (nascido em 1717, quase no mesmo ano que Gluck); mas é mais autenticamente grego que os grandes poetas weimarianos.

Continua discutida, até hoje, a riqueza da musicalidade de Gluck. Alguns voltam a preferir Rameau. A verdade é que seu *métier* musical sempre continuou insuficiente; Händel observou que "Gluck entende menos de contraponto do que minha cozinheira".

Mas substituiu a falha pela altíssima inspiração: na nobreza incomparável da invenção melódica e nos triunfais achados de orquestração. Só quis fazer música humana, dramática. E chegou a fazer música sacra, embora destinada para recinto profano. Suas obras são as experiências mais profundas que o teatro musical tem a oferecer. Se Johann Sebastian Bach tivesse escrito óperas, seriam obras como as de Gluck.

4. A MÚSICA CLÁSSICA

Entre os gluckistas, pertence o primeiro lugar de direito ao seu rival Niccolò Piccinni (1728-1800).[16] É, como Telemann, vítima de uma historiografia incompreensiva. Porque ousou competir com o mestre maior, a posteridade entregou-o à execração pública. Mas foi homem nobre e compositor notável. Em 1760 fez representar a ópera-cômica *Cecchina o La buona figliola*, que teve sucesso internacional. O ambiente chinês e a interpretação sentimental dos sofrimentos de uma mocinha, com um alegre happy end, encantaram o público. Foi um sucesso merecido: pois quando *Cecchina* foi, em 1957, revivificada no Teatro alla Scala, em Milão, essa suposta "peça de museu" revelou vitalidade inesperada. Em certo sentido, Piccinni foi mais "moderno" que Gluck: sua obra é inconfundivelmente pré-romântica. Mas depois o próprio Piccinni tornou-se discípulo do rival mais forte: *Didone abbandonata* (1783) é uma obra-prima do estilo gluckiano; a grande ária *Puissent renaître de ma cendre* e o coro dos sacerdotes da noite ainda hoje poderiam impressionar-nos.

A adesão dos pré-românticos Piccinni e Rousseau a Gluck significa o advento de nova fase estilística: o classicismo do século XVIII, vivificado pelo espírito pré-romântico da Revolução Francesa, dá o estilo *empire*, da época de Napoleão. Seu centro é Paris. Seu primeiro representante é Antonio Maria Sacchini (1730-1786), cujo *Œdipe à Colone* (1786) comoveu até levar às lágrimas um Robespierre e só desapareceu do palco depois da Restauração. Como "clássico" também foi considerado Étienne-Nicolas Méhul (1763-1817): *Joseph et ses frères* (1807) é uma ópera de enredo bíblico, sem papéis femininos, de grande pureza melódica. Foi muito representada na Alemanha; comoveu Schubert e os românticos. Seria interessante experimentar uma representação moderna.

Méhul também teve sucesso internacional com a graciosa ópera-cômica *Le Jeune Henri*; e contribuiu com os hinos oficiais para as festas da Revolução Francesa.

Mozart foi, aliás, também gluckiano em certas horas. Embora não admirasse com entusiasmo a arte de Gluck, imitou-o no *Idomeneo*; e lembrou-se dele ao escrever as cenas do templo na *Flauta mágica*.

O menino Mozart, 1763, óleo sobre tela, possivelmente de Pietro Antonio Lorenzoni.

MOZART

Nenhuma tentativa será feita aqui para "enquadrar" a obra de Wolfgang Amadeus Mozart (1756-1791)[17] na camisa de força de uma "evolução histórica". Embora influenciado por todas as correntes de sua época, Mozart não pertence a nenhuma delas; e sua própria influência sobre as gerações posteriores — quase só sobre a música pianística de Clementi e os começos de Beethoven — foi menor que a de um Weber. A admiração que se lhe dedica tem como objeto uma arte extratemporal e supratemporal. Mais do que no caso de Haydn, a tríade rotineira "Haydn-Mozart-Beethoven" falsifica a perspectiva histórica. Mozart não é uma "fase intermediária" entre os dois outros. A única linha verificável da evolução é "Haydn-Beethoven". Do ponto de vista historiográfico, é Mozart um episódio. Sua vida também foi um episódio; um episódio doloroso.

Quando Wolfgang Amadeus tinha quatro anos de idade, seu pai, Leopold Mozart, violinista na corte do arcebispo de Salzburgo, já começou a lhe ensinar os elementos da harmonia, além dos exercícios já bem avançados no piano e no violino. Com cinco anos de idade, a criança já fazia as primeiras composições, a propósito das quais se impõe, aliás, uma observação. Os biógrafos mais antigos rejeitaram, indignados, a suspeita surgida entre os contemporâneos de que Leopold Mozart teria colaborado naqueles primeiros trabalhos para enganar o mundo. Hoje se admite francamente essa "colaboração", até em obras posteriores. Não importa, pois aquelas obras não contam dentro da obra do mestre. Em 1762 o pai levou o menino-prodígio para Munique e Viena, obtendo sucessos ruidosos. Em 1764 repetem-se, em Paris e Versalhes, os triunfos. Nos anos seguintes, 1765 e 1766, o menino dá concertos em Londres. Já parece maduro, assimilando conscientemente a influência de Johann Christian Bach. Em 1767, novamente em Viena. Em 1770, viagem para a Itália; consagração definitiva pelo severo padre Martini. No ano seguinte, o adolescente é nomeado maestro da corte de sua cidade natal Salzburgo, então capital de uma arquidiocese soberana. Mas o arcebispo conde Colloredo, aristocrata soberbo e

A família Mozart em turnê em Paris: ao piano, com o pai, Leopold, e a irmã, Maria Anna. Aquarela de Louis Carrogis Carmontelle, c. 1763.

©Museu Condé, França

4. A MÚSICA CLÁSSICA

estúpido, trata-o mal, como se fosse laicaio. Chega a lhe dificultar as viagens. No entanto, Mozart foi em 1777 novamente a Paris; no caminho tomou contato proveitoso com a orquestra de Mannheim. Só em 1781 conseguiu desligar-se do serviço odiado de Salzburgo. Fixou residência em Viena.

E começou o caminho do calvário. Além de uns títulos oficiais, sem ordenado, Mozart nunca obteve um cargo. Ganhou a vida, precariamente, dando concertos, nem sempre bem frequentados, e dando aulas mal remuneradas. A renda das suas composições foi, apesar dos sucessos de *Le nozze di Figaro* em Viena e do *Don Giovanni* em Praga, muito pequena. Foi a miséria permanente, a pobreza humilhante, a de pedir dinheiro emprestado com a certeza de não poder devolvê-lo; as despesas exageradas da esposa, Constanze, e as mortes de filhos recém-nascidos; a decepção de tantas *démarches* frustradas; o arrependimento depois de noites alegres e o aborrecimento com as calúnias dos rivais italianos. Foi como uma conspiração de todos e de tudo contra o jovem mestre, cuja saúde nunca tinha sido das melhores. Veio, enfim, a uremia, a morte dolorosa; e o enterro na vala comum, que depois não foi possível identificar. Seu chamado túmulo no Cemitério Central de Viena é um cenotáfio.

O destino infeliz do gênio é um convite aos que gostam de lhe romancear a biografia.

Mozart por volta dos 24 anos, retrato póstumo de Barbara Kraft baseado em detalhe de pintura da família do compositor de 1780, de Johann Nepomuk della Croce, em que Mozart está ao piano com a irmã.

Um exemplo entre muitos: a história do *Réquiem* que um desconhecido lhe encomendou nos últimos tempos de sua vida, e que Mozart, sacudido por acessos histéricos, acreditava escrever para seus próprios funerais; essa história foi enfeitada de toda espécie de "arabescos" românticos. Outro exemplo é a lenda infundada do envenenamento por seu rival Salieri. Enfim, Mozart parecia aos biógrafos um anjo, perseguido por demônios. Mas Mozart não foi um anjo. Foi um homem direito, incapaz de qualquer ato desonesto. Foi, também, homem do seu tempo, do rococó aristocrático, de princípios morais menos rígidos. Houve o jogo; e houve as mulheres, apesar da ternura de Mozart pela esposa e pelos filhos. Anjo só foi no sentido em que Rilke fala dos "anjos terríveis", de aspecto insuportável para nós outros, porque são espelhos da perfeição divina. Assim é a obra de Mozart. E só temos esta. O homem Mozart e, para nós, uma lenda.

Não há, em Mozart, nenhuma relação seguramente verificável entre a obra e a vida.

Nos momentos mais desolados, de falta de dinheiro a ponto de ele e a família passarem fome, de morte de filhos recém-nascidos, escreveu música da maior eufonia como o *Divertimento para trio de cordas* (K. 563) ou o *Quinteto com clarinete* (K. 581).

Sua aparente alegria é a polidez do aristocrata que não quer, pela exibição dos seus sofrimentos, importunar outras pessoas. Mas quase sempre se percebe, até nas obras mais alegres, um fundo de melancolia subterrânea. Mozart foi homem profundamente infeliz. A grande desgraça de sua vida foram os triunfos que conquistara como menino-prodígio. Desde então, esperavam-se dele milagres. Mas quando os realizou, parecia revolucionário e perigoso, ameaçando as boas tradições da música; e quando realizou trabalhos de rotina, ao gosto da época, a gente ficou decepcionada.

Quem não deseja ficar na fase de um entusiasmo indisciplinado e enfim fatalmente insensato terá de escolher cuidadosamente suas preferências. Mozart não é, como Haydn ou Beethoven, um compositor de tipo instrumental; é, como Händel ou Schubert, de tipo vocal. Por isso, grande parte das suas obras instrumentais são de valor inferior, trabalhos por encomenda ou de rotina. A mesma observação se pode fazer quanto à invenção melódica.

Mozart é mais rico em invenção melódica do que qualquer outro compositor. Mas nem sempre sua melodia é pessoal. Em parte isso se explica pelos conceitos estéticos do século XVIII, que, antes do advento do pré-romantismo, fazia pouca questão de originalidade e, muito menos, de "genialidade", que são conceitos românticos. Mas não é esse o único motivo. Um mozartiano tão entusiasmado como o crítico inglês Eric Blom ousou observar que a linha melódica de Mozart é menos pessoal, menos inconfundível "sua" do que a de outros compositores, incomparavelmente menores: menos que a de um Tchaikóvski ou até de um Puccini. Ao leigo, essa observação parecerá blasfêmia terrível. O músico, porém, sabe que melodia não importa tanto; importa a maneira como o compositor sabe aproveitar suas invenções melódicas. E, a esse respeito, Mozart não tem pares, a não ser Beethoven e Haydn.

Aquela "impersonalidade" da melodia mozartiana tem, para o ouvinte, consequência desagradável: nada é mais fácil do que confundir Mozart com outros compositores da sua época (menos com Haydn). Qualquer tema de Johann Christian Bach parece ser de Mozart. Com muitos outros, menores, acontece o mesmo. Mozart escreveu exatamente no estilo do seu tempo. Só uma análise muito pormenorizada revela os diversos elementos que o compõem. Apesar de Salzburgo ser uma cidade de aspecto e tradições barrocas, são poucos e insignificantes os elementos barrocos em Mozart. Os traços característicos da sua música são o cosmopolitismo, próprio do século XVIII, graças ao qual Mozart é meio italiano e, se tivesse ficado em Paris, teria sido meio francês; um elemento vienense, que não convém, aliás, confundir com austríaco, mas que é, em todo caso, diferente do tipo alemão; e o rococó. Este último parecerá, a muitos, o traço fisionômico mais decisivo da música mozartiana. Mas o mestre de Salzburgo não é só rococó nem o é sempre. Tampouco se percebe em Mozart o menor vestígio daquele racionalismo que foi, afinal, uma tendência maior do século XVIII e que se observa nitidamente em Haydn. Assim como este, Mozart também foi maçom; mas sua fé maçônica parece, antes, uma mística. Basta ouvir os acordes misteriosos da *Música fúnebre maçônica* (K. 477, 1785), que voltarão, em orquestração exatamente igual, acompanhando as árias de Sarastro n'*A Flauta mágica*.

Mozart não tem nada de racionalista da época das luzes. Ao contrário: é, às vezes, sombriamente romântico, até demoníaco. Acontece isso em certas obras instrumentais do mais alto valor: a *Serenata para 13 instrumentos de sopro em si bemol maior* (K. 361, 1780); a *Sonata para piano em dó menor* (K. 457, 1784); o *Quarteto para piano e cordas em sol menor* (K. 478, 1785), de energia quase beethoveniana; o *Trio para clarinete, piano e viola em mi bemol maior* (K. 498, 1786), de melancolia profunda; o Quinteto para cordas em sol menor (K. 516, 1787), cujo solene adágio é o maior movimento lento de Mozart (com essa obra criou Mozart a forma moderna do quinteto para cordas, substituindo o segundo violoncelo de Boccherini por uma segunda viola). São obras de inesperada energia sombria, que desmentem a lenda absurda de um Mozart meio infantil, meio porcelana de Sèvres. Romântico também é, às vezes, o colorido da sua orquestra, sobretudo pelo aproveitamento do clarinete, que só Mozart incorporou definitivamente ao conjunto. Um romantismo mais suave, sonhador, caracteriza o segundo movimento, chamado propriamente *Romance*, do *Concerto para piano e orquestra em ré menor* (K. 660). Às vezes se poderia pensar em Weber. Mas não convém exagerar esse "romantismo" de Mozart, que é, quando muito, um pré-romantismo. São erradas todas as interpretações que pretendem transformá-lo em precursor de Beethoven. Certos fatos biográficos parecem autorizar essa tese: assim como Beethoven, teve Mozart acessos de revolta contra a soberbia dos aristocratas; assim como a Beethoven, inspirou-lhe veleidades de nacionalismo alemão o predomínio dos músicos italianos na Áustria e na Alemanha. Mas são fatos que pertencem à personalidade empírica sem atingir a personalidade artística.

Nas suas grandes obras, Mozart supera os elementos românticos ("demoníacos") pela disciplina emocional e formal que garante a perfeição absoluta. Só assim será explicável a eufonia, nunca antes ou depois atingida, daquelas obras já mencionadas: o *Divertimento para trio de cordas em mi bemol maior* (K. 563, 1788), que não é o que o título promete, um mero divertimento, mas uma das maiores e mais sutis obras camerísticas da literatura musical; o *Quinteto para clarinete e cordas em lá maior* (K. 581, 1789), o mais perfeito modelo de equilíbrio sonoro; e a grande *Sonata para dois pianos em fá maior* (K. 497, 1786).

"Equilíbrio" é a palavra que sempre ocorre ao discutir esse grupo de obras instrumentais de Mozart. Aparentemente sem esforço, o mestre põe em equilíbrio a sonoridade harmoniosa e a construção arquitetônica. O resultado é mais acessível ao leigo nas sinfonias. Primeiro, na *Sinfonia nº 35 em dó maior* (K. 425, 1783), denominada de *Linz*; e na *Sinfonia nº 38 em ré maior* (K. 504, 1786), denominada de Praga, que já são obras perfeitíssimas. Depois, e sobretudo, nas três últimas: a *Sinfonia nº 39 em si bemol maior* (K. 543), que desde o primeiro dia tem parecido, a todos os críticos, um eco da lendária "harmonia das esferas"; a *Sinfonia nº 40 em sol menor* (K. 550), de extraordinária energia rítmica e como que inspirada pela resolução de *tenter de vivre*; e a majestosa *Sinfonia nº 41 em dó maior* (K. 551), denominada *Júpiter*, que culmina numa fuga soberana. Todas essas três obras, tão imensamente diferentes apesar de pertencerem ao mesmo gênero, são de 1788, escritas dentro de poucas semanas.

Fenômeno inexplicável.

Apesar dessa galeria de obras-primas instrumentais, convém admitir que Mozart é compositor de tipo vocal. Suas obras-primas "mais mozartianas" são as óperas.

As pequenas obras operísticas da mocidade não precisam ocupar-nos neste resumo sucinto; tampouco a última, *La clemenza di Tito* (1791), ópera-séria de tipo convencional escrita por encomenda conforme o uso da época. A primeira verdadeira ópera de Mozart é *Idomeneo* (1781), obra gluckiana, música solene, com grandes momentos (cena do oráculo), e, no entanto, em conjunto, ainda imperfeita; só sobrevive nos festivais. *Die Entführung aus dem Serail* (*O rapto do serralho*, 1782) está no repertório; é uma comédia encantadora, graciosa, às vezes burlesca, às vezes dolorosamente sentimental no melhor sentido da palavra; mas não é uma grande obra.

Não há motivo para se queixar. A solenidade de *Idomeneo* e a comédia do *Rapto*, juntas, darão *A flauta mágica*. Mas nem essa nem as outras grandes óperas de Mozart teriam sido possíveis se seu autor não fosse um sinfonista consumado. Sem depender

4. A MÚSICA CLÁSSICA

muito de Gluck, Mozart realizou, pelo acompanhamento orquestral, outra reforma da ópera. Pelo papel da orquestra, a música de teatro de Mozart é música absoluta.

Mozart chegou ao ponto culminante de sua arte operística pela colaboração com o libretista Lorenzo Da Ponte, aventureiro veneziano que os biógrafos caluniaram muito, porque teria sido o mau anjo de Mozart, seu companheiro de vida dissoluta. Que importa? Os libretos são brilhantes, oferecendo e até inspirando ao compositor as melhores oportunidades musicais. Mozart e Da Ponte juntos, isto é, o Shakespeare da música. Já nos parece incompreensível, quase fantástico, o erro (embora o cometesse inclusive um Stendhal) de confundir a grande arte dramática de Mozart com o gênio meramente histriônico de Rossini. Mozart é, em toda a história da música dramática, o maior criador de personagens firmemente caracterizados; nunca é ele quem fala; quem canta são suas criaturas; chega a realizar, na serenata de don Giovanni, o milagre de nos fazer sentir, pela música, que o personagem mente.

Essa distinção nítida entre o criador e suas criaturas, que lembra Shakespeare, talvez seja o melhor critério para a análise das obras-primas operísticas de Mozart. *Le nozze di Figaro* (*As bodas de Fígaro*, 1786) é muito mais que uma comédia alegre e ligeiramente cínica, resumo e suma do estilo de vida do rococó. Há na música dessa obra inconfundíveis veleidades de revolta subversiva contra a aristocracia, que o libretista não ousara exprimir diretamente em palavras ao "arranjar" a comédia de Beaumarchais. Há, no *finale*, uma melancolia profunda, quase fúnebre. Mas o que fica inesquecível são, sobretudo, as melodias tão insinuantes e encantadoras que servem para caracterizar os personagens: Figaro, o conde Almaviva, a condessa Susanna e o pajem Cherubin, a criação mais erótica de Mozart, o maior compositor erótico de todos os tempos.

Só aquele critério de *détachement* soberano do autor em relação à sua obra é a chave para a compreensão de *Così fan tutte* (1790). Durante todo o século XIX, essa ópera, a mais deliciosa de Mozart, estava banida do palco, porque o libreto de Da Ponte — a volubilidade de duas moças que se enamoram de seus próprios noivos, fantasiados de estrangeiros para experimentar-lhes a fidelidade — parecia de inverossimilhança quase infantil, ou então de cinismo frívolo. Só alguns poucos (E. T. A. Hoffmann, Taine) estavam acima desse moralismo incompreensivo. *Così fan tutte* é obra deliberadamente artificial: é a comédia do mundo artificial do século aristocrático, acompanhada pelos comentários compreensivos e por isso aparentemente cínicos do *raisonneur* don Alfonso, que embrulha e, depois, desmancha os equívocos entre os quatro jovens.

Nunca escreveu Mozart música mais eufônica do que a dessa comédia: realizou o impossível, o de pôr em música a ironia.

Così fan tutte é hoje uma das obras mais representadas do mestre; indica o caminho para a justa interpretação de *Don Giovanni* (1787). Os inconfundíveis acentos trágicos que se percebem nessa obra, fortalecidos pelos trombones que na abertura e no último ato anunciam a volta do Commendatore assassinado do outro mundo, inspiraram ao grande romântico E. T. A. Hoffmann uma interpretação da ópera como tragédia romântica: forças demoníacas punindo o erotismo celerado de don Giovanni, do qual donna Anna, suposta heroína da peça, é a vítima trágica. Semelhante é a interpretação de Kierkegaard; e, modernamente, o poeta francês Jouve elaborou análise mais profunda no mesmo sentido. Ninguém negará aqueles acentos trágicos; mas eles só servem, assim como o aparente cinismo em *Così fan tutte*, para dar um fundo, seja filosófico, seja metafísico, ao verdadeiro assunto, que é erótico. *Don Giovanni* não é tragédia; é, conforme a indicação na folha de rosto, *dramma giocoso*. É a comédia do sexo, passando rapidamente como uma noite de febre: assassinato do Commendatore, lamentações cínicas de Leporello, serenata do sedutor, sedução de Zerlina, elegias de donna Anna, o minueto fantástico e a orgia de vinho no casamento dos camponeses, o alegre jantar musical de don Giovanni — esse jantar vira desfecho tonitruante, com trombones do outro mundo, que pode ser farsa burlesca para assustar o pobre Leporello ou pode significar o fim apocalíptico da frívola civilização aristocrática.

Pode ser isto. Pode ser aquilo. Pois a música nunca tem significação tão peremptória como a palavra. É ambígua. Diz menos e diz mais, ao mesmo tempo. *Don Giovanni* também diz menos que uma tragédia e diz mais que uma comédia. É, em termos de ópera, a "suma" da vida humana. É — isto já se sabe há um século e meio — "a ópera das óperas", o cume do gênero.

A riqueza musical de *Don Giovanni* é fantástica e, no entanto, graças à colaboração de Da Ponte, disciplinada por uma rigorosa construção dramática. Essa colaboração faltou a Mozart na *Zauberfloete* (*A flauta mágica*, 1791): um libreto em alemão, confeccionado por um poetastro e um hábil diretor de teatro que aproveitaram um conto de fadas para fazer uma opereta alegre, misturando-a com elementos que agradariam a um público de maçons. Mozart fez dela a mais rica de todas as suas obras. As incoerências grosseiras do libreto aparecem na música como uma síntese de todos os possíveis estilo musicais. *A flauta mágica* é, ao mesmo tempo: grande ópera-séria do tipo italiano (cenas da rainha da Noite); comédia musical popular (cenas de Papageno); solene tragédia filosófica e manifesto da sabedoria maçônica (cenas de Sarastro); e é, nas cenas de Tamino e Pamina, um drama sentimental alemão no alto estilo dos clássicos de

4. A MÚSICA CLÁSSICA

Weimar. Há n'*A flauta mágica* acordes que lembram Gluck e ritmos que lembram Haydn; e o misterioso *Canto dos homens arnesados* lembra o fato de que Mozart conheceu, pouco antes, os motetes de Bach. É, em síntese, o universo da música.

Depois dessa obra, depois dos acordes sacros que se ouvem no templo de Sarastro, só foi possível um epílogo religioso. Mas acontece que Mozart não era um espírito genuinamente religioso. Guardou certa fidelidade filial, um pouco rotineira, à Igreja católica, encontrando satisfação, nos momentos de elevação mística, na maçonaria. A música sacra que escreveu durante os anos de Salzburgo é pomposamente barroca e às vezes "escandalosamente alegre", não no sentido da ingenuidade de Haydn, mas quase blasfema; assim é a *Missa brevis em dó maior* (K. 220, 1775), denominada *Missa dos pardais*. Liberto das obrigações da corte eclesiástica, logo deixou de escrever missas e ladainhas; a não ser, pelo motivo especial de uma promessa, a grave *Missa em dó menor* (K. 427, 1783), que o mestre deixou, significativamente, acabada. Mais brilhante do que profunda também é a *Missa da coroação* (K. 317, 1779). Mas sua última obra é o célebre *Réquiem* (1791), música sacra das mais sérias. Não se explicava essa "conversão" senão pelo choque que o doente recebeu quando um desconhecido misterioso lhe encomendou a obra, na qual há, no meio de grandes belezas líricas, traços de pavor histérico. A lenda em torno do *Réquiem* está hoje desfeita: o desconhecido não foi um mensageiro do outro mundo, mas um aristocrata meio louco que costumava encomendar, dessa maneira, obras musicais para fazer executá-las, depois, perante amigos como se fossem de sua própria lavra. Sem encomenda alguma, Mozart já escrevera, pouco tempo antes, o *Ave Verum Corpus* (1791), um dos mais belos hinos de adoração do Sacramento. Nunca conheceremos com certeza o estado de espírito em que escreveu o *Réquiem*, deixando-o incompleto; assim como não é possível

Cenografia para uma produção da ópera de Mozart A Flauta Mágica, em Brno, República Tcheca, 1793. Gravura de Joseph e Peter Schaffer.

determinar exatamente em que ponto começa o trabalho de completação do seu discípulo Süssmayer. Tampouco como as missas de Haydn e do próprio Mozart corresponde o *Réquiem* a severas exigências litúrgicas. Certos trechos do *Dies irae* são teatrais. É música altamente expressiva, no estilo típico da música sacra italiana do século XVIII.

Mas é música inspirada, de beleza inesquecível e emocionante. Não podia haver mais belo epílogo.

Epílogos também são as últimas obras da música de câmara e o *Don Giovanni*, escrito dois anos antes de rebentar a revolução, que acabou para sempre com o mundo e a música da aristocracia. *Don Giovanni* foi levado pelos demônios, e os anjos cantaram-lhe nos funerais. Mozart, o artista consumado, é o fim de uma civilização. Sua vida e sua obra foram o maior episódio da história da música.

CONSUMAÇÃO DO SÉCULO: BEETHOVEN

O fim do século XVIII também marca o fim de um capítulo na história da música. O mais importante dos fatores de transição é o novo público. Já começara a emergir, nos anos de 1760, quando Johann Christian Bach e Abel fundaram em Londres a primeira empresa para organizar concertos públicos. Depois surgem empresas semelhantes em Paris, Viena, Berlim. A Igreja, a corte monárquica e o palácio do aristocrata perdem a função de mecenas que encomenda obras ao artista. No século XIX, o compositor enfrenta o público, isto é, uma massa de desconhecidos, pessoas que não encomendaram nada: esperaram, apenas, algo de novo. O artista terá de dar o que pode dar, isto é, o que quer dar: ao anonimato dos ouvintes corresponde o subjetivismo romântico do compositor.

Esse novo público é, evidentemente, a burguesia. A data decisiva teria sido a Revolução Francesa de 1789, que acabou com o *Ancien Régime* para estabelecer o domínio da nova classe dirigente. Mas o musicólogo inglês Tovey protestou, com bons argumentos, contra a periodização da história da música conforme critérios políticos e sociais. Aquela data precisa de retificação. Beethoven, partidário fervoroso da Revolução Francesa, ainda vive no ambiente aristocrático de Viena; talvez não pudesse viver em outro. Sua retirada para as regiões da música abstrata só começou depois de 1814, ano do Congresso de Viena, que, embora pretendendo restabelecer as monarquias aristocráticas, marcou realmente o fim da época delas. É essa a data decisiva. Só depois de 1814 a música de Haydn e a de Mozart tornam-se fenômeno histórico, do passado. Mas entre Haydn e Beethoven, tão intimamente ligados pelo estilo comum, ainda não há solução de continuidade. Aquela música que se costuma chamar "clássica vienense" constitui, entre 1760 e 1820, uma fase homogênea da história; até seria possível acrescentar-lhe o romântico Schubert, cuja curta vida coincide com os últimos anos de Beethoven. Mas não convém abolir assim todas as fronteiras. No círculo de Schubert, a mentalidade já é outra: é tipicamente burguesa; enquanto Beethoven, embora de origem humilde, se julga superior ao seu ambiente de aristocratas de sangue, como aristocrata de espírito. Sua arte ainda pertence à grande época do século XVIII, embora terminando-a, consumando-a.

Beethoven compondo a Missa Solemnis, de Joseph Karl Stieler, óleo sobre tela, 1820..

Ludwig van Beethoven (1770-1827)[18] é, ao lado de Michelangelo, a personalidade mais poderosa na história das artes. Numa conhecida obra sobre história da música, a capa de cada um dos quatro volumes é enfeitada com uma vinheta simbólica: no primeiro volume, um monge tocando órgão; no segundo, um cravo aberto e instrumentos de música de câmara; no quarto, um regente perante a orquestra e o público. Mas na capa do terceiro volume aparece, em vez de um desenho simbólico, o retrato de determinado indivíduo: Beethoven, o grande individualista. É indispensável conhecer-lhe a biografia para compreender-lhe a obra.

A biografia de Beethoven foi tão exaustivamente estudada como a de nenhum outro artista, com exceção de Goethe e, talvez, de Stendhal. O americano Thayer dedicou a vida inteira ao estudo das minúcias, sobretudo das inúmeras mudanças de casa do mestre inquieto; foi um trabalho gigantesco, o da verificação dos endereços, de casas e ruas das quais muitas já não existem. Mas importam menos esses fatos do que a sucessão cronológica deles, a verificação de determinadas fases nessa vida, intimamente ligadas às famosas "três fases" da vida artística.

Não nos precisa ocupar a origem flamenga dos antepassados de Beethoven, que foram naturais de malines; pois o maior esforço de certos biógrafos germanófobos não conseguiu descobrir traços de música flamenga em sua obra. Tampouco nos precisa ocupar a mocidade passada em Bonn, triste e infeliz, porque o pai, alcoólatra contumaz e brutal, o quis por força amestrar como menino-prodígio a exemplo de Mozart. Mas Beethoven não foi menino-prodígio. Revelou cedo seu talento para fazer música; mas só se tornará digno de nota numa idade em que Mozart já tinha escrito a maior parte das suas obras-primas. A vida de Beethoven começou, verdadeiramente, quando em 1792 se mudou para Viena, sua cidade adotiva. Conquistou fama como brilhante improvisador no piano. As primeiras composições publicadas foram consideradas com certo mal-estar pelos conservadores; mas obtiveram sucesso perante o público. Foram anos de vida feliz e despreocupada no ambiente da aristocracia austríaca, entusiasmada pela música.

Glória eterna aos príncipes e condes Lichnowsky, Lobkowitz, Schwarzenberg, Waldstein, mecenas generosos apesar de tudo: toleravam o comportamento rude do jovem gênio, que os ofendia com observações francamente subversivas, apaixonando-se, ao mesmo tempo, por moças aristocráticas, sonhando com casamento impossível com uma dessas condessas da qual ignoramos o nome; e a "amada imortal", citada por Beethoven em uma carta não datada e sem endereço, talvez fosse aquela à qual foi dedicada a *Sonata ao luar*.

A segunda fase começa pouco depois do início do novo século, com a misteriosa doença nos ouvidos que lhe inspirou a resolução de se suicidar. Em Heiligenstadt, subúrbio de Viena, escreveu o testamento (*Testamento de Heiligenstadt*), grande documento humano. Mas no codicilo, escrito pouco depois, já manifesta a resolução heroica de "pegar nas faces do destino". Viverá. Criará sua obra. Terá sucesso triunfal como poucos compositores obtiveram em vida. Em 1814, quando o Congresso de Viena reúne na cidade os aristocratas, políticos e muitos intelectuais do continente inteiro, Beethoven é geralmente reconhecido como o maior compositor do século e, como artista, só comparável ao seu contemporâneo Goethe. Também é bastante satisfatória a sua situação financeira. Beethoven foi o primeiro compositor que ditou condições

Beethoven na natureza, em um de seus passeios solitários. Reprodução realizada por Berlin Photographic Company, c. 1910, a partir da pintura de Julius Schmid.

4. A MÚSICA CLÁSSICA

aos seus editores. Ele mesmo chamou-se de "Napoleão da música"; mas um Napoleão sem Waterloo.

Depois, a terceira fase. O mestre fica completamente surdo. Retira-se do mundo, contente com a companhia de poucos amigos, nem sempre dos mais dignos; a hereditariedade paterna revela-se na preferência pelas noites na taverna. É o Beethoven que conhecemos das gravuras e recordações da época: um esquisitão malvestido, às vezes imundo, brigando com os vizinhos sem lhes ouvir resposta, fazendo passeios solitários, intermináveis, absorvido nos seus pensamentos musicais, escrevendo obras abstratas que, naquele tempo, ninguém compreende. No entanto, ouvem-nas com o maior respeito; pois são de Beethoven. O último concerto em que Beethoven, já incapaz de reger, se mostra em público, em 7 de maio de 1824, é um último triunfo: executam-se a *IX Sinfonia* e trechos da *Missa Solemnis*. Quando morreu, em 1827, quase na miséria, sua posição já era a mesma de hoje: o maior compositor moderno.

"Quase na miséria", mas não era propriamente pobre. Apenas vivia muito economicamente, para poder ajudar um sobrinho indigno. Beethoven não se presta absolutamente para ser retratado como gênio incompreendido por um mundo ingrato. É falsa essa romantização da sua biografia. Também exageram indevidamente aquela história da "amada imortal"; amores infelizes não são coisa tão rara; e se falta, no universo musical de Beethoven, um elemento, é justamente o elemento erótico. A esse respeito, o mestre é o contrário de Mozart, erótico até as raízes do ser. Antes de tudo, foi exagerada a doença de Beethoven. A não ser durante os últimos dez anos, a surdez não o impediu de executar e ouvir música. Falsificação completa da biografia é a descrição dessa vida como uma incessante luta heroica contra o destino. Até Romain Rolland, autor de uma excelente grande obra sobre a vida artística de Beethoven, também escreveu uma pequena biografia, muito divulgada e muito desaconselhável, na qual o mestre só aparece como sofredor e lutador. Se fosse só isso, muito maior seria Helen Keller, que nasceu cega e surda-muda e, no entanto, venceu na vida. No resto, a personalidade empírica e a personalidade artística são diferentes. Uma vida dramática, "romântica", pode ser oportunidade para criar uma obra clássica; vejam-se os Mozart e Racine. Beethoven é, porém, "clássico" num outro sentido: é o "clássico" do repertório musical moderno. Nenhum outro compositor lhe forneceu tantas obras sem que os ouvintes sentissem monotonia. Pois cada obra de Beethoven é um "indivíduo" diferente, bem definido e inconfundível.

Beethoven foi o primeiro que, habitualmente, não escreveu por encomenda, mas só por inspiração e soberana vontade próprias. Quando manda, é o Napoleão da música.

Quando outros lhe querem mandar, e mesmo quando ele gostaria de obedecer, por motivos exteriores, não sai grande coisa. As obras encomendadas quase sempre são fracassos. O oratório *Christus am Ölberg* (*Cristo no Monte das Oliveiras*, 1802), encomendado pelo príncipe Esterházy, não vale nada; os contemporâneos elogiaram nessa obra certos trechos de típico estilo operístico italiano que hoje nos parecem burlescos, indignos do mestre; a obra, que hoje em dia não poderia ser desenterrada, foi, porém, na época um grande sucesso. A *Missa em dó maior, Op. 86* (1807), encomenda do mesmo aristocrata, é música digna e não sem traços de originalidade na interpretação do texto; ocasionalmente, ainda a cantam em igrejas vienenses; mas quase não se reconhece Beethoven nessa obra de estilo sacro haydniano. A chamada *Sinfonia da batalha* (1813), primitiva e ruidosa música de programa, escrita para celebrar a vitória de Wellington sobre o exército de Napoleão Bonaparte na cidade de Vitória, na Espanha, foi o maior sucesso financeiro na vida de Beethoven; quase o fez rico. Foi por causa da atualidade; a obra está hoje, com plena razão, totalmente esquecida, assim como as pequenas óperas de ocasião, *Rei Estêvão* (1811), e o bailado *Gli uomini di Prometeo* (1800). Também em outros casos a inspiração recusou-se ao mestre; assim no pomposo *Concerto triplo em dó maior para piano, violino, violoncelo e orquestra, Op. 56* (1805), que é uma obra acadêmica. E, por causa de sua evolução vagarosa, certas obras da mocidade são medíocres. É uma pena que obras como os *Concertos para piano e orquestra nº 1, Op. 15* (1798), e *nº 2, Op. 19* (1798), continuem no repertório e fiquem gravados em discos só porque são de Beethoven; ao leigo menos iniciado dão ideia falsa de sua música, enganando-o. Beethoven só é ele mesmo quando uma inspiração irresistível lhe informa a elaboração meticulosa. É um artista subjetivo: por isso também fala de voz alta, para fazer-se ouvir e compreender; não raramente é retórico, de eloquência avassaladora.

Nessa produção, distinguiu o musicólogo russo Lenz três fases ou períodos. É uma periodização geralmente aceita; a de Mersmann, que distingue seis fases, apenas tem o mérito de definir melhor as transições. A ordem cronológica não coincide exatamente com os números de *opus*, porque certas obras da mocidade só foram publicadas muito posteriormente. Também há uma ou outra exceção contrária, de obras que foram impressas antes de outras, anteriores. Mas em geral serve, para a orientação, a seguinte indicação: a primeira fase vai de *opus 1* até *opus 48*. A segunda fase vai de *opus 53* até *opus 98*. A terceira fase vai de *opus 101* até *opus 135*.

4. A MÚSICA CLÁSSICA

A primeira fase começa com música "galante", de sociedade, no sentido do século XVIII. Mas logo se fazem ouvir sons diferentes, de rebeldia e de emoção patética.

Beethoven é contemporâneo dos poetas e dramaturgos do pré-romantismo alemão, do chamado *Sturm und Drang**, entre eles o jovem Goethe, autor de *Os sofrimentos do jovem Werther*, e o jovem Schiller, autor dos *Bandoleiros*. Como eles, o jovem Beethoven é meio revolucionário, meio sentimental; apenas os recursos da sua arte já estão muito mais bem desenvolvidos do que a língua literária alemã de então. A rebeldia exprime-se em modulações audaciosas; o sentimentalismo lhe inspira os primeiros daqueles maravilhosos "segundos movimentos", elegíacos, nos quais Beethoven é mestre incomparável.

Música "galante" é o famoso *Septeto para clarinete, trompa, fagote, violino, viola, violoncelo e contrabaixo, em mi bemol maior, Op. 20* (1800), bastante mozartiano, talvez o mais encantador exemplo de "música de sociedade", obra de um Beethoven jovem, totalmente despreocupado. O frescor juvenil também faz o charme da ligeira *Sonata para violino e piano em fá maior, Op. 24* (1801), à qual se deu o apelido de *Sonata Primavera*. Haydnianos são os seis *Quartetos, Op. 18* (1800); o n° 6, em si bemol maior, é famoso pelo último movimento, em que lutam dramaticamente um tema alegre e outro sombrio, em cima do qual o compositor escreveu a palavra *La Malinconia*.

É a mesma melancolia que pervade o belo *lied Adelaide* (1795), e cuja maior manifestação é o maravilhoso *Largo da Sonata para piano em ré maior, Op. 10, n° 3* (1798), expressão de um estado de espírito angustiado. É o pré-romantismo de Beethoven, seu wertherismo. Mas também já se revela no jovem mestre um outro pré-romantismo, revoltado e indômito, no *Trio para piano e cordas em dó menor, Op. 1, n° 3* (1795), que assustou o velho Haydn, e em certos trechos das *Sonatas para piano, Op. 2 e Op. 10*. É o Beethoven patético. Ele mesmo deu à obra na qual a melancolia e a revolta se encontram, à *Sonata para piano em dó menor, Op. 13* (1798), o título *Sonata pathétique*. "Dó menor" será sempre sua tonalidade preferida para as manifestações trágicas (*V Sinfonia, Coriolano*); e muita gente considera aquela sonata como a primeira grande obra trágica do mestre. Mas o título *Pathétique* define-a

---

* *Sturm und Drang*: em português, "tempestade e ímpeto", movimento literário alemão que se opunha à influência francesa na cultura alemã, sobretudo em relação ao racionalismo do Iluminismo, buscando criações a partir de um impulso espontâneo, irracional, características da estética romântica. (N. E.)

melhor: a paixão turbulenta do primeiro movimento e a bela elegia do segundo não são tão trágicas; são patéticas. Essa sonata, talvez a mais tocada de todas, já é magistral; mas ainda é obra da mocidade.

Ainda pertencem à primeira fase a I *Sinfonia em dó maior* (1799), que não se afasta muito do modelo Haydn, e o belo *Concerto para piano e orquestra nº 3, em dó menor, Op. 37* (1800), que é bastante mozartiano sem atingir a altura dos maiores concertos de Mozart.

Nunca um artista produziu em tão curto espaço de tempo tão numerosas obras-primas como Beethoven em sua segunda fase. São as mais conhecidas, as mais executadas; algumas até demais, até o cansaço. A série começa com a *III Sinfonia em mi bemol maior* (1803), à qual Beethoven deu o título *Eroica*. Todo mundo conhece e admira o segundo movimento, a marcha fúnebre. Os músicos têm mais fortes motivos para admirar o primeiro movimento, a maior peça sinfônica até então escrita, ampliação coerente da sonata-forma intrinsecamente dramática para a escala da grande tragédia.

A *Sonata para piano em dó maior, Op. 53* (1804), que os austríacos e os alemães chamam de *Sonata Waldstein*, porque dedicada ao conde desse nome, leva em outros países, por motivos desconhecidos, o título *Aurora*. Mas deveria chamar-se "pleno sol". Pois é o maior cântico de triunfo e afirmação da vida que jamais se ouviu no instrumento.

Exatamente o contrário é a *Sonata para piano em fá menor, Op. 57* (1804), à qual ficou ligado o apelido *Appassionata*: a mais sombria e mais desesperada de todas as obras de Beethoven; dois terríveis gritos de revolta, com a oração esperançosa das variações do segundo movimento no meio. De inspiração semelhante, embora modificada conforme as exigências diferentes do gênero, é o trecho central do *Concerto para piano e orquestra nº 4 em sol maior, Op. 58* (1806): o segundo movimento, o diálogo entre uma elegia dolorosa do piano e respostas implacáveis da orquestra, é uma dessas coisas pelas quais "a arte justifica o sofrimento da vida" (Schopenhauer). Esse concerto é o mais lírico de todos; é menos impressionante que o quinto concerto, mas mais bem equilibrado, talvez graças à maior extensão do alegre final. "Equilíbrio" é a palavra que sobretudo ocorre a propósito do majestoso *Concerto para violino e orquestra em ré menor, Op. 61* (1806); é a única obra desse gênero que Beethoven escreveu, mas ninguém duvida: é o maior concerto para violino que existe, um dos pontos mais altos da eloquência beethoveniana. Essa eloquência tão característica da segunda fase também se descobriu, recentemente, na *Sinfonia nº 4 em si bemol maior* (1806), que os regentes do século XIX pouco frequentavam; não

4. A MÚSICA CLÁSSICA

é um *intermezzo* pré-romântico entre as "grandes" sinfonias, como se pensava, mas, como estas, um "apelo à humanidade".

Apenas os recursos empregados são mais modestos. Beethoven ainda está preparando o uso pleno da orquestra. Por enquanto, escreve sinfonicamente para as cordas. Os três Quartetos para cordas em fá maior, mi menor e em dó maior, Op. 59 (1806), dedicados ao conde Rasumovsky, então embaixador da Rússia em Viena, eternizam o nome desse grande mecenas. Pois são os quartetos mais poderosos que existem: o majestoso *n° 1*; o tempestuoso *n° 3*, com a fuga final; e sobretudo o *Quarteto Rasumovsky n° 2, em mi menor*, com seu adágio celeste, seu *scherzo* bizarro e com a inédita explosão temperamental no fim. É a *pièce de résistance* do repertório da música de câmara.

Esses quartetos devem o efeito irresistível àquela sua qualidade que alguns já chegaram a censurar: são escritos para os quatro instrumentos como se fossem grandes sinfonias.

Começa a época especificamente sinfônica de Beethoven. A abertura de *Coriolano em dó menor, Op. 62* (1807), foi escrita para introduzir uma peça medíocre do poetastro vienense Col in; é digna da tragédia de Shakespeare, é a abertura mais trágica de toda a literatura musical. Nada se precisa dizer sobre a *V Sinfonia em dó menor* (1807), porque todos conhecem essa obra, a mais popularizada de Beethoven. É chamada, muitas vezes, *Sinfonia do destino*, mas não tem programa: apenas enche de espírito poético a sonata-forma, do trágico primeiro alegro até o jubiloso final. É música absoluta. É o exemplo mais perfeito da sonata-forma; é a obra-modelo do "classicismo vienense".

Programa tem a bucólica *VI Sinfonia em fá maior* (1808), a *Pastoral*, por isso imensamente querida do público e, pelo mesmo motivo, algo menos apreciada pela crítica; mas, em tempos recentes, a análise encontrou justamente nesse idílio sinfônico certas audácias harmônicas, pouco ortodoxas, antecipando o "modernismo" musical. As *32 variações para piano em dó menor* (sem número de *opus*; 1806) passam por uma das obras mais

Ilustração de cena de Fidélio, de Beethoven, publicada no jornal L'Illustration, Paris, por ocasião da estreia da ópera, em 1860, no Théâtre Lyrique. Gravura de Janet-Lange.

©Biblioteca Nacional da França

características da segunda fase. (Mas também há opinião menos favorável.) A *Sonata para violoncelo e piano em lá maior, Op. 69* (1808), queixosa e enérgica, escrita *inter lacrimas et luctum*, é um grande documento humano; certamente a mais bela obra desse gênero raro. O *Trio para piano e cordas em ré maior, Op. 70, nº 1* (1808), chamado *Geistertrio* (*Fantasma*), tem um segundo movimento que é a mais profunda expressão de melancolia em toda a música. O *Concerto para piano e orquestra nº 5 em mi bemol maior, Op. 73* (1809), é a obra mais poderosa do gênero, de ímpeto bélico; o *Concerto nº 4* pode ser mais profundo, mas o *nº 5* é de efeito irresistível. Mas, ao mesmo tempo, escreve Beethoven o *Quarteto para cordas em mi bemol maior, Op. 74* (1809), denominado *Harpa*, e a *Sonata para piano em mi bemol maior, Op. 81* (1810), denominada *Les Adieux*, obras-primas de arte intimista.

Obra à parte, em todos os sentidos, é a única ópera de Beethoven: *Fidélio* (1804; modificada em 1806 e em 1814). É, como *A flauta mágica*, um *Singspiel*, com texto alemão falado entre as árias e coros. Não é uma ópera como outras; antes uma peça para ser representada em ocasiões solenes, extraordinária, esse cântico dramático da vitória do amor conjugal sobre a tirania política. Um enredo então muito conhecido, o mesmo da ópera *Les deux journées* de Cherubini, foi transformado por Beethoven em tragédia das prisões subterrâneas do corpo e do espírito, e cântico da liberdade. Três aberturas escreveu o mestre para a primeira versão dessa ópera, então chamada *Leonore*; nenhuma satisfez para o teatro. Mas a terceira delas, a *Leonore nº 3 em dó maior* (1806), conquistou vida independente na sala de concertos. É uma grande sinfonia de programa: resumo, sem palavras, do enredo da ópera, a maior obra de Beethoven como "poeta em sons". No entanto, o mesmo superlativo também vale com respeito à abertura para *Egmont*, de Goethe, *Op. 84* (1810), talvez musicalmente menos profunda que a outra, mas mais concisa e mais "brilhante": é a abertura das aberturas.

Enfim, a *VII Sinfonia em lá maior* (1811) é a mais poética de todas: o sonho serenamente fúnebre do *allegretto*, a poesia íntima do *scherzo* (especialmente do seu trio), a tempestade dionisíaca do *finale* — essa é talvez a maior sinfonia que existe. A VIII Sinfonia (1811) é um epílogo, resumindo o gênero de Haydn; é mesmo trabalhada, deliberadamente, no estilo humorístico de Haydn. Caráter de epílogo também têm as últimas obras da segunda fase. O elegíaco *Liederkreis an die ferne Geliebte, Op. 98* (*Ciclo de lieds à amada longínqua*, 1816), é, entre os muitos *lieds* de Beethoven, a única obra que antecipa realmente o gênero de Schubert. O *Trio para piano e cordas em si bemol maior, Op. 97* (1811), denominado *Arquiduque* porque dedicado ao arquiduque Rudolf, é certamente a obra-prima desse gênero tão poético; o primeiro alegro, o *scherzo*, o *finale* são de perfeição tão absoluta como, em outro estilo, um concerto de Brandemburgo; o terceiro movimento é a mais comovente elegia de despedida em toda a música. Não é menos poética a *Sonata para violino e piano em sol maior, Op. 96* (1812), uma nobre meditação que culmina em variações de extraordinária amplitude emocional; mas o tema dessas variações é, mais uma vez, tipicamente haydniano. Todas as possibilidades do "classicismo vienense" estão triunfalmente esgotadas. Fechou-se o ciclo.

Quem, porventura, chegar a ouvir, logo depois de uma daquelas obras, a *Sonata par piano em lá maior, Op. 101* (1816), ou as duas *Sonatas para violoncelo e piano em dó maior e em ré maior, Op. 102* (1815), acredita ter encontrado, por engano, outro compositor. O estilo mudou completamente. Nada mais de tragédia patética, de elegias comoventes, de cânticos de triunfo. A sonoridade tornou-se áspera, a polifonia instrumental, mais dura, a expressão, enigmática. É a terceira fase. Os contemporâneos ficavam estupefatos; e não só eles. O século XIX inteiro, com exceção de certos conhecedores, considerava as últimas obras de Beethoven como esquisitas, se não incompreensíveis. Explicou-se o fato pela surdez, então completa, do mestre, que lhe teria roubado o senso de eufonia, a faculdade de calcular os efeitos sonoros e até a humanidade do sentimento. Hoje se pensa de maneira diferente. A surdez de Beethoven, embora trágica para ele pessoalmente, parece-nos providencial: foi ela que libertou o mestre de todas as convenções, abrindo-lhe as portas para o reino da música totalmente abstrata. Essas últimas obras de Beethoven, embora nem tão frequentemente executadas como as da segunda fase, passam hoje por suas maiores.

Não exageremos. Há nelas certas imperfeições técnicas, que se explicam realmente pela surdez. Algumas obras parecem destinadas não à execução, mas a serem lidas.

Assim como a *Arte da fuga* de Bach, o que indica a categoria.

A *Sonata para piano em si bemol maior, Op. 106* (1818), leva, na folha de rosto, a observação à qual deve o apelido: Para o *Hammerklavier* (pianoforte). Ainda se usava muito o cravo, especialmente em casa; por mais estranho que pareça a nós outros que a *Appassionata* ou a *Aurora* fossem jamais tocadas nesse instrumento. Mas a Sonata, Op. 106, diz o próprio autor, requer o piano; daí o apelido *Hammer-klaviersonate*.

Duvidam alguns se basta isso; se pode ser executada, satisfatoriamente, em instrumento algum, essa maior de todas as sonatas, do tamanho de uma sinfonia e de profundidade inédita, culminando numa grandiosa fuga. No entanto, é abuso condenável o "arranjo" da *Sonata, Op. 106*, para orquestra. A obra ocupa hoje lugar certo no repertório dos pianistas; é propriamente o ponto mais alto do repertório pianístico. Depois, as três últimas sonatas. A *Sonata em mi maior, Op. 109* (1820), é uma nobre elegia, terminando com um set de variações. O desfecho da *Sonata em lá bemol maior, Op. 110* (1821), de poesia dolorosa, é, como na Hammer-klaviersonate, uma fuga. A última, a *Sonata em dó menor, Op. 111* (1822), à qual Thomas Mann dedicou, no romance *Doutor Fausto*, uma página admirável, só tem dois movimentos: depois de um alegro heroico, de força de bronze, uma série de variações etéreas que refletem harmonias transcendentais.

Depois dessas três sonatas, Beethoven voltou ao piano para escrever as *33 variações sobre uma valsa de Diabelli, Op. 120* (1823). Chegou a interromper o trabalho na *Missa Solemnis* para variar um medíocre tema alheio, no qual descobrira inesperadas possibilidades combinatórias. É superior até às *Variações Goldberg*, de Bach, a maior obra de variações da literatura musical. Obra inteiramente abstrata, destinada mais à leitura do que para um instrumento material. Música, com licença para o superlativo, absolutíssima. Nos seus últimos anos, Beethoven só escreveu para o piano o que chamava de "bagatelas"; uma delas, separadamente publicada, é o *Rondó em sol maior, Op. 129* (1823), denominada *Die Wut über den verlorenen Groschen* (*A raiva pelo tostão perdido*), expressão de humorismo burlesco de quem, das maiores alturas, caiu para as pequenas misérias da vida cotidiana.

A obra de mais alto voo, da terceira fase, é a *Missa Solemnis em ré maior, Op. 123* (1823). Menor em tamanho que a missa de Bach, excede, no entanto, de longe, as dimensões que a liturgia admite; a não ser para missas pontificais como a da consagração de um bispo. Realmente, a *Missa Solemnis* foi escrita para a consagração do arquiduque Rudolf, aluno predileto do mestre, como arcebispo de Olomouc. E experiências demonstraram que a execução da obra não é incomparável com o culto católico. Mas é uma manifestação colossal de religiosidade livre, fora e acima de qualquer credo dogmático. A fé religiosa de Beethoven foi, provavelmente, nos inícios, o deísmo do século XVIII. São desse espírito as *Seis canções sacras, Op. 48* (1803), escritas com grande simplicidade no estilo da Criação de Haydn, das quais uma, *Die Ehre Gottes* (tradução livre: *A glória de Deus*), é uma das obras mais divulgadas de Beethoven, cantada por coros de amadores do mundo inteiro em todas as ocasiões possíveis e impossíveis. Mas essa fé de Beethoven aprofundou-se mais tarde pelos contatos com a filosofia idealista alemã, sobretudo a de Kant na interpretação, mais acessível, de Schiller; tampouco se quer excluir influências possíveis do pensamento de Schelling. Aquele credo deísta adquiriu profundidade quase (embora só quase) mística. Já não se trata de religiosidade "razoável", no sentido do século XVIII, mas de fé no inefável. Esse inefável, Beethoven o exprimiu na *Missa Solemnis*: a solenidade quase bizantina do *Kyrie*, a fuga coral (*Et vitam venturi saeculi*) no fim do

4. A MÚSICA CLÁSSICA

Credo, o solo do violino no *Benedictus*, a remota música guerreira que acompanha o doloroso *Dona nobis pacem*, são cumes da música sacra.

Fundamental é a mesma mensagem da única obra da última fase que se tornou realmente popular: a *IX Sinfonia em ré menor, Op. 125* (1823). "Música é revelação mais alta que qualquer filosofia", reza um aforismo de Beethoven. É a filosofia idealista de Kant, Fichte e Schiller em que o mestre pensava. Um poema de Schiller é o texto dos *soli* e *coros* que formam, de maneira inesperada e inortodoxa, o último movimento da *IX Sinfonia*, a primeira sinfonia com a colaboração de vozes humanas. A esse colossal movimento vocal deve a sinfonia a popularidade. Durante decênios passara por obra esotérica, que só poderia ser executada em ocasiões extraordinárias. Depois, os wagnerianos interpretaram a *IX Sinfonia* como obra precursora do drama musical do seu mestre: recorrendo à voz humana, Beethoven teria demonstrado que a arte sinfônica é insuficiente para manifestar todos os mistérios do universo; teria indicado o caminho para *Tristão e Isolda* e *Parsifal*. Desde então, o público, sempre acessível às alusões literárias que facilitam a compreensão da música, tem dado preferência marcada à *IX Sinfonia*. Mas, com toda a admiração, não há motivo para tanto. Sempre preferimos a *V* e sobretudo a *VII Sinfonia*. Pois o grandioso último movimento da *IX*, embora a mais forte manifestação da eloquência beethoveniana, é inorganicamente acrescentado; a obra é híbrida. Mas esses argumentos não valem, evidentemente, contra a dolorosa tristeza do andante, o humorismo gigantesco do *scherzo* e, sobretudo, o primeiro *allegro*, que é o maior movimento sinfônico de Beethoven.

Na *Missa Solemnis* e na última parte da *IX Sinfonia*, a escritura vocal de Beethoven, compositor instrumental por excelência, respeita pouco as possibilidades e os limites da voz humana; certos trechos dos coros passam por dificilmente executáveis. A surdez pode ter contribuído para tanto, assim como nas "impossibilidades" pianísticas da *Hammer-klaviersonate*. Mas o verdadeiro motivo dessas imperfeições materiais foi outro: nenhum instrumento solo, nem a orquestra sinfônica, nem a voz humana foram capazes de materializar completamente o pensamento musical abstrato. O único recurso possível foi o som imaterial do quarteto de cordas. As obras derradeiras de Beethoven são os cinco últimos quartetos. Durante decênios, depois da morte do mestre, foram considerados com reverência tímida, como manifestações inexecutáveis de uma inteligência musical perturbada pela surdez e, talvez, por um alheamento já parecido com anormalidade mental. Mas aconteceu, enfim, o que Marcel Proust formulou tão bem: "Os últimos quartetos de Beethoven criaram um público para os últimos quartetos de Beethoven". Hoje se executam muito. São pontos altos, talvez os pontos mais altos da criação musical; e grandes documentos humanos.

A evolução de Beethoven — da música graciosa do *Septeto* até o "É preciso" do último *Quarteto* — é a mais coerente e a mais admirável de que se tem conhecimento na história das artes; lembra a evolução de Shakespeare, da *Comédia dos erros* até a dissipação de todos os erros em *A tempestade*. Mas Beethoven disse tudo isso sem palavras.

Fez os instrumentos exprimirem mais do que jamais poderia exprimir a palavra. É o soberano — ele próprio disse: "o Napoleão" — da música instrumental. Sua influência foi avassaladora. Assim como Michelangelo, iniciando o barroco, domina as artes plásticas do século XVII, Beethoven domina toda a música do século XIX: a música programática de Berlioz, a música dramática de Wagner e a música absoluta de Brahms devem-lhe tudo.

Hoje em dia, é Beethoven o compositor mais conhecido do mundo. Suas obras são as mais executadas, formando a base do repertório sinfônico, camerístico e pianístico. Mas já não é modelo para ninguém, a não ser, de maneira algo indireta, para um gênio solitário como Bartók. Tendo se libertado daquela influência enorme e, enfim, esterilizante, a música moderna acredita poder dispensar sua arte. Há inimigos de Beethoven que lhe detestam o subjetivismo, a expressividade, o formalismo da construção. Mas mais perigosos que esses inimigos são os admiradores. Aquele predomínio de Beethoven no repertório teve consequências funestas: certas obras, a *V* e a *IX Sinfonia*, a *Sonata ao Luar* e a *Appassionata*, são executadas com tanta frequência que se produz, enfim, cansaço. Foram rebaixadas à categoria de "peças preferidas do público". Junta-se a isso a aversão moderna contra a eloquência retórica, que é, indubitavelmente, um elemento essencial do idealismo beethoveniano. Mas são argumentos que desaparecem como observações mesquinhas perante o espetáculo daquela evolução: do *Opus 1* até o *Opus 135*. A arte de Beethoven é o maior documento humano em música. Se desaparecesse do nosso horizonte espiritual, a humanidade teria deixado de ser humana. Estão indissoluvelmente ligados o destino da música beethoveniana e o destino da nossa civilização.

5. Os romantismos

Chopin em concerto no salão da família aristocrática Radzwilli, em 1829. Henryk Siemiradzki, óleo sobre tela, 1887.

O ROMANTISMO NA MÚSICA

Por mais complexo que seja o fenômeno do romantismo literário, não se pode negar que tenha bem definidos os limites cronológicos. É a época de Novalis, Tieck, E. T. A. Hoffmann e Eichendorff, na Alemanha; de Lamartine, Hugo e Musset, na França; de Shelley, Keats e sir Walter Scott, na Inglaterra; de Lérmontov e Gógol, na Rússia.

Mas não é possível definir cronologicamente o romantismo musical. Românticos são Weber e Schubert, Mendelssohn e Schumann, Berlioz e Chopin. Mas também são românticos um Tchaikóvski e um Grieg, cujos contemporâneos na literatura são Tolstói e Ibsen. Romântica, no sentido do romantismo francês, é a ópera de Verdi. Românticos são os começos de Brahms e, também, muita substância permanente da sua música.

Romântico é, sobretudo, Wagner.

O romantismo domina toda a música do século XIX. Todos aqueles românticos, tão diferentes, revelam certos traços comuns. Primeiro, a maior liberdade de modulação, o cromatismo cada vez mais progressivo que leva os compositores até as fronteiras do sistema tonal de Bach e Rameau. O cromatismo romântico serve à maior expressividade dessa música subjetivista e individualista. Mas é pouco compatível com o rigor formal dos esquemas arquitetônicos de Haydn, Mozart e Beethoven. A verdade é que Beethoven esgotou certas formas e gêneros: depois dele já não teria sido possível escrever uma autêntica e original sonata para piano; e cada vez mais difícil escrever uma sinfonia. Os românticos, enquanto não se dedicam à ópera, elaboram esquemas programáticos como Berlioz, subordinando as formas musicais e os enredos literários: a sinfonia de programa; a abertura que resume peças teatrais; a suíte, tirada de música teatral, ou então preferem formas pequenas, como Chopin e Schumann, poesia lírica sem palavras; ou, como no *lied*, com palavras. A música romântica vive de estímulos literários. As grandes diferenças entre o romantismo alemão, o romantismo inglês e o romantismo francês também se fazem sentir na música; outras nações, que até então pouco contribuíram para a música, desenvolverão romantismos nacionais: os poloneses, os húngaros, os russos, os escandinavos. Não se pode falar em romantismo. Só em romantismos, no plural.

As diferenças entre os três principais romantismos literários são consequência do diferente desenvolvimento social da Alemanha, França e Inglaterra por volta de 1800. A "classe literária" reage de maneiras diferentes diante do advento do novo público (cf. E. Zilsel: *Die Entstehung des Geniebegriffes*, Tuebingen, 1926, e o ensaio do mesmo autor: *Die gesellschaftlichen Wurzeln der romantischen Ideologie*, in

Der Kampf, 1928). Parte dos artistas hostiliza o novo público de "burgueses" e "filisteus"; são os românticos fantásticos que também salientam os aspectos burlescos da realidade. Outros já chegam a bajular esse público, o novo mecenas anônimo: são os começos do grande virtuosismo, dos violinistas, pianistas, cantores, bailarinas. Mas também existe um romantismo que se reconcilia amistosamente com o ambiente burguês: numa boemia inofensiva, que não chega a infringir os regulamentos de polícia (círculo de Schubert), ou num comportamento bem-educado e rigorosamente apolítico (ambiente de Mendelssohn). Essas duas últimas formas, que também ficam mais fiéis ao "classicismo vienense", são próprias da vida idílica na Alemanha da Restauração, entre 1814 e 1839: um idílio, garantido pela polícia e pela censura, o *Biedermeier*, a época da *bonhommie* pequeno-burguesa.

O ROMANTISMO FANTÁSTICO

A reação hostil ao novo público é atitude de homens que já eram maduros quando a revolução acabou com a sociedade aristocrática. Por isso não é estranho o fato de ter sido mozartiano entusiasmado o mais típico representante do romantismo fantástico-demoníaco-burlesco: Ernst Theodor Amadeus Hoffmann (1776-1822)[1], o grande contista, o maior narrador do romantismo, mas também notável como músico e crítico de música. A produção musical desse protagonista do movimento romântico — muita música sacra e obras instrumentais — é toda mozartiana. Também a sua ópera *Undine* (1816), que Hans Pfitzner tentou ressuscitar em nosso tempo, em que só é romântico o enredo; nada, nessa obra, antecipa a arte de Weber, pela qual Hoffmann não sentiu entusiasmo; preferiu Spontini. Mas suas críticas de obras de Beethoven (*V Sinfonia, Coriolano, Egmont, Trio Fantasma*), escritas entre 1810 e 1813, são os primeiros comentários congeniais; o único defeito desses textos notáveis é a tentativa de "romantizar" demais o clássico de Viena e de considerá-lo como mensageiro de províncias misteriosas do espírito. Da mesma maneira, Hoffmann romantizou Gluck no conto magistral "O cavaleiro Gluck" (1809); e o outro conto famoso, "Don Juan" (1812), é a interpretação romântico-trágica do *Don Giovanni* de Mozart.

As obras literárias de Hoffmann estão cheias de inspiração musical. Forneceram, até os nossos dias, os enredos de várias óperas: *Tannhäuser e o torneio de trovadores de Wartburg* (Wagner), *Die Brautwahl* (Busoni), *Cardillac* (Hindemith); e o próprio Hoffmann é personagem da ópera *Les contes d'Hoffmann*, de Offenbach.

Um personagem de Hoffmann, o fantástico músico Kreisler, meio genial e meio louco, influenciou profundamente o comportamento humano e artístico de Berlioz, Schumann, Wagner, do jovem Brahms, de Hugo Wolf e Mahler. O personagem Kreisler forneceu aos biógrafos de Beethoven e para a lenda em torno do mestre surdo alguns traços característicos. Enfim, os contemporâneos acreditavam reconhecer o próprio Kreisler em Paganini.

Eis o primeiro virtuose do romantismo. O mecenas aristocrático já não existe.

Substitui-o a massa anônima, o público, perante o qual o artista se apresenta como mensageiro de um mundo diferente.

ROMANTISMO SEMICLÁSSICO: DE SCHUBERT A MENDELSSOHN

As limitações sociais e espirituais da época *Biedermeier* prejudicaram os artistas menores: são epígonos, cujo romantismo não passa de uma concessão ao gosto literário do tempo. Aos fortes, aquelas limitações servem de disciplina. Seu gosto autenticamente romântico pode usar, sem constrangimento, as formas da música clássica vienense. É o caso de Schubert. É, também, o caso de Mendelssohn.

A vida de Franz Schubert (1797-1828)[2] passou, sem acontecimentos espetaculares, na atmosfera agradável da burguesia e pequena burguesia vienense da época *Biedermeier* e no ambiente da boêmia inofensiva dessa sociedade.

Infelizmente, numerosas lendas, totalmente infundadas, têm desfigurado essa biografia.

A lenda de que Schubert teria sido uma espécie de don Juan melancólico, herói de opereta sentimental, chegou mesmo a produzir uma opereta: é a *Das Dreimäderlhaus* (A casa das três meninas), escrita em 1915 por um certo Berté, que, em torno de um libreto estúpido, aproveitou generosamente melodias schubertianas. O sucesso mundial desse pastiche parece ter produzido confusões inexplicáveis: já inspirou a afirmação de que aquela opereta (da qual Schubert é o infeliz personagem principal) seria obra do próprio Schubert, para se tirar conclusões pouco lisonjeiras do grande compositor. Naturalmente, o mestre não tem nada a ver com aquela falsificação, perpetrada quase um século depois da sua morte. Na verdade, não foi um don Juan melancólico, mas um boêmio sempre (e sem sorte) enamorado, um pouco dedicado às bebidas e sofrendo de graves acessos de depressão. Mas estas últimas também foram desfiguradas pela lenda: como se Schubert tivesse sido um estigmatizado pela morte, adivinhando o fim prematuro, em obras como a célebre *Sinfonia inacabada*. Mas a Inacabada é de 1822, isto é, seis anos antes do fim; não foi interrompida pela morte; a obra foi simplesmente abandonada pelo compositor, que, assediado por permanente inspiração abundante, tratou seus próprios originais com descuido imperdoável, às vezes esquecendo-os em casa alheia ou em tavernas, às vezes perdendo-os por desleixo; algumas das suas obras mais importantes, a grande *Sinfonia em dó maior* e a *Sinfonia inacabada*, só foram reencontradas muitos anos depois da sua morte, graças aos esforços de Schumann e outros admiradores. Os contemporâneos vienenses de Schubert só conheciam e admiravam pequena parte da sua obra imensa, que é relativamente mais volumosa que a de Mozart. No resto, compositor tão jovem não podia contar (nem poderia contar hoje) com reconhecimento internacional. Schubert foi homem pobre; e, no entanto, alegre, a não ser durante aquelas fases de depressão melancólica. Não foi homem feliz; mas não morreu de coração rasgado, e, sim, de tifo; justamente no momento em que sua fama já começava a atravessar as fronteiras de sua cidade e de sua pátria.

Schubert não foi, conforme aquela despreocupação pelo destino dos seus originais poderia fazer crer, um improvisador fácil, esse tipo de vienense amável e ligeiro que também é produto da imaginação dos fabricantes de operetas. Foi artista muito sério.

Não há que negar, em Schubert, o forte lastro de música folclórica da sua terra: não geralmente austríaca, aliás, como em Haydn, mas especificamente vienense. É reconhecível em certos trechos de quase todas as suas obras. Do Schubert vienense, no sentido folclórico do adjetivo, é o *Quinteto*, para o conjunto incomum de *violino, viola, violoncelo, contrabaixo e piano, em lá maior* (1819), denominado *A truta*, porque um dos movimentos são variações sobre o *lied* desse título, do próprio Schubert; obra encantadora, de inesgotável riqueza melódica e sem muita profundidade emocional, um "divertimento" no melhor sentido da palavra. De inspiração semelhante é o belo *Octeto para instrumentos de sopro em fá maior* (1824). E é "tipicamente vienense" o *Trio para piano e cordas em si bemol maior* (1827), também uma das obras mais populares de Schubert. Mas já é sério o *Trio para piano e cordas em mi bemol maior* (1827), cujos temas, embora também de inspiração folclórica, são elaborados com arte maior. É "o outro Schubert", que é, na música de câmara, sucessor legítimo de Haydn. E é sensivelmente influenciado por Beethoven: são contemporâneos, residindo na mesma cidade, embora os supostos contatos pessoais entre eles pareçam pertencer ao reino da lenda.

Aquele "primeiro Schubert" é o de inúmeras marchas, danças etc., de melodismo inesgotável e sempre encantador: todo mundo conhece as três *Marches Militaires* e os

Deutsche Tänze (*Danças alemãs*, 1824). O "outro Schubert" é o de ambiciosa música sinfônica e camerística, de um autêntico contemporâneo e sucessor de Beethoven.

Essas grandes obras são, com exceções, menos conhecidas do público. Durante um século inteiro, quase, a crítica censurou nelas graves defeitos de construção, de estrutura. Hoje já se pensa de maneira totalmente diferente. As supostas "imperfeições" são tentativas de desenvolver as formas haydnianas e beethovenianas. Schubert não viveu o bastante para poder atingir seus objetivos; o que ideara, nesse terreno, será realizado por Brahms, mas com outro espírito, mais "nórdico". Pois Schubert é um grande inovador: especialmente em suas obras de música de câmara, são frequentes as audaciosas soluções de problemas harmônicos, modulações inéditas que antecipam Chopin, Schumann e até Wagner.

A esse respeito, é de riqueza especial a música pianística de Schubert. Ao lado de muitas peças apenas bonitas e dos encantadores *Moments musicaux* (1828), estão os imponentes *Impromptus, Op.* 142 (1827); quem ignorasse a autoria tomá-los-ia por obras de Chopin. E a *Fantasia em dó maior*, Op. 15 (1822), chamada *Fantasia Wanderer*, porque, aproveitando temas e ritmos do *lied* schubertiano desse título, já foi celebrada como antecipação, no piano, da sinfonia de programa de Berlioz e Liszt; é verdadeiro poema sinfônico — convém repetir — para o piano solo; pois a adaptação dessa obra para piano e orquestra, feita por Liszt, desfigura-a. É preferível tocar e ouvir a versão original.

Das sonatas para piano, nenhuma se mantém permanentemente no repertório dos pianistas, o que vale, aliás, para a maior parte das sonatas escritas depois de Beethoven, que esgotara as possibilidades do gênero. No entanto, a *Sonata em lá menor, Op. 42* (1825), e a *Sonata em sol maior, Op. 75* (1826), são revivificadas, de vez em quando, por pianistas ambiciosos; e a *Sonata inacabada em dó maior* (1825) é, entre as sonatas de Schubert, o que é a *Inacabada* entre as suas sinfonias.

Essa *Sinfonia inacabada em si menor* (1822) tem apenas dois movimentos; quase todo mundo conhece. É uma das obras mais executadas e mais populares da literatura musical inteira: sorte que a tem prejudicado muito. Pois virou insuportável a muitos ouvidos. Há quem a ouça como se fosse música de realejo. É preciso fazer um esforço para ouvi-la como

Schubert ao piano, de Gustav Klimt, óleo sobre tela, 1899.

se fosse pela primeira vez, para se inteirar do valor superior dessa música nada sentimental, mas de tragicidade beethoveniana e, no entanto, de eufonia mozartiana.

Não sabemos por que Schubert deixou incompleta essa obra. Parece que só com certa dificuldade conseguira apoderar-se do domínio da orquestra. Entre 1813 e 1818, tinha escrito nada menos que seis sinfonias, das quais a *nº 4 em dó menor* (1816), denominada *Trágica,* e a *nº 6 em dó maior* (1818), ainda são ocasionalmente executadas; mas todas as seis são obras juvenis, cuja ressurreição não presta serviço à memória de um compositor do qual tantas obras de valor superior são raramente ouvidas. Mais uma tentativa, além daquela *Sinfonia inacabada*, para chegar às alturas do gênero, foi uma obra infelizmente perdida (ou destruída?) que parece sobreviver em versão pianística: o *Grand Duo para piano a quatro mãos, em dó maior* (1824), que Brahms e Joachim admiravam tanto. O objetivo foi, enfim, atingido na *Grande Sinfonia nº 7 em dó maior* (1828), que deve o apelido "*Grande*" ao seu tamanho incomum, plenamente justificado pela substância musical, expressão de um sonho infinito de beleza fascinante; é o ponto mais alto do romantismo alemão na música sinfônica, a maior sinfonia que foi escrita entre Beethoven e Bruckner.

Ocupa lugar à parte o *Quarteto para cordas em ré menor* (1824), denominado *A morte e a donzela*, porque seu segundo movimento são variações sobre o *lied* homônimo de *Schubert*. Acima de qualquer elogio estão o primeiro movimento, meio trágico, meio nostálgico, assim como o enérgico scherzo e o jubiloso final, mas são sobretudo aquelas variações, expressão serena da angústia da morte, que já inspiraram a um crítico a frase justa: "Esse quarteto é o *opus metaphysicum* de Schubert". Está dignamente ao lado dos últimos quartetos de Beethoven, cuja série o mestre iniciou naquele mesmo ano de 1824.

As tentativas juvenis de Schubert de escrever óperas e comédias musicais não deram bons resultados, a não ser a bonita música de cena para a peça *Rosamunde* (1823).

Mas os contatos com o mundo operístico tiveram outros efeitos, mais importantes. Por intermédio do seu professor e amigo paternal Salieri, recebeu Schubert a influência de Gluck, que é sensível no classicismo da linha melódica do *Lied eines Schiffers an die Dioskuren* (*Canção de um marinheiro aos Dióscuros*, 1816), que parece hino de templo grego, interpretado por quem cresceu na atmosfera da música sacra de Haydn.

No estilo de Haydn e sob a influência de Mozart, escreveu Schubert várias pequenas missas, da quais uma, a *Missa em sol maior* (1815), merece sobreviver. Nas igrejas vienenses, ainda se executa, também, a *Missa em fá maior* (1814). Mas o jovem mestre não ficou nessa música sacra de rotina. Fez tentativas de renovação em várias direções.

Escreveu a *Deutsche Messe* (*Missa alemã*, 1826), que não é uma missa propriamente dita, mas uma coleção de pequenos coros, muito fáceis, para serem cantados durante a missa por uma comunidade de camponeses ou pequeno-burgueses que não conseguem acompanhar o texto litúrgico. A religiosidade sincera e humilde dessa música simples e melodiosa tornou a *Missa alemã* extremamente popular na Áustria e na Alemanha do Sul, onde resiste aos ataques do movimento litúrgico dentro da Igreja. A renovação do estilo sacro de Schubert veio, porém, da influência de Händel. Imitou-o em hinos como *Mirjam's Siegesgesang* (*Canto da vitória de Miriam*). Fusão do estilo de Haydn e do estilo de Händel é a ambição da grande *Missa em lá bemol maior* (1822); não realizou inteiramente esse objetivo, mas saiu algo de novo, uma música angélica, mais congenial dos quadros de altar de Van Eyck e Memling do que fora a música polifônica de um Obrecht ou Des Prez. Alguns consideram superior a *Missa em mi bemol maior* (1828), que é menos melodiosa, menos "alegre", antes severa como uma grande missa barroca.

Apesar de tudo, o estilo dessas duas missas, quando apreciado por um liturgista, ainda é o mesmo das missas de Haydn. E os adeptos da ortodoxia musical não deixaram de censurá-las. É preciso admitir que Schubert, filho do século XVIII e contemporâneo do idealismo alemão, não podia ficar imbuído de espírito litúrgico. Também se admite que o jovem mestre não era uma natureza profundamente religiosa; seu catolicismo era sincero, mas de rotina, como acontece na pequena burguesia vienense. Mas, do ponto de vista puramente musical, são aquelas duas missas das maiores obras de Schubert.

É quase inacreditável a riqueza da produção dessa vida de apenas 31 anos. E ainda falta o maior capítulo: o gênero que Schubert criou e logo levou até as alturas da perfeição. O *lied*.

Em torno desse gênero ainda existem equívocos, fomentados pela incompreensão de alguns musicólogos franceses do século passado. Ainda há quem acredite que o *lied* é um gênero de música folclórica: canção popular estilizada. É um erro completo. A raiz desse erro reside no desconhecimento da poesia lírica alemã. Esta se renovou, na segunda metade do século XVII, quando poetas como Goethe e Mathias Claudius adotaram as formas e os metros da poesia popular; que também serão cultivados pelos românticos Brentano, Eichendorff, Heine. Mas são só as formas métricas e estróficas.

Chamar essa alta poesia lírica de "popular" seria erro tão monstruoso como se alguém quisesse descobrir raízes folclóricas na poesia de Baudelaire. Enfim, o *lied* não tem nada a ver com chanson. É, simplesmente, o gênero de poesia lírica na música. E Schubert é o maior poeta lírico da música.

Schubert escreveu seiscentos *lieds*: desde os dias quase ainda de meninice até a morte, a inspiração nunca falhou. Descontando as primeiras tentativas, ainda infantis, não se nota uma evolução em sentido de progresso. Em 1815, com dezoito anos de idade, escreveu o *Erlkönig*, a obra-prima do gênero "balada"; o adolescente já é mestre consumado. Do ano seguinte, 1816, é o *Der Wanderer* (*O caminhante*), e de 1817, *Der Tod und das Mädchen* (*A morte e a donzela*), poesias musicais do mais alto valor, em estilo tipicamente pré-romântico. No mesmo estilo escreveu Schubert a música para numerosos poemas de Goethe; mas quando encontra, entre este últimos, uma peça de mocidade do poeta, ainda no estilo galante do rococó, como *Der Musensohn* (*O estudante*, 1822), o compositor escreve música em rococó ligeiramente estilizado. A cultura literária de Schubert não era grande; seu gosto, na seleção dos textos, não era infalível. Mas é extraordinária sua capacidade de adaptar-se aos mais diferentes estilos poéticos.

Entre aqueles seiscentos *lieds* há muita coisa ligeira, "música de sociedade", alegre, mas sempre bonita e às vezes de beleza sedutora. Pertencem a essa classe alguns dos *lieds* mais populares de Schubert: *Die Forelle* (*A truta*, 1817), *Auf dem Wasser zu singen* (*Para cantar sobre as águas*, 1822), *Ständchen* (*Serenata*, letra de Shakespeare em tradução alemã, 1826) e aquele *Musensohn* de Goethe. Inúmeras são as obras-primas: muitos poemas de Goethe, sobretudo o popularíssimo *Heidenröslein* (1815), *Suleika*, *I* e *II* (1821), *Geheimes* (*Segredo*, 1821) e outros; aqueles dois grandes *lieds* juvenis, *Der Wanderer* e *Der Tod und das Mädchen*, de estupenda maturidade emocional; os *lieds* de grande estilo, como *Die Allmacht* (*O Todo-Poderoso*, 1825), Iphigenia (1817), *Gruppe aus dem Tartarus* (*Grupo de Tártaro*, 1817), *Memnon* (1817); *lieds* de sentimento religioso, como *Ave Maria* (letra de Walter Scott, traduzida, 1825) e *Du bist die Ruh* (*Tu és repouso*, 1823); odes românticas como *Im Frühling* (*Na primavera*, 1826) e o comovente *Im Abendrot* (*No crepúsculo*); maravilhosas estilizações do folclore austríaco, como Der Wanderer an den Mond (*O caminhante à Lua*, 1826), *Der Strom* (*O rio*, 1817), *Erlafsee* (1817). O ponto mais alto talvez seja um *lied* dos primeiros anos: *An die Musik* (*À música*, 1817), minúsculo hino de inspiração religiosa, em louvor à nossa arte, que, conforme reza a letra, "em tantas horas cinzentas nos levou para um mundo melhor".

Em 1823 Schubert já tinha escrito um ciclo de *lieds, Die schöne Müllerin* (*A bela moleira*); é o mais belo idílio lírico da poesia musical, embora não faltem as sombras da melancolia. Esta se torna trágica no ciclo *Winterreise* (*Viagem de inverno*, 1827), que é obra-prima do poeta Schubert. Costuma-se cantar e celebrar especialmente alguns dos *lieds* desse ciclo: *Der Lindenbaum* (*A tília*), que virou canção popular; *Die Krähe* (*A gralha*); e sobretudo *Der Wegweiser* (*O poste*) e *Der Leiermann* (*O homem do Realejo*), que são inspirações "beethovenianamente" trágicas. Mas é sempre preciso ouvir e estudar o ciclo inteiro: 24 peças de inspiração homogênea, sombria, desolada, até fúnebre.

Não é propriamente um ciclo o volume *Schwanengesang* (*O canto do cisne*); são, simplesmente, os últimos *lieds* que Schubert escreveu, reunidos, em 1828, sob aquele título, pelo editor. Não é, portanto, um conjunto homogêneo. Há, nesse grupo, um *lied* como *Abschied* (*Despedida*), canção alegre à qual o acompanhamento pianístico acrescenta uma *arrière-pensée* fúnebre. Há uma grande canção dramática como *Aufenthalt* (*Repouso*). Há, sobretudo, os *lieds* com textos de Heine. Só nos últimos dias de sua vida, chegou Schubert a conhecer versos desse poeta, então novo, que lhe inspirou música completamente diferente, do mais alto valor: *Die Stadt* (*A cidade*), *Am Meer* (*No mar*), *Der Doppelgänger* (*O sósia*), poesias musicais de profundidade sombria e como interiormente iluminadas pela luz de um outro mundo.

São, sobretudo, essas últimas obras que inspiram as especulações sobre o que Schubert teria chegado a escrever se a morte não o levasse com 31 anos de idade: se tivesse atingido a idade de um Verdi, sobrevivendo a Wagner. São especulações inúteis.

Schubert morreu cedo, mas perfeito.

Compositores como Loewe e Franz são típicos do *Biedermeier*, da época da Restauração, meio idílica, meio cinzenta, na Alemanha. O padrão cultural, nessa época pós-goethiana, continua, porém, alto. Louis Spohr (1784-1859), o grande violinista, é o contrário do virtuose fantástico Paganini: só tocou música clássica, foi mestre do nobre legato. Seus oratórios e sinfonias estão tão esquecidos como seus numerosos quartetos: do quarteto teve, aliás, o curioso conceito de ser uma peça para um virtuose no violino, acompanhado por três músicos menores. Sobrevive seu *Concerto para violino e orquestra em lá menor* (denominado *Cena de canto*). Na mocidade, foi protagonista do romantismo, então novo: seu *Faust* (1813) e *Jessonda* (1822) são das primeiras óperas românticas, ao lado das de Weber. Mais tarde, virou reacionário petrificado, chegando a detestar a última fase de Beethoven, mas adivinhou a grandeza de Wagner.

5. OS ROMANTISMOS

O representante do *Biedermeier* prussiano, rigorosamente apolítico, de alto nível cultural e moral, ignorando ou querendo ignorar os conflitos mais profundos porque o Estado estava aqui para policiá-los, é Felix Mendelssohn-Bartholdy (1809-1847).[3]

Neto do filósofo judeu Moisés Mendelssohn, foi batizado, quando criança, na Igreja luterana, à qual sempre ficou ortodoxamente fiel; filho de rico banqueiro, recebeu brilhante educação; nunca chegou a conhecer as preocupações materiais da vida; de precocidade extraordinária, obteve cedo o mais completo sucesso como pianista, regente e compositor, sendo idolatrado em vida; fundou os famosos concertos sinfônicos do Gewandhaus, em Leipzig, e o não menos famoso conservatório dessa cidade; teve sorte em tudo, até morrer cedo, antes de sua glória começar a empalidecer.

Depois de ter sido o compositor mais festejado da época, sobretudo na Inglaterra, onde goza até hoje da admiração incondicional dos círculos conservadores, caiu Mendelssohn em desprezo; em parte, por motivos extra-artísticos, pelo furioso antissemitismo dos wagnerianos. Durante a época nazista, suas obras estavam banidas do repertório alemão. Hoje se esboça forte reação favorável. Ninguém já combaterá Mendelssohn porque é judeu. Mas as grandes qualidades formais da sua música talvez não cheguem a compensar o sentimentalismo e a falta de paixão desse homem fino e culto, seu equilíbrio permanente e algo fácil, pois conquistado sem luta. Contudo, sempre é nobre; e hesita-se em chamá-lo epígono — como é hábito classificá-lo — porque sua linguagem musical é inconfundivelmente pessoal. Seria injusto confundir Mendelssohn com os mendelssohnianos alemães e ingleses da segunda metade do século XIX, estes, sim, epígonos. O mestre antes merece ser definido como um eclético que tem de dizer algo de próprio.

Foi grande artista. Precisa-se, porém, do discernimento mais cuidadoso para lhe fazer justiça. Não pode ser julgado em bloco. Grande parte de sua música pianística está morta. As várias coleções de *Lieder ohne Worte* (*Canções sem palavras*), sentimentais e espirituosas como as pequenas poesias de Heine, antigamente nas mãos de todos os diletantes, só prestam mesmo para os diletantes. Mas têm valor diferente as obras mais difíceis: as *Variations sérieuses em ré menor, Op. 54*, e o *Concerto para piano e orquestra nº 1 em sol menor* (1826), que continua muito executado. Dos seus *lieds* só sobrevive uma única melodia, muito fina: *Auf Flügeln des Gesanges* (*Nas asas do canto*). Mendelssohn criou poucas obras-primas; mas estas têm valor permanente.

Antes de tudo: a abertura para o *Sonho de uma noite de verão*, de Shakespeare, escrita em 1826 (a música incidental e a marcha nupcial foram acrescentadas em 1842).

A abertura é obra do mais íntimo lirismo e de encantador colorido romântico de orquestração. É o milagre entre os milagres da precocidade; pois nem sequer o próprio Mozart chegou a escrever com dezessete anos de idade uma obra-prima dessas. Do *Concerto para violino e orquestra em mi menor, Op. 64* (1845), nem sequer os adversários de Mendelssohn ousam falar mal: é a mais melodiosa, a mais nobre e a mais brilhante entre as obras desse gênero, entre o concerto de Beethoven e o de Brahms; é uma das criações mais puras da música alemã. Eis as duas obras-primas indiscutidas do mestre, de popularidade bem merecida.

Já é diferente o caso do *Trio para piano e cordas em ré menor* (1839), em que alguns descobrem vários defeitos, enquanto outros lhe concedem o lugar altamente honroso entre os trios de Schubert e o quinteto de Schumann. A energia sombria do primeiro movimento e a verve do scherzo mandam apoiar a tese favorável, que também foi a opinião de um Schoenberg.

Obras de perfeição formal são as sinfonias: a *Sinfonia italiana em lá maior* (1833) e a *Sinfonia escocesa em lá menor* (1842), esta última antecedida pela semelhante abertura *As Hébridas* (também denominada *A caverna de Fingal*) (1830). Essas obras sinfônicas, que mantêm tenazmente seu lugar no repertório, são fruto de impressões de viagens; já se falou em "sinfonias de turista". Mas são admiráveis pelo equilíbrio entre a forma rigorosamente clássica e o colorido romântico. Esse colorido só é, porém, feição exterior. No fundo, Mendelssohn não foi romântico; teria sido parnasiano, muito antes dos literatos criarem esse termo.

Ortodoxia clássica e agradável colorido romântico: é uma fórmula para epígonos. O conservatório de Leipzig, que Mendelssohn fundara, foi até o fim do século XIX uma cidadela dos epígonos antiwagnerianos; seus alunos, vindo de todos os lados, semearam no mundo inteiro o academicismo.

A NOVA ÓPERA ITALIANA: ROSSINI E BELLINI

Os deuses musicais que a Restauração e o *Biedermeier* adoravam, eram Mozart, ressuscitado da vala comum e colocado entre os anjos do céu; Beethoven, idolatrado, embora só meio compreendido; e Mendelssohn. Em breve, também haverá altares para Schubert e Weber. Mas esse culto era o das elites e de um grupo musicalmente bem-educado da nova burguesia. A música "dominante" da época é outra.

Quando Beethoven deu, em 7 de maio de 1824, seu último concerto em Viena, sendo os números principais do programa a *IX Sinfonia* e trechos da *Missa Solemnis*,

5. OS ROMANTISMOS

o empresário obrigou-o a incluir no intervalo mais um número, executado por uma cantora: a ária *Di tanti palpiti*, de Rossini.

Esta é a música dominante da época: uma nova ópera italiana. Já não é a ópera barroca de Alessandro Scarlatti e Hasse; nem a ópera classicista, estilo *empire*, de Cherubini e Spontini. Às artes do *bel canto* acrescenta-se um forte elemento histriônico: os cantores também têm de emocionar ou divertir o público com artes de ator. Já não se põem em música sempre os mesmos libretos de Metastasio, ou, para as óperas-cômicas, de Lorenzi ou Casti. O enredo torna-se mais importante do que foi no século XVIII. A grande ária ainda é o ingrediente essencial, mas como centro da cena dramática. Essa nova importância do elemento teatral é a contribuição italiana à ópera romântica.

Gioacchino Antonio Rossini (1792-1868)[4] foi comparado, por Stendhal, a Napoleão: este e aquele teriam subjugado a Europa. Durante uns quinze anos, entre 1816 e 1830 — exatamente a época da Restauração, entre Waterloo e a Revolução —, uma "febre rossiniana" percorreu o continente. Quem acabou com essa epidemia foi o próprio Rossini.

Sua formação musical foi melhor do que esse homem de teatro achou por bem admitir; na primeira mocidade, o "cisne de Pesaro" tinha estudado a música de Haydn, chegando a escrever uns inofensivos quartetos. Em 1813, no Teatro Fenice, em Veneza, obteve o primeiro sucesso com a ópera *Tancredi*, na qual se canta aquela famosa ária *Di tanti palpiti*. *O barbeiro de Sevilha* foi, em 1816, no Teatro Argentina, em Roma, um fracasso; mas, pouco tempo depois, tornou-se o maior sucesso operístico de todos os tempos, conquistando Paris e Viena, Londres, Petersburgo e Madri. Já homem muito rico, Rossini mudou-se em 1823 para Paris, assinando com a Academia de Música um contrato, patrocinado pelo próprio rei da França. Novo sucesso triunfal, em 1829, com *Guillaume Tell*. Depois, retirou-se do teatro para não voltar nunca mais. Ainda viveu 39 anos, dedicado aos prazeres da mesa — inventou o Tournedos Rossini — e falando mal dos outros, da maneira mais espirituosa. Para explicar sua retirada, Rossini disse, aludindo aos sucessos espetaculares de Meyerbeer e Halévy: "*Je reviendrai quand les Juifs auront fini leur Sabbath*". Mas não era esse o motivo profundo. Com a queda da sociedade da Restauração, em julho de 1830, a missão de Rossini estava cumprida.

Sabe-se que Stendhal, no seu entusiasmo, confundiu Rossini e Mozart, colocando-os na mesma altura; opinião que o grande pessimista Schopenhauer também assinaria.

Ainda há, ocasionalmente, quem caia na mesma confusão de valores. Mozart é aristocrático; em comparação com ele, Rossini é plebeu. Contudo, é um plebeu que serve a uma aristocracia, embora fosse a aristocracia decadente da Restauração:

aquela que Stendhal descreveu em A *cartuxa de Parma*. Também gostava de Rossini a burguesia nova, que se esforçava em imitar os costumes aristocráticos; imitação que é um dos elementos constitutivos da mentalidade romântica. O classicismo já pertence ao passado. Não há em Rossini, que esqueceu seus começos haydnianos, nenhum traço da música clássica vienense. Sua música não é trabalhada; é inspiração simplesmente notada. É brilhante, mas sem nenhuma seriedade moral, sem ambição artística. O compositor procura o ponto de menor resistência do público, explorando-o com facilidade. É, sobretudo, um grande autor cômico.

Uma ópera-cômica, *O barbeiro de Sevilha* (1816), é seu maior título de glória: é a apoteose jocosa da *Italia piccola*, humilhada pelos dominadores estrangeiros, que, não podendo defender-se, pelo menos zomba dos outros. É música de uma verve inédita, nos *pizzicati* e nos famosos *crescendi*, simbolizando musicalmente os gestos dos cantores que, sendo italianos, são atores natos. É a mais operística de todas as óperas; a obra-prima da música de facilidade. De inspiração semelhante são a *Italiana in Algeri* (1813), *Cenerentola* (1816) e *La gazza ladra* (1817). Todas elas foram sucessos internacionais tão grandes como as óperas-sérias de Rossini: *Tancredi* (1813), *Otello* (1816), *Mosè in Egitto* (1818), *Semiramide* (1823), das quais hoje se conhecem só os nomes e, quando muito, as aberturas, cheias de *esprit* e animação exatamente no mesmo estilo das aberturas de óperas-cômicas. Rossini parece sempre autor cômico, mesmo quando o enredo é trágico.

Quando Beethoven, em 1824, recebeu em Viena a visita de Rossini, pediu-lhe que escrevesse "mais *Barbieres* e mais outros *Barbieres*, pois, para a ópera-séria, seu talento não presta". A segunda metade do século XIX assinou essa opinião severa. Mas hoje se começa a pensar de maneira diferente. Quando *Tancredi*, esquecido durante um século, foi representado em Florença, em 1952, a crítica italiana verificou, com surpresa, que ainda há nessa obra algo da nobreza clássica do século XVIII; tese que fica sujeita a discussão. Durante mais de um século não se compreendeu o que os contemporâneos admiravam tão fanaticamente na *Preghiera* (*Dal tuo stellato soglio*), que é a

Cena da tempestade de *O barbeiro de Sevilha*, litografia de 1830 de Alexandre Fragonard.

grande ária de *Mosè in Egitto*; mais tarde, depois da reprise dessa ópera em Nápoles, em 1956, sentimos melhor, embora sem entusiasmo exagerado, o valor dessa tentativa de transplantar para o palco certos elementos de oratório bíblico. Assim como em *La donna del lago* (1819), Rossini fez uma primeira e tímida tentativa de transplantar para o palco da ópera o romantismo de Walter Scott. Resta *Guillaume Tell* (1829): a primeira grande ópera de enredo histórico ou pseudo-histórico, antecipando diretamente, à distância de poucos anos, a "grande ópera" de Meyerbeer e Halévy. Mais uma vez, a *pièce de résistance* é a brilhante abertura, o pedaço mais sério de música que Rossini escreveu. Mas as representações da ópera inteira, embora hoje em dia já menos frequentes, ainda permitem verificar a presença dos mesmos valores em vários outros trechos. Há em *Guillaume Tell* um sopro de ar novo, como de *plein air* das montanhas suíças: na época da Restauração, algo que anuncia a regeneração social e moral do *Risorgimento*, pelo qual a humilhada *Italia piccola* se tonará a *Italia liberta*. Contudo, Rossini não foi artista bastante sério para continuar nesse caminho. Calou-se. Seu *Stabat Mater*, de 1832, que ainda se canta, embora raramente, na Inglaterra, é uma obra frívola, de mero bel canto.

Quem lembra os raros momentos sérios de Rossini é Vincenzo Bellini (1801-1835)[5], que não pode ser considerado seu rival; sua arte antes é um polo oposto ou um ponto muito diverso dentro da "nova ópera italiana". Quatro óperas de Bellini sobrevivem, embora sejam representadas com frequência diferente. Já voltam raramente ao palco *I Capuleti e i Montecchi* (1830) e *I puritani* (1835); algumas árias, pelo menos, pertencem ao repertório dos cantores de concerto. Na Itália ainda gostam muito de *Sonnambula* (1831). Mas a obra-prima de Bellini, com lugar garantido no repertório, é *Norma* (1831); sobrevive nela algo da severa grandeza romana de Spontini; há nela algo do mesmo "patriotismo liberal", como no *Guillaume Tell*, de Rossini; e é a ópera italiana mais ricamente melódica antes de Verdi. A diferença é, porém, grande: em vez dos grandes efeitos dramáticos, predomina em *Norma* o lirismo mais puro e algo simples. Bellini, apesar de ter estudado música, parece ignorar os elementos da profissão musical. Seu acompanhamento orquestral é de um simplismo desconcertante. Não existe, para ele, a harmonia. Tudo se reduz à melodia cantada. É o compositor mais monódico de todos os tempos. Mas sua melodia, que parece surgir espontaneamente das palavras, é de rara nobreza. Teve influência decisiva em Chopin; e isso é, ao lado de Norma, o maior título de glória de Bellini, que morreu cedo, talvez antes de ter dado o que poderia dar.

Rival e sucessor de Rossini foi Gaetano Donizetti (1797-1848)[6], que, depois de uma vida cheia de sucessos retumbantes, submergiu na noite da loucura.

Costumava escrever três ou quatro óperas por ano, com a maior facilidade, mas naturalmente sem poder evitar as frases triviais e a repetição de truques bem-sucedidos. É um sub-Rossini, que conseguiu melhor adaptar-se ao ambiente francês. *La fille du régiment* (1840) continua até hoje a ser representada nos teatros da província francesa. Estranhamente, esse homem da rotina acertou, uma ou outra vez, o tom trágico. *Lucia di Lammermoor* (1835) não é só oportunidade para uma cantora brilhar, como se costuma pensar; tem realmente grandes momentos dramáticos. Também a esquecida *Anna Bolena* (1831) foi em 1956 revivificada com sucesso nos Estados Unidos e, depois, em Milão. Contudo, Donizetti é melhor nas suas excelentes óperas-cômicas, *L'Elisir d'amore* (1832) e *Don Pasquale* (1843), antecipações da grande opereta de Offenbach.

Bellini, c. 1830.

A OPÉRA COMIQUE

Uma das alegres "guerras" de teatro na Paris do século XVIII foi aquela entre os *buffonistes*, admiradores da ópera-bufa italiana, e os *antibuffonistes*, em torno de *La Serva padrona* de Pergolesi. A tradução do libreto e a adaptação por Bauron decidiu, em 1754, a guerra a favor da *Servante maîtresse*. São essas as origens italianas da opéra comique, gênero tão tipicamente parisiense.

Interveio, depois, o sentimentalismo pré-romântico, de modo que já mal se nota a origem pergolesiana do teatro de André-Ernest-Modeste Grétry (1742-1813)[7], belga de nascimento e parisiense por adoção. Foi o músico da moda nos tempos da rainha Maria Antonieta e de Napoleão; a gente cantava suas melodias nos salões e na rua.

Grande melodista e grande oportunista, que soube adaptar-se a tudo, inclusive às tempestades revolucionárias: em sua *La rosière républicaine* (1793) vem, depois de uma *Gavotte gracieuse*, bem rococó, uma *Romance* pré-romanticamente sentimental; e enfim uma *Danse générale*, terminada com *La Carmagnole*, o canto mais feroz dos jacobinos. Das obras de Grétry, só *Richard Cœur-de-Lion* (1784) sobreviveu durante muitos decênios no palco. Hoje se atribui grande importância histórica a esse músico de transição, objeto de muitos estudos musicológicos.

A ópera *comique* é o gênero musical próprio do primeiro romantismo francês; ou, antes, daquilo que os *habitués* e os críticos dos teatros parisienses de 1820 imaginavam ser o romantismo. O nível da cultura musical, na França da Restauração e da Monarquia de Julho, era baixo. Até Stendhal, apesar de sua fina sensibilidade musical, envolveu-se em confusões deploráveis entre Cimarosa, Mozart e Rossini. Não se admitia outra música senão a de teatro. Balzac achava Rossini superior a Beethoven, e Meyerbeer superior a Mozart. Gautier só quis ouvir marchas militares, o que não o impediu de exercer as funções de crítico musical. Da crítica especializada da época, dos Castil-Blaze e Fétis, melhor é não falar.

Nesse ambiente antimusical, parecia um deus, quase um Mozart, o amável François-Adrien Boieldieu (1775-1834), *bonhomme* e improvisador de melodias bonitas. *La dame blanche* (1825) é quase uma obra-prima dentro dos limites estreitos do gênero da *opéra comique*, e sobrevive até hoje. Também há coisas graciosas e engraçadas em *Le Calife de Bagdad* (1800) e *Le Petit chaperon rouge* (1816). A fama de Boieldieu foi internacional em seu tempo. E. T. A. Hoffmann e até Mendelssohn e Schopenhauer o admiravam. Mas falar em "Mozart francês" é exagero burlesco.

A ÓPERA ROMÂNTICA ALEMÃ: WEBER

Até o fim do século XVIII, a música foi arte cosmopolita, para a qual contribuíram quase exclusivamente três nações: os italianos, os alemães e os franceses. O romantismo quebrou esse bom entendimento europeu. Iniciaram-se as dissenções nacionais. A competição pacífica transforma-se em rivalidade apaixonada, às vezes venenosa. Os alemães, que já tinham conquistado a hegemonia no setor da música instrumental, não suportam mais o predomínio dos italianos em seus teatros de ópera.

Os compositores alemães rejeitam, indignados, os libretos em língua italiana, que Mozart ainda preferia. Procuram criar uma arte especificamente alemã no palco de ópera.

Entusiasmaram-se pelo folclore, pelas lendas e superstições populares, pela Idade Média. Eis o mundo teatral de Weber.

Carl Maria von Weber (1786-1826)[8] não parecia destinado para esse papel. Filho de um aristocrata decaído a empresário teatral e jogador profissional, levou na mocidade a vida dissoluta de um aventureiro do século XVIII. Mas recebeu sólida educação musical.

As guerras contra Napoleão, em 1813, converteram-no ao nacionalismo alemão. Como diretor da ópera em Dresden, conseguiu expulsar os italianos. Só durante pouco tempo gozou a glória internacional das suas óperas. Morreu cedo, tuberculoso.

Foi, por índole, aristocrata que — assim como tantos outros de sua classe fizeram no século XVIII — se curvou para tomar contato com o povo. O romantismo indicou-lhe o caminho para tanto. Primeiro, foi pré-romântico sentimental, em *lieds* anteriores à criação do verdadeiro gênero por Schubert, hoje esquecidos. Superou o sentimentalismo pré-romântico pelo *élan* heroico do patriotismo alemão, antinapoleônico, para o qual contribuiu com coros bélicos. Algo daquele *élan* também inspira o *Konzertstück em fá menor* (1821), brilhante peça para piano e orquestra, que ainda pertence firmemente ao repertório pianístico. A *Aufforderung zum Tanz* (*Convite à dança*, 1819) já é uma obra bem nacional: pois a valsa, que então se tornou moda, passava por dança tipicamente alemã. A melodia é tão habilmente inventada que parece canção popular; e voltou a ser canção popular.

Weber foi compositor muito versátil. Escreveu uma *Missa em mi bemol maior*, de boa substância musical; e muita música instrumental de valor permanente: uma das *Sonatas para piano, em ré menor*, o belo *Quinteto para clarinete e cordas em si bemol maior*, o brilhante *Concerto para clarinete e orquestra em si bemol maior, Op. 71*, sobrevivem.

Como Mendelssohn, insuflou espírito romântico nas formas do classicismo vienense. Só no teatro não teve sorte durante muito tempo: a forma da ópera, composta de recitativos, árias e coros, parecia resistir à tentativa de usá-la para propagar o romantismo. Só conseguiu isso no *Freischütz* (1821), que é uma ópera de tipo italiano, com árias, duetos etc.; mas o enredo e as melodias são inconfundivelmente alemães: é a descoberta da natureza, da misteriosa floresta noturna, da vida alegre e perigosa dos caçadores, das superstições populares, do sentimentalismo do lar alemão. O sucesso foi fulminante. A abertura passou a ser tocada pelos realejos. O coro final cantava-se nas ruas. A ópera, que é até hoje a mais representada na Alemanha, conquistou o mundo inteiro, de Londres e Petersburgo até os palcos de Paris e Nova York. Mas Weber, artista consciente, não aproveitou o sucesso para repeti-lo com enredo semelhante. Em *Euryanthe* (1823) procurou o romântico mundo medieval; e fez uma tentativa de abolir a separação rígida dos "números" (árias, duetos, coros etc.), escrevendo cenas musicalmente ininterruptas. A obra cuja sobrevivência foi prejudicada pelo libreto confuso é uma antecipação de *Lohengrin* e do drama musical wagneriano. Mais um passo para o terreno novo foi *Oberon* (1826), com seus sons inéditos, ecos do Oriente fantástico e do país das fadas. Foi sua última obra, antes de o consumir a doença fatal.

Arte tão original e consumada até a perfeição não podia ser imitada. Mas não convém confundir com os muitos weberianos medíocres e fracassados o sólido Heinrich Marschner (1795-1861). Sua ópera fantástica *Der Vampyr* (1828) tem considerável valor musical; foi desenterrada e "arranjada" para o palco moderno, em nosso tempo, por Pfitzner, o "último romântico alemão". De importância histórica é outra ópera de Marschner: *Hans Heiling* (1833); pois teve influência notável no libreto e na música do *Der fliegende Holländer* (*O Navio Fantasma*), de Wagner, que será o herdeiro da ópera romântica alemã.

OS PRIMEIROS NACIONALISTAS: CHOPIN

Com a conquista do palco da ópera, a música alemã, que já dispusera do quase monopólio da música instrumental, tinha a hegemonia musical na Europa. Apesar da glória internacional de Rossini, nenhuma outra nação tinha o que opor aos Haydn, Mozart, Beethoven, Schubert, Mendelssohn e Weber. Mas essa hegemonia já continha, em si própria, o germe da sua destruição. Pois fora conquistada, contra os italianos, pelo forte destaque das qualidades tipicamente alemãs da música alemã. E outras nações não tardaram em opor à predominância dos alemães suas próprias particularidades nacionais, servindo-se para tanto do mesmo recurso: o romantismo como meio para encontrar e descobrir a alma popular.

Desde que no século XVI os flamengos, os espanhóis e os ingleses tinham deixado de fazer contribuições próprias para a música europeia, esta fora quase exclusivamente obra dos italianos, alemães e franceses. No começo do século XIX, com o romantismo, novos competidores aparecem: os escandinavos, os russos, os húngaros, os poloneses.

É a primeira onda de nacionalismo musical percorrendo a Europa.

Weber tinha dado o exemplo. Cada nação pretende, então, ter seu próprio Weber; algumas também fazem questão de ter um Mendelssohn. Assim os dinamarqueses, cujo primeiro grande compositor instrumental é Niels Gade (1817-1890), discípulo do mestre de Leipzig. Sua obra mais conhecida, também no estrangeiro, foi a abertura *Nachklänge von Ossian* (*Ecos de Ossian*, 1891); o título, em língua alemã, é bem significativo, pois Gade não se afasta do caminho do autor da abertura *Hébridas*; e, apesar do colorido nórdico de sua música, os dinamarqueses renegaram, depois, esse "mendelssohniano petrificado". Mas ficaram fiéis a Friedrich Kuhlau (1786-1832), embora o compositor fosse de origem alemã, porque tinha aproveitado, na sua ópera *Elverhøj* (1828), o tesouro melódico da canção popular dinamarquesa; é o Weber da Dinamarca. O Weber da Suécia foi Ivar Hallström (1826-1901), cuja ópera *Bergtagna* também se baseia no folclore nacional.

O Weber russo é Mikhail Ivanovitch Glinka (1804-1857)[9]; foi propriamente a música de Weber que lhe abriu os olhos, libertando-o, pelo menos em parte, do italianismo dos seus começos. Suas óperas *A vida pelo tsar* (1835) e *Ruslan e Ludmila* (1842), com seus enredos nacionais, suas danças e coros populares, são o pórtico da história da música russa. E não foi uma "russificação" superficial. Glinka não se limitou a empregar motivos russos e ritmos russos. Também deixou, pelo menos às vezes, de pensar musicalmente nos termos do sistema tonal ocidental, de Bach e Rameau, voltando-se para os "modos" da velha música sacra eslava. Pois isso não se impôs aos estrangeiros, que o achavam em parte italianizante, em parte "esquisito". Só os próprios russos sabem plenamente apreciar-lhe o gênio: não se cansam, até hoje, de ouvir *A vida pelo tsar*, representada na Rússia atual sob o título *Ivan Sussanin* (nome do personagem principal), e os muitos *lieds* e baladas de Glinka, das quais Chaliapin foi intérprete exímio. A descoberta da diferença essencial entre o "modo ocidental" e o "modo russo" também abriu ao compositor os ouvidos para outros "modos" não ocidentais. Na peça sinfônica *Jota Aragonese* (1845), fruto de uma viagem para a península Ibérica, descobriu o "modo" espanhol; e na peça *sinfônica Kamarinskaya* (1848), descobriu o "modo" polonês. Seus patrícios não se contentam em considerá-lo como o Weber de sua pátria. Tchaikóvski chamou-o de "Mozart russo, ou melhor, Haydn russo". Quanto à posição histórica dentro da música russa, a comparação a Haydn pode estar certa; quanto à valorização que a comparação encerra, é preciso deixar aos russos a responsabilidade.

Na Hungria fundou Ferenc Erkel (1810-1893) a ópera nacional, de base folclórica: *Hunyády László* (1844) e *Bánk Bán* (1861). O tipo formal dessas óperas ainda é, como em Weber, o italiano. Vale a mesma observação para o Weber da Polônia, Stanislaw Moniuszko (1819-1872)[10], autor da ópera *Halka* (1847). É natural que essas nações mantenham no repertório obras que são relíquias do passado musical nacional. Mas é igualmente compreensível que essas óperas não encontrem ressonância em outros países, onde continuam pouco conhecidas. Pode-se, em geral, afirmar que nenhum compositor dessa primeira onda romântico-nacionalista conquistou a Europa: nem Gade, nem Kuhlau, nem

Hallström, nem Erkel, nem Moniuszko, nem sequer o genial Glinka. A vitória internacional ficou reservada ao gênio de um nacionalista ocidentalizado: Chopin.

Frédéric Chopin (1810-1849)[11] nasceu em Zelazowa Wola, perto de Varsóvia, filho de um francês natural de Nancy, e de mãe polonesa. Sua vida é um romance melancólico. Menino-prodígio no piano, resolveu ir para a Europa Ocidental, para aperfeiçoar-se; saiu de Varsóvia em 1830, pouco antes de rebentar a revolução aristocrático-liberal cujo fracasso fortalecerá o domínio do tsar russo na Polônia, inundando a Europa de refugiados e emigrantes poloneses. Saindo antes, Chopin não chegou, portanto, a participar do levante patriótico; a Polônia, para a qual não voltou em vida, não será para ele um ídolo de paixão política, mas uma recordação nostálgica: romantismo moderadamente nacionalista. O jovem pianista teve os primeiros sucessos em Viena. Fixou-se em Paris, onde a sociedade aristocrática e os círculos intelectuais lhe abriram largamente as portas. Perante essa audiência seleta costumava tocar; nunca foi virtuose das grandes salas de concerto, para público anônimo. Depois: as relações com a grande escritora George Sand; a tuberculose; o tempo passado em Palma, na ilha de Maiorca, na esperança vã de recuperar a saúde; o rompimento com a amiga instável; a fuga, da Revolução de 1848, para Londres; a volta e a morte solitária em Paris. Seus restos mortais foram sepultados no cemitério Père-Lachaise, em Paris; só o coração do artista encontrou, trasladado, o último repouso na catedral de Varsóvia.

A única fotografia conhecida de Chopin, provavelmente feita por Louis-Auguste Bisson em 1849.

A simpatia geral da Europa toda, hostil ao tsarismo russo, com os refugiados poloneses, essa "polonifilia" dos anos de 1830, facilitou a entrada de Chopin para o mundo ocidental. Mas também lhe inspirou o aproveitamento das recordações da pátria longínqua e perdida: o elemento nacional na sua música. Não satisfeitos com isso, alguns historiadores poloneses, muito nacionalistas, tentaram demonstrar que o pai de Chopin, embora natural de Nancy, também teria sido de origem polonesa. Não é crível e não importa. Chopin foi polonês de nascimento e de inspiração; já era artista feito, artista polonês, quando chegou a Paris; mas tornou-se francês pela cultura e pelo ambiente.

Sua "polonidade" está sendo um pouco exagerada. A musicóloga polonesa Windakiweiczewa, testemunha insuspeita, admite, ao lado do melodismo folclórico, mais outras influências, das quais a da linha melódica de Bellini é a mais importante. O pensar sempre na Polônia pode ter inspirado muitas obras de Chopin. Concertos, sonatas, estudos, prelúdios, noturnos. Mas especificamente polonesa é sua música só quando o compositor escolheu ritmos nacionais: as polonesas, das quais a mais famosa é a heroica em lá maior (*Polonaise militaire, Op. 40*); as mazurcas; e as valsas; mas nestas últimas já é inconfundível um elemento de elegância parisiense. As polonesas, mazurcas e valsas de Chopin são, talvez, suas obras mais divulgadas; mina inesgotável para os pianistas.

Chopin tocando a Polonaise em um baile no Hotel Lambert, Paris, de Teofil Kwiatkowski, 1859, aquarela e guache.

A limitação de Chopin às formas pequenas parece traço característico do seu romantismo. Mas essa afirmação precisa ser desenvolvida e, em parte, retificada. A aversão de Chopin à sonata-forma, ou antes sua incapacidade de manejá-la bem, tem motivos mais profundos e diversos. Não gostava de Beethoven, talvez porque a música dele lhe parecia "democrática" e "barulhenta" demais. Mas amava o aristocrático Mozart. E seu "pão de todos os dias" foi *O cravo bem temperado*, de Bach, os prelúdios e as fugas que são anteriores à sonata-forma, mas têm muita "forma". Chopin é mais clássico do que se pensa, embora não no sentido do classicismo vienense. E a preferência pelas melodias de Bellini fortalece a impressão de um gênio menos eslavo-nórdico do que latino-mediterrâneo.

5. OS ROMANTISMOS

Bach-Mozart-Bellini; e Field; e o romantismo francês; e, sobretudo, Oginski e a Polônia: no entanto, Chopin não é eclético. Sua arte é altamente pessoal. A personalidade artística desse homem fraco e tuberculoso era tão forte que tudo em que tocou se tornou inconfundivelmente seu. O encanto pessoal da sua arte enobrece os brilhantismos virtuosísticos. Os ornamentos e arabescos que, nas obras de outros, só servem para exibição das artes dos dedos em Chopin se tornam essenciais, indispensáveis e animados. Chopin criou um novo estilo pianístico. As formas "clássicas", a sonata, o concerto, não se prestavam bem para servir à manifestação desse seu estilo. E com elas, o compositor teve menos sorte. Os *Concertos para piano e orquestra em mi menor* (1830) e *em fá menor* (1829) têm lugar permanente no repertório, pela beleza encantadora das melodias (sobretudo do *Concerto em mi menor*, fortemente eslavo) e pelo brilho virtuosístico que os torna indispensáveis aos pianistas; mas ninguém os compararia aos grandes concertos de Mozart e Beethoven. Também a *Sonata em si bemol menor* (1839), com a famosíssima marcha fúnebre como movimento lento, é menos uma sonata em sentido beethoveniano do que uma coleção de trechos gloriosos. A *Fantasia em fá menor, Op. 49* (1842), já foi chamada, pelo entusiasta americano Huneker, de "a maior obra pianística depois de Beethoven"; e a riqueza musical da obra é realmente espantosa; mas a análise formal implacável tem demonstrado, mesmo nessa forma livre da fantasia, certas incoerências e "fendas". O verdadeiro reino de Chopin são as curtas peças poéticas.

Fragmentos isolados desse universo pianístico de Chopin são os *Préludes*, Op. 28 (1839), expressões de um pessimismo desolado, esboços de ideias que o desespero ou o cansaço não permitiram realizar. Foi a primeira vez que um compositor ofereceu, assim, ao público, uma vista para o seu foro íntimo. A música conquistara mais um terreno da poesia lírica.

Algumas poucas obras de Chopin levam apelidos, dados por admiradores ou pelos editores. Mas em geral não têm, como as de Schumann e Debussy, títulos poéticos. São músicas absolutas que apenas insinuam estados de alma líricos, algo parecido com o que produz a leitura da poesia de Shelley. É arte para gente emocionalmente madura. Mas acontece que as obras de Chopin são colocadas, cedo, nas mãos de adolescentes para fins didáticos ou para exibição em concertos de alunos. É claro que a mocidade não é capaz de entendê-las bem; aos novos a maturidade emocional do compositor afigura-se envelhecimento antes do tempo: doença e decadência. Ideia errada para a qual contribuem as biografias romanceadas. Há um grão de verdade nesse erro. Um conterrâneo do mestre, o grande escritor polonês Przybyszewski, conhecedor da psicologia moderna, falou a propósito de Chopin em "psicologia da alma histérica"; em "anemia" e "pele transparente da mão, deixando ver as veias mais finas"; em "nervosismo dos requintados que morrem cedo"; em "sensibilidade patologicamente irritada"; em "angústias de agonia". O decadentismo de Chopin é um fato psicofisiológico. Mas não é um argumento contra sua arte. O romantismo de Chopin foi exagerado; não convém, no entanto, negar o caráter feminino da sua sensibilidade artística.

Errado é o conceito da música chopiniana como "música de salão" da alta sociedade; mas é verdade que só aquela alta sociedade foi, então, capaz de apreciar a "*gaya scienza* desse *troubadour* do piano". Enfim, todo o esnobismo em torno de Chopin e a imensa popularidade de certas obras suas entre os musicalmente menos educados não têm nada a ver com os valores em causa. Estamos diante do fato estranho, talvez único, do entusiasmo popular por uma arte altamente esotérica.

"GRANDE ÓPERA" E GRANDE OPERETA

Paris é, entre 1830 e 1870, a capital da burguesia europeia. *Enrichissez-vous, messieurs!* é o lema da Monarquia de Julho, do juste milieu; a ditadura de Napoleão III acrescentará o fausto de uma corte imperial, frequentada por brasseurs d'affaires e negocistas. Essa classe não conhece a arte senão como divertimento e ostentação. A única espécie de música que admite é a ópera, à qual todas as outras artes ficam subordinadas. A "grande ópera"[12], de Meyerbeer, Halévy e outros, é um Gesamtkunstwerk ("obra de arte total") exatamente no sentido em que o maior inimigo do gênero parisiense, Wagner, definirá sua própria arte: a colaboração dos músicos, dos cantores e atores, dos bailarinos e bailarinas e dos cenógrafos com o diretor de cena a cujo serviço estão. Essa ideia de Wagner é especificamente romântica: no início do século XIX, a estética romântica já preconizara a confusão intencional e colaboração de todas as artes; um E. T. A. Hoffmann antecipa, teoricamente, as exigências de Wagner. A "grande ópera" francesa também é arte romântica. Pois na capital cosmopolita, na qual confluíram todas as tendências políticas, sociais e espirituais da época, não podia faltar o romantismo. Mas é um romantismo falsificado, que não acredita em espectros nem na Idade Média nem na própria história: explora-os apenas como decoração de teatro.

Prefere enredos históricos, porque fornecem oportunidade para apresentar no palco bacanais romanas, procissões católicas, coroações de reis e tumultos populares. A substância musical fica reduzida a uma grande cena de amor (dueto), uma oração na hora do perigo, uma ária de brinde e muito barulho da orquestra. O efeito é controlado pelo homem da bilheteria.

Os fundamentos da "grande ópera", lançara-os Spontini. Os primeiros exemplos, ainda modestos, do gênero são, em 1828, *La muette de Portici*, de Auber e, em 1829, *Guillaume Tell*, de Rossini. Enfim, veio Meyerbeer.

Giacomo Meyerbeer (1791-1864)[13] chamava-se, inicialmente, Jacob Liebmann Beer e era filho de um banqueiro israelita de Berlim; acrescentou o "Meyer" ao nome para homenagear a memória de um tio que lhe deixara grande fortuna. Depois de ter recebido sólida educação musical, foi para a Itália, onde Rossini o entusiasmou; foi então que, mudando de estilo, também italianizou o prenome, passando a chamar-se Giacomo. Teve sucesso com óperas italianas. Venceu em Paris, em 1831, com Robert *le Diable*. Depois, em 1836, conquistou com *Les Huguenots* o lugar do maior compositor de óperas do seu tempo. Foi alvo de honrarias extraordinárias em Paris e em Berlim.

Trabalhando muito devagar, só obteve o sucesso seguinte com *Le Prophète*, em 1849. *L'Africaine* (1864) foi representada postumamente.

A crítica contemporânea, entusiasmada, acreditava ver na arte de Meyerbeer a síntese da harmonia alemã, da melodia italiana e dos ritmos franceses. Nosso ceticismo de hoje só percebe, naquelas obras, a confusão intencional de todos os estilos para obter o máximo efeito teatral. É certo que todo dramaturgo, todo compositor de óperas pretende conseguir efeitos de cena; é legítimo. Mas Meyerbeer sacrificou à exigência do efeito as da própria arte musical que ele, músico de grande talento e bem formado, conhecia perfeitamente. Não acreditava em nada senão nas palmas do público, que significavam vitórias de bilheteria. Também sua famosa

©User scan of Sadie, Stanley, ed. (1992). The New Grove Dictionary of Opera, 3: 1147. London: Macmillan.

Cena da ópera *Le Prophète*, de Giacomo Meyerbeer, publicada no jornal L'Illustration, Paris, por ocasião da estreia, em 16 de abril de 1849.

meticulosidade na elaboração das obras e na *mise en scène* só serviram para aquele fim: garantir o sucesso. Este foi, afinal, resultado de uma colaboração, de um "coletivo", como se diria hoje: o próprio Meyerbeer; seu libretista, o versátil Scribe; Véron, o diretor da ópera, grande industrial e comerciante do ramo "teatro", que já foi definido como "personagem de romance de Balzac"; o famoso Auguste, o chefe da "claque".

O sucesso imenso e internacional dessa empresa não podia deixar de provocar a reação irritada de todos os que serviam à arte séria. Mendelssohn ficou frio. Berlioz hostilizou o operista. Schumann combateu-o francamente. Wagner acrescentou aos argumentos dos outros o antissemitismo e viveu bastante para ver ainda a rápida decadência da glória de Meyerbeer, que é hoje uma celebridade morta. *Robert le Diable*, adaptação dos *frissons do Freischütz* a uma lenda medieval artificialmente inventada, é coisa involuntariamente burlesca; se ainda fosse possível apresentar hoje essa obra, que entusiasmava e sacudia profundamente nossos avós, ela provocaria gargalhadas.

Le Prophète e *L'Africaine* ficaram no repertório até por volta de 1910 ou 1920; hoje ninguém já pensa neles. Enfim, Les Huguenots, a obra-prima, também desapareceu.

Não foi Wagner quem matou essas obras; foi o tempo. Mas esse fato incontestável manda apreciar Meyerbeer como fenômeno histórico; e então, sua importância revela-se bastante grande, sobretudo quanto aos progressos que realizou na orquestração e na encenação; progressos de que o próprio Wagner se serviu generosamente. Há possibilidade de ressurreição? Robert *le Diable* certamente não voltará nunca mais. *Le Prophète* teve uma reprise isolada em Zurique. Da *Africaine* sobrevivem certas árias, de nobre linha melódica, no repertório dos cantores e cantoras de concerto; as representações em Aquisgrano e Munique (1962) foram bem recebidas. Mas, antes de tudo, pode-se defender *Les Huguenots*, obra em que há cenas de notável valor musical, especialmente no quarto ato. No Scala de Milão, em 1962, e em Hamburgo a velha ópera teve sucesso retumbante que já foi interpretado como começo de uma "renascença de Meyerbeer".

Entre os rivais de Meyerbeer encontraremos o próprio Wagner, mas só foi no início, quando escreveu *Rienzi* (1840). O outro nome célebre do gênero é Jacques--Fromental-Élie Halévy (1799-1862): *La Juive* (1835) manteve-se por mais tempo no repertório que as obras de Meyerbeer; tem certas qualidades musicais e maiores defeitos dramatúrgicos; também é hoje mera recordação dos *habitués* da ópera.

A paródia alegre da "grande ópera" parisiense é a opereta parisiense de Jacques Offenbach (1819-1880).[14] Filho de um rabino ou cantor da sinagoga de Colônia, levou para Paris as recordações do famoso carnaval da sua cidade natal. Como compositor do Teatro das Folies-Bergère, dominou a vida musical mundana e demi-mondaine da capital de Napoleão III. Depois de 1870, em ambiente radicalmente diferente, viveu em solidão dolorosa, trabalhando na sua obra "séria", na ópera *Les contes d'Hoffmann*, cuja representação não chegou a ver.

Do gênio singular de Offenbach não sobreviveu nada na opereta parisiense de tempos posteriores. Muito menos ainda na opereta vienense, que é gênero diferente, sem intenção satírica, sem espírito de paródia; seu absurdo é incontestável, mas não é divino. São pequenas obras bem-humoradas, com uma dose de sentimentalismo. A variedade rítmica é singularmente reduzida: só há uma valsa, e um pouco a polca. Autor de inúmeras valsas mundialmente famosas foi Johann Strauss (filho) (1825-1899)[15], descendente de uma dinastia de valsistas. E coleções de valsas bem trabalhadas, com algumas boas árias no meio, são suas operetas, das quais *Die Fledermaus* (*O morcego*, 1874) é a mais conhecida. São, aliás, elaboradas com muita ciência musical e bom gosto; basta dizer que o severo Brahms admirava o "rei da valsa".

Mas não convém falar dos sucessores, nem dos Suppé e Millöcker nem, depois, dos Lehar, Oscar Straus, Eysler etc. Assim como há livros que estão *hors de la littérature*, assim essa indústria de operetas vienenses está hors de la musique.

ALTO ROMANTISMO FRANCÊS: BERLIOZ

O ambiente parisiense, em 1830 e 1870, foi quase hostil à música séria.[16] Literatos e críticos revelaram ignorância espantosa do assunto. Com exceção dos círculos limitados que frequentaram os concertos Habeneck, não se admitiu outra música senão a dramática, a ópera; e mesmo na ópera, o público e os críticos eram sensíveis à menor intervenção do elemento sinfônico: até um Gounod foi hostilizado como *sinfoniste* e adepto de "germanismos" nebulosos. Os deuses do dia eram, além do "judeu prussiano" Meyerbeer, o ligeiro Auber e o frívolo Adolphe Adam. Nesse ambiente, a vida de Hector Berlioz não podia deixar de se transformar numa sucessão de derrotas, humilhações e misérias; embora admitindo-se que as extravagâncias do homem contribuíram muito para isso. No entanto — a observação é de René Dumesnil —, no meio de um romantismo falso e falsificado, foi a obra de Berlioz o único pendant, no setor da música, digno da poesia de Hugo e da pintura de Delacroix. É a forma francesa do alto romantismo.

A vida de Hector Berlioz (1803-1869)[17] foi um romance tempestuoso com desfecho melancólico. Sempre foi rebelde contra o mundo, que não o compreendia. A revolta já começou quando ele, descendente de uma família de médicos e de juízes, escolheu a profissão de músico. Depois, rebelou-se contra o ensino escolástico no conservatório de Paris, sob a ditadura de Cherubini. Rebelou-se contra os hábitos da vida musical parisiense de então, estreando com uma obra sinfônica, a *Symphonie Fantastique*: um "romance erótico em sons musicais", colossal declaração de amor à atriz inglesa Harriet Smithson, que, infelizmente, aceitou a proposta de casamento. Voltando de Roma, onde desobedeceu à disciplina da Académie de France na Villa Medici, em Roma, casou-se com Harriet, apesar de já saber que *elle est une fille*. Foi um desastre. A miséria material permanente foi pouco aliviada pelo emprego como crítico musical no *Journal des Débats*, onde Berlioz, eminente escritor e conhecedor da matéria, estava obrigado a escrever sobre as óperas de Auber, Adam e Halévy, que detestava. As estreias das suas próprias obras sempre foram desastrosas. Tendo escrito o *Réquiem*, Berlioz devia oferecer a obra, sucessivamente e em vão, para os funerais de várias personalidades até conseguir a execução (*J'ai frappé à beaucoup de tombes...*). A execução da obra sinfônica *Roméo et Juliette* foi um sucesso de estima; só rendeu 1.100 francos.

Em 1846 o fracasso completo do concerto em que foi executada *A danação de Fausto* (*La damnation de Faust*) acabou com a carreira musical de Berlioz em Paris. Desde então, dedicou-se à vida de regente viajante de orquestra no estrangeiro, na Alemanha e na Rússia, sempre acompanhado pela amante, a cantora medíocre Marie Recio, que lhe amargurou a vida. Não conseguia fazer representar a grande ópera *Les Troyens*. Liszt ajudara-o bastante; mas os sucessos de Wagner fizeram empalidecer a estrela de Berlioz. Morreu na miséria de sempre, abandonado.

Berlioz só escreveu música quando estimulado por impressões literárias; ele mesmo foi grande escritor, um dos maiores críticos musicais de todos os tempos e espirituoso cronista e memorialista. Mas seria precipitado concluir que tivesse sido mais literato que compositor. Organizou suas obras sinfônicas como ilustrações musicais de enredos literários ("música de programa"); porém, não deixaram, por isso, de ter valor como música absoluta.

A *Symphonie Fantastique* (1830), romance musical alta e fantasticamente romântico, tem os defeitos, mas também a energia e frescura juvenil, de uma obra de mocidade. É desigual: só o movimento lento, a *Cena nos Campos*, satisfaz a todas as exigências; a *Marcha para o Patíbulo*, que já foi muito censurada como atentado ao bom gosto, é uma combinação, única na literatura musical, do realismo mais crasso e de atmosfera de sonho, de pesadelo. A sinfonia *Harold na Itália* (1834), inspirada pelas recordações da viagem na Itália, passa por ser sua obra mais bem equilibrada; mas é mais pitoresca que poética. *Roméo et Juliette* (1839), grande sinfonia de programa com coros, é muito desigual: o *scherzo La Reine Mab* e a cena de amor são altamente poéticos; outros trechos são desagradavelmente operísticos. A obra-prima de Berlioz é a cantata cênica *A danação de Fausto* (1846), destinada para a sala de concertos, mas que também pode ser representada no palco. Não se deve pensar no *Fausto* de Goethe; o compositor tirou do drama, arbitrariamente, um grupo de cenas, misturando-as, mais arbitrariamente, com elementos totalmente alheios (como a orquestração da marcha húngara de Rákóczi). Mas uma cena como Caverna ou Floresta é grande poesia musical, digna do poema de Goethe; e não só esta.

Ilustração da cena da Dança dos Silfos, de *A danação de Fausto*, de Berlioz (The Victrola book of the opera, 1917).

Berlioz é grande, sobretudo, quando se pode apoiar num elevado texto poético. Falha, porém, foi a própria ideia de transpor textos e enredos poéticos para a música orquestral sem palavras: a ideia da música de programa. A arte musical não é capaz de "pintar" situações físicas e acontecimentos dramáticos. Só pode acompanhá-los de maneira significativa. Um "programa" que explica ao público o que "significa" e "representa" a música só é uma muleta para os ouvintes sem musicalidade. "Ilustrar", por meio de golpes de tambor, o fato de alguém bater à porta não é uma ideia musical. É ruído. Mas a prática de Berlioz foi, felizmente, melhor que sua teoria. Na *Symphonie Fantastique* e em *Harold na Itália*, as quatro ou cinco partes do programa correspondem exatamente aos movimentos de uma sinfonia clássica, algo ampliada: em vez de destruir essa forma, Berlioz unificou-a melhor, pelo emprego do mesmo motivo (*idée fixe*) ou dos mesmos motivos em todos os movimentos. O julgamento sobre Berlioz não deve ser influenciado pelo "fetichismo da forma" (Barzun). Embora partindo da sinfonia beethoveniana, Berlioz enveredou pelo seu próprio caminho, sem querer resolver os problemas de outros, dos adeptos da música absoluta. Sua música é essencialmente dramática. Berlioz odiava e ignorava deliberadamente a polifonia, qualquer polifonia. Evita as dissonâncias. Muitas vezes, sua música é mais teatral do que estava nas suas intenções, contaminadas pelo ambiente operístico.

Essa "teatralidade" perturbou seriamente as tentativas desse homem cético e profundamente arreligioso de escrever música sacra. O *Réquiem* (1837) é uma sinfonia fúnebre que abala os nervos dos ouvintes pelo barulho apocalíptico de duas orquestras enormes e quatro coros; nasceu dessa obra a fama de Berlioz de escrever para quinhentos executantes. Heine falou, a propósito do *Réquiem*, em "monstros antediluvianos" e "ruínas colossais de impérios esquecidos". A obra é, com todos os seus defeitos, o ponto mais alto do romantismo musical francês, que sempre foi grotescamente fantástico e brutalmente realístico ao mesmo tempo; pensa-se nos romances de Victor Hugo.

Berlioz foi homem de muitas ideias. Sua capacidade de invenção melódica é admirável. Mas é mais admirável o aproveitamento dessas ideias musicais na instrumentação. Entre todos os compositores, grandes ou notáveis, de todos os tempos, foi Berlioz o único que não dominava o piano nem o violino nem qualquer outro instrumento. Seu instrumento foi a orquestra inteira. Renovou ou antes revolucionou a arte e a técnica da instrumentação. A *Marcha para o Patíbulo* na Symphonie Fantastique, a procissão dos peregrinos em *Harold na Itália*, o *scherzo La Reine Mab* e a cena noturna de amor em *Roméo et Juliette*, a *Dança das Sílfides* e o *Minueto dos Fogos-Fátuos* n'*A danação de Fausto*, as cenas da caça e da tempestade em *Les Troyens à Carthage* são peças magistrais de um dono soberano da orquestra. A esse respeito, Liszt, Wagner, Richard Strauss e Rimsky-Korsakov são seus discípulos.

Berlioz foi um dos compositores que exerceram, em todo o século XIX, a mais vasta influência. Mas ficou isolado. Esse grande individualista não teve alunos nem discípulos.

Schumann, gravura de Josef Kriehuber, 1849.

ALTO ROMANTISMO ALEMÃO: SCHUMANN

Robert Schumann (1810-1856)[18]: colocá-lo ao lado de Berlioz não é um exercício historiográfico. Personalidades e artistas dos menos parecidos, têm, no entanto, muitos pontos de contato. Schumann também foi grande escritor e eminente crítico musical.

Sua música também se alimentava de estímulos literários, embora nunca chegasse a fazer música de programa. Este e aquele foram homens fantásticos. A loucura, à beira da qual Berlioz gostava de se movimentar, como numa pose interessante, tornou-se, no caso de Schumann, cruel realidade. São dois românticos. Mas o romantismo de Berlioz é francês; é o de Hugo, Lamartine, Delacroix. O romantismo de Schumann é o de Jean-Paul, E. T. A. Hoffmann, Eichendorff, Heine. Sua arte é não só o ponto mais alto do romantismo musical na Alemanha; é também o resumo e o fim do romantismo alemão em geral.

A obra de Schumann é enorme. É difícil orientar-se nela. A maior parte das obras escritas depois de 1845 ou 1850 — e são as mais numerosas — não tem muito valor.

Exumá-las só significa prejudicar a memória do compositor. O conhecido *Concerto para quatro trompas e orquestra em fá maior* (1849) é fraco. O *Concerto para violino e orquestra*, que dedicara, em 1853, ao grande violinista Joachim, foi por este cuidadosamente escondido numa gaveta. Descendentes incompreensivos de Schumann publicaram-no em nosso tempo, o que não acrescentou nada à glória do autor. A inspiração de Schumann está concentrada, principalmente, nas suas obras de mocidade.

Produziu eruptivamente: dentro de poucos anos, quase todas as suas obras pianísticas de valor; dentro de um ano só, os seus melhores *lieds*. Em cada fase preferiu determinado gênero. Entre essas fases houve intervalos de improdutividade, de profunda depressão mental. Schumann é um caso psicopatológico.

A primeira fase pertenceu ao piano. *Carnaval* (1835) já é uma obra-prima: uma série de pequenas peças altamente românticas, de encanto permanente, baseadas num sonho juvenil de Schumann que ideara uma aliança de espíritos poéticos (os *Davidsbündler*) contra os filisteus; é a obra de Schumann que o público de concertos prefere, até hoje, a todas as outras. De inspiração semelhante, os *Davidsbündlertaenze* (*Danças dos Davidsbündler*, 1837) e *Faschingsschwank aus Wien* (*Farsa carnavalesca vienense*, 1839). As outras obras pianísticas desses anos, todas elas obras-primas, são de variedade surpreendente. As *Kinderszenen* (*Cenas infantis*, 1838) não são obra didática, destinada ao ensino; têm de ser tocadas por adultos que, assim como

Schumann, conseguem perfeitamente sentir com a alma infantil; uma dessas "cenas", a *Träumerei (Rêverie)*, é a mais bela melodia que Schumann inventou. As *Phantasiestücke (Peças fantásticas*, 1837) são estudos em expressão musical de situações psicológicas; uma das obras mais românticas, no sentido mais alto da palavra; especialmente *Aufschwung* (palavra intraduzível que significa a firme resolução depois de momentos de angústia), uma melodia inesquecível, de energia sombria. Os *Études symphoniques* (1837), a obra tecnicamente mais difícil do compositor e a preferida dos virtuoses sérios, são uma série de variações engenhosas que culminam em um jubiloso cântico de triunfo. As *Kreislerianas* (1838), inspiradas pelo fantástico personagem Kreisler, de E. T. A. Hoffmann, são a obra harmonicamente mais audaciosa do mestre; ainda decênios mais tarde, os antiwagnerianos atribuíram a essa produção juvenil de Schumann a responsabilidade pela suposta "decadência modernista" da música alemã.

Enfim, a *Fantasia em dó maior* (1838), de maior vulto e de inspiração firmemente mantida; assim teria Beethoven escrito se, na mocidade, tivesse sido romântico.

Os títulos poético-literários que Schumann deu à maior parte dessas obras pianísticas induziram certos críticos ao erro de considerar o compositor como "literato que por engano se dedicou à música". Mas as mais das vezes esses títulos foram inventados pelo compositor depois de ele ter escrito as peças. Apenas o estímulo de produção foi de ordem poética (assim como aconteceu em Debussy). Schumann foi poeta; mas um poeta que só sabia e podia fazer poesia em sons musicais. Sua prosa, nos escritos sobre música, antes é desagradavelmente "poética", ao passo que a poesia das suas obras pianísticas sempre é pura.

Como poeta do piano, Schumann não é inferior a Chopin; confessou-o o próprio Gide, que, na primeira edição do seu livro sobre Chopin, afirmara o contrário. Como inventor de melodias, Schumann não tem rival, a não ser Mozart; esse suposto "literato" é um dos maiores criadores de beleza musical absoluta. Está ao lado de Chopin, como experimentador audacioso de inovações harmônicas; as *Kreislerianas* são de surpreendente "modernidade".

A preferência de Schumann pelas pequenas formas, as peças poéticas de tamanho reduzido que dispensam a construção arquitetônica, tem sido interpretada como incapacidade de manejar a sonata-forma. Alegam os adeptos dessa tese que as três *Sonatas para piano, em fá sustenido menor* (1835), *em fá menor* (1835) e *em sol menor* (1835), apesar de serem obras muito belas (especialmente a segunda, determinada *Concert sans orchestre*), não são sonatas no sentido beethoveniano da palavra; é uma observação que também poderia ser feita quanto às sonatas de Schubert e Chopin.

5. OS ROMANTISMOS

Talvez não seja mesmo possível escrever verdadeiras sonatas para o piano depois de Beethoven ter esgotado todas as possibilidades desse gênero. Mas, antes de tudo, as dúvidas se referem às sinfonias de Schumann, nas quais se censuram defeitos de construção e erros grosseiros de orquestração. Essas críticas, porém, não estão certas senão em parte; e o ouvinte moderno já não aplica os critérios de um professor de composição de um conservatório tradicionalista. A *Sinfonia nº 1 em si bemol maior* (1841), denominada *Primavera*, de encantadora frescura juvenil; a pictórica *Sinfonia nº 3 em mi bemol maior* (1850), denominada *Renana*; e sobretudo a *Sinfonia nº 4 em ré menor* (1841, revista em 1851): podem ter vários defeitos e são, no entanto, magnífica música, que ninguém gostaria de tirar do repertório.

A glória de Schumann não deixa de crescer hoje em dia. Mas, em seu tempo, sua solidão foi quase tão grande como a de Berlioz. Os anos de 1830 e 1840 não são apenas os do idílio *Biedermeier*. Também são os anos dos "jovens hegelianos", ateus e revolucionários, dos começos do jornalismo liberal, da mocidade de Marx. A essa gente toda Schumann, o poeta apolítico, parecia figura anacrônica. Por outro lado, os conservadores da música detestaram-lhe as licenças estruturais e harmônicas. Mas pouco depois, Wagner já manifestará sua hostilidade contra o "schumannismo" atrasado.

Tampouco teve Schumann sorte com seus discípulos: quase todos eles acabaram no epigonismo mendelssohniano do Conservatório de Leipzig. Enfim, o jovem Brahms, ao qual o mestre, nos seus últimos anos, predissera, num artigo entusiasmado, o grande futuro, ficou fiel durante a vida toda a Clara Schumann; mas na música enveredou logo por outro caminho, totalmente diferente.

No fundo, só houve na Alemanha um único schumanniano autêntico: Peter Cornelius (1824-1874); e este não estava bem consciente desse fato. Foi um romântico conservador, de muita profundidade emocional, como revelam os *Brautlieder* (*Canções de noiva*) e os *Weihnachtslieder* (*Canções de Natal*). Mas iludiu-se a respeito de si próprio. Aderiu ao círculo de Liszt e Wagner. Sua ópera-cômica *Der Barbier von Bagdad* (*O barbeiro de Bagdá*, 1858) é encantadora recordação de um idílio perdido, do exotismo ingênuo dos primeiros românticos; a pesada armadura da orquestração wagneriana em que Cornelius encerrou a obra prejudicou-a muito. É raramente representada. A abertura pertence, porém, ao repertório sinfônico.

SEGUNDA ONDA DE NACIONALISMO: LISZT; OS TCHECOS; OS RUSSOS; OS ESCANDINAVOS

Direta ou indiretamente, a influência de Schumann foi maior no estrangeiro do que na Alemanha. Suas ingênuas veleidades de exotismo — *lieder* escoceses e espanhóis, melodias orientais etc. — inspiraram inesperado interesse nos numerosos estudantes estrangeiros de música nos conservatórios da Alemanha. A "modernidade" de Schumann parecia servir melhor que o academismo de Mendelssohn para transformar em música "séria" os diversos folclores nacionais que eram as recordações mais caras daqueles estudantes húngaros, tchecos, dinamarqueses, noruegueses. Enquanto na Inglaterra se tocava incansavelmente Mendelssohn, na Rússia estudava-se Schumann.

E é um nacionalismo diferente. Já não quer contribuir com algo de novo para o grande "concerto" da música ocidental. É um nacionalismo agressivo, tentando preservar seus valores próprios contra a avassaladora influência alemã.

Seria exagero atribuir somente à repercussão limitada da música de Schumann essa segunda onda de nacionalismo musical. Outras influências contribuíram poderosamente para o mesmo fim: sobretudo a de Liszt. E o nacionalismo húngaro deste último ainda pertence, pelos impulsos iniciais, à primeira onda nacionalista, inspirada por Weber: Liszt é um cosmopolita ocidental de origens exóticas, que oferece ao Ocidente a contribuição das recordações de sua mocidade sem querer impô-las.

Pois Franz (Ferencz) Liszt (1811-1886)[19] não é só húngaro; ou antes, pode-se mesmo duvidar do seu "magiarismo" fundamental. Nasceu na Hungria, de antepassados alemães; nunca chegou a aprender bem a língua oficial de sua pátria, pois educou-se longe dela. Como menino-prodígio, foi estudar piano em Viena, onde teve, em 1822, o primeiro sucesso sensacional. Logo começou a carreira de virtuose viajante. Em Paris, ouviu Paganini; resolveu conseguir no piano o que aquele feiticeiro conseguiu no violino; e venceu brilhantemente. Paris foi o primeiro lar desse homem inquieto, igualmente ávido de música, de literatura, de novas ideias filosóficas e religiosas — e de mulheres.

Aderiu ao romantismo de Lamartine e Hugo. Tornou-se adepto do catolicismo revolucionariamente democrático de Lamennais, então já excomungado pelo papa. Entrou na seita dos saint-simonistas, entusiasmado pelas ideias de um socialismo religioso. Por sua causa, a condessa Marie d'Algoult abandonou o marido, vivendo com Liszt em união livre na Suíça e na Itália. Das filhas que nasceram dessa união, Cosima terá um grande papel na história da música.

Em 1844 separou-se Liszt da condessa. Renunciou à carreira de pianista, à qual deveu a glória internacional e a fortuna. Fixou residência em Weimar, como diretor musical do teatro e como companheiro da princesa Caroline de Sayn-Wittgenstein, sua nova musa. Começou a escrever suas grandes obras orquestrais e corais. Tornou-se chefe do "movimento musical neoalemão" (*Neudeutsche Musikbewegung*) e propagandista da música de Wagner. Com generosidade inédita, ajudou mestres ainda não bastante reconhecidos, como Berlioz, e talentos novos, como Grieg, Smetana e Peter Cornelius. Envolveu-se em polêmicas venenosas com Brahms, Joachim e os conservadores, revelando notável talento de escritor. Enfim, em 1861, as intrigas contra a representação de *O barbeiro de Bagdá*, de Cornelius, e a impossibilidade de casar com a princesa, católica que viveu separada do marido sem conseguir o divórcio, levaram-no a se demitir das suas funções em Weimar, que, graças à sua atividade, fora, durante vinte anos, o centro musical da Europa.

Desde então, Liszt viveu principalmente em Roma, onde recebeu ordens sacras, como Abbé, gozando da proteção e amizade do papa Pio IX. Mas só principalmente. Passava parte do ano em Budapeste, onde o tinham descoberto como compositor nacional da Hungria, honrando-o generosamente. Mudou-se, enfim, para Bayreuth, onde sua filha Cosima vivia em segundo casamento com Wagner. Ali presidiu a uma espécie de academia do piano, recebendo estudantes e alunos de todas as partes do mundo, ouvindo-os com paciência e dando conselhos preciosos, sendo idolatrado como uma divindade especialmente pelas alunas. E em Bayreuth morreu, velho e saturado da vida da qual foi um grande vencedor.

Húngaro? Austríaco? Francês? Alemão? Romano? Liszt foi tudo isso igualmente. Foi cidadão da época mais cosmopolita da Europa, entre 1850 e 1880, quando, em torno de uma aristocracia culta, internacional, se reuniram as elites literárias e artísticas de todos os países.

Houve em Liszt algo de cigano. Foi improvisador de habilidade vertiginosa. Essas artes incríveis, aliadas à sólida cultura musical e a um gosto requintado, fizeram dele o maior pianista de todos os tempos, verdadeiro soberano do instrumento, encanto das elites e ídolo do público. Mas por isso mesmo Liszt não quis ficar pianista. Depois de ter reunido as qualidades de Paganini e de Chopin (que então só passava por virtuose), quis ser grande compositor orquestral como Berlioz. Mas nem sequer essa "grande música" conseguiu matar sua sede espiritual. Procurava a consolação na poesia e a paz da alma em novas religiões e, enfim, na religião antiga. Os estímulos da sua arte musical foram literários; os impulsos, filosóficos e religiosos. Estava destinado a fazer "música de programa".

Suas obras sinfônicas não foram bem recebidas pelo público. Foram rejeitadas, como "má música", pelos adeptos de Schumann e pelo próprio Brahms. Foram exaltadas pelos admiradores do mestre. E quase todas elas foram, depois, esquecidas, apesar de várias tentativas de ressuscitá-las. Até hoje as opiniões sobre o valor permanente dessa música continuam muito divididas. Descontando alguns poemas sinfônicos que já podem ser considerados esquecidos para sempre, ficam os seguintes: *Ce qu'on entend sur la montagne* (1849), ilustrando um texto poético de Victor Hugo, é bom poema musical que se salva pela falta de ambição maior; *Les Préludes* (1854), inspirado por um poema de Lamartine, mas sem programa propriamente dito, é, talvez por isso, o melhor poema sinfônico de Liszt e ainda pertence ao repertório; *Mazeppa* (1854) foi muito admirado na época, porque o "programa poético" também se impõe aos ouvidos menos musicais — mas é música de programa no pior sentido da palavra, meramente ilustrativa; *A batalha dos Hunos* (*Die Hunnenschlacht*, 1856), inspirada por uma tela de Kaulbach, então famoso como pintor de quadros históricos, é música de efeito espetacular e só isso. Nessas obras todas, a inspiração literário-poética é o único princípio da construção musical. Diferentes são as duas sinfonias em que Liszt empregou, como Berlioz, o princípio de temas que voltam, transformados, em todos os movimentos. É a *Sinfonia Faust* (1855), em três movimentos dedicados a Fausto, Mefistófeles e Margarida, decididamente a maior obra orquestral de Liszt e ainda considerada, por alguns, como autêntica obra-prima. E a *Sinfonia Dante* (1856), com o *Magnificat* como último movimento.

Todas essas obras estão cheias de interessantes ideias musicais; e, no entanto, são irremediavelmente antiquadas, assim como os quadros históricos de Delaroche, Kaulbach e Piloty, assim como as ilustrações dantescas de Doré. São prova do gosto suntuoso e pseudo-histórico da época dos "móveis de estilo" e da imitada arquitetura gótica.

Liszt realizou-se plenamente só na música para piano, seu instrumento. Ainda assim, é necessário não levar em consideração a maior parte da sua obra pianística: as fantasias e variações sobre melodias de óperas, as valsas e outras danças de moda, as peças poéticas à maneira de Schumann. São trabalhos do virtuose para brilhar como virtuose; a sobrevivência de muitas dessas obras no repertório é um fato, mas um fato menos desejável. O virtuosismo também domina nos dois *Concertos para piano e orquestra, em mi bemol maior* (1848) e *em lá maior* (1848); mas nenhum grande pianista quer dispensá-los; e não se lhes negará, sobretudo ao primeiro

5. OS ROMANTISMOS

(denominado "com o triângulo"), sérias qualidades musicais. Também são mais que meras provas de virtuosismo seus *Estudos técnicos*, que Busoni e Bartók admiravam; infelizmente não são acessíveis em reedição moderna.

A melhor música pianística de Liszt encontra-se nas duas coleções de peças poéticas: *Années de pèlerinage* (1839), inspiradas pelas recordações da Suíça e da Itália; e *Harmonies poétiques et religieuses* (1848), sugeridas por poesias de Lamartine. Alguns consideram como inferiores as duas *Légendes* (1863), de inspiração religiosa; mas, então, não sentem a grande nobreza dessa música. A obra-prima incontestada é a *Sonata para piano em si menor* (1853). Não é uma sonata em sentido beethoveniano. É uma fantasia rapsódica, unificada pela presença de um tema único, cujas transformações substituem o "desenvolvimento" das sonatas clássicas. Essa obra magnífica também tem grande importância histórica: inspirará o princípio cíclico de César Franck. Mas devia desagradar vivamente ao jovem Brahms, então ainda amigo e admirador de Liszt: ouviu a obra executada pelo próprio mestre; e adormeceu. Foi o início de uma inimizade que continuou durante a vida toda. Liszt foi considerado o "anti-Brahms", de convicções musicais diretamente opostas. Com a vitória final da música brahmsiana, a maior parte da obra de Liszt, tão rica e variada, foi relegada ao limbo.

Destino injusto de um grande artista e homem de rara nobreza da alma e do espírito.

Liszt só é "nacionalista" numa parte pequena e menos importante da sua obra. No resto, é homem dos círculos aristocráticos e das elites da Europa de 1850: na vida, como na arte, um eclético. Não tem nada com o nacionalismo democrático do século. A Hungria também se libertou, em 1867, por obra da sua aristocracia, que a governará até 1918. Os maiores adversários desse "reino dos Magnatas" húngaros foram, dentro do Império Austro-Húngaro, os tchecos, nação democrática e de fortes instintos oposicionistas.

Os tchecos são povo de extraordinária musicalidade e de folclore musical riquíssimo; aquilo que na música nos parece "tipicamente eslavo" é tcheco. Pois a música polonesa é mais ocidentalizada; e a música russa adotou muitos elementos orientais. Há séculos participam os tchecos da música do Ocidente, nem sempre identificados, porque a palavra "boêmio" significava, antigamente, tanto os tchecos como os alemães naturais da Boêmia. Dos músicos de Mannheim, alguns eram certamente tchecos, talvez também o próprio Stamitz.[20] Mas o fundador da música tcheca nacional só foi Smetana (pronúncia: Smétana).

O destino de Bedrich Smetana (1824-1884)[21] foi dos mais duros. Crescido na atmosfera mesquinha da pequena cidade de província, tornou-se nacionalista; depois da fracassada revolução de 1848, preferiu o exílio voluntário. Liszt, sempre generoso, obteve para ele o lugar de regente da orquestra municipal em Gotemburgo (Suécia).

Quando a Constituição da Áustria, em 1861, deu aos tchecos a liberdade cultural e alguma autonomia política, Smetana voltou para assumir, pouco mais tarde, as funções de regente do Teatro Nacional em Praga. Parecia algo como a liderança da vida musical tcheca. Mas Smetana não foi reconhecido pelos seus conterrâneos como grande compositor. Só obteve pouco sucesso. Acidentes desgraçados destruíram-lhe a família.

Em 1874 ficou surdo, e morreu no manicômio.

Smetana já foi chamado de Glinka tcheco; pois aproveitou as formas da música ocidental apenas como veículos de material folclórico. Apesar de formação musical muito sólida, acadêmica, tinha pouco uso para os gêneros do classicismo vienense, aos quais preferiu as formas de Liszt. Não escreveu sinfonias nem sonatas; e pouca música de câmara. Mas nesta última destacam-se o *Trio para piano e cordas em sol menor* (1855), sombriamente trágico, e antes de tudo o *Quarteto para cordas em mi menor* (1876), denominado *Da minha vida*, cujos quatro movimentos, embora classicamente construídos, obedecem a um programa: quatro frases de sua vida desgraçada. É o único quarteto "autobiográfico" da literatura musical; obra bela e comovente.

Embora influenciado por Wagner, Smetana não sentiu entusiasmo pelo compositor alemão. Sua ambição antes foi a de tornar-se o Weber tcheco. As óperas históricas *Dalibor* (1867) e *Libussa* (1872) não têm nada a ver com a "grande ópera" de Meyerbeer. Antes lembram *Euryanthe*, pelo nacionalismo musical e pela glorificação da Idade Média. São obras que devemos deixar ao repertório tcheco. Mas os próprios tchecos, seus contemporâneos, não as admiravam excessivamente. Preferiram a ópera-cômica A noiva vendida (*Prodana nevesta*, 1866), que o compositor considerava obra secundária, chegando a chamá-la de "minha opereta". Na verdade, *A noiva vendida* é muito mais.

A forma é a da ópera-cômica ítalo-francesa; o libreto é de simplicidade infantil. Mas a música é intimamente nacional, folclórica no melhor sentido da palavra; e é elaborada com uma arte consumada que em certos trechos (notadamente na abertura) lembra Mozart. A comparação parece ousada, mas justifica-se: a ópera de Smetana também está inspirada por um profundo sentimento humano. É uma obra-prima. Durante muito tempo, só foi representada nas cidades tchecas. Em 1892, oito anos depois da morte do compositor, o Teatro Nacional de Praga representou-a em Viena com sucesso formidável, que logo se repetiu na Alemanha e em Paris. Hoje *A noiva vendida* pertence ao repertório internacional. Esse fato já inspirou em críticos estrangeiros o conceito menos exato de ser Smetana principalmente compositor humorístico; mas aos tchecos sua arte significa a expressão musical da nacionalidade.

Se Smetana é o "Weber tcheco", então o "Schumann tcheco" seria Zdenko Fibich (1850-1900), de cuja abundante produção só se executa no estrangeiro a abertura de concerto *Uma noite no castelo de Karlstein*. Evidentemente, comparações daquelas entendem-se *cum grano salis*; não significam julgamento crítico.

Mas de nível realmente alto é a obra de Antonín Dvorák (1841-1904)[22], filho de gente humilde, de um artesão de aldeia, que chegou, depois de uma vida sem acontecimentos espetaculares, a diretor dos conservatórios em Nova York e Praga, doutor honoris causa da Universidade de Cambridge e membro, nomeado por merecimento, da Câmara dos Pares do Império Austríaco.

O sucesso extraordinário de Dvorák é atribuído ao emprego sábio do encantador folclore musical tcheco. Antes de tudo, é preciso, portanto, explicar a diferença fundamental entre sua música e a de Smetana, que empregou os mesmos elementos; mas ninguém confundirá jamais um tema de Smetana com um de Dvorák. Nem este nem aquele usaram melodias existentes. Inventaram seus temas; e a inspiração é diferente. Smetana é discípulo de Liszt; também conhece Wagner. Dvorák é discípulo de Schumann e Brahms; seu amor secreto foi a música de Schubert. A preferência de Smetana pela música de programa e a de Dvorák pela música absoluta parece significar, naquele, uma inspiração mais literária, e neste uma formação mais acadêmica. Mas acontece o contrário: Smetana elabora suas obras com o cuidado de um polifonista erudito; Dvorák é um grande improvisador que obedece à inspiração do momento, sem muita preocupação da estrutura. Dvorák, músico intensamente popular, conquistou enorme popularidade internacional. Por isso mesmo, o mais eminente musicólogo tcheco, Zdenek Nejedlý, pronunciou-se energicamente contra a arte de Dvorák: que teria sido um "cosmopolita aburguesado", muito inferior ao "verdadeiro eslavo" Smetana.

Surpreende-nos essa tese, que se explica pelas atitudes políticas de Nejedlý: o grande biógrafo de Smetana era comunista e nacionalista apaixonado.

Também no estrangeiro a imensa popularidade da música de Dvorák irritou muita gente. Mas, assim como o insucesso de obras difíceis não é prova do seu valor intrínseco, o sucesso não significa, fatalmente, a falta de importância superior.

Admite-se, sem hesitação, que muitas obras de Dvorák são apenas bonitas, agradáveis, divertidas ou sentimentais. Assim uma pequena obra, a *Humoresque, Op. 101, nº 7*, para piano (também para violino e piano) chegou a ser ouvida a toda hora em toda parte do mundo, sem ser mais do que uma melodia agradável. As duas coleções de *Danças eslavas, Op. 46* (1878) e *Op. 72* (1886), popularíssimas, encontram-se no mesmo nível; contudo, dá para pensar o entusiasmo de um Brahms por elas. Também uma obra mais ambiciosa como o grande *Stabat Mater* (1883) não é propriamente profunda, embora a introdução de elementos de devoção popular no hino sacro fosse um golpe de mestre; outras manifestações do catolicismo de Dvorák são o Réquiem e o grande *Te Deum*.

Enfim, a obra mais conhecida e mais executada: a *V Sinfonia em mi menor* (1894), denominada Do Novo Mundo, porque Dvorák a escreveu quando diretor do National Conservatory em Nova York, não é uma grande sinfonia (outras sinfonias de Dvorák, a II e a IV, são superiores); mas o movimento lento tem como tema uma melodia tão incomparavelmente encantadora que os mais amusicais a sabem de cor e que ficou rebaixada, enfim, a música de intervalo sentimental na boate ou no café-concerto. Foi uma inspiração das mais felizes, mas só inspiração momentânea.

Mas outras obras de Dvorák são bem diferentes: têm valor universal. O *Concerto para violoncelo e orquestra em si menor* (1895) é o maior exemplo desse gênero raro: e basta dizer que o severo e implacável Brahms, mestre da estrutura musical perfeita, entusiasmou-se por essa obra, embora também fosse mais melodiosa que bem estruturada.

As *Variações sinfônicas para orquestra* (1877) foram altamente elogiadas pelo insuspeito Tovey, acadêmico ferrenho. Enfim, a música de câmara, na qual Dvorák é especialista: empregando duas formas de dança tchecas, o *Dumka* melancólico e o *Furiant* alegre para fortalecer os contrastes exigidos pela sonata-forma, obra importante já é o *Trio para piano e cordas em fá menor* (1883), sombrio e trágico. Pouco antes do fim da vida, em 1895, escreveu Dvorák os *Quartetos para cordas em lá maior (Op. 105) e em sol maior* (Op. 106), que são obras camerísticas mais ambiciosas, grandes quartetos, na verdade, nos quais se aproxima do seu querido Schubert. Mas são anteriores a duas obras-primas: o *Quinteto para piano e cordas em lá maior, Op. 81* (1887), de energia e força jubilosas; e o *Trio para piano e cordas em mi menor, Op. 90* (1891), denominado *Dumky*, de melancolia sonhadora e, embora parecendo facilmente melodioso, cheio de misteriosas complexidades harmônicas.

Com respeito à inspiração folclórica de Dvorák, ainda subsiste um equívoco estranho: afirma-se que o mestre, durante o tempo passado em Nova York, afastou-se das suas fontes eslavas, aproveitando o folclore norte-americano. Naquela famosa *V Sinfonia* (*Do Novo Mundo*), teria usado melodias de *negro spirituals*; outros pensaram em folclore musical dos índios; mais outros, em canções irlandesas. Na verdade, não foi possível descobrir, naquelas fontes americanas, nada de parecido com os temas da sinfonia que a cada europeu conhecedor da música tcheca se afiguram tipicamente eslavos; são expressões da nostalgia de Dvorák, sentindo-se exilado no "novo mundo" e pensando na pátria longínqua. Uma testemunha insuspeita, o musicólogo americano W. R. Spalding, professor da Universidade Harvard, tendo estudado o problema, chegou a confirmar plenamente a tese do caráter eslavo da *V Sinfonia* de Dvorák. Vale o mesmo quanto ao belo *Quarteto para cordas em fá maior, Op. 96* (1892), também escrito em Nova York, ao qual editores ou críticos deram os apelidos de *Quarteto Americano ou Quarteto The Nigger*. É um absurdo. Resta salientar, mais uma vez, que a música tcheca é mais tipicamente eslava do que a russa, na qual se infiltraram orientalismos exóticos.

Dvorák usou os elementos folclóricos de maneira rapsódica, sem se preocupar muito com as regras acadêmicas de construção e estrutura. É essa a fraqueza de sua música, que às vezes parece mera acumulação de temas bonitos ou fascinantes. Mas obras como o *Concerto para violoncelo*, o *Quinteto, Op. 81*, e o *Trio Dumky*, música altamente inspirada e de rara força espiritual, não poderão ser jamais esquecidas.

O intermediário entre os eslavos ocidentais e os russos foi o tcheco Eduard Nápravník (1839-1915), durante muitos anos diretor do Teatro Maria e dos concertos filarmônicos em Petersburgo, autor de óperas de enredos russos hoje esquecidas.

Preparou o caminho para os que são exatamente seus contemporâneos: os nacionalistas russos do Grupo dos Cinco.

O Grupo dos Cinco, também chamado *Mogutchaya Kutchke* (Grupo Poderoso), retomou a tradição legada por Glinka, criando uma música especificamente russa, deliberadamente diferente da música ocidental, embora não conseguissem esquecer nem repudiassem as influências de Schumann e Liszt. O abandono das tradições, normas e regras da música ocidental foi-lhes facilitado pelo fato de que não as conheciam bem; pois eram, todos eles, autodidatas, diletantes na arte musical. Seu nacionalismo intolerante faz pensar nos seus contemporâneos na literatura russa, nos "eslavófilos", dos quais Dostoiévski é a maior figura. Realmente, como nacionalistas não podiam se colocar ao lado do partido oposto, dos "radicais", que desejavam ocidentalizar a Rússia para libertá-la do despotismo oriental dos tsares. Não é tão fácil, porém, definir a posição ideológica dos Cinco. Como os "eslavófilos", tinham em comum o interesse pelo passado histórico da Rússia, pelos velhos costumes e pela Igreja ortodoxa; e nenhum deles parece ter participado dos movimentos revolucionários. Glinka também fora patriota, fiel ao tsar. Mas os Cinco sentiam a mesma simpatia com o povo humilde como os Narodniki, os intelectuais radicais que abandonaram seus lares confortáveis para viver com os pobres, com os camponeses e com os mendigos, difundindo entre eles a luz da ciência e da esperança de libertação. Os Cinco são Narodniki sem objetivos políticos, senão indiretamente. São artistas, músicos.[23]

O mais velho dos Cinco era Aleksandr Dargomyzhsky (1813-1869)*, diretamente influenciado por Glinka, autor de óperas italianizantes nas quais o elemento nacional só é sobreposto, como ornamento, às formas estrangeiras: *Russalka* (1856) e *O convidado de Pedra* (representado em 1872) não tiveram sucesso; o público, acostumado a ouvir Verdi e Gounod, rejeitou-as. Mais tarde, o gosto oficial imperante na Rússia soviética mandou exagerar os méritos de Dargomyzhsky.

Só animador, sem força criadora, foi César Antonovitch Cui (1835-1918). A figura central do movimento nacionalista é Mily Alexeievitch Balakirev (1837-1910), que fundou, em 1861, a Escola Livre de Música; iniciativa influenciada pelas ideias do grande romancista e crítico revolucionário Tchernichevski. Colecionou canções populares; em 1886 publicou a famosa *Canção dos barqueiros do rio Volga*. Balakirev empregou com felicidade o folclore musical na sinfonia *Rússia* (1861). Também foi dos primeiros que se interessaram pela música dos povos orientais que habitam as regiões marginais da Rússia: daí o poema musical *Islamey*, para piano (1863). Mas sua maior obra, o poema sinfônico *Tamara* (1882), é baseada em temas livremente inventados, embora à maneira das melodias que o povo canta. Balakirev escreveu pouco. Passou a vida meditando e remeditando os mesmos problemas e sugerindo soluções aos seus amigos. Não se realizou.

De cima para baixo: Aleksandr Dargomyzhsky (pintura de Konstantin Makovsky) e o Grupo dos Cinco: César Cui, Mily Alexeievitch Balakirev, Alexander Borodin, Modest Mussorgski e Nikolai Rimsky-Korsakov.

---

* Em vez de Aleksandr Dargomyzhsky, é considerado como integrante do Grupo dos Cinco Nikolai Rimsky-Korsakov, abordado nesta obra algumas páginas adiante. Dargomyzhsky, no entanto, era próximo do Grupo e exerceu influência sobre ele. (N. E.)

5. OS ROMANTISMOS

Grande, na verdade, é Alexander Porfirievitch Borodin (1834-1887). Foi um tipo de autodidata, pois foi médico militar, depois professor de medicina na Universidade de Petersburgo, enfim conselheiro imperial. É autor de apenas três obras-primas. A *Sinfonia nº 2 em si menor* (1876) é "a mais russa" entre todas as obras instrumentais que saíram do Grupo; até se pode afirmar que é superior a todas as outras sinfonias escritas na Rússia, embora a teatralidade retórica da obra prejudique um pouco a experiência genuinamente nacional. (Não são desprezíveis a *Sinfonia nº 1*, uma terceira, inacabada, e um isolado *Scherzo para orquestra em lá bemol maior*.) O *Quarteto para cordas nº 1 em lá maior* (1877) também merece um superlativo: é a mais valiosa obra camerística de toda a música russa; o movimento lento é um belíssimo e famoso noturno. No entanto, a glória de Borodin baseia-se principalmente na ópera *O príncipe Igor* (representada só em 1890), da qual todo mundo conhece, dos concertos, as fascinantes *Danças Polovitsianas*. Talvez seja melhor assim, pois a obra inteira não passa de uma coleção de melodias fabulosas, sem muita coerência dramática; e não faltam de todo os italianismos. A música de Borodin, com seu uso da dissonância que antecipa Debussy, e com as suas complexidades rítmicas, que antecipam Ravel, é muito original. Mas não nos parece igualmente muito russa. Os elementos orientais já prevalecem; é um exotismo que não precisa ser considerado autêntico.

O gênio do movimento nacionalista russo foi Modest Petróvitch Mussorgski (1839-1881).[24] Foi autodidata que nunca chegou a dominar as regras acadêmicas, e que por isso mesmo teve a liberdade de criar obra originalíssima. Foi oficial da Guarda Imperial; demitiu-se para poder dedicar-se à música; precisava desempenhar funções subalternas na administração pública para ganhar, miseravelmente, a vida. Sofreu vários colapsos de nervos; foi alcoólatra crônico; também se suspeita de uma anomalia sexual.

Morreu, em miséria completa, no hospital militar de Petersburgo. Uma vida trágica, mas não perdida. Pois Mussorgski realizou o que os outros do Grupo dos Cinco apenas idearam ou só realizaram fragmentariamente.

Aquilo que Balakirev teve em mente durante tantos anos, Mussorgski realizou-o no pequeno poema sinfônico *Uma noite no Monte Calvo* (1867), fascinante estudo orquestral, de transfiguração musical de superstições populares: Gógol em música. Essa obra talvez seja, entre todas de Mussorgski, a mais bem realizada. Sua capacidade de "pintar em sons" também criou os *Tableaux d'une exposition* (1873), inspirados por uma exposição de desenhos do arquiteto Viktor Hartmann: são peças poéticas, realistas, humorísticas ou patéticas, de linhas melódicas originalíssimas, ritmos irresistíveis, modos estranhos como saídos da memória atávica da gente russa. São o *pendant* realístico das peças românticas de Schumann, que Mussorgski conhecia bem. É, aliás, preciso advertir: dos *Tableaux d'une exposition* só é autêntica a versão original, para piano; executa-se hoje com frequência maior o arranjo para orquestra, feito por Maurice Ravel, obra brilhantíssima — mas não é Mussorgski, é Ravel.

A música "ilustrativa" de Mussorgski não quer, como a de Berlioz, competir com a literatura. Pretende imitar a realidade. Rejeita toda tentação de embelezá-la. Quer não a beleza, mas a verdade. A oposição ao esteticismo dos italianos e dos românticos alemães inspirou a tentativa de superá-lo pelo humorismo fantástico-grotesco, à maneira de Gógol. Conforme texto de Gógol, escreveu o compositor a ópera-cômica *A feira de Sorotchinzi* (fragmento; completado em 1923 por Nikolai Tcherepnin). E outra, *O casamento*, inteiramente em prosa; foi o experimento mais audacioso de Mussorgski.

Do esoterismo artístico dessas experiências, que só poderiam interessar a círculos limitados, libertou-o a tendência dos Narodniki: ir para o povo. O primeiro fruto desse "populismo" são os *lieder* de Mussorgski. Não têm nada em comum com o lied alemão, que é um gênero especificamente romântico. Seu objetivo é o realismo perfeito: personagens excêntricos, assim como se encontram tantos no povo russo, cantam, revelando sua personalidade, sua história. Daí o caráter dramático, às vezes até teatral, de *lieder* como o *Hopak* do embriagado ou o lamento d'*O seminarista*. Os quatro *lieder* do ciclo *Canções e danças da morte* (1875) são das obras mais perfeitas do compositor, sobretudo o *Trepak* e *O general*. A melodia não é, à maneira ocidental, estilizada, de modo que também poderia existir independente do texto, mas surge diretamente do ritmo das palavras faladas. A harmonização não obedece às regras do sistema tonal Bach-Rameau; Mussorgski adota os modelos da antiga música sacra eslava, o que, pelo menos para os nossos ouvidos, confere à melodia um estranho sabor arcaico-exótico.

Todos esses elementos — a harmonia sacro-eslava, o ritmo "falado", o "populismo" e o motivo permanente da morte —, Mussorgski reuniu-os para criar sua maior obra, *Boris Godunov*, na qual o compositor trabalhou entre 1868 e 1874, remodelando-a várias vezes; é a ópera nacional russa. O enredo, o episódio mais trágico e mais enigmático da histórica russa, é tirado de uma tragédia do poeta nacional Púchkin. Tipicamente russos são os problemas psicológicos e religiosos que agitam a alma do tsar Boris Godunov. A cena da coroação, o monólogo de Boris, a cena do relógio e a morte do tsar são de força e profundidade dostoievskianas. A música diferente, italianizante, que o compositor escreveu para o terceiro ato, dedicado aos invasores

5. OS ROMANTISMOS

poloneses, fortalece pelo contraste o efeito de nacionalismo agressivo da parte principal da obra. O grande papel atribuído aos coros e aos personagens populares transforma o gênero: *Boris Godunov* é ópera de espécie inovadora, popular e realista. Uma obra-prima singular.

É preciso admitir que o autodidata Mussorgski nunca chegou a dominar completamente o *métier*. Mas é difícil distinguir os momentos em que não soube obedecer às "regras" e, por outro lado, os momentos em que não o quis, deliberadamente: ele, o compositor antiacadêmico por excelência, totalmente alheio às tradições da música ocidental. Nem sequer um conhecedor tão grande como Rimsky-Korsakov soube distingui-los. Sua versão e adaptação de Boris *Godunov*, de 1896, retifica evidentes erros do compositor; mas também elimina muitos traços originais e característicos. Abrandou a obra. Críticos exigentes preferem, hoje, a versão original, "bárbara", enquanto o público não quer dispensar as artes de instrumentação de Rimsky-Korsakov. Talvez o futuro pertença à reinstrumentação, menos radical, da obra de Chostakovitch (1959). Mas — é um fato histórico, irreversível — foi a versão de Rimsky-Korsakov que fez a obra vencer as resistências: primeiro na Rússia; depois na Europa, desde a representação que Diaghilev organizou em 1908 em Paris. E desde então exerce a música de Mussorgski influência enorme, incalculável, na arte ocidental. Mas não nos iludimos: até na própria Rússia é Mussorgski um caso singular, absolutamente *sui generis*, isolado.

A melhor prova disso reside justamente na atitude incompreensiva do próprio Nikolai Andreievitch Rimsky-Korsakov (1844-1908)[25], que foi russo "russíssimo" e conhecedor perfeito do *métier*, apesar de também ter sido autodidata: pois foi, de profissão, oficial da Marinha, mais tarde inspetor-geral das orquestras da esquadra russa. Já não pertence ao Grupo dos Cinco; é de geração mais nova. Seu nacionalismo é intransigente, mas sua música é a menos eslava de todos os compositores russos: está cheia de orientalismos e outros exotismos. E há nele influências ocidentais: a "música de programa" de Liszt; e a arte da orquestração de Berlioz, que ele superou, porém, largamente, embora só em tudo que se refere à mera técnica. Esse autodidata, que só teve aulas com o autodidata Balakirev, talvez seja o maior mestre da orquestração em toda a música moderna. Sua arte de produzir sonoridades fascinantes e fantásticas é inigualada. Mas não serviu a objetivos mais altos. Sua preferência pelos bailados é muito significativa. Para ele, toda a música foi, como o balé, uma grande fantasmagoria para encantar os sensos e envolver o espírito dos ouvintes. Muitas obras de Rimsky-Korsakov continuam no repertório russo, sobretudo as óperas A moça de *Pskov* (1873), *Floco de neve* (1882), *Sadkó* (1896), *Kitaj* (1904), *O galo de ouro* (1907). No repertório ocidental estão os poemas sinfônicos *Sadkó* (1867) e sobretudo *Scheherazade* (1888), e a abertura de concerto *Páscoa russa*. Quase todas essas obras são tecnicamente perfeitas; nenhuma tem profundeza.

A tradição de Rimsky-Korsakov foi continuada, até o nosso tempo, por Aleksandr Konstantinovitch Glazunov (1865-1936), compositor retórico do qual conhecemos sobretudo o poema sinfônico Stenka Razin, cujo tema principal é a Canção dos *barqueiros do rio Volga*.

Embora o nacionalismo musical de um Rimsky-Korsakov ou de um Glazunov fosse menos autêntico que o de um Mussorgski ou Borodin, ninguém deixará de reconhecê-los como compositores russos. Mesmo se tivessem, por motivo qualquer, rejeitado ou desprezado a doutrina nacionalista, poderiam alegar que sua música não foi, por isso, menos russa do que é. Esse caso hipotético tornou-se realidade em Tchaikóvski: rejeitou o nacionalismo dos Cinco; mas assim acreditava ser "mais russo" que eles próprios, podendo citar, como argumento, o entusiasmo do Ocidente pela sua obra, e seu reconhecimento, pelos estrangeiros, como "o maior compositor russo".

A resposta seria: é que os ocidentais, então, não sabiam o que é autêntica música russa. Mas a glória permanente de Tchaikóvski em sua própria terra revela que o caso não é tão simples assim. Não é tarefa da historiografia resolver esse problema teórico: que é música verdadeiramente nacional? Mas a dificuldade da resposta serve para explicar o lusco-fusco crítico que ainda envolve o autor da *Symphonie pathétique*.

Peter (ou Piotr) Ilitch Tchaikóvski (1840-1893)[26] não foi autodidata, assim como os Cinco. Embora tendo estudado direito e tendo sido funcionário do Ministério da Justiça, foi depois aluno do pianista Nikolai Rubinstein, que fundara o Conservatório de Moscou de música. Desde então, a vida relativamente curta de Tchaikóvski foi marcada por desastres e esteve envolvida em mistérios. Seu casamento, em 1877, foi logo seguido de separação, colapso de nervos e tentativa de suicídio. Há todos os motivos para crer que o compositor era sexualmente anormal, fato de que só tarde chegou a se tornar consciente. Estranhas também foram suas relações com a riquíssima Madame de Meck, que durante muitos anos o ajudou generosamente, possibilitando-lhe o trabalho criador sem preocupações de ordem material: os dois nunca se encontraram pessoalmente, comunicando-se apenas por meio de extensa correspondência, porque "o contato pessoal poderia decepcioná-los". Tchaikóvski foi homem patológico e profundamente infeliz. Sua morte prematura provocou boatos de suicídio; mas morreu de cólera.

Tchaikóvski foi adversário do nacionalismo dos Cinco. Embora amigo pessoal de Balakirev e Rimsky-Korsakov, desprezava-lhes as obras; desprezava Mussorgski e

5. OS ROMANTISMOS

Tchaikóvski, s.d.

Retrato de Madame de Meck (Nadezhda von Meck), s.d.

combatia as teorias nacionalistas de Cui. Esperava a salvação da música russa pelos contatos com o Ocidente. Mas suas opiniões sobre a música ocidental eram das mais estranhas: Bach é "um bom compositor, mas não é um gênio"; Händel é "compositor de quarta categoria"; de Beethoven só gostava das obras da mocidade, achando as outras obras "caóticas"; Brahms seria "uma mediocridade arrogante". Opiniões grotescas, que têm, porém, o mérito da sinceridade. Seu ídolo era Mozart. Mas quem detesta assim toda outra grande música não compreende bem o mestre de Salzburgo; só vê a superfície elegante e agradável de um compositor do rococó. Realmente, o entusiasmo de Tchaikóvski por Mozart andava acompanhado de entusiasmo quase igual pela música e os bailados de Delibes. Na verdade, Tchaikóvski foi um eclético sem profundidade. Ignorava por completo a polifonia. Daria um bom compositor de óperas à maneira antiga.

Com efeito, as óperas são suas obras-primas, pelo menos conforme a opinião da crítica russa. *Eugênio Onegin* (1877) é tirado do famoso romance em versos de Púchkin; mas a atmosfera da música antes é a dos romances de Turguêniev, da vida ociosa da culta aristocracia russa nos seus latifúndios, que se sabe condenada pelo progresso social, se não, um dia, por uma revolução. A música é de nobre melancolia, reunindo da melhor maneira elementos russos, italianos e franceses; é um ecletismo que se adapta perfeitamente à cultura daquele ambiente aristocrático. A ópera merece seu lugar no repertório internacional. Os russos parecem preferir *A Dama de Espadas* (1890), que realmente não é inferior.

Mas a maior parte da obra de Tchaikóvski é música instrumental; e não pode ser julgada tão favoravelmente. Assim como os numerosos *lieds* do compositor, também suas obras pianísticas e camerísticas são quase sempre "música de salão", de divertimento alegre ou sentimental para gente bem-educada e um pouco frívola. *O Quarteto para cordas em ré maior* (1872) é famoso pelo tema melancólico do seu movimento lento, que comoveu Tolstói até as lágrimas; mas que entendia de música o autor da novela em que a *Sonata Kreutzer*, de Beethoven, é tão burlescamente interpretada? Obra mais séria, que merece ficar no repertório, é o *Trio para piano e cordas em lá menor* (1882), inspirado pela morte de Nikolai Rubinstein.

Obras das mais conhecidas de Tchaikóvski são os balés: *O lago dos cisnes* (1876) e *O Quebra-Nozes* (1892). Essa música só deve ser ouvida acompanhando a exibição de bailarinos de primeira ordem em cenário feérico. O valor musical é pequeno; outros diriam: é nulo. A popularidade excessiva dessas obras é fato lamentável, prejudicial à educação do gosto musical. Estão no mesmo nível os muito elogiados poemas sinfônicos *Francesca da Rimini* (1876) e *Manfred* (1886), as aberturas Romeu e Julieta (1870) e *1812* (1818). É música para ser executada ao ar livre, por bandas, para divertir ou emocionar um público pouco atento. A *Serenata para orquestra de cordas* (1881) e as *Suítes nº 3* (1884) e *nº 4* (1888) são agradáveis contrafações do estilo mozartiano. Os virtuoses têm o direito de manter no repertório os concertos de Tchaikóvski. Contudo, o *Concerto para piano e orquestra nº 1 em si bemol menor* (1875) já se ouve com frequência menor. Mas o *Concerto para violino e orquestra em ré maior* (1878) é irresistível, pelas melodias bem inventadas e pela verve rítmica.

Tchaikóvski foi um homem patológico, veementemente emocional. Mas também conhecia a fundo a arte de dramatizar e encenar, com o máximo de efeito, seus sofrimentos e desesperos. Seu pessimismo, que já foi muito discutido, não é argumento

As dançarinas Stanislava Belinskaya, Lydia Rubtsova e Vassily Stukolkin em O Quebra-Nozes no Teatro Mariinsky, São Petersburgo, Rússia, 1892.

5. OS ROMANTISMOS

contra ele; Wagner e Brahms também eram pessimistas. Mas, na verdade, o pessimismo de Tchaikóvski não passa de sentimentalismo melancólico, com intervalos de apaixonada revolta contra o destino. Suas sinfonias não são trágicas; são melodramáticas e — o título da última diz bem — retórico-patéticas.

O sucesso de Tchaikóvski no Ocidente foi imenso. Na Alemanha, na Inglaterra e nos Estados Unidos, sua música foi saudada, com entusiasmo, como expressão autêntica da alma russa. Foi o tempo em que o Ocidente também chegou a conhecer Tolstói e Dostoiévski; e colocou o compositor na mesma altura. Nos países anglo-saxônicos e em alguns outros, esse sucesso continua, aliás, sem diminuir até hoje. Foi mais cética a atitude dos franceses; pois na França, por volta de 1890 e 1900, pelo menos os músicos profissionais e os críticos já conheciam Borodin e Mussorgski. Desde então, as elites sempre condenaram o popularíssimo Tchaikóvski. Mas não unanimemente. Recorda-se a opinião favorável de Stravinsky. E na Rússia soviética, Tchaikóvski era considerado o grande compositor nacional, talvez só porque fosse tão acessível às massas.

Realmente, o emocionalismo veemente de um Tchaikóvski nunca deixa, em parte alguma, de impressionar o grande público. Continua entusiasmando os menos musicais, como a um Tolstói. Há circunstâncias atenuantes: música intensamente popular nas formas da grande música clássica é, para muitos, o único meio para se aproximar, um pouco, de arte maior. E, para muitos, é melhor ter música assim do que música nenhuma.

A primeira onda de nacionalismo musical das nações da Europa Oriental tinha pouco impressionado o Ocidente: Glinka, Moniuszko e Erkel não se tornaram conhecidos fora dos seus países. Tampouco os escandinavos Kuhlau e Hallström. A segunda onda foi mais agressiva: mas por isso mesmo, um Borodin, um Mussorgski tinham que esperar decênios até o reconhecimento internacional do seu gênio. O sucesso coube aos ocidentalizados como Liszt ou aos ecléticos como Tchaikóvski. Só um nacionalismo moderado, em que os elementos folclóricos apenas desempenham a função de colorido exótico, podia contar com o consentimento dos públicos ocidentais. Essa moderação também foi a sorte dos escandinavos.

O mendelssohnianismo de Gade foi rejeitado pela geração seguinte e até por alguns contemporâneos seus. Mais velho que Gade, seu sogro, Johann Peter Hartmann (1805-1900), foi, no entanto, mais "progressista": suas óperas, bailados, aberturas e cantatas profanas significam a vitória do romantismo schumanniano na Dinamarca; seguiram muitos outros nacionalistas moderados: Lange-Müller, Enna, Heise.

WAGNER

Se Wagner fosse apenas um epígono do romantismo — houve muitos na segunda metade do século XIX —, sua presença nessa época não causaria estranheza. Mas não se trata de mera presença, e sim da maior influência. Wagner não é um epígono; criou um autêntico neorromantismo; e isso em plena época do liberalismo, da grande imprensa, da industrialização, do romance naturalista, da pintura impressionista. É o anacronismo mais estranho na história da música.

Para explicar esse anacronismo, oferece-se, primeiro, a conhecida tese de Nietszche: a história da música, por um lado, e a das outras artes, da literatura e do pensamento não estariam nunca sincronizadas; a música sempre estaria atrasada. O exemplo mais conhecido desse atraso é a arte barroca do luterano Bach em pleno século de racionalismo voltairiano. Mas Bach pagou essa sua posição anacrônica com insucesso e esquecimento da sua obra criadora; não foi, como Wagner, a figura principal de sua época. Não se pode generalizar a observação de Nietszche, que só vale em certos casos.

Outra explicação é oferecida pela tese de Helmuth Plessner (*Das Schiksal deutschen Geistes im Ausgang seiner bürgerlichen Epoche*, Zurique, 1935), Hugo Ball e outros: pela Reforma luterana, que conquistou ao espírito uma ilimitada liberdade interior, ao preço da submissão ao Estado absolutista ou paternalista, a Alemanha teria, por assim dizer, saído da civilização ocidental. Enquanto os países calvinistas (e a França católica ou livre-pensadora) abraçam os ideais do racionalismo, do liberalismo, do humanitarismo, e enquanto os países católicos conservaram os ideais da Idade Média, a Alemanha retrocedeu para um paternalismo apolítico e, depois, para um totalitarismo bárbaro. A Alemanha seria o país antidemocrático e anti-humanitário por definição. Na segunda metade do século XIX, acompanhou apenas material e economicamente o progresso europeu.

Mas a forma da sua vida pública e social foi o Reich aristocrático e reacionário de Bismarck, ao qual corresponde o pseudorromantismo de Wagner. Basta dizer que essa tese deixa sem explicação o sucesso enorme de Wagner na França.

Enfim, lembra-se uma conferência de Ortega y Gasset, pronunciada em 1924, quando da inauguração do Museu Romântico, em Madri: o romantismo europeu de 1820, com suas ideias medievalistas e catolizantes, teria sido uma imitação do estilo de vida da aristocracia pré-revolucionária pela burguesia, já economicamente vitoriosa, embora ainda em posição social de inferioridade. Na Alemanha de 1870, repetiu-se, no novo Reich de Bismarck, aquela situação: a burguesia submeteu-se aos poderes feudais da Prússia para conseguir a unificação nacional da Alemanha, campo propício à industrialização em grande escala. À mentalidade dessa nova burguesia

5. OS ROMANTISMOS

corresponde a glorificação nacionalista do passado germânico, com todos os recursos de um luxo de nouveau riche. É o neorromantismo de Wagner.

Antes da tentativa de análise da obra, é preciso conhecer os fatos da vida de Richard Wagner (1813-1883).[27] Não perderemos tempo com a lenda, inventada pelos antiwagnerianos, de que o antissemita Wagner teria sido filho ilegítimo do seu padrasto Geyer, homem de origem judaica; assim como não perderemos tempo com as lendas de glorificação, divulgadas pela publicidade da Villa Wahnfried, em Bayreuth, e de Cosima Wagner. Desde cedo revelou o jovem Wagner uma estranha duplicidade de talento: para a literatura e para a música. Uma representação do Egmont, de Goethe, com música de cena de Beethoven, ensinou-lhe a possibilidade de reforçar profundamente o efeito da obra literária pela interpretação musical. Desistiu da carreira das letras para estudar música.

As aulas secas do então *kantor* de São Tomás, em Leipzig, do contrapontista Weinlich, afastaram-no da polifonia e, também, depois de umas tentativas fracassadas, da música instrumental. As respectivas obras, uma Sinfonia em dó maior e várias aberturas de concerto, não valem grande coisa; exumá-las não significa prestar serviço à memória do mestre. Sua vocação era o teatro.

Serviu como regente de orquestra em teatros de província, adquirindo experiência do palco e cometendo o erro do casamento, extremamente infeliz, com a cantora Mina Planer. Foi de Riga para Paris, então a capital musical do mundo, onde esperava conquistar a glória. Mas a ajuda prometida por parte de Meyerbeer falhou. Extrema miséria material. O surpreendente sucesso da "grande ópera" *Rienzi* em Berlim modificou a situação. Nomeação para diretor da Ópera em Dresden. Estreias, com sucesso, do *Navio fantasma e de Tannhäuser e o torneio de trovadores de Wartburg*. Imbuído de ideias liberais e socialistas, Wagner participou, em 1849, da Revolução em Dresden. Derrota da revolução, fuga, exílio em Zurique, novamente a miséria, dívidas; escritos teóricos sobre a ópera; e um panfleto contra o judaísmo na música, ato de vingança contra os sucessos e a indiferença de Meyerbeer. Na ausência do exilado, o generoso Liszt fez

Ilustração da estreia de Tannhäuser, de Richard Wagner, em 19 de outubro de 1845, em Dresden. Os atores Joseph Tichatschek como Tannhäuser e Wilhelmine Schröder-Devrient como Vênus.

©Klaus Günzel: Die deutschen Romantiker. Artemis, Zürich 1995, ISBN 3-7608-1119-1

representar, em Weimar, o *Lohengrin*. Wagner já trabalha em *O anel do Nibelungo*. Interrompe o trabalho para escrever *Tristão e Isolda*, obra inspirada pelo amor apaixonado a Matilde, esposa do seu mecenas e protetor, do rico industrial suíço Otto Wesendonck. Rompe, enfim, essa relação impossível e indecente em todos os sentidos; também se divorcia de Mina.

Novas esperanças de sucesso na França são frustradas pelo escândalo com que os membros do Jockey-Club de Paris receberam, em 1861, o *Tannhäuser e o torneio de trovadores de Wartburg*, porque não admitiam ópera sem balé no segundo ato. Novamente, a miséria. De repente, muda tudo. O rei Ludwig II da Baviera, meio louco (e depois totalmente louco), dilapidador de somas fantásticas para fins artísticos, chama-o para Munique. Grandes atividades teatrais. *Estreia de Tristão e Isolda e d'Os mestres-cantores*. Cosima, filha de Liszt e esposa do grande pianista e regente Hans von Bülow, amigo e propagandista de Wagner, abandona o marido para se casar com o compositor; a primeira filha, Isolde, nasceu quando Cosima ainda era esposa de Bülow. Intrigas de corte e de teatro expulsam Wagner de Munique. Novo exílio na Suíça; enfim, a fundação do Reich bismarckiano lhe permite a volta definitiva à Alemanha. Wagner, nacionalista, torna-se ídolo dos nacionalistas alemães. É furiosamente combatido pela aliança formidável dos conservadores acadêmicos, do círculo de Brahms, da grande imprensa e dos judeus.

Muda-se para a Villa Wahnfried, em Bayreuth, cidade onde constrói o *Festspielhaus* (Casa dos Festivais) especialmente para representações periódicas de O anel do Nibelungo e, depois, também de outras obras de Wagner. Bayreuth vira centro de romarias internacionais. Na revista *Bayreuther Blätter* (*Folhas de Bayreuth*), Wagner se faz propagandista de ideias antissemitas, racistas, vegetarianas, budistas. Forma-se em seu torno a seita dos wagnerianos, precursores do nazismo. Reconcilia-se com Liszt, que desaprova o comportamento de Cosima; esta age como habilíssima chefe de publicidade de Wagner. Estreia de *Parsifal*. Última doença, cuja notícia comoveu o mundo: até o ex-adepto e adversário furioso Nietzsche falou da "hora santa em que Wagner morreu" no Palazzo Vendramin-Calerghi em Veneza.

Wagner exerceu influência como nenhum outro músico antes ou depois. Enfeitiçou o mundo. Veio, depois, o desencanto. Hoje em dia, já é preciso reabilitá-lo. Grande obstáculo psicológico dessa reabilitação é, para muitos, sua personalidade, sua biografia, que foi, por isso, necessário detalhar. Cosima e os wagnerianos construíram em torno do seu ídolo uma lenda que, apesar de todas as retificações posteriores, ainda não está totalmente destruída. As biografias "oficiais" não servem. A verdade é diferente. Wagner foi homem terrível e mau-caráter. Seu comportamento em relação a Mina, Otto Wesendonck e Hans von Bülow é injustificável. A maneira pela qual explorou a loucura do rei da

Baviera e a generosidade de Liszt foi escandalosa. Seu antissemitismo teve os motivos mais baixos, de inveja e vingança; mas não o impediu de tolerar em seu círculo admiradores judeus e chamar outro judeu, o grande regente Hermann Levi, para reger a estreia de Parsifal. Foi egoísta monstruoso. Sacrificou, sem escrúpulos, todos os outros.

A força motriz atrás desse egoísmo foi uma imensa energia. Lutou contra desastres e desgraças incríveis, contra a aliança terrível dos antiwagnerianos, do conservatório de Leipzig e dos grandes jornais vienenses e do Jockey-Club de Paris, cujos motivos tampouco eram os mais puros. Mas não transigiu nunca. Tudo a serviço de uma ideia, que parecia aos contemporâneos meio louca, meio inútil. Qual foi essa ideia?

Revolucionar o mundo para introduzir algumas reformas razoáveis na rotina das casas de ópera? Não é crível. Construir uma nova arte a serviço do nacionalismo alemão?

Sabe-se que os pangermanistas de 1914 e os nazistas de 1933 se consideravam discípulos e sucessores de Wagner. Com alguma razão. A "teutomitomania" de Wagner foi tão falsa como a de Guilherme II e Hitler. A arte de Wagner, que pretende ser arquigermânica, não tem nada a ver com a Alemanha de Dürer, Goethe, Beethoven e dos primeiros românticos. Sua música nem sequer parece autenticamente alemã. É inspirada por um desejo de ostentação bárbara, que antes lembra o Oriente sultânico.

Wagner representa a civilização de fachada da Alemanha bismarckiana. A orquestra enorme é seu exército. A energia intransigente de Wagner é a mesma dos Krupp, Borsig, Stumm, que industrializaram a Alemanha depois da vitória de 1870. Sua empresa é o teatro. Este é o seu reino. Mas os contemporâneos — e não só os alemães — acreditavam na realidade daquilo que só foi ilusão de palco.

Os wagnerianos idolatravam menos o compositor do que o propagandista do racismo, do antissemitismo, do vegetarianismo, de confusas ideias budistas. Wagner passava por fundador de uma nova civilização mediante uma renascença da tragédia grega. Essa não foi só a fé de apóstolos racistas como Houston Stewart Chamberlain. O jovem Nietzsche também sacrificou essa tese, no livro *O nascimento da tragédia do espírito da música* e no ensaio "Richard Wagner em Bayreuth", antes de tornar-se antiwagneriano. O fato mais estranho é que também aderiram a essa tese os intelectuais daquela nação que Wagner mais odiava: os franceses. Em nenhuma outra parte teve Wagner adeptos tão fervorosos como na França: Dujardin e Wyzéwa, os fundadores da Revue Wagnérienne; Baudelaire, Mallarmé, Villiers de L'Isle-Adam, Barrès; wagneriano ainda será Proust.[28]

Teriam sido, todos eles, "reacionários". Nem o próprio Wagner o foi. A lenda fabricada por Cosima não conseguiu apagar todos os traços de ideias revolucionárias em seus escritos e suas obras. Antes de se tornar nacionalista, fora radical-democrata no sentido de Heine e do Marx dos anos 1840. Estudou muito os livros do anarquista Proudhon.

Ainda no seu antissemitismo sente-se a fúria do radical contra as forças do dinheiro. O problema do "ouro" ainda estará no centro de *O anel do Nibelungo*. Shaw acreditava sinceramente no socialismo fundamental de Wagner. A "religião" wagneriana também é capaz de servir ao outro lado da barricada.

Mas os adversários de Wagner também o consideravam, principalmente, como fenômeno significativo da situação da nossa civilização; muito mais do que um mero autor de óperas. Nietzsche, nos últimos anos de vida, denunciou-o como neurótico, encarnação da decadência e do niilismo na Europa. Spengler alude ao seu gosto pelo "colossal", que é típico do fim dos impérios; e observa que um dos sintomas característicos da decadência de uma civilização é o surgir de uma "segunda religiosidade", renascença insincera da verdadeira religiosidade dos inícios — como no autor de *Parsifal*.

Na verdade, Wagner não foi fundador nem sintoma de destruição de uma civilização.

Esse debate é tão estéril como aquele sobre a duplicidade do seu talento. Os wagnerianos afirmaram que "Wagner é maior que Goethe e Beethoven" e os antiwagnerianos responderam que "ele faz, realmente, melhores versos que os de Beethoven e melhor música que a de Goethe". Os libretos dos dramas musicais de Wagner — ele mesmo escreveu todos os seus textos — são construídos com grande sabedoria dramática; mas os versos são lamentáveis, às vezes infantis. No entanto, a música de Wagner não vive e não pode viver sem esses textos, aos quais está indissoluvelmente ligada. Wagner não foi poeta; nem foi músico propriamente dito, senão a serviço daquela sua poesia dramática. Sua arte é uma síntese *sui generis* que só existe no teatro e para o teatro. Wagner é o maior "teatromonarca" de todos os tempos. A verificação desse fato desmente outra tese inexata. As artes teatrais de Wagner, realizações extremas do teatro ilusionista do seu tempo, nos cansam hoje: não queremos ver, no palco, cisnes nem gigantes nem anões nem valquírias com sutiã de bronze nem chamas que as envolvem nem castelos do Gral. Gide desejava ouvir Wagner só no concerto, sem os artifícios e as falsidades do palco e dos bastidores. Mas não pode ser. As recentes tentativas de Wieland Wagner de representar em Bayreuth as obras de seu avô sem decorações, em cenário estilizado, não deram bons resultados; e no concerto só se podem executar "trechos seletos", o que destruiria a ideia fundamental do mestre: o drama musical coerente.

Wagner acabou com a velha ópera, tipo Scarlatti, que sobreviveu até Verdi; e que nem sequer o reformador Gluck conseguira reformar totalmente. De Monteverdi até Verdi, a ópera estava dividida em "números": árias, duetos etc. e coros, entre os quais os recitativos estabeleceram a relação, o enredo dramático, enquanto à orquestra apenas cabia o papel de liegende-los. As obras de Wagner não são óperas; são dramas musicais. Em vez dos "números", que exprimem musicalmente os pontos culminantes do enredo sem fazer progredir a ação dramática, Wagner dá cenas e atos que chama *durchkomponiert* (totalmente postos em música), sem interrupção por diálogos, sem diferença entre árias e recitativos, sem árias ou ensembles. O texto inteiro do drama é posto em música. A orquestra já não é mera acompanhante; ao contrário, é a orquestra que garante a unidade da obra. A parte instrumental é construída como uma grande, uma imensa sinfonia, cujos temas estão ligados aos personagens e às situações dramáticas de tal modo que sempre voltam de maneira significativa; é o *leitmotiv*. E as vozes dos cantores e cantoras são tratadas como partes integrais da orquestra; isso e a necessidade de representar os papéis no palco com inteligência dramática, em vez de simplesmente brilhar em árias, criou uma nova geração de cantores e cantoras — mais um golpe terrível na rotina das casas de ópera. E cantam, nas obras de Wagner, numa linguagem musical personalíssima, tão intimamente ligada ao espírito da língua alemã que ainda Liszt acreditava limitada à Alemanha a repercussão da obra de Wagner; no entanto, conquistou o mundo.

É muito menos importante a teoria do *Gesamtkunstwerk* ("obra de arte total"): o drama musical, servido por todas as artes: da poesia, da pintura cenográfica, da dança, da arquitetura. O "teatromonarca" quis subjugar todas as outras artes. E qual foi o resultado? Algo muito parecido com o grande espetáculo da "grande ópera", de Meyerbeer e Halévy, que Wagner combatera tanto. Foi fatal. O teatro não pode existir sem certas convenções, que não dependem da "realidade". Wagner destruiu as convenções da velha ópera, substituindo-as por outras, novas, hoje também já velhas.

A prática de Wagner foi melhor que a sua teoria. Não convém exagerar a importância dos *leitmotiven*, que sempre voltam em determinadas situações, como se a orquestra apresentasse ao público os cartões de visita dos personagens. Só aqueles que não têm bastante musicalidade apreciam muito o *leitmotiv* como fio condutor que os guia pelo labirinto dramático-musical. Lorenz demonstrou que os verdadeiros temas das "sinfonias teatrais" de Wagner não são os *leitmotiven*, mas os períodos musicais nos quais estão encerrados; exatamente assim como na sinfonia não são as "melodias" que importam, mas seu desenvolvimento dramático. Durante um século, desde Haydn, a música sinfônica, com seus fortes contrastes, foi mais dramática que a ópera de "números"; com Wagner, a dramaticidade sinfônica voltou para o teatro. Quer dizer — contra a teoria e as intenções de Wagner —, o elemento essencial do seu "drama em música" é a música.

É claro que reforma tão radical não foi logo compreendida. A linguagem melódica de Wagner, nascida diretamente do ritmo da língua alemã falada, e suas incríveis artes de orquestração nos parecem, hoje, irresistíveis. Muito antiwagneriano teimoso "entrega os pontos" ao ouvir os primeiros acordes de uma obra do mestre. Mas não sentiram isso assim os contemporâneos, que estranharam detalhes exteriores: os grandes gestos, consequência da nova arte de cantar e agir ao mesmo tempo; as fortes e "barulhentas" intervenções da orquestra sinfônica; as dimensões inusitadas das obras, consequência do acompanhamento de todos os pormenores da psicologia dramática pela música.

Até hoje subsistem incompreensões, devido à confusão da cronologia, pois as obras de Wagner não foram representadas e publicadas na mesma ordem em que foram escritas.

Depois das insignificantes tentativas da mocidade, a primeira obra considerável de Wagner foi *Rienzi, der letzte der Tribunen* (*Rienzi, o último dos tribunos*, 1840), a história de Cola di Rienzi, tirada do então famoso romance histórico de Bulwer. É uma robusta e algo grosseira "grande ópera", exatamente no estilo de Meyerbeer. E já foi chamada, ironicamente, de "obra-prima de Meyerbeer". Ainda é representada, embora raramente, na Alemanha; mas Cosima exclui-a dos festivais de Bayreuth. Um progresso decisivo leva de *Rienzi* a *Der liegende Holländer* (*O Navio Fantasma*, 1841): embora a influência de Meyerbeer fique substituída pela de Weber e Marschner, essa obra ainda é uma ópera em sentido tradicional, com árias italianizantes e coros à maneira de Auber; mas o papel do holandês fantástico que erra, condenado, pelos sete mares, e o de Senta, a mulher que redime pelo amor o pecador, já são personagens dramáticos no estilo da grande tragédia; o ritmo musical já é o da linguagem falada; e à orquestra cabe a função de transformar a ópera inteira numa grande sinfonia do mar.

Depois de *Lohengrin*, a cronologia das obras conforme os anos da publicação e representação é a seguinte: *Tristão e Isolda*; *Os mestres-cantores de Nuremberg*; as quatro partes de *O anel do Nibelungo* — *Das Rheingold*, (*Ouro do Reno*); *Die Walküre* (*A Valquíria*); *Siegfried*; *Götterdämmerung* (*O crepúsculo dos deuses*) —; e *Parsifal*. Wagner teria dado em Tristão e Isolda a grande tragédia do amor-paixão, em termos de filosofia pessimista schopenhaueriana, desenvolvimento grandioso do assunto de *Lohengrin*; n'*Os mestres-cantores*, um *pendant* alegre da tragédia, o quadro encantador da velha civilização alemã de Nuremberg, com a resignação do envelhecido Hans Sachs no centro e com fortes ataques satíricos contra seus adversários acadêmicos, encarnados no personagem ridículo de Beckmesser. Depois, teria retomado o caminho do mito: as quatro obras d'*O anel* são um enorme panorama da vida humana, representada pelos deuses e heróis da antiga religião e história germânicas; e o fim foi *Parsifal*, o hino dramático à resignação religiosa, ao desprezo dos prazeres deste mundo e à adoração permanente do ideal, do "graal".

Essa cronologia não é exata. *Tristão e Isolda* é imbuído do pessimismo da filosofia de Schopenhauer, que foi a última fé de Wagner. Mas em *O anel do Nibelungo*, embora publicado depois, ainda lutam, na alma do autor, ideias revolucionárias à maneira do materialista Feuerbach e do socialista Proudhon com aquele pessimismo espiritualista. E *Os mestres-cantores*, essa obra-prima singular, seria, conforme aquela cronologia, uma

5. OS ROMANTISMOS

digressão, como se o mestre quisesse descansar e divertir-se para tomar novo fôlego. Seria um absurdo. Realmente, a verdadeira cronologia é diferente.

Em *Lohengrin*, aproximara-se Wagner, pela primeira vez, da mitologia germânica, embora fantasiada de lenda medieval. Depois, escreveu em 1854 o *Rheingold* (*Ouro do Reno*), a primeira parte da planejada tetralogia sobre a saga dos Nibelungos: prelúdio colossal, em forma musical totalmente nova, composto à maneira de uma sinfonia em um único movimento, com as vozes humanas fazendo parte da orquestra; e com harmonias novas que superam as liberdades modulatórias de Beethoven. O próximo passo foi *Die Walküre* (*A Valquíria*, 1859); é nessa obra que se percebe claramente a luta íntima entre as ideias revolucionárias, de ateísmo assombroso, e a filosofia pessimista. Dessa tensão nasceu a grande tragédia, ilustrada por uma música que parecia aos contemporâneos "germanicamente bárbara" porque foi tão "moderna". No mesmo ano de 1856, começou Wagner a composição da terceira parte da tetralogia: *Siegfried*. Mas interrompeu o trabalho. Interveio o episódio da paixão adúltera por Mathilde Wesendonck. Os deuses e heróis germânicos perderam para ele o interesse.

Escreveu *Cinco Lieder a Mathilde* Wesendonck, com letra da amiga, que são o núcleo-germe de *Tristan und Isolde* (*Tristão e Isolda*, 1859); dramatização da lenda medieval que é, conforme Denis de Rougemont, a base de toda a filosofia do erotismo do Ocidente. A obra de Wagner é uma tragédia de amor, com poucos personagens e enredo de simplicidade grega. A concentração é máxima. A música é mais expressiva que jamais se escreveu: uma sinfonia colossal, empregando linguagem musical cromática que se aproxima das fronteiras do nosso sistema tonal. O musicólogo situará essa obra entre Gesualdo e Schoenberg. Mas as considerações históricas não atingem o núcleo da obra-prima. *Tristão e Isolda* é a transfiguração musical do amor, da morte e do nada, do Nihil no fundo do universo, que esse mago soube fazer ouvir: as harmonias trágicas das esferas.

Capa do libreto de Tristão e Isolda, arte de Peter Hoffer, s.d.

Depois de *Tristão e Isolda*, Wagner parece assustado da sua própria audácia. Não era possível continuar nesse caminho sem destruir o sistema tonal de Bach-Rameau. O mestre procura um ponto firme para se apoiar. Encontrou-o na polifonia. Escolheu ambiente relativamente moderno, o da civilização da Renascença na Alemanha, da época da grande polifonia vocal: *Die Meistersinger von Nürnberg* (*Os mestres-cantores de Nuremberg*, 1867). É um quadro encantador, intimamente romântico, da velha Alemanha idílica, pintado no momento em que o Reich de Bismarck a substituiria em breve; o nacionalismo orgulhoso da época e do compositor contribuem para a alegria jubilosa dessa aparente comédia satírica (personagem de Beckmesser!), em cujo centro se encontra, porém, o personagem de Hans Sachs, autorretrato do mestre e expressão de sua resignação dolorosa. É o *pendant* de *Tristão e Isolda*. As formas não podiam ser as da polifonia vocal, tão remota de nós. Wagner emprega com maestria extraordinária a polifonia instrumental: a abertura é a maior peça sinfônica que escreveu, uma obra-prima singular, de pompa e grandiosidade barrocas. *Tristão* e *Os mestres-cantores* são as maiores estruturas musicais, pela complexidade e pelo sentido misterioso atrás de todas as partes desses organismos luminosos, desde os tempos de Händel e Bach.

Ludwig e Malwine Schnorr von Carolsfeld nos papéis principais de Tristão e Isolda, de Richard Wagner, na estreia em Munique, 1865.

A retificação da cronologia das obras leva ao seguinte resultado incontestável: *Tristão e Isolda* é a obra central. Nesta, Wagner aparece como o herdeiro do grande e autêntico romantismo alemão, dos sonhos de Novalis e E. T. A. Hoffmann. Realizou o desejo profundamente romântico do retorno para o sono, o sonho, a morte, o nada. É o mago que transformou em sons audíveis o Universo assim como teria sido antes que Deus o criasse; ou depois que Deus o destruísse. Não foi possível dizer tanto senão às últimas fronteiras do sistema tonal de Bach-Rameau. Na verdade, esse sistema, alargado pelas liberdades modulatórias de Beethoven, já fora cada vez mais sutilizado pelos "modernismos" harmônicos de Schubert, Chopin, Schumann. No prelúdio ao primeiro ato de *Tristão e Isolda*, a música ocidental entrou naquilo que Ernst Kurth chamou de "crise da harmonia romântica". O ano de 1859 é uma data tão decisiva na história da música como os anos do *Orfeo* de Monteverdi, de *O cravo bem temperado*, e dos *Quartetos, Op. 20*, de Haydn.

Não teria sido possível ir mais além sem o cromatismo destruir o sistema tonal. E Wagner, depois da sua crise pessoal, recuou. Recuou para o mundo tonal e polifônico d'*Os mestres-cantores*, d'*O anel*, do *Parsifal*, obras-primas dentro da evolução histórica da música, ao passo que *Tristão e Isolda* se encontra em outro plano. Aquelas obras revelam, em Wagner, o último romântico. *Tristão e Isolda*, realização do sonho romântico, anuncia, ao mesmo tempo, mundos novos: a música moderna.

OS WAGNERIANOS: BRUCKNER E WOLF

Não é possível exagerar a influência que Wagner exerceu. Até nos ambientes, naturalmente hostis, da ópera italiana e francesa se fez sentir sua presença, à qual tampouco escaparam os discípulos de César Franck. Os nacionalistas eslavos e escandinavos imunizaram-se contra essa influência, retirando-se cada vez mais da ópera. Pois nesse gênero já não foi possível escrever como se Wagner não tivesse existido; mas tampouco foi possível continuar no caminho que o mestre de Bayreuth tinha percorrido até o fim. Entre 1880 e 1910, estrearam-se inúmeros dramas musicais em estilo wagneriano, sobretudo de autores alemães e franceses. Mas nenhuma dessas óperas conseguiu manter-se no repertório. A única exceção é uma obra *sui generis*: *Hänsel und Gretel* (1893), de Engelbert Humperdinck (1854-1921). Em vez de errar pelo mundo bárbaro dos deuses e heróis germânicos, o compositor escolheu mundo mais familiar e, no entanto, romanticamente remoto: o dos contos de fadas da infância. A ilustração musical desse conto infantil alemão com as cores e os poderes da orquestra wagneriana tem consequências inesperadas: as bruxas montadas em vassouras, saindo pela chaminé — parece paródia da *Cavalgada das Valquírias*. A obra deliciosa goza de sucesso inalterado até hoje.

No mundo operístico, Wagner não teve nem podia ter sucessores; apenas imitadores mais ou menos ineptos. Teve sucessão verdadeira em outros gêneros. O fato é estranho porque o mestre de Bayreuth tinha expressamente condenado esses gêneros. Toda a música, pontificava, deveria subordinar-se ao *Gesamtkunstwerk* do drama musical. A *IX Sinfonia* de Beethoven teria sido a última das sinfonias, pois o canto e os coros do quarto movimento significariam a abdicação da música instrumental absoluta. O *lied* romântico também só sobreviveria nas cenas líricas do drama musical. No entanto, os dois únicos wagnerianos que tinham que dizer coisa própria em linguagem própria foram Bruckner, mestre da sinfonia, e Hugo Wolf, mestre do *lied*.

Anton Bruckner (1824-1896)[29] é uma das personalidades mais estranhas na história da música: como artista, foi mais "moderno" que sua época; como homem, pertence a um mundo arcaico. Nasceu numa aldeia da Áustria Alta, região montanhosa e rústica. Criou-se em um daqueles suntuosos mosteiros barrocos, Sankt Florian, que no meio de uma paisagem idílica ostentam as artes estupendas dos séculos XVII e XVIII.

Foi paupérrimo mestre de escola em aldeias da sua terra; depois, já em idade algo avançada, organista da Catedral de Linz. Tarde chegou a mudar-se para Viena, onde voltou a sentar-se no banco de escola para estudar contraponto. Ouviu, então, pela primeira vez, música de Wagner. Ficou entusiasmado. E começou a escrever sinfonias que os regentes de orquestras rejeitaram com teimosia, enquanto a crítica reagiu a execuções ocasionais com ataques hostis e sarcásticos. Mas o mestre era mais teimoso que seus inimigos. Continuou. Nos últimos anos da vida, podia agradecer, com a timidez de sempre, várias honrarias oficiais e sucesso ainda bem limitado.

Não se poderia imaginar discípulo mais esquisito e surpreendente de Wagner, homem do grande mundo, erótico apaixonado, literato de cultura enciclopédica. Bruckner foi o contrário de tudo isso: aluno de convento e mestre de escola de aldeia, sempre ficou homem de extrema timidez, submisso e devoto fiel à Igreja e aos padres como uma velha beata. Confessou não entender o libreto de *Tristão e Isolda* porque desconhecia totalmente o mundo do amor: nunca na vida se aproximou de uma mulher, seja por timidez, seja por escrúpulos religiosos. E era iletrado. É um caso quase patológico; suprema inteligência musical, aliada à falta total de inteligência em todas as outras coisas, grandes ou pequenas, da vida. Era, fora da música, de ignorância espantosa.

Comportou-se como um cretino; sua biografia está cheia de episódios ridículos, como este: quando o regente Hans Richter resolveu executar, contra todas as resistências, uma sinfonia de Bruckner, o mestre agradeceu ajoelhando-se em presença do público perante o regente, beijando-lhe a mão e insistindo para que Richter aceitasse um presente — alguma moeda pequena. Pesquisas recentes confirmam a suspeita de que Bruckner sofria de graves crises mentais.

Ao século XIX, a ignorância literária e geral de Bruckner parecia grave defeito. Mas foi a raiz de sua qualidade superior e singular. Carecendo de estímulos literários, não podia escrever música de programa nem música poética. O impulso da arte desse homem ignorante, cheio de fé sincera, foi a religião. Em comparação com sua música sacra, até a do bom católico César Franck parece profana, para não falar da religiosidade teatral de Wagner nem sequer da mística coral do descrente Brahms. Houve a presença de Deus em tudo que escreveu, fosse uma missa, fosse uma sinfonia. É o único compositor autenticamente religioso do século.

5. OS ROMANTISMOS

Devido às deficiências da sua estrutura mental, Bruckner amadureceu muito tarde. Nenhuma das suas obras de mocidade tem valor. Mas depois, com quarenta anos de idade, de repente se revela mestre consumado. As três missas — a *Missa em ré menor* (1864), a *Missa em mi menor* (1866) e a *Missa em fá menor* (1868) — são obras de grande, de grandíssimo estilo; obras modernas, sim, mas inspiradas por mentalidade barroca e pela fé humilde de um cristão das catacumbas. Desde os tempos de Bach não se ouviu nada igual. E não se ouviria mais. Pois os progressos do movimento palestriniano na Alemanha e na Áustria — a Associação Santa Cecília, que pretendia substituir a música sacra acompanhada de instrumentos pela reedição e propaganda das obras à capela de Palestrina e Orlandus Lassus — convenceram o mestre da inconveniência de criar mais outras obras naquele estilo. Deixou de escrever missas. Começou, em vez disso, a escrever sinfonias, cujo "conteúdo" é o mesmo de sua música sacra. Em vez de missas-sinfonias: sinfonias-missas.

Todas as sinfonias de Bruckner parecem-se, de qualquer modo. O primeiro movimento, sempre trágico, lembra o Advento, antes de chegar à humanidade a mensagem da redenção. Os movimentos lentos são invisíveis cidadelas da fé; correspondem ao Credo. A alegria abundante e rústica dos *scherzi* de Bruckner lembrou aos críticos as festas de aldeia na mocidade; mas antes é a maneira singular do camponês austríaco de cantar o *Glória*. O último movimento, nas sinfonias de Bruckner, sempre tem a particularidade de resumir os outros movimentos para, depois de nova luta, chegar a um desfecho sereno: *Dona nobis pacem*.

Nem todas as sinfonias de Bruckner têm o mesmo valor, embora nenhuma seja medíocre. Podemos descontar as primeiras, não numeradas, e as *Sinfonias nºs 1 e 2*. A *Sinfonia nº 3 em ré menor* (1873) é obra importante; mas ainda não revela todos os traços característicos de sua arte difícil; talvez por isso mesmo apareça, também, no repertório de orquestras que, no resto, ficam infensas ao mestre. O público prefere a *Sinfonia nº 4 em si bemol maior* (1874), denominada *Romântica*; talvez porque Bruckner admitiu um "programa" poético, bastante infantil, aliás, que o teria inspirado; e assim se facilita a compreensão. Mas obra-prima autêntica é a *Sinfonia nº 5 em si maior* (1876), arquitetura colossal como aqueles mosteiros; de pompa barroca, de solenidade religiosa, de alegria final abundante. Aprecia-se menos a *Sinfonia nº 6*, que é desigual, sendo pelo menos um dos movimentos, o último, indigno dos outros. Em compensação, a *Sinfonia nº 7 em mi maior* (1883) é mais um colosso; no centro, o maravilhoso adágio que foi completado quando Bruckner já tinha recebido a notícia da morte de Wagner; é elegia, canto sacro e hino. A maior de todas é, conforme consenso geral, a *Sinfonia nº 8 em dó menor* (1885), pela extensão inusitada e pela profundidade emocional. A *Sinfonia nº 9 em ré menor* (1896) ficou incompleta; é um epílogo triste, mas não desolado, de um homem seguro de sua salvação.

As expressões empregadas neste resumo não deveriam inspirar o conceito de que a arte sinfônica de Bruckner teria evoluído; só se referem ao valor. Mas o estilo sempre ficou o mesmo. O compositor não teve evolução, senão no sentido de descrente habilidade técnica no emprego dos recursos orquestrais. Com cada uma das sinfonias começa de novo, como que partindo do mesmo ponto. As datas acima indicadas só têm, aliás, valor aproximado. Pois cada uma dessas obras foi várias vezes revista e remodelada, existindo em várias versões; e Bruckner, desesperado com a resistência do público e da crítica, permitiu que se executassem e publicassem versões "abreviadas" e "retocadas" por amigos sinceros, mas menos compreensivos. O caso lembra o de *Boris Godunov*. As versões originais só foram publicadas em nosso tempo; e só em tempos recentes começam a ser preferidas aos "arranjos". O estudo das diferenças entre as versões já produziu bibliografia volumosa.

A arte de Bruckner não é de origem beethoveniana nem wagneriana. Aquela maneira de composição em blocos sonoros é inspirada pelo órgão: o instrumento em que ele era virtuose consumado e, infelizmente, menos compositor que improvisador. Suas obras para o órgão são insignificantes. Só dão testemunha de fidelidade permanente à música sacra, à qual voltou com o grande *Te Deum* (1881). Mais tarde, quando a velhice e a doença não lhe permitiram concluir sua *Sinfonia nº 9*, manifestou o desejo de que esse *Te Deum* se cantasse como último movimento da obra inacabada. Foi uma ideia pouco feliz. Mas o *Te Deum* continua, independente, como a expressão máxima da religiosidade de Bruckner, como testemunho de um homem profundamente inocente no meio das confusões menos inocentes do mundo moderno. O céu parece abrir-se para recebê-lo em seus braços misericordiosos quando ouvimos esse trecho máximo da obra que é o *Non confundar in aeternum*.

Um dos poucos que, durante o tempo do domínio absoluto de Brahms em Viena, ousaram hostilizá-lo para exaltar a arte de Bruckner foi Hugo Wolf (1860-1903)[30]: depois de Schubert, Schumann e Brahms, o último grande mestre do *lied* romântico.

Desprezado durante a vida, foi reconhecido logo depois de sua morte prematura, encontrando sua arte adeptos entusiasmados e até fanáticos na Áustria, na Alemanha e na Inglaterra. Só a França ficou durante muito tempo tão indiferente que alguns livros franceses sobre história da música ignoram a ortografia do seu nome, grafando-o "Wolff", continuando-lhe a desgraça na vida.

Como wagneriano fanático, Wolf era nacionalista pangermânico, hostil ao Império Austríaco, multinacional, em que nasceu. Mas sua arte não é inteiramente alemã.

5. OS ROMANTISMOS

Natural do sul da Estíria, de uma região quente e de muito vinho, perto da fronteira linguística com a Itália, Wolf teve o temperamento eruptivo de um latino mediterrâneo.

Foi expulso da escola e do conservatório por causa de má conduta. Foi demitido do então muito provinciano Teatro Municipal de Salzburgo, porque insistiu em ensaiar *Tristão e Isolda*, em vez das operetas programadas. Como crítico musical de um semanário vienense, arranjou inúmeros inimigos, pela sua furiosa veia polêmica. Foi homem violento e mau-caráter. Atribui-se a uma infecção venérea a loucura na qual submergiu em 1897. Morreu no manicômio. Teria sido só aquela infecção? A periodicidade da sua inspiração parece sintoma de perturbações psicopatológicas. Em 1888 teve, de repente, um acesso assim: escreveu, entre fevereiro e outubro, 53 *lieds* com letra de Mörike, todos eles de primeira qualidade. Depois, durante dois anos, nada. Em 1891 e em 1896, novas fases inspiradas, de violenta euforia. Nos intervalos, graves crises de depressão. A loucura surpreendeu um exausto.

Entre os músicos literariamente cultos que exerceram a crítica, foi Wolf um dos mais sagazes. Com exceção dos ataques insensatos a Brahms, acertou sempre, enquanto Berlioz e Schumann erraram muitas vezes por excesso de generosidade. Wolf foi intelectual requintado, de muita cultura e fino gosto literário. Sua consciência intelectual proibiu-o de pôr em música poemas de valor inferior (como Schubert, Schumann e Brahms fizeram muitas vezes). Só o inspirou poesia lírica de alta categoria.

Tampouco quis violentar, por melodias preconcebidas, o ritmo e o metro dos textos escolhidos. Interpreta as poesias por espécie de recitativo, de declamação musical pela voz do cantor enquanto atribui ao piano a "melodia", harmonizada com muita arte e sem temer extremas dificuldades pianísticas. Já não se pode falar em "acompanhamentos": os dois intérpretes, o cantor e o pianista, estão em pé de igualdade, assim como o cantor e a orquestra no drama musical de Wagner. Realmente, Wolf transfigura o poema, transformando-o em "drama musical em miniatura". Sua música completa o poema: realiza o supremo objetivo de dizer em sons o que o poeta não conseguiu dizer em palavras, por causa da insuficiência emocional da língua falada.

Além de um grupo de *lieds* com letra do grande poeta romântico Eichendorff, mais ligeiros, reuniu Wolf os poemas musicados de cada um dos seus poetas preferidos em "livros"; não são ciclos, como os de Schubert e Schumann, porque não ligados por uma ideia poética comum, mas só pela homogeneidade do estilo poético-musical.

O *Mörike Liederbuch* (*Livro de poesias de Mörike*, 1888) é o "livro" mais conhecido e mais cantado. Cinquenta e três poesias desse poeta pós-goethiano, classicista sereno em tempos românticos, são escolhidas com o mais fino gosto literário. Entre elas se encontram os *lieds* mais divulgados de Wolf: *Der Genesene an die Hoffnung* (*O convalescente à esperança*); *Gesang Weylas* (Canção de Weyla), poesia e música hermética; *Denk es, o Seele* (*Lembra-se, ó alma*), *Verborgenheit* (*Retraimento*), *Verschwiegene Liebe* (*Amor secreto*), de veemente paixão erótica; *Karwoche* (*Semana Santa*); *Frussreise* (*Caminhada*); e muitos *lieds* humorísticos.

Wolf é hoje geralmente reconhecido como o gênio que foi. Mas não é igualmente bem conhecido, porque os cantores camerísticos só mantêm no repertório um número reduzido das suas obras-primas.

REMANESCENTES DA ÓPERA FRANCESA

Num tempo em que os intelectuais franceses já estavam entusiasmados por Wagner, fazendo anualmente a peregrinação para Bayreuth, os teatros de ópera de Paris ainda raramente se abriram para representar *Tannhäuser e o torneio de trovadores de Wartburg* ou *Lohengrin*. Houve forte resistência oficial contra o compositor pangermanista. Houve mais resistência do público, que insistia em ouvir Auber, Meyerbeer e Halévy. Com sensibilidade finíssima, reagiu-se contra qualquer movimento de renovação. Um acompanhamento orquestral mais elaborado ou a volta de um tema em mais do que uma cena inspiraram logo a acusação de "wagnerismo". No entanto, a nova geração de operistas franceses, embora ainda fiel à rotina, não ficou impermeável às influências do outro lado do Reno. Em todo caso, o romantismo dessa geração já é menos falso que o da "grande ópera".

Charles Gounod (1818-1893)[31] é um tipo de pequena-burguesia parisiense do tempo do Segundo Império: católico devoto e *homme moyen sensuel*, bonachão espirituoso, às vezes sarcástico, e homem de *métier* sólido. Tinha estudado bastante bem a música para saber apreciar altamente a arte sinfônica alemã; mas não a conhecia nem a entendia a ponto de ficar mais que superficialmente influenciado por ela. No entanto, a sociedade parisiense da época, aquela que vaiou em 1861 o *Tannhäuser e o torneio de trovadores de Wartburg*, sentiu instintivamente a diferença. Gounod foi considerado como "sinfonista" pelos "melodistas" ortodoxos. Foi injustiça tão grande como a de hoje, que só o aprecia como inventor de melodias bonitas, tipicamente francesas. Gounod foi homem do seu tempo; mais profundo que os outros, embora não realmente profundo.

A seriedade das suas ambições revela-se pelo fato — que teria sido impossível no tempo de Adolphe Adam — de o operista também ter escrito muita música sacra. O

5. OS ROMANTISMOS

Cartaz da estreia de *Carmen*, de Georges Bizet, em 1875, Paris. Litografia de Prudent Leray.

valor absoluto dessas obras é, porém, duvidoso. A *Messe à Saint-Cécile* (1855) foi, quando executada pela primeira vez, um acontecimento: Saint-Saëns, que tinha então vinte anos, datava daquele dia uma nova época da música francesa. Hoje em dia, a obra lembra-nos as igrejas em falso estilo neogótico que a devoção hipócrita da sociedade burguesa do tempo de Napoleão III mandou construir em todas as esquinas de Paris remodelada pelo prefeito Haussmann. Os oratórios *La Rédemption* (1882) e *Mors e Vita* (1885) são obras de um músico católico bem-intencionado, que está acostumado a escrever para os cantores e as bailarinas da grande ópera de Paris.

Dentro das tradições do teatro lírico parisiense manteve-se Léo Delibes (1836-1891): seu bailado *Coppélia* (1870) passava por insuperável em verve rítmica, até a chegada, em Paris, do balé russo. Sua ópera *Lakmé* (1883) teve o encanto de um exotismo ligeiro. Não compreendemos bem, hoje em dia, o sucesso dessa obra na época. Pois *Carmen* já ocupava, então, o palco.

Georges Bizet (1838-1875)[32] morreu cedo. Não teve tempo para desenvolver suas forças. No entanto, sua evolução foi rápida e surpreendente. *Les pêcheurs de perles* (1863), ópera excessivamente romântica, *La jolie fille de Perth* (1867), de um folclorismo meio falso, *Djamileh* (1872), de exotismo duvidoso, ainda se mantêm, todas as três, no repertório, porque são de Bizet: por causa da obra que veio depois. Mas então, ninguém suspeitaria que esse melodista ligeiro daria logo uma obra-prima: *Carmen* (1875).

A estreia foi, como se sabe, um fracasso. O público conservador e burguês escandalizou-se com a suposta licenciosidade do libreto e do papel principal; a crítica censurou, incompreensivelmente para nós, o "sinfonismo" da obra. Bizet morreu no mesmo ano, sem adivinhar o imenso sucesso posterior, internacional, da ópera.

Carmen tornou-se logo e continua até hoje a obra mais conhecida do repertório em todos os países. Faz parte do patrimônio musical dos que entendem de música e dos que não entendem. Nada é mais difícil do que formar, hoje, opinião imparcial com respeito a *Carmen*. Bizet foi um eclético que recebeu e aceitou influências de todas as partes, de Gounod, de Meyerbeer, de Auber, de Halévy, até de Rossini; inclusive influências wagnerianas. A música de *Carmen* também é unificada apenas pelo excelente libreto, altamente dramático. Pois há nela elementos de sentimentalismo à maneira de Flotow (o papel de Micaela) e ritmos típicos de opereta (o papel do Tourinho). Já foi mesmo chamada de "opereta sangrenta". Mas ao lado desses defeitos prevalecem muito as altas qualidades: a inexcedível verve rítmica, os contornos firmes da melodia, que logo se grava na memória, a cuidadosa elaboração das grandes cenas dramáticas, o "motivo de Carmen" ou "motivo da morte", genialmente inventado. Logo depois do fracasso do público e da crítica quando da estreia, essas altas qualidades foram reconhecidas por todos, menos pelos wagnerianos, cuja resistência teve motivo sério. Pois *Carmen* foi exaltada como "a obra-prima anti-Wagner": mediterrânea, luminosa e artisticamente leve, em oposição ao drama musical nórdico, nebuloso e pesado. Foram, estranhamente, menos os franceses do que os alemães que fizeram essa propaganda. Na França e nos outros países latinos, *Carmen* foi um sucesso popular. Na Alemanha, virou tese filosófica. Nietzsche, que ouvira a ópera pela primeira vez em Gênova, em 1881, não se cansava de reouvi-la; encheu seu exemplar da partitura de interessantes notas marginais, cheias de sarcasmos contra Wagner. Mais surpreendente é o fato de o próprio Brahms, tão severo e tão pouco entusiasta da música de teatro, também ter sido grande admirador da obra.

ÚLTIMO ROMANTISMO ITALIANO: VERDI; O VERISMO

A procura dos antiwagnerianos alemães por um anti-Wagner não deu resultado: Bizet morrera cedo demais, e *Carmen* ficou uma obra isolada. Não perceberam a presença de um anti-Wagner mais forte, aplaudido nas casas de ópera do mundo inteiro e da própria Alemanha, porque esses aplausos lhes pareciam suspeitos. Hanslick, o amigo crítico de Brahms, falou, com desprezo, da "trivialidade de taverna" de Verdi; Hans von Bülow só retratou tarde um erro semelhante.

Teria sido natural uma aliança dos antiwagnerianos com Verdi, soberano da ópera, contra o soberano do drama musical. Hoje, em perspectiva histórica, sentimos

5. OS ROMANTISMOS

que o antiverdianismo daqueles antiwagnerianos teve bons motivos, embora subconscientes.

Pois Wagner e Verdi já não nos parecem tão absolutamente antagônicos. Aquele e este são neorromânticos.

Só com certa cautela se pode falar em romantismo italiano. G. A. Borgese (*Storia della critica romantica in Italia*, Milão, 1920) chegou a negar a existência de um verdadeiro romantismo literário na Itália. Mas, na história da música, pode-se empregar o termo, embora num sentido restrito e bem determinado. O *Risorgimento*, o movimento político e social que desde os anos 1820 levou à unificação da Itália em 1860, foi uma tendência liberal, humanitária e nacionalista, propagada pelos intelectuais, aceita pela burguesia e realizada pela Casa Savoia. São óbvias as analogias com o liberalismo nacionalista da burguesia alemã, cujos ideais foram realizados pela monarquia prussiana. As diferenças ideológicas também são evidentes: em comparação com Bismarck e seus *junkers*, os generais e diplomatas aristocráticos do rei da Sardenha, depois rei da Itália, parecem republicanos vermelhos. Mas o que importa é o romantismo político do R*isorgimento*, que é *pendant*, a esse respeito, do romantismo político cuja expressão foi Wagner.

A vida de Giuseppe Verdi (1813-1901)[33] tem algo da ascensão vertiginosa dos generais da primeira República Francesa ou do próprio Napoleão. Veio das camadas mais humildes do proletariado rural italiano. Quando criança de meses, escapou só por acaso de um massacre perpetrado por soldados austríacos que reocuparam, depois das derrotas de Napoleão, a Itália. Um mecenas local possibilitou ao rapaz os estudos musicais, casando-o com sua filha, obtendo-lhe um editor e as primeiras representações.

Pouco depois, o jovem Verdi perdeu, pela morte, a mulher e os dois filhinhos; e, nesse tempo de desolação,

Verdi conduzindo a estreia de *Aida* na Ópera de Paris, no Palácio Garnier, em 22 de março de 1880. Ilustração de Adrien Marie, publicada na edição de 3 de abril de 1880 do *Le Monde Illustré*.

estava obrigado a cumprir contrato, escrevendo sua primeira ópera-cômica, que foi naturalmente um fracasso. Retoma, em 1842, a vida: *Nabucco* é um grande sucesso; reconhecimento como compositor nacional, porta-voz musical do patriotismo italiano. *Rigoletto*, em 1851, significa a glória internacional. Desde então, vitórias se sucedem às vitórias: *Il Trovatore, La Traviata, Un ballo in maschera*; até *Aida*, encomendada para a festa internacional da abertura do canal de Suez.

Verdi, rico e cansado, retira-se para a vida calma na sua chácara de Sant'Ágata. Anos depois, surpreende o mundo com as duas grandiosas obras de velhice, *Otello* e *Falstaff*, esta sua primeira ópera-cômica (depois daquele fracasso na mocidade), obra-prima de um octogenário. Venerado como grande sábio da nação, morreu com 88 anos de idade, deixando seus milhões a instituições caritativas para músicos pobres de origem humilde.

Verdi é uma das personalidades mais simpáticas em toda a história da música.

Homem áspero e intratável, da maior intolerância quando se tratava da realização dos seus superiores objetivos artísticos, foi de natureza generosa, ótimo amigo, livre de invejas e ciúmes, de grande retidão de caráter e de natural sabedoria da vida. O fato mais estupendo é a evolução coerente, sempre para cima, da sua arte.

Pouco nos interessam hoje as primeiras obras, embora as aberturas ainda apareçam em concertos populares. *Nabucco* (1842) e *I Lombardi alla prima crociata* (1843) venceram pelas alusões patrióticas no texto dos libretos históricos e pela verve rítmica dos coros. Há nessas obras um pouco do *Mosè in Egitto* e do *Guillaume Tell* de Rossini e, também, da *La muette de Portici*, de Auber. O primeiro trabalho de cunho pessoal é *Ernani* (1844), que na Itália ainda está no repertório: o libreto, tirado do drama de Victor Hugo, e a música indicam o caminho para o romantismo francês, cuja mistura de imaginação fantástica e realismo brutal agradou ao compositor. Os contemporâneos não perceberam, parece, os valores musicais encerrados em *Macbeth* (1847; libreto tirado da tragédia de Shakespeare) e *Luisa Miller* (1849; libreto tirado da tragédia de Schiller). O sucesso mundial veio com *Rigoletto* (1851), transformação hábil de *Le roi s'amuse* de Victor Hugo: as grandes árias de coloratura de Gilda, a famosíssima *chanson* do duque, os sarcasmos trágicos do Rigoletto encantaram de tal maneira o mundo que se tornou compositor popular, em amplo sentido da palavra, o mestre que também inseriu nessa ópera o genialmente dramático quarteto do último ato. O enredo de *Il Trovatore* (1852) foi encontrado num drama de García Gutiérrez, no mundo complicado e irreal do romantismo espanhol, do qual a música é reflexo fiel, cheia de ideias geniais, confusões terríveis e brutalidades vulgares: é a "ópera das óperas" dos que não têm muita musicalidade. Fracasso foi a estreia de *La Traviata* (1853): o público estranhou, no primeiro momento, o realismo do libreto, da tragédia de *A dama das camélias*, de Dumas Filho; só pouco depois veio o sucesso da obra no mundo inteiro, seduzido pelo sentimentalismo sincero das melodias magistralmente inventadas. Foi quase igualmente grande a repercussão de *Un ballo in maschera* (1859), enquanto a forte música de *Simone Boccanegra* (1857) até hoje não foi devidamente apreciada. Só mais tarde incorporou-se definitivamente ao repertório *La forza del destino* (1862), tirada de um dramalhão do romântico espanhol Rivas, ópera em que cenas de péssimo gosto se alternam com outras de grande expressividade dramática.

Todas essas óperas continuam até hoje sendo as mais representadas do repertório internacional. O número das suas representações, no mundo inteiro, é anualmente muito superior ao número das representações de Mozart ou Wagner; competidores sérios são só *Carmen* e Puccini. A conclusão parece evidente: são obras ao gosto do público musicalmente menos educado; pois caracterizam-se pela perturbadora abundância de melodias que se gravam na memória, pelo paupérrimo acompanhamento orquestral e pela brutal força dramática. Nada é mais fácil do que deixar de perceber as grandes ideias musicais, de verdadeira tragédia musical, que se encontram em certos trechos.

Teriam sido meros achados de um gênio instintivo? Mas Verdi desmentiu essa hipótese: cheio de sucesso, honras e dinheiro, abandonou o caminho até então seguido para desenvolver aqueles esparsos elementos diferentes, embora correndo o risco de perder seu público.

Quase o perdeu com *Don Carlos* (1867; libreto tirado da tragédia de Schiller).

Ninguém parece ter notado, na época, a grandiosa força da caracterização psicológica dos personagens; a crítica só registrou: "Verdi no caminho da grande ópera histórica de Meyerbeer". O mestre sabia que não tinha sentido escrever outros *Rigolettos* e outros *Trovatores*; que a ópera precisava de uma renovação. Procurou essa renovação em grandes assuntos históricos, menos românticos do que genuinamente trágicos. A encomenda de escrever uma ópera para as festas da inauguração do canal de Suez forneceu-lhe um assunto assim, de um mundo remoto cujo estilo hierático serviu bem para disciplinar o romantismo inato do compositor. É admirável, em *Aida* (1871), a síntese de melodia italiana e de um exotismo discreto que só fortalece os contornos da invenção melódica; a síntese é conseguida por meio do novo papel, quase sinfônico, da orquestra, que deixa de ser mero instrumento de acompanhamento das árias e duetos para tornar-se a base do acontecimento musical no palco. Foi isso que assustou, na época, um antiwagneriano como Burckhardt e muitos outros, que temeram perder o grande paladino da ópera à antiga. Vingaram-se, zombando da "música sacra operística" do *Réquiem* (1874), que Verdi escreveu para o primeiro aniversário da morte do grande romancista Alessandro Manzoni. A obra foi executada na Europa inteira, nas salas de concerto, como se fosse uma nova sensação operística do mestre, embora fora do palco.

Hans von Bülow gritou contra a "blasfêmia musical" desse réquiem; mas, poucos anos mais tarde, se retratará. O *Réquiem* de Verdi é escrito por um grande inventor de melodias italianas e no estilo das missas de Haydn. É o último fruto da música sacra ítalo-vienense. Supera todas as obras desse estilo, inclusive o belíssimo e comovente, mas muito mais modesto, *Réquiem* de Mozart, pela força dramática (concessão que devemos fazer àquele estilo) e pelo maior ímpeto emocional, expressões fulminantes de uma fé que surpreende nesse velho garibaldiano e livre-pensador; mas é sempre assim, os livres-pensadores latinos viram sérios *in articulo mortis*. O tratamento magistral da orquestra que não só acompanha, mas também completa o canto, produz momentos de revelação sacra que lembram Händel.

Parecia o fim digno de uma carreira gloriosa. O mestre retirou-se. Treze anos de silêncio. Depois, Verdi deu, em colaboração com seu novo libretista, o compositor Boito, *Otello* (1887), sua maior tragédia musical, a única obra do século que pode manter-se, em certo sentido, ao lado de *Tristão e Isolda*. Mas surpresa maior foi *Falstaff* (1893), sua primeira ópera-cômica, escrita por um octogenário em estilo inteiramente novo, mais cênico que melódico, e cheia de humor superior de um homem muito velho e sábio. As *Pezzi sacri* (1898), sobretudo o *Stabat Mater* e o *Te Deum*, foram um epílogo digno.

Não se nega, sobretudo às óperas da segunda fase, a vulgaridade dos ritmos e a pobreza do acompanhamento. Pois Verdi subordina a arte à expressão dramática, que virou brutal, porque o compositor é fundamentalmente realista. Hoje em dia, já não percebemos a audácia de certas ideias dramáticas suas. A ópera, até então, só tratava de personagens nobres e mulheres bonitas em ambiente histórico ou mitológico. Mas Verdi colocou no centro de *Rigoletto* um corcunda. Em *La Traviata*, a heroína é uma prostituta; e usam-se, pela primeira vez na história da ópera, trajes modernos, contemporâneos, no palco. Esse realismo de Verdi não tem nada a ver com o do romance do seu tempo, com Balzac, Flaubert ou Zola. É o realismo brutal, deliberadamente exagerado, dos românticos franceses.

Esse romantismo inspira e ilumina o mundo de Verdi, que não é menos neorromântico do que o de Wagner. Apenas os ideais são diferentes. A obra de Verdi baseia-se em firmes convicções morais e religiosas, embora não sejam as da tradição cristã, mas as do romantismo político e humanitário do *Risorgimento*. Os polos dialéticos desse mundo são, conforme a expressão feliz de Stoessinger, o prazer e a fidelidade, o gozo e o sofrimento, a obcecação e a revelação da verdade, o sacrifício e a vitória. Verdi simpatiza sobretudo com as vítimas, os humilhados e os ofendidos: Rigoletto, Azucena, Violetta, Alvaro, Aida. O destino deles culmina nos grandes finales trágicos; só o finale de *Falstaff* revela, humoristicamente, a irrealidade desse mundo. O pessimismo de Verdi não é menos profundo que o do autor de *Tristão e Isolda*. Sua obra é crepúsculo dos falsos deuses que martirizam o gênero humano. É isto que Iago sabe: amaldiçoa a Criação como burla de mau gosto. Mas *Falstaff* reconhece o mundo como burla de bom gosto. Sempre há uma luz no meio das trevas. É o amor, que se revela nos grandes duetos eróticos. É a *bontà*, o ideal do *Risorgimento* cujo músico oficial e idolatrado foi o patriota Verdi, a ponto de seu nome, Verdi, servir aos conspiradores como sigla de "Vittorio Emanuele Rè D'Italia". Amor, bondade, amizade, nação, liberdade, eis os ideais. Se não for possível sua realização neste mundo, aparecem pelo menos nas grandes cenas de agonia (Gilda, Violetta, Radames e Aida) como visões de um mundo melhor, que se tornam realidades na arte, na música.

Verdi não foi homem de muita cultura musical. Até gostava de exagerar essa ignorância. Pois foi a base de sua originalidade absoluta na invenção melódica, altamente expressiva e dramaticamente significativa. Nisso Verdi não encontrou sucessores dignos de sua arte; e, considerando-se a evolução posterior da música em direção a outros objetivos muito diferentes, provavelmente não encontrará nunca mais.

Foi o último grande compositor para a criatura humana que, cantando, revela sua alma.

O único discípulo da fase final de Verdi foi seu último libretista, Arrigo Boito (1842-1918)[34]: dotado de rara duplicidade de talento, como músico e como poeta, foi um intelectual "hamletiano", minado pelos escrúpulos e pela dúvida. Escreveu pouco e em intervalos enormes; *Mefistofele* (1868) e *Nerone* (1816) são obras de grande vulto, às quais a ambição de regentes italianos dedica atenção permanente, sem conseguir que essas duas óperas continuem no repertório rotineiro. São menos óperas do que grandes oratórios, embora representados com cenário. Obras para festivais.

Até então, a ópera italiana sempre se irradiara pelo mundo inteiro, sem receber, por sua vez, influências sensíveis do estrangeiro. Houve exceções a essa regra: a influência de Gluck em Cherubini e Spontini; a de Auber, no *Guillaume Tell*, de Rossini. Foram compositores italianos que tinham fixado residência na França. Mas, enfim, uma influência francesa chegou a agir diretamente sobre a Itália. Foi a *Carmen* de Bizet.

Verdi já estava velho; a nova geração de compositores de óperas não se sentiu atraída pelo estilo diferente de *Otello*. Mais a interessaria a força dramática, brutal, de *Rigoletto* e *Trovatore*, se o espírito e os enredos dessas obras não fossem tão românticos.

Carmen mostrou-lhes o caminho para voltar aos fortes efeitos dramáticos sem sair, anacronicamente, do seu tempo. Em vez da Espanha dos ciganos: os sicilianos, não menos apaixonados e teatrais. Nesse mesmo tempo, os romancistas italianos Capuana e De Roberto, seguindo o exemplo do grande Verga, descobriram o mundo de paixões elementares e superstições arcaicas da Sicília. Pintaram-no com cores de naturalismo de Zola. Foi o "verismo". E Leoncavallo e Mascagni criaram a ópera verista.

Foi um equívoco. O "verismo" autêntico, o de Verga, tem pouco com Zola; e não glorifica o folclore, é arte de um realismo clássico, que não foi compreendida bem em vida do autor. Os recursos de que dispunham os jovens compositores não deram para transformar aquela arte novelística em drama musical. Saiu aquilo que já se dizia, com injustiça, sobre *Carmen*: operetas sangrentas.

Pietro Mascagni (1863-1948)[35] conquistou em 1890 um prêmio da Editora Sonzogno, oferecido para a melhor ópera em um ato. Foi *Cavalleria rusticana*, libreto tirado de um conto de Verga. O destino do compositor foi dos mais melancólicos em toda a história da música: sobreviveu 58 anos ao êxito mundial daquela obra sem conseguir, jamais, outro sucesso igual, embora na Itália ainda se representem *Iris* e *L'ami Fritz*. Mas *Cavalleria* rusticana continua sendo uma das peças mais queridas do grande público, graças à brutalidade dos efeitos dramáticos e graças à vivacidade das melodias folclóricas que deram aos ouvintes de 1890 um agradável *frisson* — "isso ainda existe no meio da própria Europa civilizada!" —, enquanto o público de hoje bate palmas porque "aquilo é bem típico de ópera", assim como a entendem. Por volta de 1900, alguns acreditavam ter encontrado em Mascagni o "gênio mediterrâneo", o anti-Wagner. Mas também um wagneriano sério como Mahler entusiasmava-se pela obra, na qual o filósofo Otto Weininger alegou ter descoberto profundidades de metafísica do amor. Hoje é *Cavalleria rusticana* um "número" de rotina nas casas de óperas. Não foi prejudicada pela sua dimensão reduzida — não dá para encher uma *soirée* — porque se achou outra ópera curta para acompanhá-la permanentemente: *I Pagliacci* (1892), de Ruggero Leoncavallo (1858-1919). Mais uma "opereta sangrenta", de muito efeito teatral; pelo menos uma cena, a pantomima de Colombina, é elaborada com arte musical mais fina do que qualquer cena de Mascagni; em compensação, Leoncavallo não tem nada da verve folclórica do outro. No resto, seu destino foi o

Puccini, 1908. Acervo Biblioteca do Congresso, Divisão de Fotografias e Material Impresso, EUA.

mesmo: o de nunca mais obter, com obras, sucesso semelhante.

O verismo musical italiano, graças ao seu sucesso mundial, encontrou imitadores em toda parte. Mas os triunfos daquela época, como *Tiefland*, do grande pianista D'Albert, estão hoje esquecidos. Só se mantém no repertório uma ópera de um verista francês: *Louise* (1900), de Gustave Charpentier (1860-1956); graciosa e espirituosa interpretação de um texto naturalista, com lirismo não muito distante da maneira de Massenet.

É digna de nota essa feição mais lírica, mais fina, que o verismo assumiu na pátria de Zola. E essa maneira não podia deixar de repercutir, por sua vez, na Itália de 1900, que era então uma província espiritual da França; onde se liam mais os livros franceses que os livros italianos.

O representante desse franco-italianismo é Giacomo Puccini (1858-1924).[36] Sua biografia é um interessante romance, cuja leitura nada contribui, porém, para a justa apreciação da sua música. É uma história de começos modestos, de triunfos fabulosos e lucros dignos de um grande industrial; e um triste fim, na solidão, em companhia de uma doença terrível. Puccini foi um músico altamente dotado, genial inventor de melodias, dono de fina cultura musical e de uma linguagem personalíssima. Traiu sua arte.

Sacrificou tudo ao sucesso comercial. Teve castelos, mulheres, milhões, porque vendera a alma. Só as circunstâncias históricas ligam seus começos aos do verismo de Leoncavallo e Mascagni; e não teve relações com a arte de Verdi. As origens da sua arte são francesas e, por mais estranho que pareça, alemãs. Admirava o romantismo de Weber. Adotou a técnica do *leitmotiv*, de Wagner. Tratou a orquestra com finura e sensibilidade. Mas tornou-se fornecedor de melodias para a boate e para o bar do hotel de luxo. Os críticos italianos foram os primeiros que lhe denunciaram o comercialismo a serviço das grandes casas de exportação operística de Milão. Lamentaram o internacionalismo da sua linguagem musical. Deploraram seu sucesso como sintoma da decadência da música italiana. Insistiram na incompatibilidade da sua "produção" com o conceito aristocrático de arte. Só recentemente começa a se esboçar uma reação favorável. Admite-se que escreveu dramalhões; mas também se cita, a propósito, o verso de Musset: "*Vive le mélodrame où Margot a pleuré*". O crítico italiano Vigolo citou esse verso para explicar ou justificar o sucesso permanente de *Tosca* (1900), que é uma "tragédia de cinema", pela brutalidade melodramática e pelo brilho de duas ou três grades árias. Valores musicais muito superiores estão encerrados em *La Bohème* (1896); mas não a estes deve a obra o sucesso permanente, e, sim, ao sentimentalismo barato. É fácil provar esse fato. Pois *Manon Lescaut* (1892), que tem as mesmas qualidades, só se mantém precariamente no repertório e só na Itália; não pode competir, no estrangeiro, com a *Manon* de Massenet. *Madame Butterfly* (1904), excesso de sentimentalismo e exotismo falsos, é uma coluna do repertório internacional. O ponto mais baixo foi atingido em *La fanciulla del West* (1910), escrita especialmente para o público norte-americano. Não foi um sucesso. Daí em diante, Puccini fez tentativas de se recuperar. Revelou as suas melhores possibilidades, as tipicamente italianas, na curta ópera-cômica *Gianni Schicchi* (1918), talvez sua obra-prima. Seria difícil manifestar-se de maneira tão positiva quanto a *Turandot*, que ficou incompleta (representada em 1924, completada por Alfano). Certamente, essa obra é mais "chinesa" do que *Madame Butterfly* foi "japonesa". Mas percebe-se claramente a linha direta que vai da relativa altura de *Turandot* para a absoluta planície de uma opereta como *O País do Sorriso*, de Lehar. Já disse um crítico malicioso: "Puccini é o Verdi da pequena burguesia; o Puccini da pequena burguesia é Lehar". Num distante futuro, quando a época de 1900 parecerá tão remota como hoje para nós o século XVIII, só sobreviverão de Puccini algumas *arie antiche*.

Outro verista afrancesado foi Umberto Giordano (1867-1948), cuja ópera *Andrea Chénier* (1896) vive na memória de uma geração mais velha graças à voz de Caruso.

Fontes diferentes alimentaram a arte de Ermanno Wolf-Ferrari (1876-1948): da parte do pai, sólida cultura musical acadêmica, alemã; da parte da mãe, o espírito de Veneza, onde o compositor passou a maior parte da vida, como diretor do Liceo Benedetto Marcello; mas também estava em casa em Munique e Salzburgo. Seu ideal foi a transfiguração musical da comédia de Goldoni. Os resultados foram agradáveis: *Le donne curiose* (1903), *I Quatro Rusteghi* (1906), *Il Campiello* (1936). No entanto, o sucesso não lhe ficou fiel. Wolf-Ferrari não se tornou um Cimarosa do século XX. Uma tentativa de renovação fundamental da ópera verista, com aproveitamento de influências wagnerianas e de Debussy, foi feita por Riccardo Zandonai (1833-1944), que foi músico sério. Das suas numerosas obras, só *Francesca da Rimini* (1914) continua no repertório.

A REAÇÃO DE BRAHMS

A sobrevivência da ópera francesa e os sucessos internacionais de Verdi e dos veristas demonstram que Wagner, apesar da sua influência avassaladora, não tinha conquistado o monopólio da música dramática. Por outro lado, as fronteiras do seu reino ficavam limitadas pela sobrevivência, ou antes pela renascença da música sinfônica e camerística, ligada ao nome de Brahms.

Quando Bismarck unificou, em 1870, a Alemanha, não contava, apesar de tudo, com o apoio da nação inteira. Continuavam na oposição as minorias: os católicos; os federalistas, fiéis à antiga autonomia de Hanover, Baviera, Saxônia e dos pequenos principados; a burguesia liberal de tipo antigo, das velhas cidades livres; os partidários da Áustria, que Bismarck tinha em 1866 expulsado da comunidade política alemã; e, enfim, os remanescentes do *Stilles Deutschland* (Alemanha quieta), do idílio *Biedermeier*, da cultura goethiana e hegeliana, que resistiram, embora só passivamente, ao materialismo do poder militar prussiano e do enriquecimento pela industrialização. Havia oposicionistas fiéis à cultura clássica e ao liberalismo político. Eram pessimistas, infensos ao patriotismo oficial, porque seu próprio patriotismo era de natureza mais íntima. Homens como o romancista Raabe, o historiador suíço Burckhardt, o historiador Mommsen, muitos outros espíritos nobres e retraídos.

O porta-voz mais ruidoso do neorromantismo nacionalista era Wagner. Contra ele não podia deixar de se levantar uma oposição alimentada pelas forças espirituais do romantismo "antigo", mais autêntico. Os inspiradores dessa reação, em primeira linha o grande violinista Joseph Joachim, também chefe de um famoso quarteto de cordas, dirigiram-se à nação em manifestos, invocando a memória de Beethoven, Mendelssohn e Schumann contra aquele que declarara morta e extinta a música sinfônica e de câmara, o maior orgulho da música alemã. Responderam os wagnerianos que se trataria apenas de uma reação de judeus, como Joachim, contra o antissemitismo de Wagner.

Mas não foi tão fácil explicar a assinatura, naqueles manifestos, de um homem arquigermânico, pelo físico e pela mentalidade, como Brahms: o representante, na música, daquela "antiga Alemanha", que, embora natural do extremo norte do país, escolheu, logicamente, para segunda pátria a Áustria, não subjugada pelas forças de Bismarck e Wagner.

Johannes Brahms (1833-1897)[37] nasceu em Hamburgo, filho de um músico de orquestra, de origem muito humilde. Passou a infância em ambiente proletário. Começou a vida como músico viajante, tocando em tavernas e acompanhando em concertos virtuoses duvidosos. Mostrou algumas composições a Schumann, então já em sua última fase; mas o pouco que o mestre viu bastava para diagnosticar o gênio e apresentá-lo ao mundo num artigo cheio de entusiasmo. Desde então e até o fim da vida, Brahms ficou ligado à memória de Schumann e, por um amor tímido e nunca declarado, à viúva Clara. Mas não se julgava obrigado a continuar o caminho do mestre. Para corresponder às expectativas provocadas por aquele artigo — grave responsabilidade que teria sufocado um menos forte —, o rapaz de vinte anos superou o romantismo inato, disciplinando-o pelo culto severo da forma clássica: de Beethoven e, mais tarde, de Bach. Ao lado do seu amigo Joachim entrou na luta contra Liszt. Mas aos insultos grosseiros de Wagner respondeu com admiração por Os *mestres-cantores*. Em Viena, encontrou seu lar definitivo, de celibatário que falava cinicamente das mulheres porque lhe inspiravam timidez. Viveu no ambiente faustoso da burguesia vienense, dos tempos mais prósperos da capital imperial. Virou homem abastado. Cumularam-no de honrarias e homenagens. Aceitou-as, sem transigir jamais com a frivolidade do ambiente. Foi um homem severo, dedicando a vida toda à arte severa.

Foi homem áspero, intratável, mas não inacessível. Sua música parecia dura a muitos; e ainda parece assim a alguns. Não se abre logo nem com facilidade. É preciso aprender a ouvir Brahms. Quem lhe recusar esse estudo perderia o acesso a um patrimônio espiritual que só poderia desaparecer com nossa música toda e com a nossa civilização.

Johannes Brahms, 1866.

Na mocidade, Brahms foi romântico. Mas só subsistem poucas obras românticas suas, porque Brahms tinha, também em anos posteriores, o hábito de destruir os originais que não resistiram à sua severa autocrítica; calcula-se que só temos a metade daquilo que escreveu. Desse modo, uma das suas primeiras obras publicadas, a *Sonata para piano em fá menor, Op. 5* (1853), já não é uma obra propriamente romântica. É obra clássica no sentido em que o são as sinfonias românticas de Mendelssohn ou os quartetos românticos de Schubert: a forma disciplinando a emoção. Contudo, em Brahms a emoção é muito mais forte, até tempestuosa, e a forma é muito mais severa. A *Sonata, Op. 5*, é a maior sonata para piano que se escreveu depois de Beethoven e a única escrita por outro compositor que seja digna do mestre do gênero. A profecia de Schumann já estava confirmada.

5. OS ROMANTISMOS

A maior obra da primeira fase de Brahms é o *Quinteto para piano e cordas em fá menor, Op. 34* (1834), o mais belo exemplo do gênero depois do quinteto de Schumann; mais viril que este último, com inesquecíveis temas folclóricos no melancólico movimento lento e no jovialíssimo *scherzo*. Algo como um resumo da evolução estilística de Brahms é o *Trio para piano e cordas em si maior, Op. 8*, pois foi escrito em 1854, quando o compositor tinha 21 anos, mas inteiramente remodelado em 1891, quando tinha 58 anos e já não lhe restava muito tempo para viver. O estudo atento dessa obra é indispensável para quem deseja realmente conhecer Brahms e seus processos de criação.

Depois, uma longa série de obras de música de câmara, todas elas de primeira ordem: os *Quartetos para cordas em dó menor e lá menor, Op. 51* (1873), e *em si bemol maior, Op. 67* (1875); os *Quintetos para cordas em fá maior, Op. 88* (1822), e *em sol maior, Op. 111* (1890), estes últimos talvez suas maiores obras camerísticas; o *Quarteto para piano e cordas em dó menor* (1875); o *Trio para piano e cordas em dó maior, Op. 87* (1882); o *Trio para piano e cordas em dó menor, Op. 101* (1886). São as obras mais características de Brahms: de rigorosa estrutura arquitetônica; de aspecto melódico áspero ("não cantam"); música absoluta, sem qualquer inspiração literária, evitando a manifestação direta da emoção. Mas o mestre "canta" nas suas três *Sonatas para violino e piano: nº 1 em sol maior, Op. 78* (1879), que aproveita, à maneira schubertiana, o tema da *Canção da chuva; nº 2 em lá maior, Op. 100* (1886); *nº 3 em ré menor, Op. 108* (1888). São as mais belas sonatas para o instrumento depois das de Beethoven.

Enfim, um número muito grande de *lieder*, profundamente sentidos. Para citar só os maiores: *Sapphische Ode* (*Ode Sáfica*, 1884); *Wie Melodien* (*Como Melodias*, 1886); *Immer leiser wird mein Schlummer* (*Cada vez mais leve vira meu sono*, 1886); *Auf dem Kirchhofe* (*No cemitério*, 1886). Nesses *lieder* o mestre tão retraído abriu seu coração, cantando, em linguagem melódica de cunho inconfundivelmente pessoal, a melancolia de sua solidão e da velhice que se aproxima.

A última fase de Brahms não é tão exatamente separada da segunda fase como no caso de Beethoven; uma ou outra obra desse novo estilo já foi escrita anos antes.

Tampouco é possível caracterizá-la em poucas palavras, porque a mudança, por mais radical que seja, não é unilateral. Por um lado, Brahms permite-se efusões rapsódicas que sua autocrítica não teria tolerado em fases anteriores; não se trata, evidentemente, de relaxamento, mas de explosões de um temperamento que foi durante muito tempo severamente reprimido (o caso lembra os poemas da velhice de Yeats). Por outro lado, a arte de Brahms torna-se deliberadamente arcaica, empregando recursos pré-clássicos e formas de Bach, às quais a "áspera" invenção melódica do mestre se adapta perfeitamente; mas é, evidentemente, um Bach assim como o compreendia a segunda metade do século XIX. Daquele estilo rapsódico são exemplos as últimas obras pianísticas de Brahms, talvez suas maiores: os *Três intermezzi, Op. 177* (1892), e os *Sechs Stücke (Seis peças), Op. 118* (1893), que termina com uma *Chacona* (outros acreditam reconhecer uma *Passacaglia*), grandiosamente obstinada como o ritmo implacável da morte. Estes e aqueles elementos se encontram reunidos no *Quinteto para clarinete e cordas em si menor, Op. 115* (1891), de eufonia e arquitetura perfeitas, dir-se-ia mozartianas, interrompidas por um movimento rapsódico, de poesia selvagem.

A *Sinfonia nº 4* e o *Quinteto com clarinete* são das maiores obras musicais do século XIX e de todos os tempos. Mas ainda os superam os *Vier ernste Gesänge* (*Quatro canções sérias*, 1896), de severíssima declamação melódica dos textos: as três primeiras canções, sobre versículos do Eclesiastes, de pessimismo abismal, desesperado; a quarta, esperançosa, sobre um texto do apóstolo São Paulo. É a última obra de Brahms, escrita quando ele já pressentia a aproximação da morte; e talvez a maior.

Ocorre, a propósito de Brahms, um verso do grande poeta espanhol Antonio Machado: "*¿Soy clásico o romántico? No sé*". A obra do mestre pode ser interpretada desta ou daquela maneira. A resposta seria a definição de Gide: o verdadeiro classicismo é aquele que nasce da subjugação de emoções românticas pela disciplina severa. Em todo caso, Brahms não é — como antigamente acreditavam muitos — um acadêmico seco. Muito menos merece o título pejorativo de *maître-copiste*, que um francês incompreensivo lhe conferiu. A originalidade da sua linguagem musical é tão específica que ninguém desconheceria uma melodia de Brahms ou a confundiria com invenção de outrem. Seu beethovenianismo não é epigônico. Sua música de câmara realiza o que Schubert ideara e não chegara a cumprir. Seu "estilo Bach" é livre e novo. Não é um *maître-copiste*; é um mestre, e dos maiores.

Brahms tem exercido influência maior do que se pensa. Traços dela se descobririam onde ninguém suspeita: na obra de Schoenberg e dos seus discípulos; e no neoclassicismo deliberadamente arcaico de alguns dos discípulos de Stravinsky.

Também é incalculável — porque é difícil verificá-la — a influência que a tão frequente audição das obras de Brahms exerce sobre vários grupos de compositores e sobre a formação do gosto do público contemporâneo. Mas o exemplo de Reger demonstra que não poderá ou não pode haver um Brahms do século XX. O mestre não foi epígono. Tornam-se epígonos, porém, os que pretendem deliberadamente segui-lo. Sua arte é inimitável.

É, como disse Buckhardt sobre épocas finais da história universal, "a luz de um nobre outono".

Os epígonos de Brahms, entre os seus contemporâneos e discípulos, estão hoje quase todos esquecidos. Salva-se uma ou outra obra isolada, como o belo *Concerto para violino e orquestra em sol menor* (1866), de Max Bruch (1838-1920), que continua sendo muito executado; a abundante produção vocal desse compositor já desapareceu do repertório. O último brahmsiano é o húngaro Ernst von Dohnányi (1877-1960), grande pianista, que encontrou público para suas composições principalmente na Inglaterra: ali executam, ainda, sua *Sinfonia em ré menor* e as espirituosas *Variações sobre uma canção infantil*, para piano e orquestra; como húngaro, esse acadêmico não escapou, aliás, à influência de Liszt; e esse camarada mais velho dos vanguardistas Bartók e Kodály também já conheceu a arte de Debussy.

A ESCOLA DE FRANCK

A desgraça de Berlioz foi seu isolamento, como músico principalmente instrumental, num ambiente, numa sociedade que só apreciava a música de teatro. Nos concertos sinfônicos, cultivava-se, para um público limitado, a arte alemã do passado. Dos contemporâneos só se admitia a produção dos grandes virtuoses, que continuavam a tocar, com preferência, suas próprias obras. Assim o célebre violinista Henri Vieuxtemps (1820-1881), do qual sobrevive, pelo menos, o *Concerto para violino e orquestra nº 5 em lá menor* (1858); recentemente também foi desenterrado o romântico *Concerto em ré maior* (1845). Um virtuose desses também foi Edouard Lalo (1823-1892), autor de um concerto para violino e orquestra, denominado *Symphonie espagnole* (1873), que tem notável valor musical e continua no repertório; assim como no repertório de Paris se mantém sua ópera *Le Roi d'Ys*. Lalo não foi um gênio, mas exerceu influência de proporções quase históricas: a renascença da música instrumental da França deve-lhe muito.

César Franck (1822-1890)[38], natural de Liège, filho de pai belga e mãe alemã, estava destinado a virtuose no piano. Preferiu, mais tarde, o órgão. Entre 1859 e 1872, foi organista da Igreja de Sainte-Clotilde, em Paris, onde Liszt o ouviu, com admiração profunda, improvisar no instrumento. Não foi publicamente reconhecido nem teve encorajamento oficial, apesar de ter-se naturalizado cidadão francês. O conservatório também só o admitiu tarde no seu corpo docente, e só como professor de órgão. O sucesso foi pouco; e só veio nos últimos anos de vida. Mas não foi uma vida frustrada, porque o amor e a dedicação, quase a devoção de alunos e discípulos, lhe garantiram a sobrevivência da obra.

Já se falou, a seu respeito, em "Brahms francês" ou "Brahms católico". As comparações dessa natureza sempre claudicam. Há no classicista Brahms um fundo romântico. Franck antes é neorromântico. Os modelos que adotou conscientemente foram Bach e Beethoven, sobretudo o Beethoven da última fase. Interpretou-os, porém, de uma maneira que já não nos parece exata. Pois não há que negar, em César Franck, certa influência de Liszt. Apesar do seu tradicionalismo, não foi um epígono. É muito pessoal e é "moderna" sua paixão pelo cromatismo, pelas modulações incessantes. Original também é a forma "cíclica" que adotou, a construção de uma obra inteira com base em um tema único, que passa pelas necessárias modificações. São essas particularidades que tornam tão atrativas suas obras, para o ouvinte e para o estudioso que sempre descobre nelas complicações inesperadas e problemas resolvidos com felicidade.

O sucessor de Franck é Vincent D'Indy (1851-1931)[39]: fundou em 1894, em Paris, a Schola Cantorum, instituição de ensino musical livre, para administrar a herança espiritual do mestre. Mas D'Indy foi caráter muito diferente. Católico como Franck, mas também nacionalista extremado e reacionário, na política e na música, homem de intolerância terrível e de um orgulho que sua produção musical não justifica. Sua obra mais original são as *Variações Sinfônicas Istar* (1896), nas quais o tema só é revelado no fim. De certa frescura e de inspiração genuinamente francesa é a *Symphonie sur un thème montagnard français* (1886). A ópera *Fervaal* (1895) revela veleidades wagnerianas. Nas mãos de D'Indy, o franckismo ficou sistematizado como uma escolástica musical.

Contemporâneo independente — e, no entanto, afim — do franckismo foi o nobre Gabriel Fauré (1845-1924), um último romântico, descendente de Schumann e Chopin, mas sinceramente religioso como os discípulos do mestre de Sainte-Clotilde. Ele mesmo foi, durante anos, organista da Madeleine em Paris. Foi um grande professor de conservatório que cultivava, na intimidade, o *jardin clos* da sua música, tipicamente francesa, fechado a veleidades "modernistas". Pôs em música o *Jardin clos* (1918), ciclo de *lieds* do poeta belga Charles van Lerberghe. Outros ciclos seus são *La bonne chanson* (1892), textos de Verlaine, e *La Chanson d'Ève* (1910), textos de Van Lerberghe. É, como se vê, o compositor da poesia simbolista. Algo do intimismo do *lied* também há na ópera *Pénélope* (1913) e sobretudo na sua obra-prima, o *Réquiem* (1887), que é justamente o contrário do *Réquiem* de Berlioz; nada dos terrores do *Último juízo*; mas no fim se acredita ouvir o suave ruído das asas dos anjos do Paraíso.

5. OS ROMANTISMOS

Não há música mais consoladora do que essa. Fauré preferiu aqueles gêneros que os operistas tinham banido: o *lied* e a música de câmara. A *Sonata para violino e piano nº 1 em lá maior* (1876) é de frescura juvenil, encantadora. Obras de velhice, maduras e até de sabedoria metafísica, são o *Quinteto para piano e cordas em dó menor* (1921) e, sobretudo, o *Quarteto para cordas em mi menor* (1924). Fauré foi um mestre deliberadamente "antiquado"; sua obra tem valor extratemporal.

Um *pendant* inglês do franckismo é a música de sir Edward Elgar (1857-1934)[40], que foi saudada como a renascença da arte de Purcell e Händel, perdida há séculos na ilha.

O oratório *The Dream of Gerontius* (1900) é obra característica da "segunda religiosidade" (Spengler) do *fin du siècle*; mas não há nela nada de decadente, antes uma sã força britânica. No entanto, Elgar é um epígono. Escreveu um bom *Concerto para violino e orquestra em si menor* (1910). O *Concerto para violoncelo e orquestra* (1919) é comovente elegia sobre as vítimas da Primeira Guerra Mundial. Originais são as *Enigma Variations* (1899), nas quais o tema das variações não é revelado.

Personalidade semelhante é seu patrício Gustav Holst (1874-1934), o autor do grandioso *The Hymn of Jesus* (1917), de solenidade bizantina; sua obra mais conhecida é, porém, a música de programa da suíte *The Planets* (1919).

Compositores dessa mentalidade "neorreligiosa" apareceram, por volta de 1900, em vários países europeus. Na parte flamenga da Bélgica, tinha Pierre Benoit (1834-1901) iniciado uma renascença musical. Obras principais: a cantata profana *De Schelde* (*L'Escaut*, 1869) e outra, *Vlaanderens Kunstroem* (*A glória da arte flamenga*, 1977), dedicada à memória de Rubens. Entre essa música flamenga e o franckismo francês, situa-se Edgar Tinel (1854-1912), cujo oratório *Franciscus* (1888) foi por volta de 1900 muito executado e elogiado.

Até na Itália de Mascagni e Puccini surgiu na mesma época um renovador da arte do oratório: Lorenzo Perosi (1872-1957), autor de obras como *La Passione di Cristo* (1897), *Trasfigurazione di Cristo* (1898), *La Risurrezione di Lazzaro* (1898) e várias outras semelhantes. A simplicidade litúrgica de sua linguagem musical encantou os contemporâneos, inclusive o papa Pio X; só mais tarde se percebeu a veia teatral desse compositor-sacerdote, desviado por engano vocacional para a música sacra; o reconhecimento do erro e severas reformas da música litúrgica pela Santa Sé condenaram-no, depois de sucessos quase sensacionais, a uma longa noite de eclipse e esquecimento.

Não se pode duvidar da sinceridade religiosa de um Perosi ou dos franckianos franceses e belgas nem da inspiração religiosa dos oratórios de Elgar. No entanto, essa música sacra de 1900 nos dá hoje impressão singularmente profana. Os recursos técnicos e harmônicos desses compositores eram incompatíveis com o espírito litúrgico dos textos; foi esse, aliás, o motivo da reforma pela qual o papa Pio X, assistido por Perosi e outros, excluiu do culto toda música instrumental, recomendando a volta ao coral gregoriano.

Aquela incompatibilidade entre a religião dos discípulos de Franck e a sua técnica provocou uma grave crise; contribuiu para tanto a infiltração da música wagneriana nos círculos intelectuais da França, inclusive na Schola Cantorum.

O próprio César Franck, nos últimos anos de vida, confessou-se fortemente impressionado por *Tristão e Isolda*, em cujo cromatismo tinha de reconhecer as extremas possibilidades das suas próprias convicções harmônicas. Um dos seus discípulos preferidos, Chausson, escreveu a ópera wagneriana *Le Roi Arthus*. Seu sucessor D'Indy escreveu a ópera wagneriana *Fervaal*. E Henry Duparc fez a peregrinação para Bayreuth, para ouvir a representação autêntica de *Tristão e Isolda*.

No meio dessa crise já estava o último franckiano, Albert Roussel (1869-1937)[41]: autodidata, que conheceu como oficial da Marinha o Oriente; estudou, depois, com D'Indy. Com Roussel, começa o impressionismo a minar e decompor as arquiteturas franckianas. Obras de um franckiano avançado são as de música de câmara e o imponente *Psaume 80*. O gênio construtivo revela-se melhor na *Sinfonia nº 3 em sol menor* (1930), obra capital da música francesa, e na bucólica *Sinfonia nº 4*. Obras especificamente francesas, renovando um antigo gênero nacional, são os óperas-balés: *Padmâvatî* (1923) e *Aenéas* (1935). A esse respeito, Roussel é precursor do neoclassicismo de hoje. Por outro lado, seu uso dos "modos" antigos já lembrou a um crítico a conhecida frase de D'Indy conforme a qual "o coral gregoriano é o folclore musical da França". Parece, porém, que o uso desses "modos" foi inspirado a Roussel pelos sistemas tonais diferentes que conhecera no Oriente, especialmente na Indochina.

Em todo caso, a incompatibilidade desses "modos" com o sistema harmônico de Bach-Rameau contribuiu para a eclosão da crise da música romântica na França.

6. A crise da música europeia

Os bailarinos Flore Revalles e Vaslav Nijinski em *Prélude à l'Après-midi d'un faune*, com o poema sinfônico de Debussy, coreografado por Nijinski para os Ballets Russes. Fotografia de Karl Struss, 1917.

Por volta de 1900, já verificou a crítica, em toda parte, certo "cansaço de Wagner", quer dizer, a saturação com música wagneriana. Foi uma crise que teve raízes na própria obra do mestre de Bayreuth.

O ano de 1859 foi fatal na história da música europeia. É o ano de *Tristão e Isolda*.

Wagner chegou até as últimas possibilidades do cromatismo romântico. Não teria sido possível ir mais longe sem atravessar as fronteiras do sistema tonal de Bach-Rameau, fundamento da música do Ocidente. O próprio Wagner recuou: para a polifonia instrumental d'*Os mestres-cantores*, para o "mundo de acordes" de *O anel do Nibelungo* e de *Parsifal*. Mas não se pode fazer esquecer o que aconteceu. O curso da história é irreversível. Mais cedo ou mais tarde, a crise de 1859 deveria ter suas consequências apenas retardadas. Teve-as por volta de 1900, quando a crise social e ideológica sacode os fundamentos da Europa. São os anos da ascensão dos partidos socialistas e das primeiras explosões do sindicalismo revolucionário, que dará lições de técnica do golpe de Estado a fascistas e comunistas. São os anos da crise do pensamento racionalista e materialista: da filosofia de Bergson e da estética de Croce. Enquanto se prepara muita coisa nova, sente-se um cansaço geral: fala-se em decadência. Acreditavam perceber sintomas dela em todos os setores da vida. Na música, parecia decadente o entusiasmo de tantos compositores de 1900 por *Tristão e Isolda*, por essa música que Nietzsche tinha definido como "nervosa", "doentia", "perigosamente fascinante". Mas enquanto há progresso na história das artes, foi realmente um progresso esse recuo para 1859; para retomar o fio da evolução de onde Wagner o deixara cair das suas mãos de pessimista neorromântico.

A crise é, em primeira linha, alemã: é a impossibilidade evidente de continuar fazendo música assim como Wagner a fizera. É a situação dos Reger, Pfitzner, Mahler, Richard Strauss.

Os primeiros experimentos de superação da crise devem-se a uns poucos músicos de cunho internacional: Busoni, Scriabin.

A superação da crise será obra dos sucessores e dos adversários da escola de César Franck, minada pelo cromatismo wagneriano. São Debussy e os impressionistas; e mestre Ravel.

A CRISE NA ALEMANHA: MAHLER, STRAUSS, PFITZNER, REGER

Recurso de periodização, na história da literatura e das artes plásticas, é o teorema das gerações: a tese conforme a qual os estilos mudam no mesmo ritmo em que se

6. A CRISE DA MÚSICA EUROPEIA

sucedem as gerações biológicas. O ano do nascimento adquire importância tão grande como nos horóscopos dos astrólogos. Alfred Lorenz aplicou esse teorema à história da música. Mas seu resultado, os grupos de gerações de polifonistas e grupos de gerações de homofonistas, não foi geralmente aceito. Só em casos de impossibilidade de outra classificação adota-se o critério dos anos de nascimento: assim, aparecem na cabeça deste capítulo os nomes de Mahler (1860), Richard Strauss (1864), Pfitzner (1869), Reger (1873). O estudo das reações desses quatro mestres em relação ao wagnerismo inspira, porém, outra ordem além da cronológica: começando com Reger e terminando com Richard Strauss.

Max Reger (1873-1916)[1] é o mais "reacionário" dos quatro compositores. É o anti-Wagner. Também foi, em vida, o anti-Richard Strauss. Só admitia a música absoluta. Os contemporâneos chamavam-no de "novo Brahms", seja para exaltá-lo, seja para hostilizá-lo. No entanto, esse filho de camponeses bávaros começou como wagneriano entusiasmado. Só o ensino do severo teórico Hugo Riemann o converteu para o credo "Brahms-Bach". Combateu tenazmente os fanáticos de Bayreuth e a música de programa, os poemas sinfônicos de Richard Strauss. Teve, como regente, conflitos violentos em Munique e Leipzig. As universidades, muito conservadoras, apoiaram-no, conferindo-lhe doutorados *honoris causa*. Como regente da excelente orquestra mantida pelo grão-duque de Meiningen, teve grande sucesso, em casa e em viagens. Enfim, foi nomeado diretor de música da Universidade de Iena. Sua produção foi enorme, febril, fanática, como se adivinhasse a morte prematura.

Raramente, em toda a história da música, um compositor tinha tão forte talento de construção arquitetônica. Pensava, por assim dizer, em termos polifônicos. Seu professor Riemman lhe tinha dito: "Se quiser, você será um segundo Bach". Essa profecia nos parece hoje exagero absurdo. A maioria dos críticos diria: "Um acadêmico excepcionalmente dotado". Teria sido só aquilo que um crítico francês incompreensivo dizia sobre Brahms: um *maître-copiste*?

Afinal, na produção imensa e desigual de Reger, há um número surpreendentemente grande de obras que permanecerão, apesar dos defeitos assinalados. E há mais um argumento capaz de reabilitar o mestre: não foi tão "reacionário" como parece. Ou antes, seu aparente reacionarismo já não se afigura, hoje, tão reacionário como em 1910. Suas obras bachianas e o nobre *Concerto em estilo antigo* (1912) antecipam a "moda barroca" na música alemã de 1920 e 1930 e o "neoclassicismo" de muitos estrangeiros da mesma época. E Reger pode ter sido reacionário em tudo, menos em sua harmônica; o polifonismo linear levou-o muitas vezes, e deliberadamente, como no *Quarteto para cordas em fá bemol menor* (*Op. 121*), até as últimas fronteiras do sistema tonal. Um regeriano de hoje é ou seria um músico bastante moderno.

Com exceção de Reger, todos os outros representantes da crise na Alemanha partem, desta ou daquela maneira, de Wagner; ainda Schoenberg, nos seus primeiros tempos, foi wagneriano. Mas cada um procura, a seu modo, sair do impasse. Para diante ou para trás.

Para trás foi Hans Pfitzner[2], um dos homens mais solitários em toda a história da música. Wagneriano por muitos motivos e afinidade íntima, procurou, no entanto, aprofundar o "germanismo" de Bayreuth, acrescentando-lhe qualidades típicas do primeiro romantismo alemão. Ao mesmo tempo, atacou asperamente todo e qualquer "modernismo", que costumava chamar de "futurismo", incompatibilizando-se, enfim, com todos, com a "direita" e com a "esquerda" da música. Chegou a ser boicotado. A vitória da reação política na Baviera, nos anos depois de 1920, levou-o a aceitar o cargo de "diretor-geral de música" em Munique. Contra os modernistas, vitoriosos em outra parte, defendeu Wagner, mas de maneira tão agressiva e inábil que passava, depois, por nazista, o que nunca foi. Morreu em 1949 na extrema miséria e no exílio.

Reger e Pfitzner, embora separados como dois mundos diferentes, parecem ter percorrido caminhos paralelos: afastando-se de Wagner por motivos "reacionários" e chegando a regiões além do cromatismo wagneriano. Seria essa a marca da época?

Quase se acredita, olhando-se para o caminho do seu contemporâneo Mahler, que veio de ambiente tão diverso: wagneriano só no sentido em que o devia ser, fatalmente, um regente de ópera por volta de 1900; mas tendo recebido a lição de Wagner através da sinfonia de Bruckner; e chegando, no entanto, às portas da música de Schoenberg.

Gustav Mahler (1860-1911) foi o maior de todos os regentes de orquestra. Seus contemporâneos admiravam-no só nessa qualidade; sua atividade criadora parecia hobby de um homem de ambições demasiadamente grandes. Nasceu na comunidade judaica de uma pequena cidade, meio alemã, meio tcheca, na Morávia; o mesmo ambiente em que na mesma época nasceu Sigmund Freud. A capital, para esses intelectuais de província do império austríaco, era Viena, onde só os esperavam, porém, dificuldades e hostilidades. Mahler teve muito mais sorte que outros; mas também era homem de energia fanática. Obteve postos de comando nos teatros de ópera de Budapeste e Hamburgo. Em 1897 é nomeado diretor da Ópera Imperial de Viena, cargo de prestígio incomparável. Justificou plenamente as expectativas: a casa histórica voltou a ser, sob a sua direção, o primeiro teatro de ópera da Europa. O preço foi alto; as exigências enormes do regente aos seus auxiliares incompatibilizaram-no com os cantores e com a orquestra. Intrigas baixas obrigaram-no, em 1908, a se demitir.

6. A CRISE DA MÚSICA EUROPEIA

Chamaram-no para os Estados Unidos, como regente da Metropolitan Opera, o cargo mais altamente remunerado do mundo. Mas o coração, já gravemente doente, não resistiu ao tumulto da vida americana; muito menos os nervos, que o mestre tinha à flor da pele. Voltou. Morreu em Viena. O grande ciclo musical da capital austríaca, iniciado com Haydn, estava fechado.

Mahler foi homem dos mais esquisitos, reencarnação do Kapel meister Kreisler, do personagem fantástico do romântico E. T. A. Hoffmann. Homem de magreza esquelética, torcendo-se em movimentos burlescos que faziam rir o público, esse Paganini da batuta conseguiu realizar milagres: suas representações das óperas de Mozart, do Fidelio, dos dramas musicais de Wagner, suas versões das sinfonias de Beethoven, Schumann e Brahms, são até hoje consideradas insuperáveis. Foram realizações de um ideal invisível que esse fanático construíra em sua cabeça. Para tanto, matou seu coração doente e quase matou os outros, os cantores, os músicos da orquestra, até enfim todos se revoltarem contra os ensaios intermináveis, contra as exigências inéditas. No entanto, admirava-se o resultado. Mas não se admiravam igualmente as sinfonias, de dimensões e efeitos também inéditos, que Mahler propôs ao público. E até hoje subsiste a dúvida sobre se o gênio da reprodução da música correspondia, em Mahler, ao gênio criador.

Mahler é mais "moderno" do que hoje se admite. Mas esse romântico nato foi como um Moisés ao qual só foi dado ver de longe a terra da promissão. Foi um intelectual, cheio de saudade da certeza religiosa e sacudido por dúvidas martirizantes; oscilando entre furiosa avidez de viver e pessimismo doloroso. Um típico *décadent* de 1900. A plena expressão de sua alma torturada, a obra à qual está garantida a permanência, é o *Das Lied von der Erde* (*Cântico da Terra*, 1908). Chamou-o de "sinfonia". Mas antes é um ciclo de *lieds* com grande acompanhamento orquestral. A letra: poesias dos antigos poetas chineses Li Tai Po e Wang Wei, congenialmente traduzidas para o alemão por Hans Bethge. Expressões de pessimismo abissal em face da vida e da morte que amaldiçoa; recordações felizes da juventude e beleza; e, como último movimento, uma *Despedida*, que é a música mais comovente que no século XX foi escrita.

Em torno da obra de Mahler houve e há muita divergência de opiniões. O esforço meritório de dois grandes regentes, do austríaco Bruno Walter e do holandês Willem Mengelberg, conquistou-lhe um público fiel, mas limitado, antes uma seita. Enfim, prevaleceu a tese desfavorável: que reconhece em Mahler a tendência para o "colossal" e a "segunda religiosidade" (termo de Spengler), típicas dos tempos da decadência de uma civilização. A fúria nazista, banindo do repertório as obras do compositor judeu (que, fora da Alemanha e Áustria, ainda não estava bastante divulgado), parecia condenar a obra ao esquecimento. Hoje em dia, já ressurgiu: na Alemanha e na Áustria, Holanda e Estados Unidos, mas também na Inglaterra, França e Itália. As oscilações da crítica são explicáveis: a obra de Mahler é uma síntese imperfeita entre tradição e modernidade; impressiona como música moderna, apesar de recursos materiais que já se afiguram obsoletos; talvez essa obra seja maior como sinal da crise espiritual da época do que como valor puramente musical. Mas o *Cântico da Terra* fica.

Ao lado de Mahler, intelectual desesperado e *homo religiosus* inquieto que sacrificou a vida à arte, parece Richard Strauss (1864-1949)[3] um grande oportunista, espiritualmente despreocupado e apenas ilustrando, com arte consumada, as tendências diversas e contraditórias da sua época. Descendente e expressão da alegre e suntuosa burguesia de Munique, sempre amante de todas as artes, teve Strauss uma vida cheia de sucessos e glória: como "diretor-geral de música" (título caracteristicamente alemão) em Munique e Berlim e como diretor da Ópera de Viena, exerceu influência imensa; suas obras foram executadas e representadas no mundo inteiro, especialmente na França e nos Estados Unidos; tornou-se rico; mas a guerra e a hostilidade dos nazistas o arruinaram. Morreu na miséria.

A evolução de Strauss foi tortuosa: não obedeceu a transições lógicas, de uma fase para outra; foi o ziguezague do oportunista, adaptando a gostos e modas diversas sua arte consumada. Começou — ninguém acreditaria — como discípulo de Brahms. As primeiras obras instrumentais, a *Sonata para violino e piano*, o *Concerto para trompa e orquestra, Op. 11*, a *Burlesque em ré menor, para piano e orquestra* etc., são música espirituosa, brilhante, de um epígono altamente dotado; a sobrevivência dessas obras, no concerto e no disco, só é em razão do nome de Strauss; melhor ficariam esquecidas. Mas não convém condenar assim os *lieds* de Strauss, embora muitos deles pertençam ao mesmo período. *Zueignung* (*Dedicatória*), *Allerseelen* (*Finados*), *Der Steinklopfer* (*O britador*), *Morgen* (*Amanhã*), *Winterweihe* (*Sagração do inverno*) e outros sempre continuarão no repertório, belíssimas poesias líricas, às vezes um pouco teatrais,

Strauss regendo, 1900.

©The orchestra and its instruments, 1917

6. A CRISE DA MÚSICA EUROPEIA

romantismo meio epigônico, meio neorromântico. Nesse tempo, Strauss já foi wagneriano. Depois de tentativas menos bem-sucedidas de escrever óperas "bayreuthianas", escolheu o compositor a música de programa: o poema sinfônico à maneira de Berlioz. O gênero em que o mestre francês teve tão pouca sorte com o público foi, para Strauss, muito mais versátil, uma fonte de triunfos.

Desses poemas sinfônicos, só dois são hoje executados com frequência: *Tod und Verklärung* (*Morte e transfiguração*, 1890), obra solene e consoladora; e *Till Eulenspiegels lustige Streiche* (*Os alegres golpes de Till Eulespiegel*, 1895), poema abundantemente burlesco. Merece a mesma sobrevivência *Don Quixote* (1898), em que um solo do violoncelo representa o cavaleiro da triste figura. Os outros poemas sinfônicos de Strauss já envelheceram bastante, inclusive *Also sprach Zarathustra* (*Assim falou Zaratustra*, 1896), "ilustração" musical da filosofia de Nietzsche que então começou a virar moda, e *Ein Heldenleben* (*Uma vida de herói*, 1899), autoglorificação algo impertinente do compositor. Mas, do ponto de vista histórico, os poemas sinfônicos mais interessantes de Strauss são os primeiros: *Don Juan* (1889) e *Macbeth* (1890); neles o compositor partiu do cromatismo de *Tristão e Isolda* para chegar até as fronteiras do sistema tonal, assim como Mahler, Pfitzner e Reger em suas últimas obras.

Strauss não continuou nesse caminho: sua evolução será inversa, "reacionária".

Os últimos poemas sinfônicos de Strauss foram a *Sinfonia doméstica* (1904) e a *Eine Alpensinfonie* (*Sinfonia dos Alpes*, 1915): enormes recursos orquestrais, os maiores jamais empregados, para descrever uma briga em família e uma excursão turística. São obras típicas da Alemanha do imperador Guilherme II (os alemães dizem: "estilo wilhelmino"), fachadas pomposas e nada por dentro. Assim como houve nada atrás da música pseudofilosófica do poema sinfônico *Assim falou Zaratustra*. Strauss foi homem de vasta cultura, mas sem profundidade. Empregou sua habilidade fantástica de orquestração para criar uma música trivialmente ilusionística, de imitação de ruídos. É melhor quando mantém, atrás do programa literário, a forma sinfônica tradicional: *Morte e Transfiguração* é um último movimento de sinfonia, e *Till Eulenspiegel* é um *scherzo*.

Enfim, Strauss deixou de escrever poemas sinfônicos, nos quais um programa literário explica os acontecimentos na orquestra. Já tinha começado a escrever, com felicidade muito maior, óperas sinfônicas nas quais a orquestra explica os acontecimentos no palco.

Salomé (1905) foi um golpe de mestre: composição integral de um texto em prosa, embora seja a prosa poética de Oscar Wilde. O sucesso da obra parecia ligado às veleidades decadentes e exóticas da época. No entanto, *Salomé* sobrevive. Não é música profunda, mas fulgurante, brilhando em todas as cores. Teatro autêntico, seguro do efeito. O ouvinte sem preconceitos não resiste a essa obra genial como de mocidade, mas realizada por um artista já maduro. *Elektra* (1910) parecia repetir os mesmos efeitos; apenas, em vez de um episódio bíblico, histericamente interpretado, um episódio grego, não menos histérico. No entanto, o papel de Cassandra não é repetição de Salomé. A segunda obra vive, de direito próprio, como a primeira.

Depois veio, dir-se-ia sem aviso prévio, a "conversão" de Strauss. Influenciado pelo seu amigo, o grande poeta austríaco Hugo von Hofmannsthal, o compositor internou-se no mundo meio barroco, meio rococó da Áustria do século XVIII. Pôs, por assim dizer, em música o novo gosto historicista da sua época. O wagneriano converteu-se a Mozart.

Foi uma data na história da música.

Der Rosenkavalier (*O Cavaleiro da Rosa*, 1911) não é, evidentemente, uma tentativa de ressuscitar a Áustria mozartiana; se fosse, apenas teria saído uma adaptação inepta. Com todos os recursos da música moderna, interpretou Strauss o libreto que Hofmannsthallle tinha escrito: evocação deliciosa, por um burguês culto e moderno, de uma época de requintada civilização aristocrática, para sempre perdida, de vitalidade abundante com uma ponta de tristeza elegíaca. É uma comédia, muito humana, com um pensamento trágico (o envelhecimento da marechala) no fundo. O século XX ouviu, depois, música mais profunda; mas nunca mais uma música tão saturada de cultura e beleza. Foi, imediatamente antes da catástrofe da Áustria e da Europa em 1914, uma despedida; que o futuro não se cansará de ouvir.

Já não pode haver dúvida: só poucas obras-primas de Strauss sobreviverão; muita música magnífica encerrada nas outras está condenada a desaparecer. É o preço que o grande oportunista pagou pelos seus êxitos. Seu neobarroquismo tampouco é uma analogia do neoclassicismo da nova geração de 1920; foi um sintoma de crise, mas não uma solução.

PRECURSORES: BUSONI; SCRIABIN

O verdadeiro precursor do neoclassicismo é Ferruccio Busoni (1866-1924), filho de pai italiano e mãe alemã, que passou a vida no espaço cosmopolita entre as nações. Foi um dos maiores pianistas de todos os tempos e um literato de inteligência aguda. Como professor em Berlim, entre 1894 e 1914 e entre 1920 e 1924, exerceu grande influência na vida musical alemã. Seu concerto para piano e orquestra (1904), cujo

6. A CRISE DA MÚSICA EUROPEIA

último movimento é um coro sobre versos do poeta dinamarquês Oehlenschlaeger, passava por "ultramoderno", assustando os críticos. Mas Busoni ia muito mais longe. No livro *Entwurf einer neuen Ästhetik der Tonkunst* (*Esboço de uma nova estética musical*, 1906), propôs subdividir a escala, substituindo os tons inteiros e os semitons por "quartos de tom", o que significaria a abolição dos intervalos do *Cravo bem temperado* e do sistema tonal. Foram essas propostas que provocaram os ataques de Pfitzner contra o "futurismo musical". Mas o próprio Busoni não fez tentativas sérias de realizá-las. Sua verdadeira paixão, ou, antes, sua mania, foi a música de Bach, cujas obras pianísticas tocava com a maior perfeição e em estilo novo, sem exibição romântica de sentimentos, fria e quase maquinalmente. Dessa "bachmania" surgiu seu neoclassicismo, tentativa de ressuscitar no palco a música italiana do século XVIII, não como coisa séria, mas como bailado fantástico, carnaval de máscaras e espectros. Essas suas obras — *Turandot, Arlecchino, Die Brautwahl* (tirado de um conto de E. T. A. Hoffmann, 1917) — não obtiveram sucesso. É uma arte fascinante, cerebral, sem espontaneidade melódica e complexa demais; poucos anos mais tarde, porém, Stravinsky escreverá música semelhante. Diferente é a grande ópera *Doktor Faust*, que ficou inacabada (completada por um discípulo de Busoni, o espanhol Philipp Jarnach). Representações recentes forneceram oportunidade para admirar os coros grandiosos em *Doktor Faust* (Dusseldorf, 1962) e o humorismo sutil de *Die Brautwahl* (Darmstadt, 1962). Mas a maior música de Busoni foi, certamente, aquela que ideara e que nunca chegou a escrever.

A música de Busoni está hoje surgindo do esquecimento. Seu sistema de "quartos de tom" foi ressuscitado pelo compositor tcheco Alois Hába (1893), que escreveu nele muita música de câmara, baseada em temas folclóricos. Para poder aplicar o sistema ao piano, foi obrigado a mandar construir um instrumento especial.

No polo oposto ao neoclassicismo de Busoni está o ultrarromantismo de Alexander Nikolayevich Scriabin (1872-1915)[4], cujo nome se tornou mais conhecido na Europa em transcrição conforme a ortografia francesa: Scriabine. Autodidata como tantos outros compositores russos, tornou-se grande pianista, intérprete magistral de Chopin. Também escreveu sonatas e muitos prelúdios e noturnos em estilo chopiniano. Mas algumas dessas peças, como os prelúdios, *Op. 74*, são diferentes: não é possível reconhecer a tonalidade. Até são francamente atonais. Ao cromatismo desmedido corresponde a polirritmia. E esses mesmos recursos novos aplicou Scriabin à orquestra, em poemas sinfônicos pelos quais pretendeu provocar, nos ouvintes, êxtases místicos, fortalecidos por efeitos de iluminação na sala de concertos. São *Le Poème divin* (1905), a sinfonia *Vers la flamme*, o *Poème de l'Extase* (1908), o *Poème du Feu* (ou *Prometeu*) (1913).

Essas composições monstruosas fizeram, durante certo tempo, sensação na Europa; até, enfim, a crítica e o público reconhecerem que se tratava de efeitos friamente calculados. No entanto, a história da música tem de registrar a influência de Scriabin nos começos do atonalismo de Schoenberg.

Espírito afim, mas provavelmente mais sincero, é o russo Obukhov (1892), cuja música já não se parece com nenhuma outra: são frequentes as sequências de acordes que consistem de todos os doze tons e semitons da escala, e os *glissandi* vertiginosos das vozes. Uma obra coral de Obukhov, o *Livro da vida* (1925), foi ocasionalmente executada na Europa. Alguns críticos a exaltaram como início de uma nova época na história da música. Outros pediram respeito a um talento descomunal e ainda incompreendido. Mas outros preferiram dizer: incompreensível. E depois não se falou mais no assunto.

Busoni ao piano, c. 1900. Acervo Biblioteca do Congresso, Divisão de Fotografias e Material Impresso, EUA.

DE DEBUSSY A RAVEL

Artistas e intelectuais como Mahler e Reger, Pfitzner e Richard Strauss estavam bem conscientes da missão de que a época os incumbiu; sem chegar a cumpri-la. Mas não estavam igualmente conscientes do fato de que a crise da música não era situação limitada à Alemanha. Graças a Haydn, Mozart e Beethoven, a Weber, Mendelssohn e Schumann, a Wagner e Brahms, a Alemanha tinha conquistado a hegemonia incontestável no mundo da música. Os músicos alemães não ignoravam o que acontecia fora do seu país. Basta lembrar o que um mestre tão genuinamente francês como Chabrier devia ao regente alemão Felix Mottl. Mas pensavam que a crise surgida na Alemanha e por obra de mestres alemães só na Alemanha pudesse ser solucionada.

Não prestavam atenção à crise paralela na música francesa. Mahler, Strauss, Pfitzner, Reger cresceram e continuavam meio ignorantes do seu contemporâneo Debussy; ou, pelo menos, não lhe reconheceram a importância, considerando-o como artista limitadamente francês. Em consequência, aquela crise foi superada não na

Alemanha, mas na França. E a hegemonia musical alemã, já minada pelo advento dos russos e outras forças novas, foi perdida. Não passou propriamente para a França. Pois no século XX não haverá mais hegemonia de determinada nação. Mas Paris tornou-se a capital do mundo da música, na época que vai de Debussy a Ravel.

Já passou o tempo em que se falava "de Debussy e Ravel", como se fossem artistas muito semelhantes ou quase idênticos, indicando a conjunção "e" a dependência de Ravel em relação ao mestre mais velho. Ravel só foi debussyano nos inícios; sempre continuou admirando Debussy; mas enveredou por outro caminho, radicalmente diferente. Na perspectiva histórica, já vemos os dois compositores separados pela onda mundial do impressionismo e das músicas nacionais, ao passo que a arte de Ravel virou cada vez mais francesa. A época não é de Debussy e Ravel. Vai de Debussy a Ravel.

Claude Debussy (1862-1918)[5] tem, há muito tempo, seu lugar garantido entre os maiores mestres. Houve, porém, um período em que seus admiradores, não satisfeitos com isso, o declararam superior a Wagner e a Beethoven; opinião que hoje já ninguém assinaria. Naquele mesmo momento, outros — e entre esses outros se encontrava Vincent d'Indy, o chefe da "escola de Franck" — negaram à arte de Debussy, simplesmente, a qualificação como música; seria boa, bonita, menos música. Já não precisamos irritar-nos com essa incompreensão. Há nela um grão de verdade: a música de Debussy é diferente de qualquer outra, anterior. O mestre foi um grande inovador, se não um revolucionário, talvez um pouco contra a sua vontade. Pois foi homem da *belle époque* e da boa vida.

Sua biografia não registra acontecimentos espetaculares. Fez os primeiros experimentos diferentes já no conservatório, causando estranheza nos professores.

Fez viagem para a Rússia em companhia de madame de Meck; mas lá admirava menos o amigo dela, o famoso Tchaikóvski, do que o ainda desconhecido Mussorgski, cuja música lhe fez profunda impressão. Prix de Rome. Peregrinação para Bayreuth.

Contatos com os poetas simbolistas; depois, com os nacionalistas da era Dreyfus: Debussy foi homem da direita. O único acontecimento espetacular da sua vida foi a representação de *Pelléas et Mélisande*, em 1902: na noite do ensaio geral, um grande escândalo; na noite da estreia, um grande sucesso. Desde então, Debussy está famoso, é um dos ídolos da *belle époque*, entrega-se à boa vida de um gozador dos prazeres de Paris. Não somente a França, mas todo o mundo latino, então sacudido por movimentos nacionalistas, pré-fascistas, idolatrava-o. Chamavam-no de "Claude de France", que teria derrotado os alemães, arrancando-lhes a hegemonia no reino da música. O chefe político e literário do nacionalismo italiano, Gabriele D'Annunzio, escreve-lhe o libreto para *Le Martyre de Saint Sébastien*. Debussy já estava doente, de câncer, quando a guerra acabou com a *belle époque*. Morreu na Paris bombardeada e quase assediada.

No começo, era vizinho da "escola de Franck". A cantata profana *La Demoiselle élue* (1888) ainda tem algo do "angelismo" dos franckianos. A mesma influência se revela no *Quarteto para cordas em sol menor* (1893), pois está construído na forma cíclica, que Franck inventara. Mas é essa a única semelhança. O quarteto é a única obra de Debussy que pode ser considerada como música absoluta no sentido de Beethoven–Brahms. Não se parece, porém, com nenhum outro quarteto. Abre as portas de um reino sonoro inteiramente novo. O movimento intitulado *Assez vif* é um *scherzo* originalíssimo; o andantino, uma meditação extaticamente mística. Uma obra-prima tão singular que o próprio Debussy achou melhor não escrever o segundo quarteto, já anunciado.

A construção do quarteto não tem quase nada a ver com a arquitetura do quarteto clássico. A seção de desenvolvimento, no primeiro movimento, fica embrionária. A sequência dos acordes conforme as regras da teoria é substituída pela sucessão de acordes isolados. Essa técnica lembrou logo aos contemporâneos a maneira dos pintores impressionistas de cobrir a tela de manchas coloridas (*pointillisme*). Desde então, Debussy sempre foi comparado aos impressionistas, especialmente a Claude Monet; e sua maneira foi chamada de Impressionismo. Não é uma arte dinâmica, como a de Haydn e Beethoven, mas estática: os acordes são como pontos de parada sonoros. Têm a mesma função dos símbolos verbais da poesia simbolista, da qual Debussy também é contemporâneo.

Foi o compositor da poesia simbolista. Pôs em música as *Ariettes oubliées* (1888) de Verlaine e as *Fêtes galantes* (1892, 1904) do mesmo poeta; *lieds* de uma delicadeza até então inédita. Escreveu para orquestra o *Prélude à l'Après-midi d'un faune* (*Prelúdio à Tarde de um fauno*, 1894), ilustrando (sem "programa", naturalmente) o poema de Mallarmé: sua primeira obra inteiramente impressionista e, até hoje, a mais famosa e mais executada; a que causou maior estranheza na época (pela "falta de melodia") e que ainda hoje é capaz de assustar os não iniciados. O ponto alto do simbolismo de Debussy são as três *Canções de Bilitis* (1897), versos de Pierre Louis, delicada evocação do hedonismo erótico da Antiguidade decadente.

Mas os simbolistas franceses eram wagnerianos apaixonados, fanáticos; ao passo que a relação de Debussy com a arte de Wagner é complexa e ambígua. No início, admirava *Tristão e Isolda* sem restrições. Os *Cinq poèmes de Baudelaire* (1889) ainda são bastante wagnerianos. Ainda em 1893, Debussy defendeu publicamente Wagner contra ataques incompreensivos. Depois, começou a sentir a incompatibilidade entre a linguagem musical de Wagner e o ritmo da língua francesa. Começou a censurar a primazia da orquestra, que sufoca a voz humana, e a violenta efusividade dos sentimentos. Quis escrever um anti-*Tristão*, um drama genuinamente francês, em que a orquestra apenas apoiasse a declamação musical em ritmo da língua falada, expressão de sentimentos de amor e angústia, aristocraticamente contidos. Escreveu *Pelléas et Mélisande* (1902), pondo em música o texto integral da peça noturna do simbolista belga Maeterlinck, tragédia sem acontecimentos espetaculares, mas de profundidade íntima. É obra de um antiwagneriano que não teria sido possível se não houvesse antes *Tristão e Isolda*. Uma obra-prima inteiramente nova, tão singular que ninguém jamais escreveu semelhante, nem sequer o próprio Debussy, cujos outros planos operísticos não se realizaram.

As fontes desse novo estilo foram muito discutidas. A influência russa, de Mussorgski, da qual se falava muito na época, parece-nos hoje reduzida; só teve função catalítica, ou de fermento, assim como o uso ocasional de outros "modos", antigos ou exóticos.

Pelléas et Mélisande é obra francesíssima. Não é, como bem observou Rolland, a França heroica e retórica de Corneille e Hugo. Assim como a ópera é anti-Wagner, também é anti-Berlioz. É uma arte intimista, toda de nuança e, como se sabe, *une nuance entre les autres, c'est la vérité*.

Essa arte das nuanças também caracteriza o novo estilo pianístico de Debussy, um mundo completo como o de Chopin e o de Schumann, seus pares; é lícito citar esses nomes, pois justamente no piano é Debussy mais romântico que em outra parte. São obras das mais conhecidas da literatura musical: as *Soirées dans Grénade* e *Jardins sous la pluie*, do caderno *Estampes* (1903); a fantástica *Suite Bergamasque* (1905); *Reflets dans l'eau* e *Et la lune descend sur le temple qui fût*, das duas coleções de *Images* (1905-1907); o delicado humorismo do *Children's Corner* (1908); enfim, os dois cadernos de *Préludes* (1910, 1913), todos eles pequenas obras-primas. Os títulos poéticos-literários dessas peças não deveriam iludir. Trata-se de poesia puramente musical, não de música de programa. Debussy não faz música "ilustrativa". A prova é obra semelhante para orquestra, os *Nocturnes* (1899): o segundo movimento, *Fêtes*, já foi interpretado como descrição musical de uma caça ou de uma procissão; o primeiro, *Nuages*, só descreve vagamente — e com poesia extraordinária — as nuvens igualmente vagas; o terceiro, *Sirènes*, é um coro feminino que canta sem palavras. É singular a arte de orquestração de Debussy. Não precisa das orquestras enormes de um Berlioz ou de um Richard Strauss para dar a impressão de *La Mer* (1905), sua obra mais impressionista, ou a de uma Espanha visionária, em

Ibéria (1912). E é evidente que tudo isso não se podia dizer senão na nova linguagem musical de Debussy.

O interesse dos estrangeiros pela música de Debussy teve, muitas vezes, motivos técnicos. O mestre gostava de empregar escalas alheias do nosso sistema tonal: "modos" da antiga música sacra, escalas eslavas que ouvira na Rússia, e escalas orientais que ouvira em 1900 na Exposição Universal em Paris. Inspirou aos compositores de muitos países coragem para empregar as escalas que encontraram no folclore musical das suas nações. Assim desencadeou o impressionismo francês uma terceira onda de nacionalismo musical.

A primeira onda, da época de Weber, e a segunda, da época de Schumann, tinham despertado a consciência musical de nações que até então tinham contribuído à música do Ocidente: a Polônia de Chopin e a Hungria de Liszt, a Rússia de Glinka e dos Cinco e a Tchecoslováquia de Smetana e Dvorák, a Noruega de Grieg. A terceira onda continuará esse processo, acrescentando mais outro efeito: nações que antigamente tinham desempenhado papel importante na evolução da música, mas que estiveram silenciosas havia séculos, reincorporam-se ao "concerto" da música internacional: os ingleses e os espanhóis. E é da mesma ordem de fatos a renascença da música instrumental no país da ópera, na Itália.

A influência do impressionismo francês na Hungria e na América Latina é, porém, fenômeno que pertence a uma fase posterior da evolução musical: porque já combinada com a influência de Stravinsky e de outros movimentos deliberadamente revolucionários.

É mais conservador, mais pós-romântico o nacionalismo musical romeno, cujo líder, Georges Enescu (1881-1955), fora discípulo de Fauré. Obras principais: uma *Rapsódia romena para orquestra* e a ópera *Œdipe*.

Entre os tchecos, os poloneses e os russos, o impressionismo francês é recebido menos como influência liberadora do que como velho aliado. Não afirma, porventura, todo mundo que Debussy tinha chegado ao seu novo estilo sob a inspiração de Mussorgski? E os tchecos podiam alegar mais: que tinham seu próprio Debussy, mais velho que Debussy: esse "homem entre as épocas", o velho Janácek.

Leos Janácek (1854-1928)[6] só se tornou conhecido fora da sua pátria quando da representação de *Jenufa* na Ópera de Viena, em 1918; tinha o compositor, então, 64 anos. A França, a Inglaterra, a Itália só o conheceram mais tarde. Parecia discípulo eslavo de Debussy, chegando com bastante atraso. Na verdade, *Jenufa* é de 1904. Mas Janácek já era diretor da Escola de Música em Brno, desde 1891, quando Debussy, mais novo oito anos, ainda não chegara a ser "impressionista". A posição incerta do

6. A CRISE DA MÚSICA EUROPEIA

compositor tcheco na cronologia também é consequência de sua evolução sobremaneira vagarosa. Sua mocidade parece-se com a de Bruckner: foi educado no convento dos agostinhos em Brno, capital da Morávia, que é a parte agrária e meio atrasada do país dos tchecos. Ali o compositor Paul Krizkovsky chamou-lhe a atenção para o rico folclore musical, nunca até então explorado, dessa região. E Janácek, como diretor do conservatório e regente de coro em Brno, teve oportunidade de organizar coleção de canções populares. Como compositor, ficou durante muito tempo um epígono do romantismo, só um pouco influenciado pela linguagem impressionista: assim na obra pianística, meio schumanniana, *Em um caminho abandonado* (1901-1908) e num ciclo de *lieds*, *Diário de um esquecido* (1919), obras típicas de melancolia eslava; e ainda em uma das suas últimas produções, o apaixonado *Quarteto para cordas nº 2* (1928), denominado *Cartas íntimas*. Já soam, porém, estranhamente modernas outras obras pianísticas: a *Sonata do operário* (1906) e o ciclo *Nas névoas* (1913).

Foram acontecimentos e atitudes extramusicais — o nacionalismo tcheco, antiaustríaco e pan-eslavista do compositor e seu populismo socialista — que o levaram a estudar mais de perto as particularidades melódicas e harmônicas daquelas canções populares, cujo "eslavismo" musical se lhe revelou muito diferente do folclorismo harmonioso de Smetana e Dvorák: uma música áspera e dissonante, algo parecida com o realismo de Mussorgski (ao qual Janácek deve muito) e diretamente saída do ritmo da língua tcheca falada, cujas sílabas acompanham de maneira *pontilliste*. Janácek foi eslavo no sentido dos grandes escritores russos do século XIX: um moralista de inspiração religiosa, apiedando-se do povo humilhado. Naquela linguagem pôs em música, para coro, alguns poemas do poeta tcheco Peter Bezruc, porta-voz dos trabalhadores tchecos nas minas de carvão da Silésia, que eram explorados pelos ricos industriais de Viena e ameaçados de desnacionalização pelos latifundiários poloneses. São os grandiosos e comoventes coros *Marycka Magdonova* (1908) e *Setenta mil* (1909). Uma história bucólica da mesma região já lhe fornecera o enredo para aquela ópera *Jenufa* (1904), que só depois de 1918 se tornou conhecida no mundo. Mas a ligação muito íntima entre a linguagem musical de Janácek e a língua tcheca sempre será um obstáculo para a apreciação justa da sua arte no estrangeiro. Na mesma linguagem musical, composta de minúsculos fragmentos melódicos e de harmonias estranhas, escreveu a ópera *Kátia Kabanová* (1921), libreto tirado da sombria tragédia *O temporal*, do russo Ostrovsky; a ópera *Da casa dos mortos* (obra póstuma, representada em 1930), tirada da obra homônima de Dostoiévski, certamente a ópera mais desoladamente trágica de todos os tempos; e a ópera-cômica *A raposa astuta* (1928), tentativa singular de aproveitar, numa fábula, aquela língua musical para imitar vozes de animais, obra que teve recentemente grande sucesso no estrangeiro. Mas o maior esforço de Janácek, e o último, foi a *Missa solene glagolítica* (1926), composição do texto litúrgico em língua "eclesiástico-eslava", aquela em que os tchecos rezaram antes de a Igreja romana lhes impor a liturgia latina. É uma das maiores obras corais escritas nesse século.

Janácek foi "homem entre as épocas". É contemporâneo e sucessor de Debussy; e, nos últimos dias de sua longa vida, chegou a reconhecer sua técnica de declamação musical de textos em prosa no *Wozzeck* de Alban Berg.

Mais moderada, mais perto do melodismo de Smetana, é a linguagem musical eslava usada por Jaromír Weinberger (1986-1967), cuja ópera popular *Schwanda, o gaiteiro* (1927), conquistou fácil sucesso internacional. A maneira com que Weinberger sabia inventar uma polca bem ao gosto do povo, desenvolvendo depois o tema em variações bastante modernas, tem sido modelo para compositores de várias outras nações. O folclore musical da Eslováquia, algo diferente do boêmio e moraviano, foi explorado por Vitezlav Novák (1870-1949), discípulo do impressionismo de Debussy, mas já revelando veleidades de aderir a tendências muito mais modernas. Suas obras mais conhecidas são o poema sinfônico *Nas montanhas da Tatra* e um *Quinteto para piano e cordas em lá menor*, a *Suíte eslovaca* e a *Sinfonia de maio*.

A influência do impressionismo francês foi mais profunda, e o resultado foi mais feliz, na Espanha.[7] Ali, depois dos tempos dos grandes polifonistas Morales e Victoria, no século XVI, a decadência fora total. Citam-se alguns nomes; mas não vale a pena repeti-los. A presença de Domenico Scarlatti e Boccherini na Espanha não teve consequências. No restante da Europa, acreditava-se que a música espanhola sempre ficou limitada ao folclore, mina rica para exploradores estrangeiros, como Glinka e Bizet, que o falsificaram mais ou menos. Depois veio Chabrier, com a suíte *España*. E então vieram Debussy e Ravel, com *Ibéria* e com a *Rapsodie espagnole*. Mas estas já estavam, por sua vez, influenciadas pela nova música espanhola.

O precursor fora Felipe Pedrell (1841-1922), que redescobriu os grandes polifonistas, editando as obras de Victoria e desenterrando o organista Cabezón, chamando-o de "Bach espanhol do século XVI", o que parece exagero de entusiasta.

Pedrell foi musicólogo notável. Suas próprias obras, óperas em estilo wagneriano etc., não contam.

A renovação veio de baixo. Isaac Albéniz (1860-1909)[8], catalão de nascimento, foi um autodidata, menino-prodígio no piano, que percorreu a Espanha e os países hispano-americanos inspirando admiração tola a públicos musicalmente ignorantes, pela sua fabulosa capacidade de improvisar. Escreveu um sem-número de pequenas peças típicas, danças, canções, rapsódias, *souvenirs* etc. Nenhuma crítica séria lhe prestava atenção. Ninguém percebeu naquelas peças o estilo caracteristicamente espanhol, talvez influenciado por atavismos árabes. O próprio Albéniz teve ambições muito mais altas. Quis escrever óperas à maneira da Wagner. Mas nem *Pepita Jiménez* (1896) nem *Merlin* (1902), apesar de muito boa música, tiveram sucesso permanente. Enfim, Albéniz mudou-se para Paris. Ficou completamente envolvido pela influência do impressionismo de Debussy. Deu-lhe um novo conteúdo, típico: e saiu grande música pianística. A obra capital de Albéniz são os quatro cadernos de *Ibéria* (1906-1909). Já se dizia: é o Schumann ou o Chopin da Espanha. Mais exato seria dizer: seu Debussy; mas tampouco seria a verdade inteira. Pois Albéniz é diferente. O espanholismo, que em Debussy só foi uma veleidade de exotismo, é no compositor espanhol uma veia inesgotável de invenção melódica, originalíssima, da qual dez operistas como Puccini poderiam alimentar-se durante a vida toda. Mas não teriam, nesse caso, o sucesso internacional do autor da *Tosca*. Pois a invenção melódica de Albéniz está indissoluvelmente diferente do italiano ou de qualquer outro. Sua música é permanentemente dissonante. Albéniz é, em certo sentido, muito mais radical que seu mestre Debussy e mais radical que Ravel. Sua música antecipa certas qualidades da poesia de García Lorca. Há, naqueles cadernos, peças magistrais como *El Puerto*, *Fête-Dieu à Séville*, *Triana*, *Almeida*, *Malaga*, *Jerez*, que evocam irresistivelmente a atmosfera meio oriental da Andaluzia, criada, paradoxalmente, por um músico nascido na Catalunha. Albéniz, que tinha começado como rapsodo popular, é o contrário de um compositor fácil. É um mestre.

É evidente o motivo por que o público dos concertos lhe prefere a Enrique Granados (1867-1916)[9], que também foi grande pianista, que também não teve sucesso com suas óperas e que também é radicalmente espanhol. Mas é um aristocrata. Já foi comparado a Goya, que retratou a gente do povo para os grandes a verem como é. Naturalmente, não houve em Granados nada das intenções subversivas do grande pintor. É um romântico. *La Maja y el ruiseñor* é a mais bela melodia romântica que se inventou nesse século. Nada da abundância de Albéniz; nada das suas audácias harmônicas. É uma música extremamente agradável e, no entanto, de alto valor.

Albéniz e Granados, glorificadores da Andaluzia, eram naturais da Catalunha. Andaluz autêntico foi Manuel de Falla (1876-1946)[10]: nasceu em Cádiz, no extremo sul da Espanha; e, conforme notícias autobiográficas, seu amor à música foi despertado ao ouvir na catedral da cidade as *Sete palavras do Cristo na cruz*, a obra que, um século antes, mestre Haydn tinha escrito para ela. Fez-se grande pianista. Teve, como compositor, os primeiros sucessos com operetas (*Zarzuelas*). Mudou-se em 1907 para

Paris; foi o início de sua *vita nuova*. A primeira influência fora Domenico Scarlatti, o grande cravista radicado na Espanha. Depois, Pedrell despertou-lhe a consciência nacional. Em Paris, ouviu os russos, Mussorgski. Mas as influências dominadoras foram as de Debussy e Ravel; e o encontro com Albéniz. De Falla é nacionalista.

O primeiro grande sucesso fora a ópera *La Vida breve* (1905; representada em Nice, em 1913). Ainda se sente, nesse quadro trágico da vida primitiva espanhola, a influência de *Carmen* e até de Mascagni. Mas já é uma obra autenticamente espanhola. Depois, a primeira obra impressionista: os três movimentos de *Noches en los jardines de España* (1915), para piano e orquestra. Não é obra de um espanhol influenciado por Debussy; é música de um Debussy espanhol, andaluz, cheia de vitalidade rítmica e de tropicalismo sonhador; um dos concertos mais queridos que se escreveram no século. A Andaluzia "bárbara", primitiva, aparece no palco com os dois bailados de De Falla: *El amor brujo* (1915), do qual um trecho, a *Dança Ritual do Fogo*, conquistou as salas de concertos; e *El sombrero de tres picos* (1919). Enfim, obra espanholíssima é a ópera *El retablo de Maese Pedro* (1923), *pendant* humorístico daquela trágica *Vida breve*. O ciclo está fechado.

Mas não se pode negar: em todas essas obras o espanholismo, por mais autêntico que seja, tem algo de exótico, de teatral, de romântico. Talvez a Andaluzia, meio orientalizada, seja mesmo assim. Não é a Espanha do Greco ou de Santa Teresa. Não é Castela. Compreender a Castela, esse foi o último passo, o mais difícil. De Falla realizou-o no *Concerto para cravo* (1926), no qual o instrumento de Domenico Scarlatti é acompanhado por flauta, oboé, clarinete, violino e violoncelo. É, conforme o ponto de vista, uma obra barroca ou uma obra neoclassicista; na música moderna, os dois termos, por mais contraditórios que sejam, às vezes são sinônimos. Mas, no caso daquela obra, será melhor falar em neoclassicismo, no sentido de evocação das formas e harmonias pré-clássicas, anteriores ao classicismo vienense. O concerto é áspero como as últimas obras de Debussy, ascético na expressão. Tem algo do espírito da mística castelhana.

Desde 1929, trabalhava De Falla na sua obra máxima: o oratório profano *Atlântida*. As tempestades da época, que o expulsaram para a América, não lhe permitiram terminar a obra, que foi completada por seu discípulo Ernesto Halffter (primeira execução em Barcelona, 1961). É meio ópera, meio cantata, num *auto sacramental* musicado: conversão do ex-romântico ao polifonismo de Victoria. Sem folclore, o hino da Espanha.

O público conhece mais as obras da primeira fase de De Falla do que as posteriores. Muitos estarão inclinados a considerá-lo como um sub-Ravel, um músico de ritmos de danças exóticas; o que não é pouco, lembrando-se o entusiasmo de Nietzsche pelos "leves pés de dança do sul". Mas De Falla foi homem profundamente sério. Diz-se que lamentou o sucesso permanente das suas primeiras obras. No fim da vida, lembrou-se do misticismo daquelas *Sete palavras de Cristo na cruz*, que, na Catedral de Cádiz, lhe tinham despertado o amor à música: à andaluza, à espanhola e à universal.

O caminho natural do nacionalismo neolatino — através do impressionismo para o neoclassicismo — foi o de Maurice Ravel (1875-1937).[11] Não parece possível extirpar o falso binômio "Debussy e Ravel"; há, aliás, na história da literatura, muitos mais casos desses, como "Corneille e Racine", "Goethe e Schiller", "Byron e Shelley". Mas a conjunção impede a boa compreensão dos fatos; e temos com o mestre a obrigação de expiar o muito que ele sofreu pela teimosia da crítica de considerá-lo um sub-Debussy. É verdade que o impressionismo de Debussy foi seu ponto de partida; mas separam-se os caminhos. Não convém confundi-los. À influência de Mussorgski em Debussy corresponde em Ravel a de Rimsky-Korsakov. O piano de Debussy descende de Chopin; o piano de Ravel descende de Liszt. Debussy é vago e poético. Ravel é espirituoso e exato. São mundos diferentes.

Ravel não foi homem da *belle époque*, embora contemporâneo dela. Foi um solitário de instintos aristocráticos, um pouco esquisitão. Discutiram-no muito e admiravam-no muito. Ele, porém, desdenhou a polêmica assim como o sucesso ruidoso. Da amnésia que lhe escureceu dolorosamente os últimos anos da vida, parece hoje às vezes sofrer a posteridade. Mas Ravel nunca será esquecido.

Incontestada é sua maestria no piano, ao qual criou um novo estilo. Incontestada é sua maestria da instrumentação; sua orquestração dos *Tableaux d'une exposition* pode ser considerada como "falsificação" da obra pianística de Mussorgski, mas será melhor considerá-la como uma obra-prima do próprio Ravel. É preciso, porém, defendê-lo contra a acusação de ter sido um compositor de danças que introduziu em tudo o elemento coreográfico, à custa da seriedade das obras. Desde os tempos de Lully, Couperin e Rameau, são os ritmos de dança o recurso específico da música francesa para pôr em ordem o caos sonoro. Ravel teve o direito de empregá-lo. Quanto a certas obras, ninguém contesta essa tese: são as *Valses nobles et sentimentales* (1911), sua obra mais aristocrática, e o poema orquestral *La Valse* (1920), comovente epitáfio da sua querida Viena. Mas a questão surgiu em torno das duas obras de Ravel que — só elas — se tornaram popularmente conhecidas e cujo sucesso excessivo levou o próprio Ravel à injustiça de renegá-las. A *Pavane pour une infante défunte* (1899, para piano; orquestrada em 1910) foi prejudicada pelo esnobismo dos poetas que a interpretaram das maneiras mais "profundas" e mais arbitrárias; e o *Bolero* (1928) foi prejudicado pelo imenso sucesso popular, o maior que Ravel jamais alcançou. É preciso fazer um esforço para ouvir essas duas obras como se fosse pela primeira vez. A *Pavane*, certamente inspirada pela visita das suntuosas e melancólicas sepulturas subterrâneas de El Escorial, é a mais bela elegia que neste século se escreveu. O *Bolero*, que o próprio Ravel só quis ver considerado como "um estudo em crescendo, com um tema obstinadamente repetido" — esse tema é um dos mais gloriosamente inventados em toda a música; e o tratamento orquestral está acima de tudo que se elogia em Rimsky-Korsakov ou Richard Strauss. Não é preciso procurar profundidades metafísicas nessas duas obras; sua profundidade é a da música.

Mas Ravel também foi admirador do classicismo vienense, que Debussy nunca quis compreender. Seu senso arquitetônico o levou de volta às formas clássicas. O *Quarteto para cordas em fá maior* (1903) não tem o encanto inefável do quarteto de Debussy; contudo já é mais firmemente construído. É hoje geralmente reconhecido como um dos poucos grandes quartetos da época pós-beethoveniana. No entanto, é superior o *Trio para piano e cordas* (1914), em que temas e "modos" estranhos à música ocidental são soberanamente subordinados a uma arquitetura bem construída; uma obra-prima. E nunca se poderá falar bem demais do *Concerto para piano e orquestra em ré menor*, só para a mão esquerda (1931), e do *Concerto para piano e orquestra em sol maior* (1931), nos quais o virtuosismo está sem resto transformado em "forma".

Os pontos altos do classicismo raveliano são o bailado *Daphnis e Chloé* (1912) e a ópera *L'Enfant et les sortilèges* (1925). Sobretudo a primeira obra realiza aquela música "mediterrânea" da qual sonhava Nietzsche; que teria reconhecido em Ravel "seu mestre".

Um traço característico da música de Ravel, comparada com a de Debussy, é o dinamismo. A música da Debussy é essencialmente estática: seus pontos firmes são os acordes isolados. A de Ravel está em movimento perpétuo. Explicou-o essa

Fotografia do bailarino russo Mikhaíl Fokin, na produção de *Daphnis e Chloé*, 1911.

6. A CRISE DA MÚSICA EUROPEIA

qualidade pelo espanholismo do mestre, que teria sido mais genuíno (e explicado por suposta origem ibérica da família) do que o espanholismo meramente "turístico" de Debussy.

Mas justamente nesse ponto não se verifica diferença fundamental entre os dois compositores. A espirituosa ópera-cômica *L'Heure espagnole* (1907), a áspera *Rhapsodie espagnole* (1907) e os três grandiosos *lieds Don Quichotte à Dulcinée* (1932) — a última obra do mestre — são obras inconfundivelmente francesas.

Ravel foi o último grande mestre clássico da música europeia.

7. A música nova

Arlequim com guitarra, de Juan Gris, 1919, óleo sobre tela. Acervo Museu Nacional de Arte Moderna de Paris.

7. A MÚSICA NOVA

Ravel é o último mestre que foi plenamente reconhecido pelo grande público, embora suas harmonias, estranhas às vezes, ainda continuem a ofender ouvidos conservadores. É admirado com certa reserva; mais ou menos assim como o pai da pintura moderna, como Cézanne.

Mas depois de Ravel as relações entre o público e os compositores mudaram. Os insucessos de Stravinsky, durante os últimos decênios, desmentem até certo ponto o êxito ruidoso das suas primeiras obras: estas continuam no repertório, mas quanta gente gosta realmente de ouvi-las? Dos compositores modernos, só alguns poucos, Honegger e Britten sobretudo, venceram a resistência; e não totalmente. Schoenberg morreu em 1951, aos 77 anos; mas ainda hoje passa por iconoclasta; nenhuma das suas obras é capaz de se manter no repertório, e justamente as mais importantes ainda são capazes de provocar escândalos.

Muito se tem feito para combater esse estado de coisas, que ameaça limitar as nossas casas de ópera e salas de concerto a um repertório histórico, transformando-as em museus da música do passado. Mas as explicações mais engenhosas e a propaganda mais ativa não obtiveram o resultado almejado: convencer o público de que a "música nova" já não é nova e que o processo da música continua.

O motivo íntimo dessa resistência não pode ser encontrado só nos novos processos melódicos, harmônicos, rítmicos. O público rejeita conscientemente as expressões artísticas de mudanças históricas que aceita, queira ou não queira, no mundo dos fatos.

Depois das catástrofes políticas, econômicas e sociais pelas quais a humanidade passou durante a primeira metade do século XX, já não é possível fazer arte como se estivéssemos vivendo em outro século, passado. A bancarrota de tantos credos e ideologias leva à mesma conclusão. Os artistas tiraram-na. Não só na música.

Politonalismo, atonalismo e técnicas semelhantes correspondem ao abandono da perspectiva pelos pintores, depois de Picasso, e ao relativismo nas ciências naturais. A composição em séries corresponde à racionalização dos movimentos subconscientes no monólogo interior, pelos recursos das "psicologias em profundidade". A polirritmia, que ameaça destruir a homogeneidade do movimento musical, corresponde à dissociação da personalidade no romance de Proust e no teatro de Pirandello. A volta à polifonia linear corresponde às tentativas de simultaneísmo na literatura. O uso de estruturas musicais antigas para objetivos modernos corresponde à arquitetura funcional. O ressurgimento de formas barrocas, pré-clássicas, corresponde ao historicismo na filosofia e na sociologia. A "música nova" não é capricho arbitrário de alguns esquisitões ou esnobes. É o reflexo verídico da realidade.

No entanto, rejeitam-na. Apesar da evidente impossibilidade de continuar a produzir nos moldes antigos — nenhum "acadêmico" produziu nesse século qualquer obra musical digna de nota e merecedora de sucesso —, levantam contra a "música nova" a grave acusação de ter rompido com toda a tradição dos séculos (se não preferem falar em milênios); Stravinsky e sobretudo Schoenberg não seriam criadores, mas destruidores.

Essa acusação não resiste à análise. A tradição não é tão tradicional como parece: trata-se não de milênios, apenas de séculos; e de poucos. Nossa música nasceu na Europa Ocidental no século XIII. As primeiras obras que já podemos esteticamente apreciar são do fim do século XV. Se excetuarmos a sobrevivência de Palestrina na música sacra católica e a recente renascença de Monteverdi, não consta do nosso repertório nenhuma obra anterior a 1700. A tradição musical, que é tida como tão antiga, tem apenas 250 anos de idade. Nossa música é a mais nova das artes, a menos tradicional. E mesmo essa tradição é altamente suspeita de não passar de um artifício de escola.

Alguns adversários da nova música empregaram contra ela argumentos que cheiram a racismo: a "catástrofe" teria sido obra do russo Stravinsky, filho de um povo bárbaro e meio exótico, e do judeu Schoenberg, com seu lastro de atavismos orientais. Apesar da sólida educação musical de Stravinsky em moldes ocidentais e apesar do provado tradicionalismo de Schoenberg, que nenhum leitor do seu tratado de harmonia pode desconhecer, há naquela afirmação, se descontarmos a ponta de hostilidade racista, um grão de verdade: em certo sentido, os dois inovadores vieram "de fora"; menos imbuídos de preconceitos, perceberam tendências que a rotina acadêmica não viu ou teimou em não ver. As técnicas da "música nova" são, em parte, preestabelecidas na música do ocidentalíssimo Debussy; em outra parte, são consequências diretas do cromatismo de *Tristão e Isolda*, do germaníssimo Wagner. Esses "radicalismos" de compositores já "consagrados" são precedidos pelas audácias harmônicas de Schumann nas *Kreisleriana* e de Chopin nos *scherzi* e por certas modulações inusitadas na música camerística de Schubert. O conceito de dissonância proibida é, evidentemente, relativo; muda com o tempo. A mais rigorosa lógica formal produziu uma dissonância gritante no primeiro movimento da *Sinfonia eroica* de Beethoven. O italiano Sacchini achou incompreensível a introdução do *Quarteto* K. 465 de Mozart, denominado *Quarteto das dissonâncias*. A polifonia instrumental de Haydn teria sido ofensiva aos ouvidos de Bach, bem como a teoria harmônica de Haydn. A teoria harmônica de Bach e de Rameau baseia-se num artifício matemático, a "boa temperatura" do cravo, que os compositores barrocos não admitiriam. Os argumentos que se lançam contra a música do nosso tempo são os mesmos que o cônego Artusi, no começo do século XVII, lançou contra a música de Monteverdi. No entanto, todas essas inovações são, cada vez, as conclusões lógicas da fase anterior. Antes de Monteverdi houve o cromatismo de Gesualdo. Antes de Gesualdo, o ortodoxíssimo Palestrina não evitou os cromatismos no seu *Stabat Mater*. A música ocidental é, evidentemente, "um mundo só", ao qual Stravinsky e Schoenberg pertencem.

STRAVINSKY

Amigo de Rimsky-Korsakov e de todos os artistas e literatos da Rússia de 1910, Serguei Diaghilev (1872-1929) teve sucesso com a organização de uma exposição de quadros de pintores russos em Paris. Em 1909, organizou em Paris uma temporada do Balé Imperial da Rússia, com Nijinski e Mikhaíl Fokin e cenários de Bakst; o texto do programa foi escrito por Jean Cocteau. Para a temporada de 1910, encomendou a música de um bailado a Igor Stravinsky (1882-1971)[1], natural de Oranienbaum, perto de Petersburgo, que tinha feito sólidos estudos musicais. Seu ambiente foi a burguesia altamente culta da Rússia daquele tempo, quando, depois do fracasso da revolução de 1905, os intelectuais tinham abandonado as ideias marxistas para se dedicar à poesia simbolista, ao teatro de Stanislavsky, aos movimentos religiosos em torno da revista filosófica *Vieki* (*Marcos de limite*). O ambiente musical do jovem compositor estava saturado de Mussorgski, moderado por muito Tchaikóvski; música russa, mas sem exclusivismo nacionalista, bastante influenciada por Debussy e outros franceses. Nesse estilo, meio tchaikovskiano, meio impressionista, escreveu Stravinsky para Diaghilev o bailado *L'Oiseau de feu* (1910), que foi muito bem recebido. Daí mais outras encomendas para os anos seguintes. *Petrushka* (1911) fez sensação pela "barbaridade" das harmonias e dos ritmos; foi mais um encanto para os que começaram a interessar-se, em Paris, pela arte dos negros africanos e por todos os folclores exóticos. No dia 29 de maio de 1913, estreou *A sagração da primavera* (*Le Sacre du Printemps*). Foi um escândalo quase

Stravinsky, c. 1920.
© Pierre Choumoff.

sem-par na história da música. O público ficou furioso. A crítica falou em "*massacre du printemps*". Foi o batismo de fogo da nova música; e depois um imenso sucesso.

A sagração da primavera (1913) é, até hoje, a obra mais conhecida de Stravinsky. Continua entusiasmando todas as novas gerações que a ouvem pela primeira vez. Continua obra difícil, perigosa, experimental. O furioso movimento polirrítmico das danças, as dissonâncias ásperas da escritura extremamente cromática e politonal parecem-lhes o retrato musical dos tempos novos, da nossa época das máquinas.

Quase já não se percebe que a obra foi concebida como evocação dos tempos bárbaros da Rússia pré-cristã e pré-eslava, dos citas; que é uma obra de primitivismo produzida com os recursos do mais requintado intelectualismo. Parece ligada ao estado de espírito de 1913, que, às vésperas das grandes catástrofes, as pressentiu sem ainda temê-las, por falta de experiência. No entanto, *A sagração da primavera* já tem resistido a quase meio século, como símbolo musical da nossa época, caracterizada pelo intelectualismo a serviço da barbárie. Foi o golpe de gênio do jovem compositor: que nunca mais chegará a repetir tão grande sucesso.

Stravinsky parecia, depois, continuar no mesmo caminho: *O rouxinol* (*Le Rossignol*, 1914), alegoria meio satírica da mecanização do mundo moderno; *Mavra* (1921), comédia musical, "às fronteiras do absurdo intencional"; *Les Noces Villageoises* (1923), aproveitando mais uma vez, com felicidade e modernissimamente, o folclore rural russo.

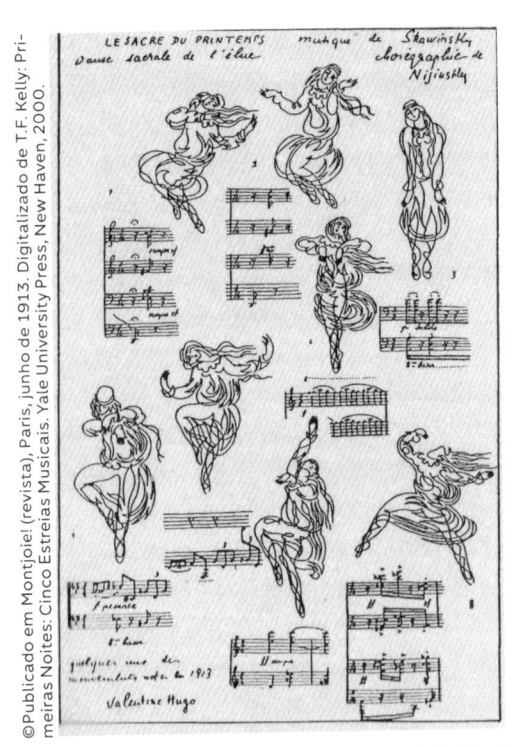

Desenho de Marie Piltz na "Dança do sacrifício" de *A sagração da primavera*, Paris, 29 de maio de 1913.

©Publicado em Montjoie! (revista), Paris, junho de 1913. Digitalizado de T.F. Kelly: Primeiras Noites: Cinco Estreias Musicais. Yale University Press, New Haven, 2000.

Mas essas obras pareciam, antes, destinadas a explorar a fundo o sucesso obtido com aquela obra da mocidade. O pensamento do compositor já estava em outra parte.

7. A MÚSICA NOVA

Voluntariamente exilado na Suíça durante a Primeira Guerra Mundial, escreveu em colaboração com o romancista suíço Ferdinand Ramuz uma obra muito diferente, de caráter inédito: *L'Histoire du Soldat* (1918) é espécie de pantomima, explicada por um narrador colocado no palco e musicalmente ilustrada por uma pequena orquestra que também se senta no palco; como nas representações que companhias teatrais viajantes, de categoria popular, exibem nas aldeias. O enredo fantástico, tirado de um conto de fadas russo, e a técnica musical dessa obra são um protesto contra o antiespírito mecanicista e mecanizado da época da técnica. A um jazz responde um coral à maneira de Bach. O primitivista do *Sacre du Printemps* tornou-se deliberadamente arcaico, misturando e "pastichando" estilos aparentemente incompatíveis. Logo depois, *Pulcinella* inaugurou a nova fase de Stravinsky.

Stravinsky tinha reconhecido a afinidade entre a música moderna e o polifonismo da época pré-clássica, antes de Haydn. O bailado *Pulcinella* (1919) estava baseado, para surpresa enorme do público, em motivos de Pergolesi. O Octeto (1923), para oito instrumentos de sopro, é uma transfiguração (outros diziam: uma paródia) da polifonia instrumental pré-clássica: mais um passo para a época anterior ao classicismo vienense.

Porque Stravinsky já sente, em Haydn e Beethoven, o demônio do romantismo, com sua expressividade "excessiva". Chega a detestar o portador dessa expressividade, o violino.

Pede a execução das suas obras "com exatidão de uma máquina de costura". Procura a "alienação". O libreto do Oratório *Oedipus Rex* (1927) é escrito, por Cocteau, em língua latina para dificultar ao público a compreensão do texto e diminuir a participação sentimental com o enredo; o estilo da música pretende ser o das óperas barrocas de Händel; e não se pode negar a grandeza trágica dessa obra. O bailado *Apollon Musagète* (1928) está no meio entre alegoria barroca e paródia offenbachiana da Antiguidade. O ponto-final nesse caminho é a ópera *The Rake's Progress* (1951): o libreto é uma história sórdida do século XVIII, tirada de conhecidos quadros satíricos de Hogarth; a música é um pastiche de motivos de Händel, Pergolesi e Mozart. Nunca parecia Stravinsky mais longe do nosso tempo. Mas justamente essa obra o revela como contemporâneo típico, como "alexandrino"; sua arte é comparável a poemas de T.S. Eliot ou Pound, compostos de citações de poetas de todos os tempos, e aos quadros de Picasso, que imita sucessivamente, e com virtuosidade, os estilos mais diferentes; assim, o compositor russo usa citações de Bach e Pergolesi e de todos os estilos, inclusive no *Ragtime para onze instrumentos* (1918), o jazz, a música típica do Extremo Ocidente.

Stravinsky é o contrário de todo nacionalismo musical russo. Por isso Tchaikóvski é o compositor de sua preferência. Esse eslavo *déraciné*, que vivia havia decênios (muito tempo antes do bolchevismo) fora da Rússia, queria criar uma síntese entre o Oriente e o Ocidente. Mistura Bach e o jazz, Händel e Mussorgski, Pergolesi e Tchaikóvski, Mozart e Weber. Sente que a arte contemporânea é caótica assim como foi caótica a música barroca antes de Bach. Assim como Bach, pretende organizá-la, endireitá-la; e sente que também hoje em dia o único caminho para tanto é o da religião.

Para o russo exilado no Ocidente, essa religião só podia ser, mesmo sem conversão formal, a católica romana. A primeira homenagem à Igreja foi a *Symphonie des Psaumes* (1930), menos uma sinfonia do que uma cantata sobre os versículos *"Exaudi orationem meam"*, *"Expectans expectavi Dominum"* e *"Laudate Dominum"* (Salmos 28, 39 e 150), com a afirmação de que *"Deus immisit in os meum canticum novum"*. Esse *Canticum novum* é realmente "novo", bastante áspero e dissonante, mas de perfeita dignidade e de sincera emoção religiosa. Surpreendente foi a missa (1948) para coro misto e orquestra sem violinos; uma das obras mais duras do compositor. É ainda mais surpreendente o *Canticum Sacrum ad honorem Sancti Marci nominis* (1956), de estrutura rigorosamente arquitetônica e, entre todas as obras de Stravinsky, talvez a mais cacofônica: o mestre aderira ao dodecafonismo de Schoenberg. No entanto, a pretensão foi evidentemente a de competir com a polifonia vocal do século XVI, dos Asola e Giovanni Gabrieli.

A evolução de Stravinsky foi das mais estranhas. Começou com sucessos ruidosos. Mas poucas obras continuaram definitivamente incorporadas ao repertório, e em intervalos cada vez maiores: *Petrushka*, *Sacre du Printemps*, *Les Noces Villageoises*, *Histoire du Soldat*, *Pulcinella*, o *Octeto* para instrumentos de sopro, a *Symphonie des Psaumes*. Mas foi um desejo de alta sociedade, em 1956, a execução do *Canticum Sacrum* na Basílica de San Marco, em Veneza, para que uma nova obra de Stravinsky chamasse a atenção. Teria toda aquela evolução sido um caminho errado? O escândalo que provocou a estreia do *Sacre du Printemps*, em 29 de maio de 1913, é, por enquanto, a última grande data da história da música. Será que foi mesmo uma "última data", o fim de uma época de requintes e barbarismo artificial, em vez de começo de uma nova era?

Ninguém pode hoje responder. Mas a arte de Stravinsky fica, em todo caso, e ficará como o retrato musical da nossa época. Com mais de oitenta anos de idade, esse velho indestrutível ainda é o líder da vanguarda musical; e mais moderno que tantos novos.

Sua crise altamente pessoal é a nossa crise.

A influência de Stravinsky foi imensa. Ninguém escapou. A ela se refere uma nova onda de nacionalismos musicais e, por outro lado, o movimento neoclassicista e neobarroco: correspondentes às duas fases principais de sua evolução. Mas será difícil encontrar um compositor que tenha, por sua conta e em ambiente diferente, realizado o que Stravinsky realizou no universo musical da síntese Oriente-Ocidente.

Nesse sentido, é um stravinskyano autêntico o alemão Carl Orff (1895-1982)[2]: sua música não se parece com a do russo; mas tem os mesmos objetivos, desempenha em outro ambiente musical as mesmas funções. É um caso paralelo. Orff tornou-se conhecido pela cantata cênica *Carmina Burana* (1936); a letra é de canções eróticas, em latim, de monges medievais. Continuou com *Catulli Carmina* (1943), sobre versos eróticos, em parte obscenos, do grande poeta romano Catulo. Completou o ciclo com *Trionfo di Aphrodite* (1952), textos de Safo e Eurípides em versão italiana. Sobretudo as duas primeiras partes são de efeito irresistível: a declamação das palavras é de extrema pobreza melódica, fortemente repetitiva, mas também muito expressiva, empregando motivos do folclore musical bávaro e — como parodiando — do coral gregoriano; o acompanhamento orquestral também é reduzido até o mínimo, quase só dois pianos e instrumentos de percussão. E com esses recursos, de simplificação requintada, consegue Orff prender e impressionar o público e os entendidos. A ópera Antigonae (1949) é a composição integral do texto de Sófocles, na tradução difícil e hermética de Hoelderlin. Não há melodia nem harmonia. A música está reduzida ao ritmo, fortemente acentuado pelos golpes de uma orquestra estranhíssima de pianos, harpas, oboés e muita percussão. O efeito, se não é trágico, pelo menos é fascinante. Outras obras notáveis são a tragédia musical *Oedipus der Tyrann* e a ópera-cômica *Die Kluge* (*A astuta*). Rivais de Orff, invejosos dos seus sucessos, falam em "pobreza franciscana", em "mania de ritmos monótonos", em "charlatanismo que pretende hipnotizar o público".

A crítica, embora registrando a repetição dos mesmos efeitos em todas as obras sucessivas, admite que Orff descobriu um novo mundo sonoro.

O CASO HÚNGARO: BARTÓK

Duas grandes correntes da música contemporânea estão sob a influência imediata de Stravinsky: um novo nacionalismo musical, de ímpeto agressivo como o *Sacre du Printemps*; e uma corrente neoclassicista ou pré-classicista ou neobarroca, partindo do *Octeto* (1923), *Oedipus Rex* ou outras obras arcaizantes do russo ocidentalizado.

Um caso à parte, em todos os sentidos, é o da Hungria. O novo nacionalismo musical húngaro, embora mais tarde também influenciado por Stravinsky, não é propriamente stravinskyano; ainda prevalecem nele os impulsos recebidos pelo impressionismo, pela arte de Debussy, que já permitiu assimilar e transfigurar os elementos dados de um folclore musical totalmente estranho à música europeia.

Mas como pode a música nacional húngara do século XX ser chamada "nova"? A primeira onda de nacionalismo musical, na primeira metade do século XIX, partindo de Weber, já tinha inspirado, na Hungria, as óperas nacionais de Erkel; e um dos líderes da segunda onda foi mesmo o húngaro Liszt, cujas *Rapsódias Húngaras* (1846) popularizaram no mundo inteiro a música da sua terra natal. Os compositores de outras nações já tinham, aliás, antecipado essa revelação. Haydn, que nasceu perto da fronteira húngara e passou muitos anos no castelo do príncipe Esterházy, estava apaixonado pelo folclore da região; aproveitou-o muito, inclusive no famoso *Trio cigano*; ainda o tema do final da sua última sinfonia, *nº 104*, é a canção popular húngara Oi, Ilona!. Beethoven, ao escrever por encomenda de aristocratas húngaros uma pequena obra operística, "Rei Estêvão", sem grande valor, aliás, inclui na abertura um *Andante con moto all'ongarese*. Um veraneio que Schubert passou na Hungria é lembrado no seu *Divertissement à la hongroise, Op. 54*; Berlioz esteve tão encantado com a marcha nacional húngara *Rakóczy* que incluiu, arbitrariamente, uma orquestração dessa marcha n'*A danação de Fausto*. As rapsódias de Liszt popularizaram de tal maneira o folclore musical que até seu adversário Brahms não resistiu: além de escrever as quatro magníficas *Danças húngaras*, baseou naquele folclore o final do seu grande concerto para violino e orquestra e o final *A la zingarese* do *Quarteto para cordas em sol menor, Op. 25*; o adágio de uma das suas últimas e maiores obras, do *Quinteto para clarinete e cordas*, também é, conforme Tovey, de inspiração cigana. Ainda Ravel sacrificou-se a esses melodismos no seu pequeno *Concerto para violino e orquestra*, denominado *Tzigane*. A música húngara não é, portanto, "nova", adventícia, no "concerto" da música europeia.

Não é por acaso que, naqueles títulos de obras musicais, aparece com tanta frequência a palavra "cigano". Parece que o mundo musical sucumbiu durante um século e meio a uma confusão, fomentada pelo próprio Liszt: confundiu a música húngara com a dos ciganos húngaros. Mas são duas raças diferentes: os ciganos, descendentes de uma tribo indiana; os húngaros, um povo de origem centro-asiática, de raça uralo-altaica.

Suas expressões musicais também são radicalmente diferentes. A autêntica música húngara precisava ser descoberta em nosso tempo: o que foi a obra de Bartók e Kodály.

E também se descobriu que o folclore musical húngaro ainda não está estabilizado: os húngaros são uma das poucas nações do mundo moderno em que o folclore continua nascendo e evoluindo.

7. A MÚSICA NOVA

A Hungria foi, por todos esses motivos, o país ideal para o nacionalismo musical do século XX. Revelou cedo sua independência. Enquanto no nacionalismo musical contemporâneo, em geral, a influência de Stravinsky se sobrepõe à de Debussy e do impressionismo, o nacionalismo húngaro evoluiu, quase independentemente, em analogia a Stravinsky: o *Allegro Barbaro* de Bartók, de feição stravinskyana, é de 1911; é de dois anos anterior ao *Sacre du Printemps*. Só muito mais tarde revelará outra feição singular, em virtude do gênio individual de Bartók: a capacidade de reconciliar-se com a tradição europeia e de desembocar no universalismo.

Béla Bartók (1881-1945)[3] cresceu num ambiente de fortes tensões políticas e sociais e de grande inquietação espiritual: a Hungria de 1900, sacudida pelas incompatibilidades entre a burguesia industrial, a aristocracia latifundiária e o proletariado socialista, com uma população rural quase arcaica, quase bárbara, no fundo do quadro; tensão entre os húngaros, os magiares politicamente dominantes e os milhões de eslovacos e outros eslavos e de romenos que habitavam no país sendo tratados como "minorias"; tensão entre o academismo oficial, petrificado, nas letras, nas artes e na música, e uma vanguarda requintadamente intelectualista que sonhava a ocidentalização da Hungria, assim como então a profetizou o grande poeta moderno da época, Ady: "O Ér, um pequeno rio húngaro, desembocará um dia no grande oceano".

Bartók, formado como pianista, parecia adversário dessa corrente ocidentalista. Seu famoso *Allegro barbaro* (1911) foi o manifesto musical da Hungria arcaica, primitiva.

Naqueles anos também percorreu, com seu amigo Kodály, o país, colecionando canções populares húngaras e outras. A biografia de Bartók foi, desde então, uma sucessão de lutas contra hostilidade e incompreensões, que o mestre enfrentou com ferrenha intransigência. Enfim, o fascismo que Bartók odiava obrigou-o a atravessar "o grande oceano". Mas não encontrou melhor compreensão na América, apesar dos esforços de regentes e virtuoses amigos. Morreu em 1945, na miséria. É, hoje, reconhecido — pelos que o preferem a Stravinsky — como talvez o maior compositor da primeira metade do século XX.

Bartók, nos inícios, parecia-se bastante com outro "bárbaro", seu coetâneo Stravinsky.

É mesmo stravinskyano o bailado *O mandarim maravilhoso* (1919). Mas as diferenças são evidentes. Uma delas é a resistência de Bartók contra qualquer corrente da moda.

Stravinsky adotou em certa fase o jazz. Bartók, nunca. Não precisava desse recurso para insuflar nova energia rítmica à sua música. Seus ritmos ásperos e duros, sugerindo danças bárbaras, explosões de instintos atávicos; suas melancolias sombrias, "noites sem luz, apenas perturbadas pelo eco de remotas vozes de animais"; seus "modos" e tonalidades estranhas; tudo isso caracteriza o "bárbaro", o filho de uma nação asiática que não tem parentes, que é estrangeira na Europa. Seu *Concerto para piano e orquestra nº 1* (1926) é mais estranho do que qualquer coisa que Stravinsky jamais escreveu. A base dessa música é o folclore húngaro que Bartók tinha cientificamente estudado, destruindo a lenda da falsa música "húngara" e descobrindo a autêntica. Na *Suíte de danças* (1923), erigiu-lhe o monumento. Mas também colecionara as canções populares dos romenos, dos eslovacos, dos búlgaros. Enfim, reuniu todos esses elementos na grande obra pianística *Microcosmos* (1937), que já foi chamada de "O cravo bem temperado do século XX": é o universo da música folclórica dessa época e um incomparável manual didático de todos os "modos" da música moderna. Bartók tinha o gênio pedagógico como Bach. E não é blasfêmia citar, a seu propósito, o nome máximo da história da música. E como Beethoven, também Bartók prefere o piano para experimentar caminhos novos. Na *Sonata para piano* (1926) trata o piano "barbaramente", como instrumento de percussão. Continuou essa experiência na *Sonata para dois pianos e percussão* (1917), que também transcreveu para dois pianos e orquestra.

O húngaro Bartók entrou na Europa como um estrangeiro. Mas só "como". Pois também foi um grande europeu. Ele próprio declarou que devia tudo a três mestres: Bach, Beethoven e Debussy. A base da sua técnica musical, de escrever em acordes, é e ficou o impressionismo de Debussy. Sua última descoberta, depois daquela do verdadeiro folclore húngaro, será a seriedade profunda do Beethoven da terceira fase, dos últimos quartetos. A ponte entre esses dois polos foi, para ele, a polifonia de Bach.

Assim realizou Bartók o milagre de se tornar tradicionalista sem sucumbir ao epigonismo; de subordinar a inspiração mais elementar, até "bárbara", à arquitetônica mais rigorosa. Sua música soa, até hoje, áspera e impenetrável aos não iniciados; mas o estudo das partituras revela a rigorosa necessidade de escrever cada uma das notas assim como está escrita e só assim. A polifonia instrumental não precisa ser eufônica para ser verdadeira.

Bartók escreveu muitos *lieds* e uma importante *Cantata profana* (1930); deixou, porém, a música vocal por causa de dificuldades intrínsecas da prosódia húngara. Não obtiveram o merecido sucesso a ópera *O castelo de Barba-Azul* (1911) e o bailado *O mandarim maravilhoso*. O recurso natural de expressão do compositor é, para novas experiências, o piano, e, para obras definitivas como em Beethoven, o quarteto de cordas.

7. A MÚSICA NOVA

O *Quarteto nº 1* (1908), embora demonstrando todo o talento natural do compositor, é obra de um estudioso de Debussy, que ainda não esqueceu de todo a lição de Brahms.

O *Quarteto nº 2* (1917), o mais acessível da série, usa técnicas de Debussy para exprimir lirismos melancólicos e explodir em ritmos de danças fantásticas: *états d'âme* húngaros, inteiramente alheios ao espírito do grande francês. O *Quarteto nº 3* (1927) é, do ponto de vista musical, o mais difícil de todos: tem um movimento só, elaborado em estrita e, no entanto, originalíssima sonata-forma; uma obra-prima de profunda inteligência musical e de expressionismo algo violento, escrito pouco depois daquele duro *Concerto para piano e orquestra nº 1* (1926). O *Quarteto nº 4* (1928) e o *Quarteto nº 5* (1934) são obras mais fortes (e menos acessíveis) de Bartók: ásperos e intransigentes. No *Quarteto nº 6* (1939), chega Bartók ao seu "neoclassicismo" muito pessoal, arquitetura perfeita, sonoridades novas e, no entanto, mais bem penetráveis. Para dar ideia da importância, já "clássica", que hoje se atribui aos seis quartetos de Bartók: em ciclos de música de câmara em Paris e na Holanda, foram esses quartetos executados em três recitais, junto com os últimos quartetos de Beethoven. São, conforme a expressão de Seiber, as obras musicais mais significativas da nossa época.

Bartók, que até hoje parece "selvagem" aos acadêmicos e à maior parte do público, foi um grande tradicionalista. Pôs uma ordem no caos, como Bach. Foi, como Bach, rejeitado. Mas, no seu caso, também "a pedra que os obreiros rejeitaram se tornará fundamento".

O colaborador de Bartók nas pesquisas de música popular húngara, Zoltán Kodály (1882)[4], é, ao seu lado, uma figura menor. Mas tem seu próprio direito de ser ouvido. Suas obras primeiras são as melhores: seu "magiarismo" já é perfeito no *Quarteto nº 2, Op. 10* (1917): não se esperam dessa obra as profundidades de Bartók; no entanto, há nela seu lirismo melancólico-fantástico e toda a sua furiosa vitalidade rítmica, manifestadas com maior segurança do efeito; o quarteto é irresistível. Também é irresistível a ópera-cômica *Háry Janós* (1926), baseada no folclore húngaro; uma suíte orquestral, tirada dessa ópera, conquistou o mundo. A obra mais ambiciosa de Kodály é o grandioso e emocionante *Psalmus hungaricus* (1923), manifestação de um patriotismo alto e de uma religiosidade livre. Obras posteriores de Kodály, das quais só poucas chegaram a ser executadas fora da Hungria, decepcionaram. Somente as *Danças de Galanta* e as *Danças de Marosszék* conquistaram popularidade. Enfim, em 1961, surpreendeu o mundo com uma luminosa sinfonia em dó maior.

NOVO NACIONALISMO MUSICAL: AS AMÉRICAS

O novo nacionalismo musical húngaro é um caso paralelo à primeira fase de Stravinsky, enveredando depois por outros caminhos. Em outros países, a música do russo "bárbaro" teve ação de fermento ou catalisador; continua fomentando, de maneira mais agressiva, os movimentos nacionalistas do passado.

A primeira onda de nacionalismo musical, impulsionada por Weber, despertou a Rússia de Glinka, a Polônia de Moniuszko, a Hungria de Erkel, a Dinamarca de Gade. A segunda onda de nacionalismo musical, impulsionada pelas influências de Schumann e Liszt, continuou a percorrer a Rússia dos Cinco, a Boêmia e Morávia de Smetana e Dvorák, a Escandinávia de Hartmann e Grieg e, mais tarde, a Finlândia de Sibelius. A terceira onda, sob o signo de Debussy e do impressionismo, provocou a renascença musical de países que havia séculos estiveram musicalmente silenciosos: a Inglaterra e a Espanha.

A quarta onda de nacionalismo musical é caracterizada pela influência conjunta de Stravinsky e de Debussy. A música do "bárbaro" russo inspirou aos compositores de muitas nações coragem para empregar os "modos" e melodismos do seu folclore musical, até então desprezado porque passava por incompatível com o sistema tonal em vigor; mas a influência de Debussy (e outras influências menores) continuou acrescentando ao "primitivismo" (não tão primitivo como parece) um elemento de requinte civilizado.

Esse novo nacionalismo está agindo em numerosos países europeus e americanos.

Livros que pretendem esboçar um panorama da música contemporânea citam dezenas de nomes de todas as nações. Não adianta repeti-los. A maior parte desses compositores só interessa — e ainda só de maneira efêmera — aos seus conterrâneos.

Estudos musicológicos modernos revelam estranhas semelhanças entre os folclores musicais do mundo inteiro: do Chile até a Sibéria. Os stravinskianos noruegueses ou romenos têm tão pouca importância para o mundo como os acadêmicos desses países.

O resultado significativo do neonacionalismo musical é, mais uma vez, o despertar de países novos; até então só poucos deles tinham participado do "concerto": sobretudo, as Américas.

A fonte folclórica é muito mais rica na América Latina. É explorada, hoje de Cuba até a Argentina e o Chile, por folcloristas decididos e por outros, de tendência mais universalista. Há, em todos esses países, compositores notáveis, como o cubano

7. A MÚSICA NOVA

Alejandro García Caturla (1906-1940), discípulo de Stravinsky e Milhaud e adepto do folclore negro, autor de danças para piano e de uma conhecida *Berceuse Campesina*; e os argentinos Julián Aguirre, Juan José Castro, Juan Carlos Paz, Alberto Ginastera.

Mas só dois países latino-americanos já conseguiram chamar a atenção do mundo inteiro: o México e o Brasil.

A música de arte no Brasil já tem longa história. No fim do século XVIII, prosperava em Minas Gerais a música sacra de estilo italiano-haydniano, da qual também foi cultor notável, um pouco mais tarde, o padre José Maurício. Na segunda metade do século XIX, obteve sucessos na Itália e em outra parte o operista Carlos Gomes. Desde então, houve no Brasil adeptos de diversos estilos europeus: como o wagneriano Leopoldo Miguez (1850-1902), autor de óperas e poemas sinfônicos, ou o afrancesado Henrique Oswald (1852-1931), de cujas obras Saint-Saëns podia gostar. Mas o estranho *outsider* Glauco Velásquez (1884-1914) já representa traços de um modernismo ou pré-modernismo musical.

Precursor no nacionalismo no Brasil foi Alexandre Levy (1864-1892), inspirado pelo romantismo schumanniano, cujas obras significativas, o poema sinfônico *Comala* (1890) e a *Suíte brasileira* (1890), ficavam, porém, por enquanto inéditas. Nacionalista de inspiração mais moderna, pós-lisztiana, foi Alberto Nepomuceno (1864-1920): sua *Série brasileira* (1897), para orquestra, foi um triunfo. Influências de Chopin, compositor tão querido do Brasil pianístico, são inconfundíveis nos tangos de Ernesto Nazareth (1863-1934)[5], representante modesto e, no entanto, a seu modo genial da música popular carioca. Mas os recursos musicais deste ou daquele academismo não bastavam para explorar a fundo o folclore nacional, em que se misturam elementos índios, africanos e ibéricos, numa fusão toda original. Influências de Stravinsky, de Debussy, influências do impressionismo espanhol, influências eslavas (a Rússia de Mussorgski e talvez, embora a crítica brasileira o negue, a Boêmia de Dvorák) e húngaras, de Bartók e Kodály, têm sucessivamente colaborado para fortalecer e sutilizar a consciência nacional dos compositores brasileiros, que criaram uma música nova, do mais alto interesse e já de considerável prestígio na Europa.[6]

O primeiro lugar cabe, sem dúvida possível, a Heitor Villa-Lobos (1887-1959).[7]

Adquiriu na Europa, em 1923, formação musical moderna quando já era homem-feito, momento em que, à base da educação musical recebida no Brasil, já tinha realizado obra importante. Antes de fixar-se, em 1913, em sua cidade natal, tinha percorrido todo o país imenso, durante anos de viagem, assimilando profundamente a música do povo. Atribui-se-lhe a "descoberta musical do Brasil", e com razão. Quanto a seu estilo, não é possível chamá-lo de eclético, apesar das influências de Debussy e Stravinsky

Heitor Villa-Lobos, c. 1955.

e do estudo aprofundado da música de Bach e outros mestres do passado. Pois a base da sua música sempre é o folclore nacional; e este não é simplesmente explorado ou aproveitado, mas filtrado pelo temperamento de uma personalidade vigorosa, de força vulcânica. Sua produção é imensa e, fatalmente, desigual, embora prevaleçam os trabalhos de grande valor e, entre eles, algumas obras-primas de significação universal.

Não é possível orientar-se nessa floresta tropical de obras senão lançando mão de um recurso algo antiquado, a classificação conforme gêneros: obras pianísticas, *lieds*, formas clássicas e mais algumas outras, tão singulares que não se pode subordiná-las a nenhum esquema, como as *Bachianas* e os *Choros*.

A produção pianística de Villa-Lobos é das mais ricas. Pelo menos uma obra já conquistou o mundo, apesar de ser ou por ser das mais nacionais: as *Cirandas* (1926); e poucos virtuoses estrangeiros deixaram de incluir no seu programa *A lenda do caboclo* (1920). A *Prole do bebê* (1918, 1921) já foi comparada às *Cenas infantis* de Schumann ou ao *Children's Corner* de Debussy; comparação que não significa dependência. Obra-prima é o *Rudepoema* (1926), que o mestre, em 1932, orquestrou. O caso lembra, um pouco, o de Schumann, que também já deu, nas obras pianísticas da mocidade, sua medida toda. Arthur Rubinstein tem feito muito para dar a conhecer ao mundo essa face do compositor.

Seria preciso escrever uma monografia para classificar os numerosos *lieds* de Villa-Lobos. Tem ele dado forma musical a uma boa parte da poesia brasileira moderna; às vezes, enobrecendo textos medíocres; outras vezes, adaptando-se com felicidade ao alto pensamento poético e ao lirismo íntimo de um Manuel Bandeira. Assim como acontece com o *lied* romântico alemão, a ligação indissolúvel entre a música e a língua não tem prejudicado a difusão universal. Justamente os *lieds* mais tipicamente folclóricos de Villa-Lobos, as catorze *Serestas* (1925), conquistaram o mundo, na interpretação de cantores e cantoras como Jennie Tourel.

Restam aquelas obras "à parte": as singulares. A mais antiga é o *Noneto* (1923), para instrumentos e coro: é como o programa do folclorismo do mestre. Depois os catorze *Choros*, escritos entre 1920 e 1928, sobretudo o *n° 5* (1926), *Alma brasileira*, para piano solo, e o *n° 10* (1925), para orquestra e coro, que inclui o tema popular *Rasga o coração*; talvez os pontos mais altos da música brasileira. Outros preferem as nove *Bachianas brasileiras*, escritas entre 1930 e 1945, material musical folclórico, fundido em formas da música pré-clássica, homenagem de Villa-Lobos a Bach que ele considera como o maior folclorista entre todos os grandes mestres. Em primeira linha: a *n° 1*, para oito violoncelos (1930); *n° 2*, para orquestra de câmara (1930); *n° 4*, para piano (1930); a *n° 5*, para voz de soprano e oito violoncelos (1938); sem considerar menos importantes as outras *Bachianas*. É uma síntese *sui generis* e, por todos os motivos, admirável.

Há quem negue a importância especial dessas obras "à parte" dentro da volumosa produção de Villa-Lobos. Mas não se pode negar que sejam suas obras mais características: caracterizam um dos grandes mestres da música do nosso tempo.

A arte de Villa-Lobos significa a "declaração de independência" musical do Brasil. Mas não é ele o mais radical dos nacionalistas. Esse título cabe a Lorenzo Fernández (1897-1948)[8], embora, paradoxalmente, o compositor fosse de origem espanhola. Sua primeira obra de importância chamava-se, bem significativamente, *Trio brasileiro* (1924).

Logo depois, a *Suíte sinfônica sobre três temas populares brasileiros* (1925). São obras bem conhecidas e que o merecem. Alguns preferem, de toda a produção de Lorenzo Fernández, o poema sinfônico *Reisado do pastoreio* (1930). Talvez porque ainda não estão bastante habituados às últimas e mais maduras obras do mestre, a ópera *Malazarte* (1941) e a sinfonia *O caçador de esmeraldas* (1947). Apesar de todos os esforços de regentes, pianistas, cantores e da crítica, as obras dos compositores brasileiros contemporâneos não estão sendo executadas com a desejável frequência nem gravadas em discos bastante acessíveis.

A música brasileira à base folclórica tem muitos matizes diferentes. A arte de Villa-Lobos e a de Lorenzo Fernández não são as únicas possibilidades realizadas. É diferente a personalidade artística do nacionalista Francisco Mignone (1897-1986), codeterminada pelo lastro da sua hereditariedade italiana e pela preferência acentuada para os elementos africanos do folclore musical brasileiro. Foi o grande escritor e grande animador Mário de Andrade que lhe indicou o caminho da música à base folclórica.

Francisco Mignone soube aproveitar a lição com verve extraordinária. De uma das suas primeiras obras, da ópera *O contratador de diamantes* (1924), consta aquela "congada" que eletrizou o público. Uma peça orquestral de inspiração semelhante, o *Maxixe* (1928), conquistou o favor dos regentes e do público de muitos países estrangeiros. Mignone é artista seguro dos seus efeitos, apesar dos escrúpulos íntimos que ele próprio confessa.

Tem altas ambições, parcialmente realizadas em obras de vulto como o bailado *Maracatu do Chico Rei* (1933) e o oratório *Alegrias de Nossa Senhora* (1948), de grande encanto folclórico em certos trechos. Um trabalho mais modesto, a obra pianística *Valsas de esquina* (1943), já seduziu muitos pianistas pelo seu lirismo singular. Outros compositores de marcada inspiração folclórica são Brasílio Itiberê (1846-1913) (obra coral *A infinita vigília*) e Fructuoso Vianna (1896-1976) (*Variações sobre um tema popular para piano*).

Representantes de uma nova geração são Luiz Cosme (1908-1965), que explora com felicidade assuntos e modos do folclore regional do Rio Grande do Sul, e Cláudio Santoro (1919-1989), que abandonou o dodecafonismo para escrever uma *Sinfonia da paz*.

O México não deu, até hoje, um mestre da importância de Villa-Lobos. Mas a tendência, para o futuro, é clara. Manuel Ponce (1886-1948), muito conhecido no exterior, contentou-se com aproveitar diretamente o material folclórico, que é, no México, bastante interessante para encantar os estrangeiros. A estilização artística desse material foi a tarefa histórica do nacionalista decidido Silvestre Revueltas (1899-1940), que quase esgotou as possibilidades desse caminho; sua obra mais conhecida é o poema sinfônico *Esquinas* (1930); e foi um mestre que já dispunha de todos os recursos da música moderna. Mas o grande passo para a frente foi dado por Carlos Chávez (1899-1978).[9] Foi nacionalista-folclorista ortodoxo, em obras como os bailados *El Fuego nuevo* e *Los Cuatro Soles* na *Abertura republicana* (1935) e *Sinfonia índia* (1936). Não deixou de sê-lo. Contudo chegou a fundir o material folclórico em formas que o transfiguram. As primeiras tentativas foram a *Sinfonia de Antígona* (1933) e o *Concerto para quatro trompas* (1939). Obras como o *Concerto para piano e orquestra* (1940) e o *Concerto para violino e orquestra* (1952) e as *Sinfonias nºs 3* (1951), *4* e *5* (1953) são inconfundivelmente mexicanas e, ao mesmo tempo, de teor universalista. A crítica mexicana costuma colocar Carlos Chávez ao lado dos grandes pintores nacionais e sociais: Diego Rivera, Orozco, Siqueiros.

Tarefa histórica semelhante parece destinada, no Brasil, a Mozart Camargo Guarnieri (1907-1993), que, apesar de suas origens, não tem lastro de música italiana. É brasileiro brasileiríssimo; e, aconselhado por Mário de Andrade, enveredou pelo caminho da música de arte à base folclórica, para não o abandonar mais. São assim suas obras mais conhecidas, bem brasileiras e asperamente modernas: para piano, os *Ponteios* e a famosa *Tocata*; muitos *lieds*, poesia lírica musical que não precisa temer a comparação com os *lieds* de Villa-Lobos; a cantata *Serra da Rola-Moça* (poema de Mário de Andrade); e *Flor do Tremembé* (1937), para orquestra de câmara, sua obra mais conhecida; nela e nos *Ponteios*, assim como em outra parte, a inspiração folclórica de Camargo Guarnieri não é de origem geralmente brasileira, mas especificamente paulista.

Camargo Guarnieri regendo, 1948.

Um ponto-final, porque inexcedível, desse folclore, sempre com o emprego de todos os recursos da música moderna, foi a música da ópera *Pedro Malazarte*, para a qual Mário de Andrade lhe escrevera o libreto. As obras mais recentes de Camargo Guarnieri baseiam-se no uso de formas clássicas e na transfiguração dos elementos nacionais em sentido universalista: o *Quarteto para cordas nº 2* (1945) e as *Sinfonias nºs 2* e *3* são obras-primas, justificando a opinião do crítico inglês Mellers: "No mundo moderno, toda arte, inclusive a mais nacionalista, quando não é provinciana, é universalista".

NEOCLASSICISMO E NEOBARROCO

Os movimentos neoclassicistas e neobarrocos na música contemporânea estão em relação causal ou condicional com a segunda fase de Stravinsky, quando o compositor russo ocidentalizado se voltou para melodismos de Händel e Pergolesi e para as "formas" da primeira metade do século XVIII. Em parte, sua influência nesse sentido foi direta: seguiram-lhe o caminho. Em outros casos, antes convém dizer que o acompanharam: na França, o exemplo de Stravinsky, em sua segunda fase, confirmou o grupo dos *Six*, de Honegger, Milhaud, Poulenc e outros, uma resolução que já estava no ar parisiense. Enfim, aquela influência é sensível em várias tentativas, inclusive na Alemanha, de ressuscitar a música do passado pré-clássico, embora modificando-lhe mais ou menos profundamente os efeitos sonoros.

A influência de Stravinsky, o programa dos *Six* na França e as tendências arcaizantes de muitos alemães, inclusive de Hindemith, todas essas correntes encontram-se com forte movimento do nosso tempo: a ressurreição da música antiga. Primeiro e antes de tudo, a "renascença" de Bach; depois, a revivificação da arte de Monteverdi, Purcell, Couperin, Vivaldi, Domenico Scarlatti, Telemann, Leo e tantos outros "antigos". Até o público mais conservador já estava cansado da repetição permanente das obras de Haydn, Mozart, Beethoven, Schubert, Mendelssohn, Chopin, Franck, Brahms, Wagner.

Começou-se a exigir a execução historicamente exata das obras antigas. Em vez da orquestra sinfônica, as orquestras de câmara do século XVIII. Em vez do piano, o cravo.

Em vez das cordas modernas, a viola d'amore, a viola da gamba e outros instrumentos caídos em desuso. Mas essa exigência de execução historicamente exata produziu uma contradição dialética. A primeira representação da Paixão segundo São *Mateus*, em 1729, foi realizada com pequena orquestra e pequeno coro, conforme os recursos à disposição de Bach; e na orquestra houve vários instrumentos hoje obsoletos. É possível repetir, no século XX, uma execução da obra com aqueles mesmos recursos: historicamente exata. É possível que se obedeçam, dessa maneira, estritamente às intenções do compositor.

Mas talvez este só empregasse pequenas orquestras e coros e instrumentos "antigos", porque não tinha ou não conhecia outros, maiores e mais "modernos". Talvez uma execução da obra com recursos modernos, historicamente inexata, realize melhor as verdadeiras intenções do mestre. Encanta-nos, hoje, o som do cravo: mas, em certos casos, um Domenico Scarlatti talvez ficasse mais satisfeito se pudesse ouvir suas obras no piano. É um dilema do qual nunca poderemos conhecer a solução certa. Em geral e em comparação com as deturpações das obras antigas pelas orquestras e virtuoses do século XIX, a execução historicamente exata será preferível. Mas nada é capaz de apagar em nossa memória o conhecimento dos efeitos instrumentais de um passado mais recente. Já não somos ouvintes dos séculos XVII e XVIII. Em alguns casos, as obras antigas só fazem hoje impressão comparável àquela que fizeram em

7. A MÚSICA NOVA

sua época quando executadas à maneira do século XIX. Quando "exatamente" executadas, parecem estranhamente modernas, "modernistas".

O compositor moderno enfrenta dilema semelhante com respeito às formas musicais.

A "renascença" do passado musical foi algo como uma saída da rotina do academismo.

Depois de Beethoven, ninguém teria conseguido escrever uma verdadeira e original sonata para piano. A sinfonia, o quarteto, o drama musical tornaram-se rotineiros. Então, um concerto grosso, uma suíte, uma chacona, uma tocata, uma ópera em estilo barroco pareciam surpreendentemente "modernos". Mas essas formas musicais da época do baixo contínuo também se tornam acadêmicas e não passam de exercícios escolásticos quando se emprega nelas a arte harmônica de Haydn, Beethoven e Wagner. Por outro lado, a arte harmônica da época do baixo contínuo, imediatamente anterior ao sistema tonal de Bach-Rameau, está para nós perdida ou, pelo menos, inaceitável. Para escrever *concerti grossi* etc. historicamente exatos, deveríamos empregar outros "modos", exóticos. Mas então, as formas antigas já não produzem efeitos sonoros comparáveis àqueles que sentiram os ouvintes dos séculos XVII e XVIII. Produzem-se dissonâncias e asperezas que teriam chocado os ouvidos dos contemporâneos de Bach.

Não podemos evitá-las. Não se pode fugir da nossa condição de homens deste tempo. A música de Stravinsky (segunda fase), dos *Six*, de Hindemith, não é novo "classicismo"; é um neoclassicismo.

Esse termo "neoclassicismo" é bastante infeliz. Pois o classicismo na música é o estilo de Gluck, Cherubini e Spontini, que são hoje peça de museu. Continua vivo, no repertório, o "classicismo vienense", isto é, o estilo de Haydn, Mozart, Beethoven e, também, de Schubert. Mas, apesar da *Sinfonia Clássica* de Prokofiev e apesar de um efêmero flerte de Stravinsky com Mozart, ninguém pensa hoje em adotar aquele estilo.

Ao contrário: o romantismo ou pré-romantismo dos clássicos vienenses, sobretudo o de Beethoven, é considerado como "inimigo", como obstáculo à evolução de uma música "objetiva", da qual alguns chegam a excluir os violinos, tão "sentimentais", enquanto Stravinsky exige que um quarteto de cordas seja executado "com a precisão de uma máquina de costura". Quando se fala em neoclassicismo musical, pensa-se, na verdade, em "pré-classicismo", isto é, na música que precede o classicismo vienense: música como a de Bach ou Pergolesi, *concerti grossi* e tocatas, suítes, chaconas e partitas e muita polifonia linear, seja mesmo dissonante (ou porque é dissonante). Mas essa música é a do Barroco. E por isso se fala em neobarroco: para completar a confusão geral. Mas também por outro motivo, mais razoável. Pois no barroco o compositor e sua obra, sempre encomendada, tinham determinada função na sociedade e dentro das atividades da sociedade; enquanto hoje o músico só trabalha por imperativo de sua inspiração subjetiva, cujo resultado apresenta depois a um público indiferente. O desejo do restabelecimento de uma música funcional, *pendant* da arquitetura funcional, é um dos motivos do antissubjetivismo e antirromantismo generalizado. A música teria de deixar de ser um ornamento mais ou menos inútil. Da própria música querem alguns extirpar todos os ornamentos e enfeites, não por primitivismo stravinskiano, como faz Orff, mas por antirromantismo decidido. Assim já fez o grande precursor Satie.

Erik Satie (1866-1925)[10] foi figura fascinante e burlesca, que deixou maior anedotário que obra. Um místico extático com os gestos e o comportamento de um palhaço.

Alguém já o comparou àquele "palhaço do amor divino" que foi o grande poeta Max Jacob. Mas seu papel de precursor dos "modernistas" musicais de 1919 antes foi o mesmo que Alfred Jarry, o criador do *Ubu Roi*, desempenhou em relação aos dadaístas e surrealistas. A música de Satie é estática, sem movimento dramático no sentido de toda a música clássica e romântica; mas não é estática no sentido de Debussy, que parou, embriagado de sonoridade, em todo acorde. Por "ascetismo", desistiu Satie do cromatismo e, enfim, de toda harmonia, sem por isso voltar à polifonia. Sua arte é, deliberadamente, de pobreza franciscana. Tem aspecto arcaico. Quando quer ser tomada muito a sério, produz efeitos burlescos, o que não desagradava, aliás, ao autor.

Vivendo fora de toda atualidade musical, Satie já escreveu obras assim num tempo em que Debussy ainda não tinha chegado a fazer música impressionista. São as pequenas coleções de obras pianísticas: *Sarabandes* (1887), *Gymnopédies* (1888), *Gnossiennes* (1809). Deviam passar, desde então, trinta anos até o mundo lhe prestar atenção. Em 1917 fez escândalo imenso seu bailado *Parade*, de sobriedade ou "objetividade" extrema e de efeito grotesco. No entanto, é uma obra-prima, digna de um Stravinsky francês: espelho musical do "The Waste Land" ("A terra desolada"), de "The Hollow Men" ("Os homens ocos"), de T.S. Eliot. Dois anos mais tarde, o melodrama ou ópera ou peça musicalmente declamada *Socrate* (1919) já obteve sucesso; justamente porque Satie escreveu para o diálogo platônico música que é fundamentalmente idêntica à daquele bailado. Em 1919 a obra não podia deixar de ter sucesso: são os dias de Dada, precursor do surrealismo.

O responsável pela encenação de *Parade* fora Jean Cocteau, poeta vanguardista, pintor, cineasta, teatrólogo, romancista, coreógrafo e mistificador-mor da época. Em 1919, ano de *Socrate*, publicou o panfleto *Le Coq et l'arlequin*, no qual condenou, em paradoxos engenhosos e sarcásticos, a arte romântica, o subjetivismo de

7. A MÚSICA NOVA

Beethoven, as "névoas" de Debussy e toda e qualquer música "que se ouve com a cabeça reclinada na mão". Exaltou a música de circo, de *music hall*. Exigiu uma arte leve, mediterrânea, especificamente francesa "ou transparente como a de Bach". É um Bach estranhissimamente interpretado; o primeiro sinal daquilo que mais tarde seria a música neobarroca.

Cocteau tinha escrito programas e libretos para Stravinsky. Tinha encenado o bailado de Satie. Agora se reuniu à sua volta um grupo de músicos, atraídos pela linguagem brilhante daquele panfleto: foram os *Six*. Apesar de muita publicidade, nem todos os seis conseguiram sucesso. Dois dos mais bem-dotados do grupo sempre ficaram à sombra dos outros: Louis Durey (1888-1979) e a compositora Germaine Tailleferre (1892-1983), autores de *lieds* e de boa música de câmara. Muito tarde, quando o grupo dos *Six* já estava dispersado, foi reconhecido o mérito de Georges Auric (1899-1983): quando o autor do bailado Les Matelots (1925) deu em 1950 o imponente bailado *Phèdre*, uma das melhores realizações do ideal, então já meio esquecido, do grupo. Na verdade, para a história e para o público, os "seis" são apenas três: Poulenc, Milhaud e Honegger.

O grupo dos Six, em que cinco deles estão representados: ao centro, a pianista Marcelle Meyer. À esquerda, de baixo para cima: Germaine Tailleferre, Darius Milhaud, Arthur Honegger, Jean Wiener. À direita, em pé, Francis Poulenc e Jean Cocteau; sentado, Georges Auric. Louis Durey não estava presente. Óleo sobre tela de Jacques-Émile Blanche, 1921.

O representante mais típico dos princípios dos *Six* e das ideias de Cocteau de 1919 é Francis Poulenc (1899-1963)[11], especialista em música de balé (*Les Riches*).

Sua ópera *Les mamelles de Tirésias* (1947) é uma última transfiguração musical do vanguardismo de Apollinaire; obra altamente parodística e agressiva. As obras de música de câmara de Poulenc, as mais das vezes para ou com a colaboração de instrumentos de sopro, são espirituosas paródias da música de câmara clássica, não desprezando os recursos do jazz. Mas nesse parodista também houve sempre veleidades religiosas, certamente mais sérias que a conversão efêmera de Cocteau.

Escreveu, depois de um *Stabat Mater* (1951), a ópera *Dialogues des Carmélites* (1956), que não parece indigna do texto de Bernanos. As obras mais notáveis de Poulenc talvez sejam seus numerosos *lieds*, classicamente franceses.

Seria preciso escrever uma monografia para fazer justiça a todos os aspectos da produção imensa de Darius Milhaud (1892-1974)[12], que se definiu, a si próprio, "francês da Provença e judeu de origem"; viveu entre 1914 e 1918 no Brasil, como diplomata, e entre 1939 e 1945 nos Estados Unidos, como exilado; desempenhou funções de compositor oficial da República, para a qual escreveu um *Te Deum*, que foi cantado na Catedral de Notre-Dame de Paris; assim como escreveu para os seus correligionários um *Serviço de Sinagoga*, aliás, originalíssimo, e, para representação na Palestrina, a ópera *David* (1954); e a majestosa sinfonia coral *Pacem in Terris*, sobre palavras da homônima encíclica do papa João XXIII. É compositor de versatilidade extrema e fecundidade enorme. Escreveu dezoito quartetos para cordas, explicando o grande número pelo fato de "Beethoven ter escrito apenas dezessete quartetos". Os anos passados no Brasil lhe sugeriram a obra pianística *Saudades do Brasil* (1921), de exotismo algo fantasioso.

Suas obras instrumentais, e seus *lieds* são inúmeros. O estilo sempre é o mesmo: o politonalismo, mas com voltas mais ou menos frequentes ao sistema tonal ortodoxo que Milhaud não deseja abandonar. Suas contribuições mais típicas para a música no espírito dos *Six* são a *Sinfonia nº 8* (*Rhodanienne*) e a ópera Le pauvre *matelot* (1926), para a qual Cocteau lhe escreveu o libreto: uma história sombria e cruel, cujo acompanhamento musical pretende ser "leve" e "luminoso". As óperas de Milhaud também são numerosas. A obra de maiores dimensões é a *L'Orestie* (1924). A mais ambiciosa é *Christophe Colomb* (1930), libreto de Claudel, com grandes recursos musicais e cênicos e emprego de efeitos cinematográficos; já estamos, com essa obra, em pleno neobarroco. É completamente impossível, hoje em dia, julgar com justiça a imensa obra de Milhaud. Teme-se que o julgamento da posteridade não chegue a ser dos mais favoráveis.

Não percebemos hoje, quase meio século depois, muita semelhança entre os diferentes membros do grupo dos *Six*. E pelo menos um entre eles só parece ter entrado

7. A MÚSICA NOVA

por equívoco: tão diferente é a personalidade de Arthur Honegger (1892-1955), filho de suíços franceses protestantes, que por acaso nasceu na França. Sua adesão ao grupo deveu-se ao motivo pessoal da amizade com Milhaud e a outro impulso, meramente negativo: à oposição contra as "nebulosidades" do impressionismo. Esse calvinista montanhês quis ser um "mediterrâneo" e sobretudo um "moderno". Tornou-se famoso pela peça orquestral *Pacific 231* (1924), ruidosa homenagem a uma locomotiva.

Mas esse cosmopolita e revolucionário logo pensou, também, em modernizar enredos tirados da Bíblia, que fora a leitura diária dos seus antepassados. Oratório moderno ou *psalme symphonique* é *Le Roi David* (1921), que agradou muito; especialmente a suíte orquestral, tirada dessa obra, conquistou as salas de concerto. Continuação nesse caminho é *Judith* (1926). Como adepto do neoclassicismo de Stravinsky, pediu Honegger a Cocteau que lhe escrevesse o libreto de *Antigone* (1927); obra que foi considerada, na época, como *pendant* do *Oedipus Rex* do compositor russo. Mas este tinha escolhido o assunto grego sem pensar em outra coisa senão em tema bastante remoto para servir de base a uma música abstrata. Honegger, porém, pode ter pensado no protesto religioso de Antígona contra a lei deste mundo; e saiu uma música grandiosa e emocionante. O oratório profano *Les cris du monde* (1931) também é protesto do individualista contra as normas ditadas pela massa, pela técnica. Honegger, o protestante, já é antimoderno. Seu politonalismo, ou, como ele preferiu dizer, sua "poliarmônica linear", é compatível com a construção de grandes arquiteturas vocais.

Entre os ideais que confessou adorar, há a música de Bach e, um pouco surpreendentemente, a de César Franck. A inspiração é religiosa. Uma das suas últimas e mais belas obras foi *Une Cantate de Noël* (1953). Honegger teve a ambição de escrever óperas. Com aquela mentalidade, só podiam, porém, surgir oratórios, embora passíveis de representação cênica. *Jeanne d'Arc au bûcher* (1935), libreto de Claudel, foi primeiro cantada como oratório; só em 1942 foi representada, pela primeira vez, no palco; e a obra voltou para as salas de concerto. É o único oratório autêntico que se escreveu nesse século; merece o sucesso mundial que teve e continua tendo. De alta admiração também é digna a *Symphonie liturgique* (1946), ilustrando orquestralmente o *Dies irae*, o *De profundis* e o *Dona nobis pacem*; homenagem do protestante à liturgia católica e significativa expressão musical das angústias da nossa época, das quais também dá testemunho a sombria e tecnicamente magistral *Sinfonia Di Tre Re* (1951).

De Honegger já se disse que obrigou o público a ouvir música moderna; quebrou resistências que parecem invencíveis e habituou a gente a sonoridades novas que não são, aliás, agressivas. Suas obras principais continuam sendo executadas, no mundo inteiro, com grande frequência. Contudo, cabe registrar que alguns críticos, franceses e holandeses, sobretudo, verificam, com os anos, certo envelhecimento daquelas obras que saudaram com tanto entusiasmo; levantam a dúvida sobre se a substância musical, em Honegger, não é, porventura, menor do que a intenção espiritual, elevada.

Herdeiro dessas intenções parece ser Jean Martinon (1910-1976), que escreveu no cativeiro alemão o comovente *Psalmus 136* (1943); sucesso recente é seu *Canticus Canticorum* (1957). Do programa dos *Six* sobrevivem na França o apego aos "modos" antigos ou exóticos e certo espiritualismo, às vezes nacionalista. Por outro lado, também existe na França um neoclassicismo mais conservador, mais tradicionalista. Seu representante principal é Jacques Ibert (1890-1962), autor do poema sinfônico *Escales* e da ópera *Le Roi d'Yvetot.*

Entre os neoclassicistas franceses e os alemães, situa-se, homem entre as raças, o suíço bilíngue Frank Martin (1890- 1974)[13], um dos mestres mais interiorizados da nossa época. É um eclético: declarando-se classicista, continua baseando sua arte na escolha de acordes expressivos, pois foi admirador de Debussy; mas mudou, depois, radicalmente, adotando a técnica serial de Schoenberg, sem aderir, aliás, ao espírito da escola vienense. Tudo lhe serve para transfigurar em sonoridades raras o sentido íntimo de textos arcaicos ou misteriosos. Só obras menores suas foram realmente aceitas pelo público: como a conhecida *Petite Symphonie concertante*. Apenas um *succès d'estime* coube ao oratório cênico *Le vin herbé* (1950), que trata de maneira nova a lenda de Tristão e Isolda, e à ópera *Der Sturm* (1956), versão alemã de *A tempestade* de Shakespeare, representada em Viena e em Nova York. É uma arte esotérica.

O ciclo de temporária hegemonia musical francesa, entre a estreia de *Pelléas et Mélisande* e a de *Jeanne d'Arc au bûcher*, já parece encerrado. Bartók morreu. Contudo, não se pode falar em restabelecimento da hegemonia musical alemã; no século dos nacionalismos, não haverá mais hegemonia. Mas ninguém já contesta, hoje, um primeiro lugar entre os compositores mais modernos ao alemão Paul Hindemith (1895-1963).[14]

É nome de repercussão mundial. Estudou viola, que tocou durante anos no quarteto Amar-Hindemith. Foi, na mocidade, um dos propagandistas mais ruidosos da música moderna e moderníssima na Alemanha. Organizou os Festivais de Música Contemporânea em Donaueschingen. Dedicou-se ao ensino musical — naturalmente de música moderna — das juventudes; os adversários chamavam-no de *Lausbub* (algo como "moleque" ou *gamin*), mesmo quando já era professor de uma classe de composição do conservatório de Berlim. Os nazistas não o perseguiram pessoalmente; mas proibiram a execução das suas obras. Em 1939 Hindemith resolveu emigrar para os Estados Unidos, onde a Universidade de Yale lhe ofereceu uma cátedra. E foi reconhecido como uma espécie de *praeceptor musicae mundi*.

Começou como iconoclasta, escandalizando os alemães pelos ataques contra Wagner e contra o romantismo. Já então, o futuro neoclassicista gostava de tocar, com o grupo Amar-Hindemith, os quartetos de Mozart, que passavam naquele tempo por "pouco filosóficos". Ofendeu aos ouvidos com experimentos de polifonia linear. Provocou indignação pelo emprego dos ritmos e instrumentos de jazz em concertos "sérios". Mas já sabia escrever música séria. Até os acadêmicos reconheceram-lhe o robusto talento para a polifonia instrumental, manifestado em obras como o *Quarteto para cordas n° 4* (1923) ou o *Trio para cordas n° 1* (1924). O jovem mestre estava consciente do fato de que a música, depois do *Sacre du Printemps*, entrara numa época caótica, comparável aos caos de 1600, quando submergiu a polifonia vocal. Pretendia "endireitar o mundo" por meio de uma reforma social no reino da música. No século XIX, o compositor tinha criado obras conforme o ditado de sua consciência artística subjetiva, entregando-as depois ao empresário, ao regente ou ao virtuose e enfim ao público, que não as tinham solicitado. Hindemith pensava em restabelecer a "função" da música, assim como existia nos séculos XVII e XVIII, quando o compositor só escrevia por encomenda: da Igreja, ou da corte, ou do mecenas, o que garantiu a comunhão espiritual entre o artista e o seu público. Agora, o compositor teria de tornar-se, novamente, artesão: fazendo *Gebrauchsmusik* ("música funcional") para fins bem determinados, para acabar com a irresponsabilidade subjetiva e reconquistar o público. Nesse sentido, escreveu Hindemith muita *Gebrauchsmusik*: para o ensino musical, para associações musicais da mocidade, para representações populares perante organizações culturais dos sindicatos operários etc. A mais permanente dessas obras é o *Plöner Musiktag* (*Festival de Música no Plön*, 1932), compondo-se de "música de alvorada", "música de almoço" e "serenata" para um congresso de organizações da mocidade alemã. Evidentemente, o iconoclasta de 1920 já estava no caminho para se transformar em "mestre alemão" no sentido antigo. Profundamente alemão é o belíssimo *Concerto para viola e orquestra* denominado *Schwanendreher* (1935), cujos movimentos se baseiam em velhas canções populares alemãs, dos séculos XVI e XVII, das quais a última tem aquele título.

Mas, antes de tudo, é obra germaníssima a ópera *Mathis der Maler* (*Mathias, o Pintor*, 1934), cujo personagem principal é o grande mestre do altar de Isenheim,

Mathias Grünewald, que viveu no começo do século XVI, no tempo das tempestades espirituais da Reforma e das tempestades sociais da Guerra dos Camponeses. Sobre esse enredo, escreveu Hindemith uma obra na qual melodias profundamente emocionantes, superpostas em polifonia linear, dão dissonâncias gritantes que se dissolvem em harmonias místicas. É uma obra que exprime as ânsias sociais e as angústias espirituais daquele tempo e do nosso tempo. Mas justamente essa obra, tão tipicamente alemã, foi proibida pelo regime nazista, só podendo ser representada em Zurique. Foi o começo da perseguição; depois, o exílio.

Fora do teatro de ópera, o grande perigo do neobarroco musical é um artesanato que emprega as formas antigas sem necessidade espiritual íntima. Thomas Mann, no romance *Doutor Fausto*, disse palavras duras, mas justas, sobre a fabricação em série de *concerti grossi, chaconnes, passacaglias*, tocatas etc. por homens que viajam de avião e se dedicam aos esportes. Perdeu-se nessa maneira o grande talento do tcheco Bohuslav Martinu (1890-1959), que foi discípulo de Roussel. Seus "modos" exóticos são, naturalmente, os do folclore tcheco, especialmente da Morávia. As formas, manejadas com virtuosidade, são as pré-clássicas. Das suas obras numerosas, têm valor talvez permanente o *Concerto Grosso* e o *Concertino para piano e orquestra*. As outras, nunca são *de la mauvaise musique, bien écrite*; são boa música bem escrita, mas em grande parte, por assim dizer, desnecessárias.

Música neobarroca escreveu por necessidade íntima o francês Olivier Messiaen (1908-1992)[15], porque é mesmo homem de mentalidade barroca. O que lembra, em suas obras, aquele estilo é, além de certos títulos, o conteúdo espiritual: um misticismo extático, constantemente preocupado com as tentações da carne, o reino das trevas e a ascensão da alma. O organista da Igreja Ste. Trinité em Paris é católico de tal maneira exaltado que os adversários já manifestaram dúvidas injustas quanto à sua ortodoxia. A música de Messiaen parece muito eclética: influências de Debussy e Stravinsky e, também, de Alban Berg; e elementos exóticos, asiáticos e africanos, além de permanentes recordações bachianas e da mania de imitar as vozes dos pássaros. Tudo isso, porém, fundido de maneira personalíssima e complicadíssima, num estilo próprio, meio suntuoso, meio bárbaro. Não existem obras de outro compositor que sejam comparáveis às de Messiaen: *La nativité du Seigneur* (1935), para órgão; *Quatuor pour la fin du temps* (1941); *Visions de l'Amen* (1943), para piano; *Vingt regards sur l'enfant Jesus* (1945), para piano; o poema sinfônico *Turangalila Symphonie* (1949). É autêntico neobarroco; mas provavelmente não para o futuro, e, sim, *pour la fin de ce temps*.

SCHOENBERG E O DODECAFONISMO

O futuro considerará provavelmente Béla Bartók como o maior compositor da primeira metade do século XX. Mas as influências decisivas foram outras: de um lado, Stravinsky, inspirando os nacionalistas e o neoclassicismo; por outro lado, Schoenberg, inspirando o atonalismo e ensinando o dodecafonismo.

Muitos compositores contemporâneos são politonalistas: as várias vozes movimentam-se em tonalidades diferentes, superpostas, o que em toda a música, até Debussy, teria sido proibido, porque produzindo sistematicamente dissonâncias. Mas já se viu que o conceito "dissonância" é relativo, sujeito a modificações históricas. Ontem é considerado dissonância proibida aquele acorde que amanhã até os acadêmicos admitem. O cromatismo fez progressos constantes, até *Tristão e Isolda* e a partir de *Tristão e Isolda*, até se apagarem, enfim, as fronteiras entre as tonalidades. O próximo passo seria o de aboli-las: de não reconhecer mais tonalidade nenhuma. Seria o atonalismo. Mas este só foi uma fase na evolução de Arnold Schoenberg. Depois o mestre restabeleceu a ordem, substituindo o sistema tonal destruído por outro sistema, novo: o dodecafonismo. É a maior revolução na história da música: parecia a destruição completa da tradição da música ocidental. Mas essa revolução foi realizada por um homem que se julga herdeiro daquela tradição. Chega a se chamar tradicionalista.

Arnold Schoenberg (1874-1951)[16] é filho da pequena burguesia judaica de Viena.

O ambiente em que se criou se parece com o de Mahler e Freud. Foi, em música, autodidata. Trabalhando tenazmente, adquiriu, porém, tão grande erudição musical que a comissão de publicação dos *Monumentos da música na Áustria* o encarregou de editar o *Concerto para violoncelo* de Monn, precursor de Haydn. Suas próprias composições foram, de início, consideradas inexecutáveis, primeiro por causa dos enormes recursos requeridos, depois por causa das audácias harmônicas. Teria tido sucesso, se fosse um pouco menos intransigente. Mas não transigiu nunca na vida. Passou por época de grave miséria material. Precisava ganhar a vida, orquestrando a música de operetas vienenses de autoria de incultos fabricantes de valsas. Em 1907 o famoso quarteto Rosé, uma das cidadelas do conservantismo musical de Viena, executou o *Quarteto em ré menor* de Schoenberg; o público fez escândalo, que se repetiu em 1908 com o *Quarteto em fá sustenido menor*. Em 1913 os *Gurrelieder* foram, doze anos depois de sua publicação, saudados com palmas. Mas, no mesmo ano de 1913, a *Sinfonia para orquestra de câmara em mi maior* produziu em Viena um dos maiores escândalos em toda a história da música. Desde então, o escândalo acompanhou Schoenberg fielmente pela vida toda. Nunca teve sucesso.

Como catedrático do conservatório de Berlim, desde 1925, só pontificava dentro de um círculo limitado. Em 1933 o nazismo o obrigou a emigrar para os Estados Unidos, onde o honraram sem compreendê-lo. Morreu desolado, em 1951, sem ter chegado a rever sua terra. Pela atividade de Schoenberg, a cidade de Haydn, Mozart, Beethoven, Schubert, Brahms, Bruckner e Mahler poderia voltar a ser a capital do mundo da música. Mas já estava transformada em fortaleza do academicismo. Rejeitou seu novo papel, rejeitando o mestre. Hoje, no entanto, os mais conhecidos músicos vienenses, como o pianista Bruno Seidlhofer (1905-1982), são schoenbergianos.

Em torno da música e da teoria de Schoenberg, subsistem vários equívocos. Muitos ainda o chamam de atonalista, embora o atonalismo só fosse uma fase intermediária de sua evolução estritamente coerente. Até 1909 mesmo aquelas obras que tanto escandalizaram o público têm tonalidade definida; apenas levam ao extremo o cromatismo wagneriano. Quanto às obras posteriores, dizia-se em Viena que Schoenberg costumava se sentar no teclado do piano mudando várias vezes de posição e notando os sons assim produzidos. Seria a música mais arbitrária do mundo.

Na verdade, o sistema de Schoenberg é de um rigor excessivo. Parece amarrar as mãos ao compositor. Suas regras lembram a arte contrapontística dos mestres flamengos do século XV; em parte, são as mesmas regras. Fora do círculo dos discípulos, não se estudou bastante o *Tratado de harmonia* de Schoenberg, no qual se citam constantemente exemplos de Bach e Brahms. É obra de um tradicionalista, que considera sua teoria como a conclusão lógica da tradição ocidental.

Já foram feitas numerosas tentativas para explicar o dodecafonismo ao público, com sucesso duvidoso. O novo sistema tonal pretende substituir o de Bach-Rameau, para acabar com o cromatismo e com o atonalismo. Em vez das 24 tonalidades do sistema tradicional e em vez de nenhuma tonalidade do atonalismo, Schoenberg só admite uma única tonalidade: os doze sons, entre os quais nenhum é destacado e todos desempenham a mesma função. Não há mais tom maior nem menor. Não há consonâncias nem dissonâncias. Mas nem tudo é permitido ao compositor. Ao contrário. A obra musical tem de se basear numa série (daí "música serial") na qual todos os doze sons são representados, mas cada um só uma vez. Essa série é o tema fundamental da obra, elaborada conforme todas as regras, inclusive as mais complicadas, da antiga polifonia vocal, da arte contrapontística. É uma escolástica. Mas é uma ordem.

As primeiras obras "seriais" ou "dodecafônicas" foram as *Cinco peças para piano, Op. 23* (1923), e a *Serenata, Op. 24* (1923). Como obras capitais, são considerados o *Concerto para violino e orquestra* (1936) e o *Concerto para piano e orquestra* (1942).

Dodecafônica é a música da muito curiosa ópera-satírica *Von heute auf morgen* (*Entre hoje e amanhã*). E as *Variações para grande orquestra sobre o tema B-A-C-H, Op. 31* (1928), passam por ser a "arte da fuga" do dodecafonismo. É preciso admitir que o público nunca aceitou essa música que se afigura fatalmente, a quem não estudou e lê as partituras, como acumulação de ruídos desagradáveis; também os elogios da crítica nem sempre foram sinceros. Mas não se admitem esses fatos para fazer restrições: também já houve quem declarasse a *Arte da fuga* e as *Variações sobre uma valsa de Diabelli* obras destinadas antes à leitura do que à audição. Fazendo música abstrata, Schoenberg encontra-se dentro da tradição da música ocidental. No resto, o mestre nunca exigiu que, no futuro, só se fizesse música dodecafônica. Além de admitir outra música, diferente da sua, também se revelou capaz de escrever de maneira menos "regular", menos escolástica. Por isso — ou por motivo dos textos —, conseguiram relativa aceitação a *Ode a Napoleão* (1944, letra de Byron) e a cantata *Ein Überlebender aus Warschau* (*Um sobrevivente de Varsóvia*, 1949), celebrando em língua alemã, inglesa e hebraica o heroísmo e o martírio dos judeus encerrados e exterminados no gueto de Varsóvia.

O monumento da volta de Schoenberg ao nacionalismo religioso judaico é a ópera *Moses und Aron* (*Moisés e Aarão*), que o mestre, interrompendo em 1932 o trabalho, deixou incompleta. As raras execuções do fragmento, na sala de concertos, na ópera e no rádio, não permitem formar opinião definitiva. Dois trechos já foram executados com mais frequência, fazendo impressão profunda: a voz do Senhor, falando da sarça ardente a Moisés; e a dança dos judeus em torno do vitelo de ouro. A obra deveria ser a catedral da música moderna; suas raízes levam a profundidades religiosas, extramusicais; o último objetivo da obra também transcende as possibilidades da música; ficou, talvez por isso, fragmento.

A comparação entre Schoenberg e Stravinsky revela melhor as fraquezas e o lado forte dos dois compositores. A prioridade cronológica cabe àquele: as obras revolucionárias de Schoenberg são anteriores ao *Sacre du Printemps*; e são mais radicais. Quanto à evolução posterior dos dois mestres: o neoclassicismo de Stravinsky é um pseudoclassicismo, explorando melodismos e formas antigas, degenerando às vezes em pasticho; o tradicionalismo de Schoenberg tem maior direito de ser reconhecido como autêntico, porque o compositor vienense pretende realmente, e até de maneira erudita, desempenhar o mesmo papel de fundador de uma nova ordem no caos, que desempenharam Brahms no caos do neorromantismo e Bach no caos do último barroco. Nesse sentido, os adeptos entusiasmados de Schoenberg têm o direito de compará-lo a Bach. Mas a ninguém ocorrerá comparação dessas quanto à capacidade criadora. A esse respeito, os adeptos de Stravinsky estão em melhor situação. Pelo menos nas primeiras obras, revelou o russo uma força espontânea que falta completamente ao vienense; só em fases posteriores caracterizam-se as obras de Stravinsky por aquele mesmo cerebralismo, pelas tentativas de forçar a inspiração, que já se encontra em todas as fases da evolução de Schoenberg. Talvez ele fosse mais teórico e animador do que criador. Outros, discípulos seus, tiveram mais sucesso; ele ficou sempre isolado. Mas seu intérprete filosófico, Theodor W. Adorno, explica bem esse isolamento: Schoenberg, como artista, não foi associal, em posição hostil ao mundo; o mundo foi hostil a ele porque não suporta ouvir, na sua música, as desarmonias gritantes da nossa época; Schoenberg teria assumido a tarefa ingrata de dizer a verdade, que é sempre dura, para expiar a mentira da arte acadêmica e os crimes que esta esconde sob o manto da pseudobeleza; a música de Schoenberg *tollit peccata mundi.*

Um crítico menos amistoso já disse que "a melhor obra de Schoenberg foi seu discípulo Alban Berg". Há nessa frase o grão de verdade de que Berg foi compositor genial, provavelmente superior a Schoenberg; mas deveu tudo a este, ao qual sempre ficou ligado pela amizade e pela gratidão. No entanto, não foi discípulo ortodoxo; alguns dos seus maiores acertos podem-se atribuir à maneira livre como interpretou a lição do mestre.

Alban Berg (1885-1935)[17] foi austríaco como Schoenberg, mas de origens diferentes: da região alpina, menos contaminada pela decadência da capital. Reagiu com sensibilidade doentia contra o ambiente vienense de 1910, em que já havia os germes da decomposição do império austríaco.

Ligou-se aos poucos espíritos solitários que lutaram para possibilitar uma nova vida, mais pura, talvez uma futura renascença austríaca: o grande escritor satírico Karl Kraus; o arquiteto Adolf Loos, um dos criadores da arquitetura funcional; o pintor expressionista Oskar Kokoschka; e Schoenberg.

Infelizmente, o gênio de Alban Berg estava encerrado num corpo doentio, predestinado a uma morte prematura. Essas circunstâncias exteriores — o ambiente e a condição física — explicam os resíduos de subjetivismo romântico que Berg nunca chegou a superar.

Mas não têm nada com suas qualidades positivas: a fidelidade com que recebeu e guardou a lição do seu mestre; e a liberdade com que a interpretou. Não é dodecafonista ortodoxo, e não podia sê-lo, porque sua inspiração era principalmente lírica. Esta se manifestara nos seus *lieds*, que em parte ainda são francamente românticos (embora de um romantismo que soa extremamente moderno). O lirismo de Berg é a base da sua criação dramática.

Wozzeck (1921) é a maior ópera que se escreveu depois de Debussy e Richard Strauss; é mais dramática que *Pelléas et Mélisande*, mais profunda que *Salomé* e *Elektra*; e, admitindo-se mesmo a menor riqueza de substância musical, é incomparavelmente mais humana e mais sincera que *O Cavaleiro da Rosa*. Berg pôs em música o texto integral, em prosa, de um drama meio fragmentário do poeta alemão Georg Büchner (1813-1837), que tinha genialmente antecipado a dramaturgia expressionista. Pequenas cenas abruptas, meio duramente naturalistas, meio altamente fantásticas; vida desgraçada e fim trágico de um proletário humilhado; ambiente grotesco ou ordinário; tudo isso transfigurado pela luz oblíqua das superstições populares e pelas vozes demoníacas da natureza. *Wozzeck* é obra de realismo social, implacável como uma tragédia grega; e de um lirismo cuja raiz é a grande piedade com todos os que sofrem. Mas nada de sentimentalismo. Para expulsá-lo do enredo, escreveu Berg a música da ópera nas formas rigorosas da polifonia instrumental barroca: cada uma das cenas é construída como suíte ou *passacaglia*, ou "invenção", ou fuga etc.; mas também aparecem um *scherzo*, um movimento em sonata-forma e um *andante affetuoso*, formas do classicismo vienense. A técnica harmônica ainda não é a do dodecafonismo, como alguns acreditam; pois o sistema serial de Schoenberg é posterior a *Wozzeck*. É o estilo declamatório do *Pierrot Lunaire*, de Schoenberg, um termo médio entre o canto e a linguagem falada. O acompanhamento orquestral, naquelas formas pré-clássicas e clássicas, fornece o fundamento rigorosamente formal, capaz de disciplinar o sentimento e de limitar o realismo. É música dramática inteiramente nova. *Wozzeck* encontrou, da parte do público, a mais firme resistência. Gente habituada a ouvir *Lohengrin* e Verdi não podia suportar essa nova linguagem musical, a declamação do texto e o acompanhamento dissonante. Mas a obra venceu essa resistência. Depois dos primeiros sucessos na Alemanha, conquistou as duas casas de ópera mais conservadoras, as de Viena e Paris; enfim, chegou a ser representada no Teatro alla Scala, em Milão; e é hoje a única obra de música nova que mantém firmemente seu lugar no repertório operístico.

Alban Berg começou a adotar o novo sistema dodecafônico, embora não de maneira ortodoxa, na *Suíte lírica para quarteto de cordas* (1926), que é a síntese de uma intenção rigorosamente estrutural e de uma inspiração principalmente lírica; por isso, é uma das obras mais estudadas pelos que desejam verificar com imparcialidade as possibilidades do novo sistema; o público ainda não chegou a apreciá-la. Transposição do mesmo dodecafonismo livre para o terreno da música vocal foi a "ária de concerto" *Der Wein* (*O vinho*, 1929), poema de Baudelaire (em tradução para o alemão): obra que, parece, já venceu na sala de concertos. O sucesso inspirou em Berg a coragem para escrever a primeira ópera dodecafônica (sempre em sentido livre da palavra): *Lulu*.

Lulu (1935) não foi inteiramente completada. Sem dúvida, também é uma obra do mais alto interesse musical. Mas o texto, "arranjo" de uma tragédia erótica do expressionista alemão Frank Wedekind, não ofereceu ao compositor as mesmas oportunidades de *Wozzeck*. Ao lado de trechos muito expressivos, símbolos musicais da corrupção e da nostalgia da redenção do mundo moderno, há outros que a "prosa prosaica" do texto não permitiu transfigurar musicalmente. É, como *Moisés e Aarão*, um grande fragmento.

Pôster da ópera *Wozzeck*, de Alban Berg, litogravura de Jan Lenica, 1964. Teatro Wielki, Polônia.

A música de Alban Berg é mais humana que a de Schoenberg e muito mais humana que a do outro discípulo predileto dele, Webern. Talvez por isso mesmo exerça influência menor que a de Webern, cujo antirromantismo extremo corresponde melhor à mentalidade das gerações novas.

Anton von Webern (1883-1945)[18], vienense como os dois outros, foi de formação e temperamento todo diferente: musicólogo erudito e aristocrata retraído, solitário.

Discípulo ortodoxo de Schoenberg, continuou a obra do mestre, fortalecendo o rigor do sistema, enriquecendo-o por inovações rítmicas e pela *Klangfarbenmelodie*, isto é, a distribuição de cada uma das notas do tema a instrumento diferente. Escreveu nada menos que treze ciclos de *lieder* e a importante *Cantata nº 2* (1943). Mas não foi espírito lírico, a não ser que se defina de maneira totalmente nova o lirismo. Sua produção de música de câmara também é considerável, sendo as obras principais as seguintes: *Trio para cordas, Op. 20* (1927); *Sinfonia para orquestra de câmara, Op. 21* (1928); *Quarteto para violino, piano, clarinete e saxofone, Op. 22* (1931); *Concerto para 9 instrumentos, Op. 24* (1934); *Quarteto de cordas, Op. 28* (1938); *Variações para orquestra, Op. 30*. Mas as expressões "obra" e "obra-prima", que foram tantas vezes empregadas neste livro, podem dar impressão errada quando se trata de Webern. São peças extremamente curtas, cuja execução só requer poucos minutos. São como miniaturas ou aforismos musicais. "Curtas" também são interiormente, compondo-se apenas de partículas sonoras, embora rigorosamente encadeadas. E, ainda por cima, quase sempre o compositor exige a execução em pianíssimo, de modo que ficam mal audíveis. Talvez seja melhor ler, apenas, essas formas sonoras, geometricamente coordenadas, do que as ouvir. O antirromantismo extremamente antirretórico de Webern proíbe a interpretação dessas estruturas como — já foram assim definidas — "fórmulas mágicas, misteriosamente murmuradas". É verdade que a série, que é recurso técnico para os outros, é para Webern um símbolo mágico do Universo. As gerações novas da música europeia afirmam perceber nelas aproximações de um outro mundo, de um mundo novo.

Um dos grandes teóricos da música dodecafônica é o vienense Ernst Krenek (1900-1991). Mas no início foi um eclético, que fez música moderna com a ambição confessada de conquistar o grande sucesso. Conquistou-o uma vez, com a ópera *Jonny spielt auf* (*Johnny está tocando*, 1927), glorificação do jazz. Mas não enveredou pelo caminho, largamente aberto, da opereta. Intelectual sério e escrupuloso, fez tentativas em várias direções — criando obra volumosa — até chegar ao dodecafonismo ortodoxo. Sua obra capital é a ópera *Karl V* (*Carlos V*, 1934), carregada de filosofia da história. Entre suas obras posteriores (especialmente numerosos os *lieds*), merecem destaque os admiráveis seis motetes para coro a capela sobre textos de Kafka.

MÚSICA CONCRETA E ELETRÔNICA

Um crítico que sempre foi um dos protagonistas da música moderna, Theodor W. Adorno, explica a procura de novos mundos sonoros pelo enjoo dos mundos sonoros antigos. Há concertos sinfônicos e de câmara em todas as grandes e em muitas pequenas cidades do mundo: mas sempre se nos oferece o mesmo repertório histórico, de Bach e Händel até Brahms e Debussy, a safra de menos de duzentos anos. É ainda mais conservador o repertório das casas de ópera: de Gluck até Richard Strauss, e nada mais. Quando surgiu, o disco long-play (LP) ampliou grandemente o repertório acessível aos amigos da música. Mas foi, outra vez, um repertório histórico, incluindo Monteverdi e Vivaldi, Couperin e Domenico Scarlatti. Toda música executada e ouvida pertence, sempre, ao mesmo sistema de organização dos elementos sonoros. O público continua satisfeito.

Mas quem sente vocação criadora não pode fugir ao fenômeno de "enjoo".

Só poucas obras do "modernismo" de 1910, 1920 e 1930 entraram no repertório histórico: *A sagração da primavera*, *Wozzeck*, *Jeanne d'Arc au bûcher*, *Carmina Burana*. O restante só é executado nos festivais de música contemporânea em Donaueschingen, Colônia, Darmstadt, Veneza, e nos programas de música avançada de algumas emissoras de rádio na Alemanha. O público de leigos não toma conhecimento. Repudiados, os compositores contemporâneos constituem círculos fechados: uma seita. O que se faz nela parece, visto de fora, uma escolástica. Mas cada escolástica produz fatalmente suas heresias. Supera-se Stravinsky. Supera-se Schoenberg. Supera-se Bartók. Num livro francês, de Hodeir, todos os três são condenados como "decadentes" que, depois de começos revolucionários, caíram na rotina ou na reação. Só Webern é poupado. Mas procuram-se recursos novos para realizar aquilo que o mais radical dos mestres de Viena apenas adivinhara. Esses novos recursos são oferecidos pela música concreta e pela música eletrônica.

A música concreta tem origens remotas. Em 1913 o futurista italiano Luigi Russolo propôs a substituição da música tradicional por *orgies de bruits* (orgias de barulhos) produzidos por objetos das mais diversas espécies, menos por instrumentos musicais.

Só produziu escândalos. Mas esse *bruitisme* não deixou de chamar a atenção do mais radical dos vanguardistas de então: na marcha final da *Histoire du Soldat*, de Stravinsky, o diabo faz um pouco de música "bruitista".

Só depois da Segunda Guerra Mundial foram essas experiências conhecidas ou levadas a sério na Europa. Pierre Schaeffer fundou em 1949, em Paris, o Club d'Essai, no qual, ao lado da execução de música dodecafônica de Leibowitz, Boulez e outros, também se experimentava música concreta, produzida por objetos: vassouras em fricção com o chão, peças de metal e de madeira, batidas umas contra as outras, o ruído da água que sai da torneira, ruídos de máquinas, ruídos de rua etc. Esses sons foram gravados em discos, mais tarde em fitas eletromagnéticas, que se podem depois cortar e combinar à vontade, assim como se cortam e combinam as fitas cinematográficas. É uma técnica que lembra a da *collage* na pintura moderna. A obra mais conhecida, produzida dessa maneira por Schaeffer e colaboradores, é a *Symphonie pour un homme seul*.

Essa música concreta, produzida por instrumentos (ou mais exatamente: objetos) que não têm relação nenhuma com o tradicional sistema sonoro, significa a abolição total desse sistema. Mas não se enquadra em sistema novo, porque os "instrumentos" da música concreta não podem ser dominados e controlados a ponto de fornecer resultados exatamente previsíveis. Para tanto, seria preciso construir máquinas musicais. Essa ideia já tinha surgido quando Stravinsky exigia a execução maquinalmente exata das suas obras sem a menor intervenção da subjetividade emocional dos executores ("um quarteto de cordas, tocado como uma máquina de costura"); escreveu, naquele tempo, peças para piano mecânico e para o orquestrion espanhol. Novas máquinas dessa espécie foram fornecidas pela técnica eletrônica, invenções de Theremin, Martenot e outros; Honegger usou-as em *Jeanne d'Arc au bûcher*, para fazer ouvir os uivos do cão.

Depois, a produção de sons por instrumentos eletrônicos foi muito aperfeiçoada e diversificada. Em 1950 a Nordwestdeutscher Rundfunk (Radioemissora do Noroeste da Alemanha) em Colônia fundou um laboratório de música eletrônica, dirigido por Stockhausen. Uma das conquistas principais desse laboratório é a execução de obras musicais sem intervenção de humanos: uma música puramente mecânica. Garante-se, desse modo, a exatidão total da execução das ideias do compositor. Todas as imperfeições subjetivas e todo acaso estão eliminados.

Essa "música sem acaso" produziu logo, dialeticamente, sua antítese: uma música totalmente improvisada, na qual tudo depende do acaso. Os experimentadores lembraram-se do imenso papel que a improvisação desempenhava na arte musical dos séculos XVII e XVIII, quando o acompanhamento do baixo contínuo quase sempre foi improvisado e quando a improvisação no órgão ou no piano era exigida a todos os músicos sérios. Em nosso tempo, essa arte só sobrevive no jazz, que é sistematicamente improvisado. Em nenhuma outra arte existe *pendant* dessa possibilidade, que pertence, portanto, à própria essência da arte musical. Na nova fase da música eletrônica, essa liberdade improvisadora é restituída ao executor: pode ele, à vontade, combinar, omitir, duplicar, acelerar, retardar e recombinar as notas que lhe submete, como texto provisório, o compositor. Os dois líderes da vanguarda, Boulez e Stockhausen, embora continuando a escrever música dodecafônica, já forneceram textos aos improvisadores: Boulez, o *Mobile para dois pianos*; Stockhausen, as *Peças para piano, nºs 5 a 11*. Não são obras no sentido que sempre teve a palavra "obra"; pois não é possível repetir-lhe a execução. Cada execução dá resultado diferente, imprevisível. Também é imprevisível o futuro da música concreta e da música eletrônica.

Só está certo que nada têm nem poderão ter em comum com aquilo que, a partir do século XIII até 1950, se chamava música. O assunto do presente livro está, portanto, encerrado.

Apêndice

Cronologia das obras

Uma história ideal da música, assim como de qualquer outra arte, seria aquela que considerasse em primeira linha as obras, relegando para o fundo os autores; ou mesmo uma história da música sem nomes, assim como já foi tentado na história das artes plásticas. Mas uma iniciativa tão "revolucionária" prejudicaria a utilidade do livro para a maioria dos leitores. Ainda é preciso estudar os autores um por um, isto é, um após outro. Esse método, embora considerando menos a cronologia do relógio e do calendário do que a evolução dos estilos, não vai, em geral, de encontro à cronologia. Acompanha a sucessão cronológica dos fatos históricos. Mas não revela igualmente bem a proximidade e até a simultaneidade de parte desses fatos. Gluck não pode ser estudado antes dos sinfonistas de Mannheim e antes de Haydn, pois sua reforma da ópera não teria sido possível sem os novos recursos da música instrumental. É preciso estudá-lo depois de Haydn e, evidentemente, antes de Mozart; mas desse modo ficam Haydn e Mozart indevidamente separados; depois, o capítulo sobre Mozart contribui para esconder a relação direta entre Haydn e Beethoven. A música "moderna", isto é, aquela que integra o repertório, é a mais nova das nossas artes; só começa por volta de 1700. Durante esses últimos 250 anos, acotovelam-se os fatos e as obras de uma maneira que seu estudo sucessivo não permite perceber. As primeiras sonatas de Carl Philipp Emanuel Bach foram escritas quando seu pai, Johann Sebastian, ainda estava revendo os originais da *Missa em si menor*.

No ano da morte de Händel, escreveu Haydn sua primeira sinfonia. Só três anos separam a morte de Beethoven e a *Symphonie Fantastique* de Berlioz. Chopin e Schumann ainda estavam em plena atividade quando Wagner escreveu *Lohengrin*. *Pelléas et Mélisande* é posterior aos *Gurrelieder* de Schoenberg etc. etc.

Ao esclarecimento dessas simultaneidades, complemento indispensável do relato historiográfico, serve o presente Apêndice. Só foi incluída uma seleção das grandes obras permanentes, além de um reduzido número de outras obras, de grande importância histórica. Mas, infelizmente, só pouquíssimas obras dos primeiros séculos foi possível incluir, porque não são verificáveis todas as datas dos séculos XVI e muito menos as dos séculos XIV e XV.

APÊNDICE

1367
Messe du Sacre (Machaut)
1516
Missa Pange lingua (Josquin des Prez)
1560
Psalmi poenitentiales (Orlandus Lassus)
1567
Missa Papae Marcelli (Palestrina)
1583
Missa Assumpta est (Palestrina)
1584
Gustate et videte (Lassus)
1585
Officium Hebdomadae Sanctae (Victoria)
1588
Lamentationes (Palestrina)
1590
Missa Ecce Ego Johannes (Palestrina)
1591
Stabat Mater (Palestrina)
1592
Missa Vidi speciosam (Victoria)
1597
Sacræ Symphoniæ (Giovanni Gabrieli)
Dafne (Peri)
1600
Eurídice (Caccini)
1601
Oficinm Defunclorum (Victoria)
1607
Orfeo (Monteverdi)
1608
L'Arianna (Monteverdi)
1610
Vesperae Virginis (Monteverdi)

1619
Psalmen Davids (Salmos de Davi) (Schütz)
1623
Auferstehngshistorie (História da Ressurreição) (Schütz)
1629
Missa Solemnis para a catedral de Salzburgo (Benevoli)
1627
Il Secondo Libro di toccate (Frescobaldi)
1638
Miserere (Allegri)
1642
Incoronazione di Poppea (Monteverdi)
1647
Symphoniæ Sacræ (Schütz)
1649
Giasone (Cavaili)
1650
Jephte (Carissimi)
1661
La Dori (Cesti)
1666
Matthaeus passion (*Paixão segundo São Mateus*) (Schütz)
1675
Thésée (Lully)
1689
Dido e Eneias (Purcell)
1690
Rosaura (Alessandro Scarlatti)
1694
Te Deum (Purcell)
1700
Sonatas para violino, Op. 5 (Corelli)

1707

Mitridate (Alessandro Scarlatti)

Stabat Mater (D'Astorga)

1711

Cantata n.º 106: Actus Tragicus (Bach)

1712

Concerti grossi, Op. 12 (Corelli)

L'estro armonico (Vivaldi)

1713

Pièces pour le clavecin, I (Couperin)

Sonata para violino: Thriller du diable (Tartini)

Les Indes galantes (Rameau)

1736

Prelúdio e Fuga em si bemol menor (Bach)

Concerto para piano e orquestra em ré menor (Bach)

Alexanders Feast (Händel)

Stabat Mater (Pergolesi)

1737

Castor et Pollux (Rameau)

1738

Missa em si bemol menor (Bach)

1739

Clavieruebung, III, para órgão (Bach)

Saul (Händel)

Israel in Egypt (Händel)

1740

L'Allegro e il Penseroso (Händel)

Esercizi per il cembalo (Domenico Scarlatti)

1741

Merope (Jommelli)

1742

Samson (Händel)

The Messias (Händel)

Variações Goldberg (Bach)

Sonatas para piano, dedicadas ao rei da Prússia (Carl Philipp Emanuel Bach)

1743

Te Deum de Dettingen (Händel)

1744

O cravo bem temperado (Bach)

Sonatas para piano, dedicadas ao duque de Wurttemberg (Carl Philipp Emanuel Bach)

1747

Das musikalisch Opfer (Oferenda Musical) (Bach)

Judas Maccabaeus (Händel)

1750

Die Kunst der Fuge (Arte da Fuga) (Bach)

Sonates et suites (Domenico Scarlatti)

1755

Quartetos para cordas, Op. 1 (Haydn)

1760

Sonatas para piano, com reprises, I (Carl Philipp Emanuel Bach)

Sofonista (Traetta)

Cecchina (Piccinni)

1761

Sinfonias n.ºs 6, 7, 8 (Haydn)

1762

Orfeu e Eurídice (Gluck)

1767

Alceste (Gluck)

1768

Quartetos para cordas, Op. 3 (Haydn)

1772

Antígona (Traetta)

Quartetos para cordas, Op. 20 (Haydn)

1773

Sinfonia n.º 48: Marie Thérèse (Haydn)

1774

Iphigénie en Aulide (Gluck)
Sinfonia n.º 5: Le maître d'école (Haydn)
1777
Armida (Gluck)
Sinfonia n.º 63: La Roxolane (Haydn)
1779
Iphigénie en Tauride (Gluck)
1781
Quartetos de cordas, Op. 33 (Haydn)
Sinfonia n.º 73: Chasse (Haydn)
Idomeneo (Mozart)
1782
Die Enlfuehrung aus dem Serail (O Rapto do Serralho) (Mozart)
1783
Quarteto de cordas em ré menor, K. 421 (Mozart)
Quarteto de cordas em mi bemol maior, K. 428 (Mozart)
1784
Quarteto de cordas em si bemol maior (Caça), K. 458 (Mozart)
1785
Quarteto de cordas em dó maior (Dissonâncias), K. 465 (Mozart)
Concerto para Piano e Orquestra, K. 466 (Mozart)
Quarteto para piano e cordas em sol menor, K. 478 (Mozart)
Concerto para piano e orquestra em mi bemol maior, K. 428 (Mozart)
1786
Sinfonia n.º 82: L'Ours (Haydn)
Concerto para piano e orquestra em dó menor, K. 491 (Mozart)

Trio para clarinete, viola e piano em mi bemol maior, K. 498 (Mozart)
Le nozze di Figaro (Mozart)
1787
Quinteto de cordas em sol menor, K. 516 (Mozart)
Don Giovanni (Mozart)
1788
Sinfonia n.º 92: Oxford (Haydn)
Sinfonia em mi bemol maior, K. 543 (Mozart)
Sinfonia em sol menor, K 550 (Mozart)
Sinfonia em dó maior: Júpiter, K. 551 (Mozart)
Divertimento para trio de cordas em mi bemol maior, K 563 (Mozart)
1789
Quartetos de cordas, Op. 54 (Haydn)
Quinteto para clarinete e cordas em lá maior, K. 581 (Mozart)
1790
Quarteto de cordas, Op. 64 (Haydn)
Cosifan tutte (Mozart)
1791
Sinfonia n.º 94: Surprise (Haydn)
Concerto para piano e orquestra em si bemol maior, K. 595 (Mozart)
Quinteto de cordas em mi bemol maior, K 614 (Mozart)
Die Zauberfloete (A Flauta Mágica) (Mozart)
Réquiem (Mozart)
1792
Il matrimonio segreto (Cimarosa)
1793
Quartetos de cordas, Op. 74 (n.º 5: The Horseman) (Haydn)

1794

Sinfonia n.º 100: Militar (Haydn)

Sinfonia n.º 101: Clock (Haydn)

1795

Sinfonia n.º 103: *Drumroll* (Haydn)

Sinfonia n.º 104 em ré menor (Haydn)

1798

Quartetos de cordas, Op. 76 (n.º 2: *Quintas*; n.º 3: *Imperador*, n.º 5: *Largo*) (Haydn)

Missa Nelson (Haydn)

Die Schöpfung (A Criação) (Haydn)

Sonata para piano em ré maior, Op. 10, n.º 3 (Beethoven)

Sonata para piano em dó menor: Pathétique, Op. 13 (Beethoven)

1799

Quarteto de cordas em fá maior, Op. 77, n.º 2 (Haydn)

Les deux Journées (Cherubini)

1800

Seis quartetos de cordas, Op. 18 (Beethoven)

1801

Sonata para piano em dó sustenido menor: Luar, Op. 27, n.º 2 (Beethoven)

1802

Sonata para piano em ré menor, Op. 31, n.º 2 (Beethoven)

1803

Sonata para violino e piano em lá maior: Kreutzer, Op. 47 (Beethoven)

Sinfonia n.º 3: Eroica (Beethoven)

1804

Sonata para piano em dó maior: Waldstein ou Aurore, Op. 53 (Beethoven)

Sonata para piano em fá menor: Appassionata, Op. 57 (Beethoven)

Fidelio (Beethoven)

1806

Abertura Leonore n.º 3 (Beethoven)

Concerto para piano e orquestra n.º 4 em sol maior, Op. 58 (Beethoven)

Quartetos de cordas em fá maior, mi menor, dó maior: Rasumovsky, Op. 59 (Beethoven)

Abertura Coriolano (Beethoven)

Concerto para violino e orquestra, Op. 61 (Beethoven)

1807

Sinfonia n.º 5 em dó menor (Beethoven)

La Vestale (Spontini)

1808

Sinfonia n.º 6: Pastorale (Beethoven)

1808

Concerto para piano e orquestra n.º 5 em mi bemol maior, Op. 73 (Beethoven)

1810

Abertura Egmont (Beethoven)

1811

Sinfonia n.º 7 (Beethoven)

Trio para piano e cordas em si bemol maior: Arquiduque, Op. 97 (Beethoven)

1815

Erlkönig (Schubert)

1816

Der Wanderer (O Caminhante) (Schubert)

O barbeiro de Sevilha (Rossini)

1818

Mose in Egitto (Rossini)

Sonata para piano em si bemol maior, Op. 106 (*Hammerklavier*) (Beethoven)

APÊNDICE

1820
Sonata para piano em si bemol maior, Op. 109 (Beethoven)

1821
Sonata para piano em lá bemol maior, Op. 110 (Beethoven)
Der Freischütz (Weber)

1822
Sonata para piano em dó menor, Op. 111 (Beethoven)
Fantasia para piano, Op. 15: Wanderer (Schubert)
Sinfonia inacabada (Schubert)
Missa em lá bemol maior (Schubert)

1823
Variações sobre uma valsa de Diabelli, Op. 120 (Beethoven)
Sinfonia n.º 9 em ré menor (Beethoven)
Missa Solemnis em ré maior (Beethoven)
Die schöne Müllerin (A bela moleira) (Schubert)
Euryanthe (Weber)

1824
Quarteto de cordas em ré menor: A Morte e a Donzela (Schubert)

1825
Quarteto de cordas em si bemol maior, Op. 130 (Beethoven)
Quarteto de cordas em lá menor, Op. 132 (Beethoven)

1826
Quarteto de cordas em dó sustenido menor, Op. 131 (Beethoven)
Quarteto de cordas em fá maior, Op. 135 (Beethoven)
Oberon (Weber)
Abertura Sonho de uma Noite de Verão (Mendelssohn)

1827
Trio para piano e cordas em mi bemol maior (Schubert)
Die Winterreise (Viagem de Inverno) (Schubert)

1828
Quinteto de cordas em dó maior (Schubert)
Grande Sinfonia em dó maior (Schubert)
Schwanengesang (O canto do cisne) (Schubert)
La muerte de Portici (Auber)

1829
Guillaume Tell (Rossini)

1830
Nocturnes, Op. 9 (Chopin)
Symphonie Fantastique (Berlioz)

1831
Norma (Berlioz)
Robert le Diable (Meyerbeer)

1833
Études, Op. 10 (Chopin)

1834
Harold na Itália (Berlioz)

1835
Carnaval (Schumann)
A vida pelo tsar (Glinka)

1836
Les Huguenots (Meyerbeer)
Études, Op. 25 (Chopin)

1837
Réquiem (Berlioz)

Phantasiestücke (*Peças de Fantasia*) (Schumann)
Études sinfoniques (Schumann)
1838
Scherzo n.º 2 em si bemol menor (Chopin)
Kinderszenen (Cenas Infantis) (Schumann)
Kreisleriana (Schumann)
Fantasia em dó maior (Schumann)
1839
Sonata para piano em si bemol menor (Chopin)
Scherzo n.º 3 em dó sustenido menor (Chopin)
Préludes, Op. 28 (Chopin)
Roméo et Juliette (Berlioz)
Années de pélerinage (Liszt)
1840
Myrthen (Schumann)
Dichterliebe (*Amor de Poeta*) (Schumann)
Liederkreis von Eichendorff (*Ciclo de Lieds de Eichendorff*) (Schumann)
Rienzi, o último dos tribunos (Wagner)
1841
Der fliegende Holländer (*O Navio Fantasma*) (Wagner)
1842
Sinfonia Escocesa (Mendelssohn)
Fantasia em fá menor (Chopin)
Quinteto para piano e cordas em mi bemol maior, Op. 44 (Schumann)
1843
Balada n.º 4 em fá menor
Scherzo n.º 4 em mi maior (Chopin)
1844
Tannhäuser e o torneio de trovadores de Wartburg (Wagner)

1845
Concerto para violino e orquestra em mi menor (Mendelssohn)
Concerto para piano e orquestra (Schumann)
1846
A danação de Fausto (Berlioz)
Rapsódias Húngaras (Liszt)
1848
Harmonies poétiques et religieuses (Liszt)
Lohengrin (Wagner)
1849
Manfred (Schumann)
1851
Rigoletto (Verdi)
1853
La Traviata (Verdi)
Sonata para piano em fá menor, Op. 5 (Brahms)
1854
Les Préludes (Liszt)
Rheingold (*Ouro do Reno*) (Wagner)
1855
Sinfonia Faust (Liszt)
1856
Die Walküre (*A Valquíria*) (Wagner)
1859
Les Troyens (Berlioz)
Faust (*Marguerite*) (Gounod)
Tristan und Isolde (*Tristão e Isolda*) (Wagner)
1864
Quinteto para piano e cordas em fá menor, Op. 34 (Brahms)
1866
A noiva vendida (Smetana)

APÊNDICE

1867
Die Meistersinger von Nürnberg (*Os mestres-cantores de Nuremberg*) (Wagner)
Don Carlos (Verdi)
1868
Ein deutsches Requiem (*Um Réquiem Alemão*) (Brahms)
Von ewiger Liebe (*Do Amor para Sempre*) (Brahms)
1869
Rhapsodie (Brahms)
Siegfried (Wagner)
1871
Aida (Verdi)
Invitation au voyage (Duparc)
1873
Variações sobre um tema de Haydn (Brahms)
Tableaux dune exposition (Mussorgski)
1874
Götterdämmerung (*O crepúsculo dos deuses*) (Wagner)
Sinfonia n.º 4 em si bemol maior (Bruckner)
Réquiem (Verdi)
Boris Godunov (*primeira versão*) (Mussorgski)
1875
Carmen (Bizet)
Canções e Danças da Morte (Mussorgski)
1876
Francesca da Rimini (Tchaikóvski)
Sinfonia n.º 1 em dó menor (Brahms)
Sinfonia n.º 5 em si menor (Brahms)
Peer Gynt (Grieg)
Sinfonia n.º 2 em si menor (Borodin)

1877
Feldeinsamkeit (*Solidão dos Campos*) (Brahms)
Sinfonia n.º 2 em ré maior (Brahms)
Samson et Dalila (Saint-Saëns)
Quarteto de cordas n.º 1 em lá maior (Borodin)
Eugênio Onegin (Tchaikóvski)
1878
Concerto para violino e orquestra (Brahms)
Danças eslavas (Dvorák)
1879
Minha Terra (Smetana)
1880
Les Béatitudes (César Franck)
1881
Concerto para piano e orquestra n.º 2 em si bemol maior (Brahms)
Te Deum (Bruckner)
Sinfonia em ré menor (César Franck)
1882
Parsifal (Wagner)
1883
Lakmé (Delibes)
Sinfonia n.º 3 em fá maior (Brahms)
Sinfonia n.º 7 em mi maior (Bruckner)
España (Chabrier)
1884
Prélude, Chorale et Fugue (César Franck)
Manon (Massenet)
1885
Sinfonia n.º 4 em mi menor (Brahms)
Sinfonia n.º 8 em dó menor (Bruckner)
1886
Manfred (Tchaikóvski)

Variations sinfoniques (César Franck)
Sonata para violino e piano em lá maior (César Franck)
1887
Otello (Verdi)
Réquiem (Fauré)
Príncipe Igor (Borodini)
Quinteto para piano e cordas em lá maior, Op. 81 (Dvorák)
1888
Mörike Liederbuch (*Livro de Poesias de Mörike*) (Hugo Wolf)
1889
Quarteto de cordas em ré maior (César Franck)
Goethe Liederbuch (*Livro de Poesias de Goethe*) (Hugo Wolf)
1890
Tod und Verklärung (*Morte e Transfiguração*) (Richard Strauss)
Cavalleria rusticana (Mascagni)
1891
Quinteto para clarinete e cordas em si menor (Brahms)
Trio para piano e cordas em mi menor, Dumky (Dvorák)
Sinfonia n.º 2 em dó menor (Mahler)
Prélude à l'Après-midi d'un faune (Debussy)
1892
I Pagliacci (Leoncavallo)
1893
Falslaff (Verdi)
Sinfonia n.º 6: Patética (Tchaikóvski)
1894
Sinfonia n.º 5: Do Novo Mundo (Dvorák)

1895
Concerto para violoncelo e orquestra (Dvorák)
Quarteto de cordas em sol maior, Op. 106 (Dvorák)
Till Eulenspiegels lustige Streiche (*Os Golpes Alegres de Till Eulenspiegel*) (Richard Strauss)
1896
Vier ernste Gesänge (*Quatro canções sérias*) (Brahms)
Italienisches Liederbuch (*Livro de Poesias Italianas*) (Hugo Wolf)
La Bohème (Puccini)
1897
Três canções de Michelangelo (Hugo Wolf)
As canções de Bilitis (Debussy)
1899
Nocturnes (Debussy)
Pavane pour une infante défunte (Ravel)
Sexteto de cordas: Verklaerte Nacht (*Noite transfigurada*) (Schoenberg)
Quarteto de cordas em sol menor (Debussy)
1900
Sinfonia n.º 4 em sol maior (Mahler)
1901
Gurrelieder (Schoenberg)
1902
Pelléas et Mélisande (Debussy)
1903
Estampes (Debussy)
Quarteto de cordas em fá maior (Ravel)
1904
Jenufa (Janácek)

1905

Images (Debussy)

La Mer (Debussy)

Salomé (Richard Strauss)

Iberia, I (Albéniz)

1907

Sinfonia n.º 8 (Mahler)

1908

Das Lied von der Erde (*Cântico da Terra*) (Mahler)

Gaspard de la Nuit (Ravel)

Quarteto de cordas em fá sustenido menor (Schoenberg)

1909

Elektra (Richard Strauss)

Salmo 100 (Reger)

Peças para piano, Op. 11 (Schoenberg)

1910

Préludes, I (Debussy)

1911

Der Rosenkavalier (*O Cavaleiro da Rosa*) (Richard Strauss)

Valses nobles et sentimentales (Ravel)

Petrushka (Stravinsky)

Allegro Barbaro (Bartók)

1912

Daphnis et Chloë (Ravel)

Pierrot lunaire (Schoenberg)

1913

Préludes, II (Debussy)

A sagração da primavera (Stravinsky)

1914

Variações sobre um tema de Mozart (Reger)

Trio para piano e cordas (Ravel)

1915

Palestrina (Pfitzner)

Noches en los jardines de España (De Falla)

El Amor Brujo (De Falla)

1917

Quarteto de cordas n.º 2 (Bartók)

Parade (Satie)

1918

Histoire du Soldat (Stravinsky)

1920

La Valse (Ravel)

1921

Wozzeck (Alban Berg)

1923

Von deutscher Seele (*Da Alma Alemã*) (Pfitzner)

El retablo de Maese Pedro (De Falla)

Psalmus hungaricus (Kodály)

Octeto para instrumentos de sopro (Stravinsky)

Noneto (Villa-Lobos)

Peças para piano, Op. 23 (Schoenberg)

1924

L'Orestie (Milhaud)

Pacific 231 (Honegger)

1925

L'Enfant et les sortilèges (Ravel)

Serestas (Villa-Lobos)

1926

Missa Solene Glagolítica (Janácek)

Concerto para cravo (De Falla)

Concerto para piano e orquestra n.º 1 (Bartók)

Suíte lírica para quarteto de cordas (Alban Berg)

Choros n.º 5 (Villa-Lobos)

1927

Oedipus Rex (Stravinsky)

Quarteto de cordas n.º 3 (Bartók)
1928
Bolero (Ravel)
Stabat Mater (Szymanowski)
Quarteto de cordas n.º 4 (Bartók)
Sinfonia para Orquestra de Câmara (Webern)
1930
Symphonie des Psaumes (Stravinsky)
Bachianas Brasileiras n.º 1 (Villa-Lobos)
Bachianas Brasileiras n.º 2 (Villa-Lobos)
Christophe Colomb (Milhaud)
1931
Les cris du monde (Honegger)
Quarteto, Op. 22 (Webern)
1932
Moses und Aron (*Moisés e Aarão*) (Schoenberg)
1934
Quarteto de cordas n.º 5 (Bartók)
Mathis der Maler (*Mathias, o Pintor*) (Hindemith)
1935
Porgy and Bess (Gershwin)
Concerto para viola e orquestra: Der Schwanendreher (Hindemith)
Jeanne d'Arc au bûcher (Honegger)
Concerto para violino e orquestra (Alban Berg)
1936
Carmina Burana (Orff)
1937
Microcosrnus (Bartók)
Música para cordas, percussão e celesta (Bartók)
1938
Bachianas Brasileiras n.º 5 (Villa-Lobos)
Quarteto de cordas, Op. 28 (Webern)
1939
Quarteto de cordas n.º 6 (Bartók)
Concerto para violino e orquestra (Bartók)
1945
Concerto para piano e orquestra n.º 3 (Bartók)
1949
Antigonae (Orff)
1956
Canticum sacrum ad honorem Sancti Marci nominis (Stravinsky)
1962
Pli selon pli (Boulez)

Notas do autor

1. As origens

[1] P. Wagner, *Einfuehrurgindie Gregorianischen Melodien*, 3 vols., Freiburg, 1911-1921. J. P. Schmit, *Geschichte des Gregorianischen Choralgesanges*, Trier, 1952.

2. A polifonia vocal

[1] W. Ambros, *Geschichte der Musik*, 3 vols., Breslau, 1862-1882. (Nova edição, completada por H. Leichtentritt, Leipzig, 1909.) H. Besseler, *Die Musik des Mittelalters und der Renaissance*, Potsdam, 1828. A. Pirro, *Histoire de la musique de la fin de XIV e. siècle à la fin du xve. siècle*, Paris, 1940.
[2] Ch. v. d. Borren, *Guillaume Dufay*, Bruxelas, 1925.
[3] L. de Burbute, *Jan Ockeghem*, Antuérpia, 1853. M. Brenet, *Musique et musiciens de la vielle France*, Paris 1911. J. Plamenac, *Jean Ockeghem*, Paris 1925.
[4] Edição das obras completas por A. Smijers, 1921 e seguintes. F. de Ménil, *Josquin des Prez*, Paris 1899. A. Schering, *Die niederlaendische Orgelmesse im Zeitalter des Josquin des Prez*, Leipzig, 1912. O. Ursprung, "Josquin des Prez", in *Bulletin de l'Union Musicologique*, 1926.
[5] Edição das obras completas por F. X. Haberl e A. Sandberger, 60 vols., 1894 e seguintes. A. Sandberger, *Beitrage zur Geschichte der Muencher Hfkapelle unter Orlando Lassus*, 2 vols., Munique, 1894-1895. Ch. van den Borren, *Orlandus Lassus*, Paris, 1920. A. Sandberger, *Orlando Lassus und die geistigen Stroemungen seiner Zeit*, Munique, 1926. E. Schmidt, *Orlando di Lasso*, 2. ed., Wiesbaden, 1945.
[6] Edição das obras por H. Fellowes, 1937 e seguintes. F. Howes, *William Byrd*, Londres, 1928. E. Fellowes, *William Byrd*, 2. ed., Londres, 1948.
[7] J. Kerman, *The Elisabethan Madrigal*, Oxford, 1963.
[8] R. Mitjana, *Cristóbal Morales*, Madrid, 1920.
[9] Edição das obras completas por Witt, Espagne, Commer e Haberl, 33 vols., 1862-1908. Nova edição das obras por R. Casimiri, Roma, 1939 e seguintes. M. Brenet, *Palestrina*, 2. ed., Paris, 1914. A. Cametti, *Palestrina*, Milão, 1925. K. Jeppesen, *Der Palestrina stil und die Dissonanz*, Leipzig, 1925. K. G. Fellerer, *Der PalestrinaStil*, Leipzig, 1929. J. Samson, *Palestrina ou la Poésie de l'Exactitude*, Genebra, 1940.
10 Edição das Sacræ Symphoniæ, por P. Hindemith, Mainz, 1961. C. Winterfeld, *Johannes Grabieli und sein Zeitalter*, 2 vols. Berlim, 1834. (obra antiga, mas ainda não superada.) L. Torchi, *L'Arte Musicale in Italia*, vols. II-III. 2. ed., Turim, 1927.
[11] C. e Ph. Heseltine, *Carlo Gesualdo*, Londres, 1926.

3. O barroco

[1] M. Schneider, *Die Anfaenge des basso continuo*, Leipzig, 1918. H. Kretzschmar, *Geschichte der Oper*, Leipzig, 1919. R. Roland, *Histoire de l'Ópera avant Lully et Scarlatti*, 2. ed., Paris, 1931.
[2] Edição das obras completas por F. G. Malipiero, 13 vols., 1926 e seguintes. F. G. Malipiero, *Monteverdi*, Milão, 1929. H. Prunières, *La Vie et l'œuvre de Claudio Monteverdi*, 2. ed., Paris, 1931. H. F. Redlich, *Claudio Monteverdi*, Paris, 1951. L. Schrade, *Monteverdi, Creator of Modern Music*, Londres, 1952.

[3] Edição das obras por Ph. e H. Spitta e A. Schering, 19 vols. 1885-1927. Ph. Spitta, *Heinrich Schütz, Leben und Werke*, Berlim, 1894. A. Pirro, *Heinrich Schütz*, Kassel, 1928. H. J. Moser, *Heinrich Schütz, sein Leben und seine Werke*, Kassel, 1936.

[4] Edições das obras por H. Prunières, 1930 e seguintes, L. de la Laurencie, *Les créateurs de l'opéra français*, Paris, 1921. E. Borrel, *Jean-Baptiste Lully: le Cadre, la Vie, la Personnalité, le Rayonnement, les Œuvres*, Paris, 1949.

[5] Cl. Crussard, *Marc-Antoine Charpentier*, Paris 1945.

[6] Edição das obras pela Purcell-Society, 28 vols., 1878-1932. H. Dupré, *Purcell*, Paris, 1927. E. J. Dent, *Foundation of English Opera*, Cambridge, 1928. J. A. Westrup, *Purcell*, Londres, 1937. R.E. Moore, *Henry Purcell and the Restoration Theatre*, Londres, 1961.

[7] G. Tintori, *L'Opera Napoletane*, Milão, 1958.

[8] E. Dent, *Alessandro Scarlatti, his life and work*, Londres, 1905. Ch. van den Borren, *Alessandro Scarlatti et l'esthétique de l'opéra napolitain*, Bruxelas, 1921.

[9] Edição das obras por F. Caffarelli, 1939 e seguintes. G. Radiciotti, *Giovanni Battista Pergolesi*, 2. ed., Roma, 1931.

[10] H. Volkmann, *Emanuel D'Astorga*, 2 vols., Leipzig, 1911-1919.

[11] A descoberta posterior de uma coletânea que surgiu em Amsterdã por volta de 1716 esclareceu a verdadeira autoria. O concerto foi composto por Alessandro Marcello, irmão de Benedetto.

[12] M. Pincherle, *Corelli*, Paris, 1932.

[13] M. Rinaldi, *Antonio Vivaldi*. Milão, 1943. M. Picherle, *Antonio Vivaldi et la musique instrumentale*, 2 vols., Paris, 1948. Ch. Baignères, *Vivaldi: vie, mort et réssurection*, Paris, 1955.

[14] L. Torchi, *La musica instrumentale in Italia nei secoli XVI, XVII e XVIII*, Turim, 1901.

[15] Edição das obras pianísticas por A. Longo, 11 vols., 1906. Edição de 60 sonatas por R. Kirkpatrick. A. Longo, *Domenico Scarlatti e la sua figura nella storia della musica*, Milão, 1913. R. Kirkpatrick. Domenico Scarlatti, Princeton, 1953.

[16] M. Dounias, *Die Violinsonaten Giuseppe Tartini's*, Wolfenbuettel, 1935. A. Capri, Giuseppe Tartini, Milão, 1945.

[17] Cf. Fiske Kimball, *The Creation of the Rococo*, Filadélfia, 1946.

[18] Edição das obras por M. Cauchie, 1933 e seguintes. A. Tessier, *Couperin*, Paris, 1926. J. Tiersot, Les Couperin, Paris, 1926. W. Mellers, *François Couperin and the French Classical Tradition*, Londres 1950.

[19] Cf. nota em "A música clássica".

[20] M. Pincherle, *Jean-Marie Leclair*, Paris, 1952.

[21] L. Ronga, *Girolamo Frescobaldi, Organista in Vaticano*, Turim, 1930. F. Morel, *Girolamo Frescobaldi*, Winterthur, 1945. L. Ronga, *Arte e Gusto nella Musica*, Bari, 1957.

[22] Edição das obras completas por F. Chrysander, 105 vols., 1859-1894. F. Chrysander, *Georg Friedrich Haendel*, 3 vols., Leipzig, 1859-1867. R. A. Streatfield, *Handel*, Londres, 1909. R. Rolland, *Haendel*, Paris, 1911. M. Brenet, *Haendel*, Paris, 1913. H. Abert, *Haendel als Dramatiker*, Göttingen, 1922. H. Leichtentritt, *Haendel*, Stuttgart, 1924. J. Mueller-Blattau, *Haendel*, Potsdam, 1933. P. M. Young, *The Oratorios of Handel*, Londres, 1949. W. C. Smith, Handel, Londres, 1949. W. Serauky, *Georg Friedrich Haendel*, 4 vols., Kassel, 1956-1962, H. Chr. Wolff, *Die Haendel Oper auf der modernen Buehne*, Leipzig, 1957. W. Dean, *Handel's Dramatic Oratorios and Masques*, Londres, 1959.

[23] Edição das obras completas pela Bach-Gesellschaft, 61 vols., 1852-1910. Ph. Spitta, *Johann Sebastian Bach*, 2 vols., 1873-1880 (nova edição, Leipzig, 1921). A. Schweitzer, *J. S. Bach, le musicien-poète*, Leipzig: Breitkopf & Härtel, 1905 (muitas reedições). A. Pirro, *Jean-Sébastien Bach*, Paris, 1913. H. Kretzschmar, *Bach-Kolleg. Vorlesungen ueber Bach*, Leipzig, 1922. E. Kurth, *Grundlagen des linearen Kontrapunkts. Einfuehrung in Stil und Technik von Bach's melodischer Polyphonie*, 2. ed., Berlim, 1922. M. Zulauf, *Die Harmonik Johann Sebastian Bach*, Berna, 1927. Ch. S. Terry, *Bach, a Biography*, 2. ed., Oxford, 1933. H. J. Moser, *Johann Sebastian Bach*, Berlim, 1935. L. Schrade, "Bach. The Conflict between the Sacred and the Secular", in *Journal of the History of Ideas*, VII/2, 1946. N. Dufourcq, *Bach le maître de l'orgue*, Paris, 1948. W. Schmieder, *Thematisches Verseichnis der Musikalischen Werke von Johann Sebastian Bach*, Wiesbaden, 1950. F. Hamel, *Johann Sebastian Bach, Geistige Welt*, Göttingen, 1951. K. Geiringer, *Die Musikerfamilie Bach*, Munique, 1958.

[24] Haas, *Die Musik des Barock*, Potsdam, 1928. A. Della Corte e C. Pannain, *Storia della Musica*, t. I, Turim, 1942. S. Clecx, *Le Baroque et la Musique. Essai d'esthétique musicale*, Bruxelas, 1944. M. Bukofzer, *Music in the Baroque Era. From Monteverdi to Bach*, Nova York, 1947. M. Newman, *The Sonata in the Baroque Era*, Londres, 1959. A. Hutchings, *The Baroque Concerto*, Nova York, 1961.

4. A música clássica

[1] H. Riemann, *Die Soehne Bachs* (in Proeludien und Studien), vol. III, Leipzig, 1897.
[2] H. P. Schoekel, *Johann Christian Bach und die Instrumentalmusik seiner Zeit*, Wolfebuettel, 1926. Ch. S. Terry, *Johann Christian Bach*, Londres, 1929. K. Geiringer, *Die Musikerfamilie Bach*, Munique, 1958.
[3] A. Wotquenne, *Thematisches Verzeichnis der Werke von Carl Philipp Emanuel Bach*, Leipzig, 1905. O. Vrieslander, *Carl Philipp Emanuel Bach*, Leipzig, 1923.
[4] K. Nef, *Geschichte der Sinfonie und Suite*, Leipzig, 1921.
[5] F. Waldkirch, *Die konzertante Sinfonie der Mannheimer*, Heidelberg, 1931. P. Gradenwitz, *Johann Stamitz's Leben*, Mannheim, 1936.
[6] Nova edição das *Obras completas* (ed. J. P. Larsen), Koeln, 1958 e seguintes (até agora 12 vols.). C. F. Pohl, *Joseph Haydn*, 2 vols., Berlim, 1875-1882, (vol. III, por H. Botstiber, Leipzig, 1927). A. Schering, *Haydn*, Viena, 1928. C. Kobald, *Joseph Haydn*, Viena, 1932. C. M. Brand, *Die Messen von Joseph Haydn*, Wuerzburg, 1941. K. Geiringer, *Haydn*, Londres, 1949. R. Hughes, *Haydn*, Londres, 1950. R. Sondheimer, *Haydn, A Historical and Psychological Study based on his Quartets*, Londres, 1951. A. van Hoboken, *Joseph Haydn. Thematisch-bibliographisches Werkverzeichnis*, vol. I., Mainz, 1957. H. C. Robbins Landon, *The Symphonies of Joseph Haydn*, Londres, 1955. ("Supplement", Londres, 1961.) Haydn não é "menor" nem "imperfeito". Mas o século XIX acreditava nesse mito. Os românticos idolatravam Mozart de tal maneira que Haydn, embora ainda muito apreciado, foi relegado para o fundo. Schumann já o trata com mera benevolência.
[7] L. Piquot, *Notice sur la vie et les œuvres de Luigi Boccherini*, 2. ed., Paris, 1929. A. Bonaventura, *Luigi Boccherini*, Milão, 1931.
Pois justamente a música sacra de Haydn, embora tão discutida, teve a repercussão mais vasta.
Em 1785 os cônegos da Catedral de Cádiz, tão longe da Europa Central, já encomendam a Haydn uma obra. Não é, portanto, estranhável a presença de Haydn na América do Sul ainda colonial.
[8] J.A. Calcaño, *Contribuición al Estudio de la Música en Venezuela*, Caracas, 1939. E. Lira Espejo, "Milagro Musical Venezolano durante la Colonia", in *Revista Nacional de Cultura*, Caracas, 19 de junho de 1940. J.B. Plaza, *Música Colonial Venezolana*, Caracas, 1958.
[9] F.C. Lange, "La Música en Minas Gerais" in *Boletín Latino-Americano de Música*, t. VI, abril de 1946, pp. 409-494. F.C. Lange, *Arquivo de Música Religiosa de la Capitanía de Minas Gerais I*, Universidade Nacional de Cuyo, Mendoza, 1951.
[10] A maior parte das obras citadas foi descoberta por Francisco Curt Lange no arquivo da Matriz do Pilar, em Ouro Preto, e em Diamantina. Também em Diamantina foram outras obras encontradas por Cleofe Person de Matos e Mercedes Reis Pequeno.
[11] L. Kamienski, *Die Oratorien von Johann Adolf Hasse*, Leipzig, 1912.
[12] A. della Corte, *Paësiello*, Turim, 1922.
[13] R. Vitale Domenico Cimarosa. *La vita e le opere*. Aversa, 1929.
[14] Edição das obras completas por Emmanuel, Ténéo, Saint-Saëns e Malherbe, 18 vols., 1905-1924. L. de la Laurencie, *Rameau, biographie critique*, Paris, 1911. P. M. Masson, *L'Opéra de ameau*, Paris, 1930. G. Migot, *Jean-Philippe Rameau et le génie de la musique française*, Paris, 1930. J. Gardien, *Jean-Philippe Rameau*, Paris, 1949. C. Girdlestone, *Jean-Philippe Rameau*, Londres, 1957. (Edição francesa, aumentada, *Jean-Philippe Rameau, sa vie, son œuvre*, Paris, 1962.)
[15] A. B. Marx, *Gluck und die Oper*, 2 vols., Berlim, 1863. G. Desnoiresterres, *Gluck et Piccinni*, Paris, 1875. J. Tiersot, *Gluck*, Paris, 1910. A. Einstein, *Gluck*, Londres, 1937. H. J. Moser, *Christoph Willibald Gluck*, Stuttgart, 1940. J. G. Prod'homme, *Gluck*, Paris, 1948. R. Benz, *Deutsches Barock*, Stuttgart, 1949. R. Gerber, *Christoph Willibald Gluck*, 2. ed., Potsdam, 1950. A. A. Abert, *Christoph Willibald Gluck*, Zurique, 1960. P. Howard, *Gluck and the Birth of Modern Opera*, Londres, 1963.
[16] E. Blom, *Stepchildren of Music*, Londres, 1925. A. della Corte, *Piccinni*, Bari, 1928.
[17] Edição das obras completas, Breitkopf & Hartel, 61 vols., 1876-1886. Nova edição, do Mozarteum, Salzburgo (1956 e seguintes). O. Jahn, *Das Leben Mozarts* (edição completada por H. Abert, 2 vols., Leipzig, 1923; 7. ed., Wiesbaden, 1955). T. de Wyzéwa e G. de Saint-Foix, *Wolfgang Amadeus Mozart. Sa vie et son œuvre, de l'enfance à la pleine maturité*, 1756-1777, 4 vols., Paris, 1912-1945. E. Dent, *Mozart's Operas. A Critical Study*, Londres 1913 (várias reedições). A. Schurig, *Wolfgang Amadeus Mozart*, Leipzig, 1923. C. Bellaigue, *Mozart*, Paris, 1933. C. M. Girdlestone, *Mozart et ses concerts pour piano*, 2 vols., Paris, 1939. B. Paumgartner, *Mozart*, 2. ed., Zurique,

1940. A. Einstein, *Mozart*, Zurique, 1948. J. Chantavoine, *Mozart*, Paris, 1949. J. V. Hocquard, *La pensée de Mozart*, Paris, 1959. L. Schrade, *Wolfgang Amadeus Mozart*, Berna, 1964.

[18] W. Lenz, *Beethoven et se trois styles*, 2 vols., Petersburgo, 1852. A. W. Thayer, *Ludwig van Beethoven's Leben*, 1866-1872 (edição alemã, completada por H. Riemann, 3 vols., Leipzitg, 1901-1910). Th. Helm, *Beethoven Streichquartette*, Stettin, 1885. W. Nagel, *Beethoven und seine Klaviersonaten*, 2 vols., Langensalza, 1903-1905. P. Bekker, *Beethoven*, Berlim, 1911 (várias reedições). H. Riemann, *Beethovens saemtliche Klaviersonaten*, 3 vols., Berlim, 1917-1919. R. Rolland, *Beethoven. Les grandes époques créatrices*, 4 vols., Paris, 1920-1938. H. Mersman, *Beethoven. Die Synthese der Style*, Berlim, 1922. E. Evans, *Beethoven's Nine Symphonies*, 2 vols., Londres, 1923-1924. Th. Frimmel, *Beethoven-Handbuch*, 2 vols., Leipzig, 1926. J. W. N. Sullivan, *Beethoven, his Spiritual Development*. Londres, 1927. E. Buecken, *Ludwig van Beethoven*, Potsdam, 1934.

5. Os romantismos

[1] G. Ellinger, *E. T. A. Hoffmann, Sein Leben und seine Werke*, Hamburgo, 1894. W. Harich, *E. T. A. Hoffmann. Das Leben eines Kuenstlers*, Berlim, 1921. H. Ehinger, *E. T. A. Hoffmann als Musikers und Musikschriftsteller*, Olsten, 1954.

[2] O. Bie, *Franz Schubert. Sein Leben und sein Werk*, Berlim, 1925. M. Friedlander, *Franz Schubert*, Leipzig, 1928. E. G. Porter, *The Songs of Schubert*, Londres, 1937. N. Flower, *Franz Schubert, the Man and his Circle*, 2. ed., Nova York, 1939. W. e R. Rehberg, *Franz Schubert, sein Leben und Werk*, Zurique, 1946. A. Coeuroy, *Les Lieder de Schubert*, Paris, 1948. A. Einstein, *Schubert*, Londres, 1951. B. Paumgartner, *Franz Schubert*, Zurique, 1960. L. Kusche, *Franz Schubert, Dichtung und Wahrheit*, Munique, 1962.

[3] C. Bellaigue, *Mendelssohn*, Paris, 1907. W. Dahms, *Mendelssohn*, Berlim, 1919. S. Grew, *Mendelssohn*, Berlim, 1919. S. Grew, *Mendelssohn*, Londres, 1924. P. de Stoecklin, *Mendelssohn*, Paris, 1927. P. Sutermeister, *Mendelssohn*, Frankfurt, 1949. Ph. Radcliffe, *Mendelssohn*, Londres, 1954.

[4] H. S. Edwards, *Rossini and his School*, Londres, 1881. H. de Curzon, *Rossini*, Paris, 1920. G. Radiciotti, *Rossini*, 3 vols., Tivoli, 1927-1928.

[5] A. Amore, *Vincenzo Bellini*, 2 vols., Catânia, 1892-1894. I. Pizzetti, *La Musica di Vincenzo Bellini*, Milão, 1916. A. Fraccaroli, *Bellini*, Milão, 1942.

[6] G. Donati Petteni, *Gaetano Donizetti*, Milão, 1930. H. Weinstock, *Donizetti and the World of Opera*, Londres, 1964.

[7] E. Closson, *André-Ernest-Modeste Grétry*, Paris, 1920. J. Bruyt, *Grétry*, Paris, 1934. S. Clecx, *Grétry*, Bruxelas, 1944.

[8] H. W. Waltershause, *Der Freischütz. Ein Versuch ueber die Musikalische Romantik*, Leipzig, 1920. A. Coeuroy, *Weber*, Paris, 1925. J. Kapp, *Weber*, Berlim, 1931. E. Kroll, *Carl Maria von Weber*, Potsdam, 1934. H. J. Moser, *Weber*, Kassel, 1941 (2. ed., 1955).

[9] M. D. Calvocoressi, *Glinka*, Paris, 1913. B. Dobrokhotov e outros, *Mikhail Ivanovitch Glinka*, Moscou, 1958.

[10] W. Rudzinski, *Moniuszko*, Varsóvia, 1962.

[11] J. Huneker, *Chopin, the Man and his Music*, Londres, 1900. H. Leichtentritt, *Chopin*, Berlim, 1905. A. Weissmann, *Chopin*, 2. ed., Berlim, 1923. H. Windakewiczewa, *Os Protótipos da Melodia Chopiniana na Música Popular Polonesa*. Cracóvia, 1926 (em língua polonesa). G. de Pourtalès, *Frédéric Chopin*, Paris, 1927. E. Jachimecki, *Frédéric Chopin*, Cracóvia, 1927. Tradução francesa, Paris, 1930. P. Egert, *Chopin*, Potsdam, 1936. G. Abraham, *Chopin's Musical Style*, Oxford, 1939. C. Wieraynski, *The Life and Death of Chopin*, Nova York, 1949. J. M. Grenier, *Chopin*, Paris, 1964.

[12] W. L. Crosten, *French Grand Opera*, Nova York, 1948.

[13] H. Abert, *Meyerbeer*, Leipzig, 1918. I. Dauriac, *Meyerbeer*, 2. ed., Paris, 1930. J. Kapp, *Meyerbeer*, 2. ed., Stuttgart, 1932.

[14] P. Bekker, *Jacques Offenbach*, Berlim, 1909. A Henseler, *Jacques Offenbach*, Berlim, 1930. S. Kracauer, *Jacques Offenbach und das Paris seiner Zeit*, Amsterdã, 1948.

[15] H.E. Jacob, *Johann Strauss, Vater und Sohn*, Bremen, 1960.

[16] R. Dumesnil, *La Musique romantique française*, Paris, 1944.

[17] J. Tiersot, *Hector Berlioz e la société de son temps*, 3 vols., Paris, 1903-1907. J. Kapp, *Berlioz*, Berlim, 1917. A. Boschot, Hector Berlioz. Histoire d'un romantique, 3 vols., 2. ed., Paris, 1939. J. Barzun, *Berlioz and the Romantic Century*, 2 vols., Londres, 1950.

[18] J. W. Wasiliewski, *Robert Schumann*, 4. ed., Leipzig, 1906. H. Abert, *Robert Schumann*, Berlim, 1920. W. Basch, *Schumann*, 6. ed., Stuttgart, 1925. V. Basch, *Schumann*, Paris, 1926. W. Korte, *Robert Schumann*, Potsdam, 1927. A. Coeuroy, *Robert Schumann*, Paris, 1950. M. Brion, *Robert Schumann et l'âme romantique*, Paris, 1955.

NOTAS DO AUTOR

[19] J. Chantavoine, *Liszt*, Paris, 1910. M. Chop, *Liszts Symphonische Werke*, Leipzig, 1924. J. Kapp, *Liszt*, 20. ed., Berlim, 1924. Z. Gardonyi, *Die Ungarischen Stileigentuemlichke iten in den Musikalischen Werken Franz Liszts*, Berlim, 1931. P. Raabe, Franz Liszt, 2 vols., Stuttgart, 1931. H. Westerby, *Liszt and his Piano Works*, Londres, 1936. H. Seaarle, *The Music of Liszt*, Londres, 1954. P. Rehberg e G. Nestler, *Franz Liszt, sein Leben, Schaffen und Werke*, Zurique, 1961.

[20] K. M. Komma, *Das Boehmische Musikantentum*, Kassel, 1960.

[21] F. V. Krejci, *Bedrich Smetana*, Praga, 1900 (em língua tcheca). W. Ritter, *Smetana*, Paris, 1907. Z. Nejedlý, *Bedrich Smetana*, 7 vols., Praga, 1922-1934 (em língua tcheca). J. Tiersot, *Smetana*, Paris, 1926.

[22] K. Hoffmeister, *Antonín Dvorák*. (Original em língua tcheca.) Tradução inglesa de R. Newmarch, Londres, 1928. O. Sourek e P. Stefan, *Dvorák*, Viena, 1935. H. Sirp, *Antonín Dvorák*, Potsdam, 1935. P. Stefan, *The Life and Work of Antonín Dvorák*, Nova York, 1941.

[23] V. I. Seroff, *Das Maechtige Hueflein. Der Ursprung der Russischen Nationalmusik* (trad. do russo), Zurique, 1963.

[24] J. Handshin, *Mussorgsky*, Zurique, 1924. A. Pols, *Moussorgsky*, Paris, 1925. O. Riessemann, *Mussorgsky*. (Original em língua russa.) Tradução francesa de L. Laloy, Paris, 1940. R. Hofmann, *Mussorgsky*, Paris, 1952. M. D. Calvocoressi, *Modest Mussorgsky*, Londres, 1956. (É a quarta e a mais completa versão de um livro que saiu, em primeira versão, em Paris, 1908.)

[25] M. Montagu-Nathan, *Rimsky-Korsakov*, Londres, 1916.

[26] R. Newmarch, *Tchaikovsky. His Life and Works*, Londres 1900. R. Stein, Peter Ilitch *Tchaikovsky*, Londres 1935. G. Abraham edit., *Tchaikovsky. A Symposium*. Londres, 1946.

[27] C. F. Glasenapp, *Das Leben Richard Wagner's*, 6 vols., 4. ed., Leipzig, 1894-1911. G. Adler, *Richard Wagner*, Leipzig, 1904. J. Kapp, *Wagner*, Berlim, 1922. A. Lorenz, *Das Formproblem in Richard Wagner's Musik*, Munique, 1922. P. Bekker, *Richard Wagner. Das Leben in Werk*, Stuttgart, 1924. E. Kurth, *Die romantisch Harmonik und ihre Krise in Wagner's "Tristan"*, 3. ed., Berlim, 1927. H. Lichtenberger, *Richard Wagner, poète et penseur*, Paris, 1931. E. Newman, *The Life of Richard Wagner*, 3 vols., Londres e Nova York, 1932-1941. T. W. Adorno, *Versuch ueber Wagner*, Berlim, 1952. P. A. Loos, *Richard Wagner. Vollendung und Tragik der deutschen Romantik*, Berna, 1953. C. von Weternhagen, *Richard Wagner*, Zurique, 1956.

[28] A. L. Guichard, *La Musique et les lettres en France au temps du wagnerism*, Paris, 1963.

[29] A. Halm, *Die Symphonie Anton Bruckner's*, Munique, 1914. M. Auer, *Bruckner, sein Leben im Werk*, Viena, 1923. E. Kurth, *Bruckner*, 2 vols., Berlim, 1925. W. Wolff, *Anton Bruckner, Rustic Genius*, Nova York, 1942. A. Machabey, *La vie et l'œuvre d'Anton Bruckner*, Paris, 1945. H. F. Redlich, *Bruckner and Mahler*, Londres, 1955. M. Dehnert, *Anton Bruckner*, Wiesbaden, 1958.

[30] E. Newman, *Hugo Wolf*, Londres, 1907. E. Decsey, *Hugo Wolf*, Leipzig, 1928. G. Bieri, *Die Lieder von Hugo Wolf*, Berna, 1935. F. Walker, *Hugo Wolf. A Biography*, Londres, 1953. E. Sams. *The Songs of Hugo Wolf*, Londres, 1961.

[31] G. Prod'homme e A. Dandelot, *Gounod*, 2 vols., Paris, 1911. C. Bellaigue, *Gounood*, 3. ed., Paris, 1919. P. Landormy, *Gounod*, Paris, 1942.

[32] C. Bellaigue, *Bizet*, Paris, 1891. A. Weissmann, *Bizet*, Berlim, 1907. G. M. Gatti, *Bizet*, Turim, 1915. E. Istel, *Bizet und Carmen*, Berlim, 1927. P. Landormy, *Bizet*, Paris, 1929. W. Dean, *Bizet*, Londres, 1948. H. Malherbe, *Carmen*, Paris, 1951.

[33] C. Beillague, *Verdi*, Paris, 1911. A. Weissman, *Verdi*, Stuttgart, 1922. F. Bonavia, *Verdi*, Oxford, 1930. F. Toye, *Giusepe Verdi, his Life and Works*, Londres, 1931. C. Gatti, *Verdi*, 2 vols., Milão, 1931. L. Unterholzner, *Giuseppe Verdi's Operntypus*, Hanôver, 1933. M. Milla, *Il melodramma di Verdi*, Bári, 1933. D. Hussey, *Verdi*, Londres, 1940. St. Williams, *Verdi's Last Operas*, Londres, 1951. Fr. Abbiati, *Giuseppe Verdi*, 4 vols., Milão, 1959. Fr. Walker, *the Man Verdi*, Londres, 1963.

[34] C. Ricci. *Arrigo Boito*, Milão, 1919.

[35] G. Bastianelli, *Pietro Mascagni*, Nápoles, 1910.

[36] F. Torrefranca, *Giacomo Puccini e l'opera internazionale*, Turim, 1912. A. Weissman, *Giacomo Puccini*, Munique, 1921. G. Monaldi, *Giacomo Puccini*, Munique, 1921. G. Monaldi, *Giacomo Puccini e la sua opera*, Roma, 1924. A. Fraccaroli, *La vita di Giacomo Puccini*, Milão, 1925. C. Mosco, *Giacomo Puccini*, Milão, 1961.

[37] Obras completas, 26 vols., Edição de Gesellschaft der Musikfreunde, 2. ed., Viena, 1964. M. Kalbeck, Johannes Brahms, 4 vols., Berlim, 1904-1914. P. Landormy, *Brahms*, Paris, 1920. A. Ehrmann, *Johannes Brahms. Weg, Werk und Welt*, Leipzig, 1933. K. Geiringer, *Brahms, his Life and Works*, Londres, 1936. W. e P. Rehberg, *Brahms*, Zurique, 1947. P. Latham, *Brahms*, Londres, 1949.

[38] V. d'Indy, *César Franck*, 16. ed., Paris, 1930. Ch. Tournemire, *César Franck*, Paris, 1931. N. Dufourcq, *César Franck, le milieu, l'œuvre, l'art*, Paris, 1949. A. Colling, *César Franck ou Le Concert spirituel*, Paris, 1952. N. Demuth, *César Franck*, Londres, 1957.

[39] L. Borgex, *Vincent d'Indy, sa vie et son œuvre*, Paris, 1913. N. Demuth, *Vincent d'Indy, Champion of Classicism*, Londres, 1951.

[40] W. R. Anderson, *Introduction to the Music of Elgar*, Londres, 1949. D. M. McVeagh, *Edward Elgar*, Londres, 1955.

[41] G. Servières, *Emmanuel Chabrier*, Paris, 1912. Y. Tiénot, *Emmanuel Chabrier*, Paris. 1965.

6. A crise da música europeia

[1] E. Islser, *Max Reger*, Zurique, 1917. H. Unger, *Max Reger*, Munique, 1921. F. Stein, *Max Reger*, Potsdam, 1938. E. Otto, *Max Reger*, Wiesbaden, 1957.

[2] C. Wandre, *Hans Pfitzner und das Ende der Romantik*, Munique, 1922. W. Abendroth, *Hans Pfitzner*, Leipzig, 1935.

[3] R. Specht, *Richard Strauss und sein Werk*, 2 vols., Leipzig, 1920. F. Gysi, *Richard Strauss*, Potsdam, 1934. J. Gregor, *Richard Strauss, der Meister der Oper*, Munique, 1939. N. Del Mar, *Richard Strauss. A Critical Commentary on his Life and Works*, Londres, 1961. E. Krause, *Richard Strauss*, Gestalt und Werk, 3. ed., Leipzig, 1963. L. Kusche, *Richard Strauss*, Munique, 1964.

[4] A. J. Swan, *Skriabin*, Londres, 1923.

[5] R. van Santen, *Debussy*, Haia, 1926. L. Vallas, *Claude Debussy et son temps*, Paris, 1932. E. Lockspeiser, *Debussy*, Londres, 1936. (2. ed., 1951; edição francesa, Paris, 1962.) O. Thompson, *Debussy, Man and Artist*, Nova York, 1937. H. Strobel, *Debussy*, Berlim, 1940. G. Ferchault, *Claude Debussy*, Paris, 1948. G. e D. E. Inghelbrecht, *Claude Debussy*, Paris, 1953. F. Lesure, *Claude Debussy. Textes et documents inédits*, Paris 1962.

[6] M. Brod, *Leos Janácek*, Praga, 1925 (tradução francesa, 1930). D. Muller, *Leos Janácek*, Praga, 1930. J. Seda, *Leos Janácek*, Praga, 1956 (traduzido para várias línguas). J. Vogel, *Leos Janácek*, Praga, 1960 (trad. inglesa, Londres, 1963). H. Hollander, *Leos Janácek*, Zurique, 1964.

[7] F. Sopeña, *Historia de la musica española contemporanea*, Madrid, 1959.

[8] H. Collet, *Albéniz et Granados*, 2. ed., Paris, 1948. M. Raux Deledicque, *Albéniz*, Buenos Aires, 1960.

[9] Subirá, *Enrique Granados*, Madri, 1926. H. Collet, *Albéniz et Granados*, 2. ed., Paris, 1948.

[10] J. B. Trend, *Manuel De Falla and Spanish Music*, Londres, 1930. R. Manuel, *Manuel De Falla*, Paris, 1930, J. Pahissa, *Vida y Obra de Manuel De Falla*, Buenos Aires, 1947.

[11] A. Machabey, *Maurice Ravel*, Paris, 1947. N. Demuth, *Ravel*, Londres, 1947. R. Manuel, *Ravel*, Paris, 1948. J. Bruyr, *Maurice Ravel ou Le Lyrismo et les sortilèges*, Paris, 1950. J. V. Seroff, *Maurice Ravel*, Nova York, 1953.

7. A música nova

[1] B. Shloezer, *Igor Stravinsky*, Paris, 1929. J. Handshin, *Igor Stravinsky*, Zurique, 1933. R. H. Myers, *Introduction to the music of Igor Stravinsky*, Londres, 1950. E. Wagner White, *Stravinsky. A Critical Survey*, Londres, 1955. R. Craft, *Chez Stravinsky*, Paris, 1958. R. Craft, *Conversations with Igor Stravinsky*, Nova York, 1959. R. Craft, *Expositions and Developments*, Nova York, 1962.

[2] A. Liess, *Carl Orff*, Zurique, 1955.

[3] E. Nietzsche Nell. *Béla Bartók*, Halle, 1930. E. Haraszti, *Béla Bartók. His Life and his Works*, Paris, 1938. S. Moreaux, *Béla Bartók*, Paris, 1950. H. Stevens, *The Life and Music of Béla Bartók*, Nova York, 1953.

[4] L. Eoesze, *Zoltán Kodály. His Life and Work*, Londres, 1962. B. Szabolcsi ed., *Zoltano Kodaly Octongenario Sacrum*, Budapeste, 1962.

[5] Luís Heitor, *150 anos de música no Brasil*. Rio de Janeiro, 1956.

[6] Andrade Muricy, *Villa-Lobos. Uma interpretação*, Rio de Janeiro, 1961. Andrade Muricy, "Ernesto Nazaré", in *Cadernos Brasileiros*, v. 3, 1963. Eurico Nogueira França, *Música do Brasil. Fatos, figuras e obras*, Rio de Janeiro, 1957.

[7] Vasco Mariz, *Heitor Villa-Lobos*, Rio de Janeiro, 1949.

[8] Eurico Nogueira França, *Lorenzo Fernandez, compositor brasileiro*, Rio de Janeiro, 1950.

[9] R. García Morillo, *Carlos Chávez, Vida y obra*, México, 1961.

[10] P. D. Templier, *Erik Satie*, Paris, 1932. R. Myers, *Erik Satie*, Londres, 1948.

[11] J. Roy, *Francis Poulenc*, Paris, 1964.

[12] G. Beck, *Darius Milhaud*, Paris, 1949.

[13] R. Klein, *Frank Martin. Sein Leben und Werk*, Viena, 1960.

[14] H. Strobel, *Paul Hindemith*, 3. ed., Mainz, 1948.

[15] Cl. Rostand, *Olivier Messiaen*, Paris, 1958.
[16] W. Wellesz, *Arnold Schoenberg*, Leipzig, 1921. Leibowitz, *Shoenberg et son école*, Paris, 1947. T. W. Adorno, *Philosophie der neuen Musik*, Tuebingen, 1949. H. H. Stuckenschmidt, *Arnold Schoenberg*, Munique, 1956. J. Rufer, *Das Werk Arnold Schoenbergs*, Kassel, 1959.
[17] W. Reich, *Alban Berg*, Viena, 1937 (2. ed., Zurique, 1963). P. J. Jouve e M. Fano, *Wozzeck ou le nouvel ópera*, Paris, 1953. H. F. Redlich, *Alban Berg, the Man and his Music*, Londres, 1957.
[18] R. Leibowitz, *Schoenberg et son école*, Paris, 1947. *Die Reihe* (Viena), n. 2, 1955, "Symposium weber Webern". W. Kolneder, *Anton won Webern*, Munique, 1962.

ASSINE NOSSA NEWSLETTER E RECEBA INFORMAÇÕES DE TODOS OS LANÇAMENTOS

www.faroeditorial.com.br

CAMPANHA

FiqueSabendo

Há um grande número de pessoas vivendo com HIV e hepatites virais que não se trata. Gratuito e sigiloso, fazer o teste de HIV e hepatite é mais rápido do que ler um livro.

FAÇA O TESTE. NÃO FIQUE NA DÚVIDA!

FARO EDITORIAL

ESTA OBRA FOI IMPRESSA EM SETEMBRO DE 2022